임원코칭의 블랙박스

맨프레드 F. R. 케츠 드 브리스, 콘스탄틴 코로토브,
엘리자벳 플로랑 트리시, 안드레아스 베른하르트 편집

한숙기 옮김

| 목차 |

역자 서문   9

서문   13
감사의 말   23
편집자 소개   25
사례 기고자 소개   33
서론   41

제1부 현대의 코칭 이슈

1장 / 임원코치, 그들은 누구이고 왜 존재하는가?   59
- 임원코치로의 커리어 전환   59
- 커리어 전환하기: 최고의 시기와 최악의 시기   61
- 임원코칭: 매력적인 커리어 옵션   66
- 경계 태세를 취하라   71

2장 / 구조자 증후군   79
- 선행 이면의 복잡한 내막   79
- 균형이 기울어지다: 도움이 도를 지나칠 때   82
- 구조자 증후군   83
- 리더십 코칭에 존재하는 구조자 증후군   85
- 구조자의 탈진   87
- 어두침침한 거울로 비추다   88
- 역기능적 가정의 스토리   89
- 어린 시절부터 따라다니는 유령   92
- 구조자 증후군 관리하기   95
- 치유자여, 당신 자신을 먼저 치유하라   97
- 건설적인 구조자 되기   98
- 맺는 말   100

3장 / 코칭에서의 진단: 필수불가결한 조건   105
- 코칭 템플릿: 진단과 평가에 필요한 주제   107
- 더 깊이 들어가기   114
- 코치의 자기평가   118

제2부 까다로운 코칭의 사례와 해설

4장 / 까다로운 코칭의 주제 123
- 시스템적 접근 124
- 까다로운 코칭의 주제 126
- 사례를 읽을 때 주제를 되돌아보기 138

5장 / 코치는 영웅이 아니다 143
- 배경 143
- 코치로서 내 역할 145
- 도전 146
- 내 접근법 147
- 교착상태 끝내기 148
- 코치는 영웅이 아니다: 해설 1 149
- 코치는 영웅이 아니다: 해설 2 152
- 사례 후 노트 153

6장 / 컨설팅 고객이 코칭을 필요로 할 때 155
- 배경 155
- 도전 157
- 내 접근법과 결과 161
- 컨설팅 고객이 코칭을 필요로 할 때: 해설 1 162
- 컨설팅 고객이 코칭을 필요로 할 때: 해설 2 164
- 사례 후 노트 167

7장 / 그가 내 말을 듣는 것일까? 169
- 배경 169
- 코치로서 내 역할 171
- 도전 172
- 내 접근법 173
- 회의 루틴 173
- 긍정적인 면과 부정적인 면 175
- 그가 내 말을 듣는 것일까?: 해설 178
- 사례 후 노트 181

8장 / 고객의 불안감 찾아내기 183
- 배경 183
- 도전 187
- 도전에 대처하기 189
- 코치의 불안감 찾아내기: 해설 190
- 사례 후 노트 193

9장 / 고객 화나게 하기 상사 화나게 하기   195
- 배경   195
- 코치로서 내 역할   196
- 도전   197
- 내 접근법   198
- 도전에 대처하기   204
- 고객 화나게 하기 상사 화나게 하기: 해설   205
- 사례 후 노트   207

10장 / 군림하는 고객   209
- 배경   209
- 코치로서 내 역할   210
- 내 접근법   210
- 도전   211
- 도전에 대처하기   214
- 군림하는 고객: 해설 1   217
- 군림하는 고객: 해설 2   220
- 사례 후 노트   223

11장 / "자신을 한 번 보세요! 누가 당신에게 리드받고 싶겠습니까?"   225
- 배경   225
- 내 접근법   226
- 도전   227
- "자신을 한 번 보세요! 누가 당신에게 리드받고 싶겠습니까?": 해설   231
- 사례 후 노트   235

12장 / 도전은 어디에 있는가?   237
- 배경   237
- 코치로서 내 역할   238
- 도전   240
- 내 접근법   241
- 도전에 대처하기   242
- 도전은 어디에 있는가?: 해설   242
- 사례 후 노트   244

13장 / 가족의 난제를 만난 코칭   245
- 배경   245
- 고객   246
- 도전   249
- 도전에 대처하기   252
- 코칭 딜레마   253

- 가족의 난제를 만난 코칭: 해설 1　254
- 가족의 난제를 만난 코칭: 해설 2　257
- 사례 후 노트　261

14장 / 막다른 길에서도 코칭이 가능한가?　265
- 배경　265
- 내 접근법　266
- 도전　268
- 막다른 길에서도 코칭이 가능한가? : 해설　271
- 사례 후 노트　274

15장 / 그룹의 필요 VS. 개인의 필요　277
- 배경　277
- 도전　278
- 내 접근법　279
- 코칭 딜레마　280
- 도전에 대처하기　282
- 그리고 도전에 대처하는데 실패하다　282
- 그룹의 필요 VS. 개인의 필요: 해설　283
- 사례 후 노트　284

16장 / 4인조 코칭　287
- 배경　287
- 코치로서 내 역할　289
- 도전　292
- 코칭 딜레마　295
- 4인조 코칭: 해설　296
- 사례 후 노트　298

17장 / 코칭을 거부하는 고객　301
- 배경　301
- 코치로서 내 역할　302
- 도전　302
- 내 접근법　305
- 내 딜레마　306
- 코칭을 거부하는 고객: 해설 1　307
- 코칭을 거부하는 고객: 해설 2　309
- 사례 후 노트　315

18장 / 고객이 자신을 희생양으로 느낄 때　319
- 배경　319
- 코치로서 내 역할　322

- 도전 323
- 도전에 대처하기 324
- 고객이 자신을 희생양으로 느낄 때: 해설 324
- 사례 후 노트 327
- 내가 해결하기 어렵다고 여겼던 것 328

19장 / 두려움과 취약성 극복하기 331
- 배경 331
- 코치로서 내 역할 333
- 도전 334
- 도전에 대처하기 335
- 내 접근법 336
- 두려움과 취약성 극복하기: 해설 338
- 사례 후 노트 339

20장 / 불가능한 커리어 전환인가? 341
- 배경 341
- 도전 344
- 불가능한 커리어 전환인가?: 해설 345
- 사례 후 노트 347

21장 / 저항하는 고객 351
- 배경 351
- 코치로서 내 역할 352
- 도전 353
- 내 접근법 354
- 내 딜레마 355
- 대처한 것과 대처하지 못한 것 356
- 저항하는 고객: 해설 358
- 사례 후 노트 360

22장 / 코치여, 당신 감정을 자제하라 363
- 배경 363
- 내 접근법 365
- 도전 367
- 도전에 대처하기 369
- 성찰 포인트 370

23장 / 가족기업에서 발생하는 세대 사이의 갈등 373
- 배경 373
- 도전 376
- 성찰 포인트 378

24장 / 괴짜 코치 또는 계약자의 후회 — 381
- 배경 — 381
- 코치 소개 — 383
- 도전 — 383
- 도전을 만나다 — 385
- 도전에 대처하기 — 386
- 그 다음 무슨 일이 일어났는가? — 387
- 성찰 포인트 — 389

25장 / 수퍼비전 받는 코치: 피드백에 대응하기 — 391
- 배경 — 391
- 순응하지 않는 참가자 — 393
- 문제 알아내기 — 394
- 도전 — 396
- 도전에 대처하기 — 397
- 팔로우업 통화 — 399
- 얻은 교훈 — 400

결론 / 까다로움에 대한 예찬 — 403
- 말썽꾼 길들이기: 우리가 얻은 교훈 — 404
- 도구를 사용할 것인가 말 것인가? — 406
- 고객을 알라, 고객 비즈니스를 알라, 그리고 당신 자신을 알라 — 407
- 금기사항 — 408
- 역할 경계선의 중요성 — 408
- 코치 고용하기: 까다로운 질문 — 409
- 커뮤니티 형성하기 — 411
- 성찰은 업무의 한 부분이지 휴가가 아니다 — 412
- 이 모든 옳은 이유로 인해서 — 414
- 실패는 상대적이다 — 414
- 까다로움을 환영하며 — 415

찾아보기 — 418
발간사 — 422
역자 소개 — 426

역자 서문

What's really happening behind the closed door?

임원코칭에 대한 관심이 뜨겁다. 직업으로써 임원코치는 커리어 전환의 매력적 옵션이다. 자기 분야에서 일정 커리어를 가진 경력자에게 좀 더 성숙한 방식으로 전문성을 발휘하는 기회이다. 특히 이전 커리어에서 충분한 만족감을 못 느낀 사람에겐 다시 주어진 만회의 기회이다. 고위직에게 영향을 미치는 위치, 현자의 역할, 사회적 대우, 높은 보수뿐 아니라 코치가 되는 과정에서 얻는 변화에 대한 통찰, 인간에 대한 선인적 관점, 자아의 확장은 자기 성숙으로 이르게 한다. 남을 성장시키는 과정에서 자신의 결핍이 치유되는 치료적 성격까지 있다.

그러나 만만치 않다. 많은 코치가 아름다운 철학과 숭고한 사명에 매료되어 코칭을 시작하지만 이내 어려움에 봉착한다. 인간 내면의 그 광활한 세계에서 길을 잃거나, 변화에 저항하는 고객 앞에서 낙담한다. 특히 답답한 점은 현장에서 직접 보고 배울 기회가 없다는 점이다. 어떻게 안전한 지지적 환경을 만드는지, 장애물을 만난 고객을 어떻게 다루는지, 무기력에서 구출하여 행동으로 인도하기 위해 무엇이 필요한지 등은 이론 학습으로 만족해야 했다. 그렇지만 설명을 통해 또는 연역적 방식으로 배우기에 코칭은 너무 미묘하고 상황적이며 비정형성이 크다.

만만치 않을뿐더러 위험하기까지 하다. 능수능란한 고객이 하는 허위 동의에 넘어가는가 하면, 재계약을 고려해 친절함의 유혹에 이끌린다. 코칭이 진행되면서 수면 위로 드러나는 가치관 차이는 코치를 갈등에 빠트리고, 다른 이에게 중요한 존재가 되려는 심리적 욕구는 코치를 거짓 이타심으로 이끈다. 투사와 고객 탓하기, 관계의 결탁, 인정 중독, 원가정에서 비롯된 불안의 망령 등 코치 자신의 문제와 자주 오버랩되며 코칭 관계는 미궁에 빠진다. 또 컨설턴트 출신의 코치는 조언 제공에 익숙하고, 정신역동 전문가는 조직적 맥락을 간과한 채 개인과 가족 체계만 집중하는 등, 자신이 훈련받은 전문성 영역에 갇힐 가능성이 크다. 코치는 타인을 돌보기 전에 도구로서 자신을 성찰하고 돌봐야 하는 이유가 여기에 있다.

리더로서 성장하는 것은 리더십 역량뿐 아니라 개인으로서 완성되어 가는 과정이다. 같은 이치로, 코치가 코칭 스킬을 개발하는 것은 코치 자신을 완성해가는 과정이다. 그렇다면 어떻게 코치가 전문 역량도 키우면서 자아도 다듬어갈 수 있을까 하는 고민 중에 이 책을 만났다. 임원코치로서 탄탄해지고 싶은 분들에게 꼭 필요한 책이라고 생각하여 번역 하기로 결심했다. 이 책에 기술된 사례들은 각각의 방식으로 유익할 뿐 아니라 흥미진진하여 번역 과정 내내 몰입할 수 있었다. 마치 고객을 눈앞에 마주한 것처럼, 나라면 어떻게 코칭했을까, 어떻게 수퍼바이징 했을까 자연스럽게 상상으로 이끈다.

이 책은 유럽 최고의 비즈니스 교육 기관이 진행한 코칭 프로그램에서 일어난 20여 개의 사례를 담고 있는 전례 없는 사례집이다. 세계에서 가장 많은 임원에게 코칭을 제공하는 인시아드와 유럽 경영테크놀로지 학회의 리더십개발 연구소 소속 임원코치와 교수진이 수행한 까다로운 사례만을 모은 최초의 임원코칭 글로벌 아카이브이다. 4명의 편집인 가운데 한 명인 맨프레드 케츠 F. R. 드 브리스 교수는 세계 최고의 리더십개발 임상교수로서 국제경영, 정신분석, 심리치료와 역동정신의학 등을 통합하여 개인과 조직의 변화를 돕고 있다.

임원코치의 지상 과제는 '고객을 알라'이다. 이 점에서 이 책의 독보적 가치가 있다. 임원직으로 상징되는 이 시대 성공한 사람들의 성취 뒤에 숨어 있는 취약함, 오래된 기억과 갈망, 사랑과 증오, 반복되는 삶의 주제와 패턴 등 삶의 궤적이 남긴 단서를 가지고 고객의 내면 극장을 탐험하도록 안내한다. 이 책에는 임원코칭의 성공 사례와 함께 나란히 존재하는 위험 사례가 기술되어 있어 코칭의 효용뿐 아니라 한계까지 이해하는데 도움이 될 것이다. 코칭을 도입하려는 조직에는 실무적 가이드가 되고, 임원코칭 역량을 키우려는 코치에게는 친절한 학습서가 될 것으로 기대된다. 스폰서 기업, 코칭 대상자, 코치 모두가 코칭의 진정한 파워를 발견하여 리더 육성을 위한 도구로써 코칭을 현명하게 활용하는 데에 이 책이 일조하기를 바란다.

한숙기

서문

시장에는 많은 책, 비디오, 주말 교육 과정과 임원 교육 프로그램으로 넘쳐난다. 코치들에게 훈련 프로그램과 가이드라인을 제공하려는 좋은 취지로 마련된 것이다. 코칭이라는 직업은 아직 유아기에 머물러 있다. 그런데도 이렇게 코칭과 관련된 것이 쏟아져 나옴에 따라 코칭 영역의 경계를 탐색하고 영역을 정의할 필요가 커지고 있다. 연구자들과 프랙티셔너들은 코칭이 효과적인 이유와 방법에 대한 모델과 프레임워크를 마련하기 위해 또한 애쓰고 있다. 그런데도 우리가 임원코칭에 관한 책을 하나 더 쓰기로 결심한 이유는 무엇인가?

코칭이라는 직업이 일관성, 표준 프로토콜, 엄격한 평가를 향해 빠르게 진보하고 있지만, 우리는 더 검토하고 개발할 필요를 느낀다. 우리가 임원코칭에 정신역동적 접근법을 활용하는 집필 그룹으로서 염려하는 부분은 많은 임원코치가 적절한 훈련을 받지 않았거나 필요한 수퍼비전을 받은 경험이 없다는 점이다. 우리는 한 사람의 행동을 연구하는 것만큼 어려운 일은 없음을 인정한다. 그러기에 코치들에게 더 깊은 성찰과 분석을 하라고 요구하는 바이다. 코치, 코칭 트레이너, 또는 코칭 연구자로서 우리는 코칭이라는 직업이 사례연구와 동료 수퍼비전의 심리치료적 방법을 활용할 것을 주장함과 동시에 자신뿐 아니라 다른 코치의 코칭 경험을 성찰함으로써 학습하는 것이 얼마나 중요한지를 강조하고자 한다. 이 책은 임원코칭에 나타난 대인 관계적 또는 개인 내적 역동에 대해 더 깊이 이해하려는 이유와 방법을 세부적으로 다루고 있다.

임원코칭 시장을 훑어보고 우리가 놀란 것은, 사람들이 돈을 내고 간단히 웹사이트에 이름을 올리는 등 임원코치가 되는 과정이 무척 손쉽다는 점이다. 우리는 코치로 전환한 여러 우려스러운 사례를 만났는데, 예를 들어 테니스 코치가 너무도 쉽게 임원코치가 되었다거나 아로마테러피스트가 라이프 코치로 바뀌고 후에는 임원코칭 분야의 높은 보수에 유혹을 느껴 최고위급 경영자를 상대할 준비를 하겠다고 결심하기까지 한다. 이따금 시장에서 통용되는 코칭 모델을 살펴보면 코치 자신의 이력이 반영되어 있다. 대개 사내 코치 또는 외부 코치가 되기 전에 성공적인 인사부 책임자나 임원 출신인 경우가 많다. 다소 비판적으로 들릴지 모르나 현재 시장에서 제공되는 많은 교육 과정, 코칭 모델, 검사 도구와 기술은 일종의 자기 브랜딩을 위한 것이다. 왜냐하면 실제 코칭이나 홍보가 이러한 것들을 기반으로 이루어지기 때문이다. 어떤 프레임워크를 쓰느냐에 따라 코치들은 그룹화된다. 지시적 코칭 방법을 쓰는 코치끼리, 또는 고객 중심적 접근법을 쓰는 코치들끼리 편안함을 느껴 서로 모여 그룹을 형성한다. 놀라운 사실이 아니지만 코치는 자신이 가장 잘 아는 방법론을 옹호하는 법이다.

또 우리가 우려하는 것은 고객 또한 점점 복잡해지고 요구가 많아진다는 점이다. 수천 명의 임원코칭 대상자와 일하다 보면 과거에 이미 코칭을 받았던 사람들을 많이 만난다. 그들 가운데 일부는 경험이 미숙하거나 서두르는 자기 코치에게 코치가 일반적으로 듣고 싶어하는 말을 해주는 데에 능숙하다. 이런 종류의 허위 동의pseudo agreement는 코칭 세션이 해피엔딩으로 끝나는 것을 의미하지만 고객 입장에서 볼 때 진정한 변화를 보장하지는 않는다. 심지어 일부 고객은 코칭 과정에 진정으로 몰입하지 않은 채 진도만 따라가다가 나중에 코칭이 완전히 시간 낭비였다고 보고한다.

　현재 일부 조직에서 도입하여 진행 중인 코칭 인터벤션 평가 시스템 또한 문제가 많다. 그 이유는 아무리 숙련된 코치라 해도 나중에 코칭 평가에서 '기분 좋은' 높은 점수를 받기 위해서 코칭 대상자에게 직설적으로 말하지 않고 조금 자제하려는 미묘한 유혹을 느끼기 때문이다. 많은 조직에서 코치가 높은 평가 점수를 받는 것은 향후 비즈니스를 계속하는 전제조건이 된다. 아이러니하게도 우리가 듣는 가장 흥미로운 코칭 이야기 가운데 하나는 고객이 처음에 코치의 직접적이고 깊이 있는 접근법에 격분하다가, 결국에는 코치가 옳았으며 코치를 신뢰하고 존중한다고 인정하는 것이다. 특별히 이것은 최고 경영진과 이사회와 같은 최고 리더십 계층에서 일어나는 드문 경우에 해당한다. 이런 부류의 사람들은 정직한 피드백을 받는 데에 익숙하지 않은 굉장히 지능이 높고 투지가 강한 사람들이다. 그렇지만 그들에게 용기를 내서 피드백을 해주는 사람을 좋아한다. 말할 필요도 없이 이런 종류의 코칭 인터벤션을 하려면 코치에게는 엄청난 자기 이해와 감성지수를 필요로 한다. 그렇다면 임원코치는 고객이 코치의 정직한 피드백과 도전적인 지지를 안심하고 통합할 수 있는 안전한 환경 조성 능력을 어떻게 배우고 발전시킬 수 있을까?

　단도직입적으로 말해서 코칭 과정과 결과가 어떠해야 한다는 결정적 합의는 아직 없다. 또 훈련과 평가에 어떤 기준이 있는 것도 아니다. 직업으로서 우리는 '블랙박스 안에' 어떤 일이 벌어지는지 아직 탐색 중이며 이는 코치, 고객, 조직 모두가 성공적인 코칭이라고 평가하는 데 필요한 요소를 찾는 과정이다. 불행하게도 우리는 여전히 구매자가 위험 부담을 지는 시대에 있다.

　물론 오늘날 잘 훈련받고 매우 효과적인 임원코치가 많이 있다. 많은 코치가 평판 좋은 코칭 기관과 연결되어 있고 정기적으로 수퍼비전을 받는다. 그러나 현실에서 코치를 찾는 사람을 단번에 도와줄 표준화된 졸업장이나 국제적인 인증 제도는 아직 없다. 그렇다면 어떻게 '좋은' 임원코치를 알아볼 수 있을까? 어떤 코치는 최고위 임원을 효과적으로 코칭한다는 좋은 평판을 받을 수 있다. 그리고 그 평판은 충분히 그럴 자격이 있을지 모르지만 어쩌면 훌륭한 셀프 마케팅의 결과일 수 있다. 또 '새 차 증후군new car syndrome' 같은 요소도 있을 수 있다. 누구도 자신이 막 구입한 비싼 차가 불량품이라는 사실을 인정하기 싫은 것이다. 현재 임원코칭 직업이 진화하는 맥락에서 볼 때 가장 효과적이고 책임감 있는 임원코치를 구별하는 방법이 과연 있을까? 바로 이러한 의문과 염려가 이 책을 쓰도록 동기부여한 요인이다.

블랙박스 열기

이 책의 편집자인 우리는 세계에서 가장 많은 임원 고객을 보유한 저명한 리더십 개발 기관 두 곳에 소속되어 있다. 우리는 2009년 12월 코칭에서 염려되는 사항을 함께 탐색하고 토론하기 위해 교수진, HR 전문가, 숙련된 임원코치를 초대하기로 결심했다. 이 행사를 준비하기 위해서[1], 우리는 참가자들에게 자신이 진행한 코칭 사례 가운데 하나를 기술해달라고 요청했다. 그들이 진행한 코칭에서 어려웠거나 미해결 또는 실패였다고 생각하는 코칭 상황을 서술하는 것이었다. 사생활 보호를 위해 고객의 개인 정보는 가상으로 했지만 모든 사례는 실제 사례였다. 참가자들은 다른 사람의 사례에 의견을 내도록 요청받았다. 콜로키엄을 진행하는 동안 코치들은 소그룹으로 나뉘어 이 까다로운 코칭 사례를 심도있게 토론하고 마무리했다.

사례 저자들이 제출한 내용이 까다로운 '고객'에 관한 것이라고 기대했지만, 막상 열어보니 까다로운 '코칭 관계'에 관한 것이 많았다. 예를 들어, '까다로운 코칭' 콜로키엄에 참석했던 많은 코치들이 적절하게 계약을 체결했고 또 대부분의 경우 코칭 관계를 시작할 때 치료적 성격의 관계를 잘 형성했지만 많은 사례가 코칭 시작 이후에 불거진 계약 범위의 혼선과 연관된 것이었다. 어떤 이들은 감정적으로 깊게 연루되어 계약이 끝났는데도 무료로 코칭을 하고 있었고 또 어떤 이들은 원래 계약 범위 밖에 있는 코칭 관계에 빠진 자신을 발견하지만, 이 회색 지대에서 외부의 압력을 받아 계속 코칭을 해줘야 할 것 같은 심리적 부담을 느끼고 있었다. 어떤 코치는 그 고객을 계속 코칭하는 것이 힘들 정도로 가치관 충돌을 느낀 경험을 보고했고 다른 코치는 과도한 코칭 보수를 제공하며 뭔가 잘못하고 있는 듯한 고객 기업의 태도에 혼란을 경험하기도 했다.

여기서 강조하고 싶은 것은 이 모든 사례가 경험 많고 효과적인 임원 코칭 콜로키엄에서 나왔다는 점이다. 대부분의 코치에게 (대부분의 사람들처럼) 사각지대가 있다는 사실과, 또 많은 까다로운 코칭 상황은 코칭 대상자와의 문제에서 야기되는 것이 아니라, 코치의 사소한, 그것도 예방할 수 있는 작은 방심에서 비롯되었음을 상기시켜 주었다. 또 코치가 세미나에서 공유하고 해결하고 싶은 많은 까다로운 코칭 사례에는 그 기저를 이루는 특정한 주제가 있다는 점을 주목하였다. 우리는 진정 흥미를 느꼈다. 이들은 최고의 회사와 임원을 대상으로 일을 하는, 진정 성공을 이룬 숙련된 코치 그룹임에도 이들 대부분은 저마다의 까다로운 코칭 이야기를 공유하는 경험을 보람되게 여겼고 심지어 카타르시스를 느꼈다.

게다가 참가자들은 처음에 시간과 글쓰기 기술의 부족으로 조금 소극적으로 뒤로 물러서 있었지만 사례 노트를 쓰고 이를 다른 사람과 공유하는 일이 아주 소중했다는 데에 모두 동의했다. 이번 콜로키엄이 신랄하게 자기를 분석하고 그것을 코칭 산업계와 공유하는 좋은 기회가 되었고 그것이 우리의 책임이라는 것을 깨달았다. 바로 이 콜로키엄은 이 책을 쓰는 자극이 되었다. 자기 코칭 사례를 공유해주어 토론도 하고 책에 포함시킬 수 있도록 해준 모든 코치에게 무한한 감사를 전한다.

그러므로 이 책의 최종 목표는 우리의 집단지성에 다가가는 것이다. 즉 집합적이고 포괄적인 코칭 분야 지식과 우리가 아는 최고의 코치가 보여주는 경험 세계에 다가가는 것이다. 일단 인증이라는 어려운 주제는 제쳐놓고, 우리는 임원코칭을 어떻게 효율적으로 진행하는지를 이해하고 평가하는 다른 방법들을 제안하고자 한다. 20세기초 정신분석 학자와 심리치료사들이 함께 손잡고 그 당시 돌팔이 의술이나 독심술에 비견되던 자기네 영역에 대해서 엄격함과 책임감을 불어넣었던 것처럼, 코칭이 직업의 형태를 갖추는데 공헌하는 것이 우리의 목적이다.

이 목표를 위해서 우리는 리더십 개발에 관심 있는 연구자와 코치가 한 걸음 물러나서 코치가 되려는 진정한 동기와 욕구에 대해 아직도 금기시 되는 것이 무엇인지 살펴볼 필요가 있다고 믿게 되었다. 전부는 아니지만 많은 사람들이 이성적이고 정당한 이유에서 코칭 세계로 이끌리는 게 사실이지만, 그들의 어두운 면이 탐색되지 않은 채 무시되거나 간과되는 일이 없도록 이제 거기에 환한 불을 비춰야 한다. 좀 더 구체적인 예로, 우리는 코치들을 수퍼비전 해왔는데, 그들의 성공과 실패에는 코치 자신의 가치관, 신념, 과거 경험이 반영된다는 사실을 알았다. 원칙적으로 이것은 잘못된 점이 하나도 없지만 실제로는 바로 같은 이유 때문에 숙련된 코치조차 궤도를 이탈하고 고객까지 궤도 밖으로 데리고 가면서 무슨 일이 일어났는지 진정으로 이해하지 못하는 경우를 보아왔다. 코치가 만일 자신을 움직이는 동인動因을 더 깊게 이해한다면, 아마 코칭 결과는 더 긍정적으로 될 것이다. 사실 까다로운 코칭에서 조심스럽게 손을 떼는 것이 점점 혼탁해지는 코칭 인터벤션을 계속하는 것보다 더 건강할 수 있음을 잊어서는 안 될 것이다.

바퀴를 새로 발명할 필요는 없다:
사람을 돕는 전문직업을 통해 배우기

임원코칭을 더 깊이 이해하려 할 때, 우리는 의학, 심리치료, 교육과 같은 다른 전문직업에서 배울 게 있다고 여긴다. 이런 직업에서의 책임 있는 수행에 필요한 핵심적인 내용은 자기 자신을 바로 도구로 사용한다는 점이다. 이것은 프랙티셔너 그 자신을, 그리고 그들의 일에 대한 열정을 이 직업의 중심에 놓는 것을 뜻한다. 예를 들어, 교사들에 대한 엄청난 요구사항을 인정함에 따라, 교사나 교수가 긴 방학과 안식년을 가지는 관행이 오랫동안 받아들여지고 있다. 의사를 포함한 다른 건강 전문가에게는 "당신 자신을 치유하세요."라는 임무가 주어졌는데 (그것은 항상 쉬운 일은 아니지만) 이 직업은 정기적인 모임을 통해 스스로를 관리감독하는 보호장치를 발전시켜왔다고 할 수 있다. 치료사는 이미 스스로 수년간에 걸친 심리치료 경험을 갖고 시작하며 커리어가 진행되면서 지속적으로 훈련받는다.

일반적으로 임원과 리더십 개발 코칭이란 이론적으로 상담과 컨설팅, 그리고 티칭의 교차점에 위치하고 있는 것으로 이해된다. 상당수의 코치들은 어떤 면에서든 정신역동 훈련을 받았으며, 그들이 인식하든 못하든 '도구로서 자기 자신'을 사용하는 것이 바람직하다는 사실을 이해한다. 그들은 대인관계, 팀과 큰 집단의 역동에 익숙해져 있다. 다른 한편으로, 어떤 코치들은 컨설팅에서 파생된 계획과 틀을 적용할 때 가장 편안하게 느끼는 것으로 보이는 경우도 우리는 관찰했다. 이런 코치들은 '빨리 입장하고 빨리 성과를 얻고 빨리 퇴장하는' 유형으로, 고객을 위한 측정 가능한 성과에 주로 초점을 맞춘다. 컨설팅이 회의를 구조화하는 모델, 비용을 협상하고 지정하는 장치를 비롯한 결과를 정량적으로 진단하는 전통을 제공하는 만큼, 코치라는 직업은 컨설팅 관행에서 여러 혜택을 받아온 것을 부인할 수 없다. 그러나 코칭이라는 직업에 컨설팅 모델이 상당한 영향을 미쳤다고 해도, 동시에 우리는 일부 코치들이 목적이 다른 전문 서비스에 맞춰 설계된 뼈대와 틀에 지나치게 의존하는 경향이 있다고 느낀다.

이런 맥락에서 코치는 비즈니스 구조와 요구 조건에 익숙해져야 하지만, 그들은 컨설턴트라기보다는 교사나 상담자에 더 가깝다는 사실을 아무리 강조해도 지나치지 않다. 코치는 사람들의 인생을 다루기 때문에 그들의 가장 예리한 도구인 자기 자신을 책임감 있게 사용해야만 한다. 모든 코치가 최초 훈련을 비롯해 진행 중인 전문성 개발에 자기성찰과 수퍼비전을 포함시켜야 한다. 우리가 임원코칭 대상자 숫자 면에서 세계에서 가장 큰 코칭 조직(인시아드)과 수많은 코칭을 사용하며 빠르게 성장하는 성공적인 임원교육센터(ESMT)에 속한 교수진과 수퍼바이저 자격으로서 단호하게 말할 수 있는 사실은, 바로 코치로서 자기 인식을 개발하는 데 소홀히 하고 저마다의 코칭 인터벤션에서 자기 자신을 점검하는 데 소홀히 한다면 앞으로 코칭이 까다로운 난국에 빠질 수 있다는 점이다.

이것은 아주 간결한 충고지만 물론 실천에 옮기기는 쉽지 않다. 우리가 바로 이런 이유에서 조언하는 이야기, 코치들의 경험, 학문적 관찰과 실제 적용 등을 한데 묶어 책을 기획하게 된 것이다. 이 책은 우리가 아는 한 현재 나와 있는 '코칭 문헌' 가운데 최초의 책이라 할 수 있다. 우리는 탐색과 대화로 이끄는 형식으로 된 까다로운 코칭 사례를 제공하고자 한다. 이 책은 독자를 안내하고자 코치의 해설과 성찰적 질문을 포함하고 있다. 이 책은 진정 최초의 국제적인 코칭 사례 전집이라 할 수 있는데, 홍콩, 미국, 독일, 러시아, 영국, 네덜란드, 캐나다, 멕시코와 다른 여러 나라에서 발생한 사례를 담고 있기 때문이다.

코칭세션 중에 일어나는 특정한 프로세스인 코칭 '블랙박스' 연구에 독자를 초대하는 바이다. 이 책의 사례들은 많은 사람들이 (여러 다양한 직업군에서) 재빠르게 임원코치로 커리어 전환을 하는 경우가 있다고 해도, 코칭이 그렇게 만만하거나 쉬운 일이 아니라는 점을 보여준다. 그와는 반대로, 우리가 처음으로 인정하는 바, 책임 있는 코치가 되려면 용기와 겸손이 요구된다. 겸손함이란 우리의 사각지대를 발견하도록 이끌어주고 용기란 우리가 그 사각지대를 위해 뭔가 수행하도록 해준다. 우리는 이 책에 소개된 까다로운 코칭 이야기를 전해준 존경받는 훌륭한 코치들이 탁월한 코칭 전문가에게 요구되는 필수 자질인 용감한 성찰의 살아있는 모델로 비쳐지기를 바란다.

주석

1. The European School of Management and Technology (ESMT) 1st Coaching Colloquium, "Tricky Coaching: Dealing with Difficult Cases in Leadership Coaching" held in Berlin, Germany, December 11-12, 2009.

감사의 말

우리가 진심으로 감사를 표명하는 그룹이 있다. 바로 이 책의 사례 기고자들이다. 이들은 모두 고도의 숙련된 전문가들이다. 이들은 배움에서 가장 좋은 방법은 가르침을 요청받는 일이며, 마찬가지로 성장하는 최선의 길은 개발 영역을 탐색하도록 요청받는 것임을 잘 아는 분들이다. 이들은 자기 이야기를 정직하고 공개적인 방법으로 우리와 나누었으며, 우리는 이들을 임원코칭 전문 영역에서의 역할 모델로 여긴다. 우리는 또 캠브리지 출판사의 샐리 시몬스 편집자가 그간 수행한 일에도 깊은 감사를 전한다. 수년간에 걸쳐 시몬스 씨는 우리 집필진이 함께 단결해서 일이 완성되기 위한 구조와 지지를 제공했다. 시몬스 씨는 우리의 동료일 뿐 아니라 친구이다.

편집자 소개

맨프레드 F. R. 케츠 드 브리스 Manfred F. R. Kets de Vries

맨프레드 F. R. 케츠 드 브리스는 그간 많이 연구된 주제인 개인과 조직의 변화 리더십과 역동에 대해 색다른 관점을 보여준다. 경제학(암스테르담대학교 경제학 박사 과정), 경영학(ITP, MBA, DBA, 하버드 비즈니스스쿨), 정신분석학(캐나다 정신분석협회와 국제 정신분석협회)을 통해 쌓은 지식과 경험을 바탕으로, 그는 국제경영, 정신분석, 심리치료와 역동정신의학dynamic psychiatry 간의 통합을 깊이 모색하고 있다. 그가 특별히 관심을 두는 분야는 리더십, 커리어 역동, 팀 빌딩, 코칭, 임원 스트레스, 기업가 정신, 가업, 승계 계획, 다문화 관리, 기업 혁신과 변화 역동 등이다.

그는 리더십 개발 임상교수로서, 프랑스, 싱가포르, 아부다비 인시아드에서 리더십 개발 Raoul de Vitry d'Avaucourt Chair를 소지하고 있다. 그는 인시아드 글로벌리더십센터INSEAD's Global Leadership Center(IGLC)를 창립했다. 또 인시아드의 최고 경영프로그램인 '리더십 도전: 성찰적 리더 양성 및 변화를 위한 컨설팅과 코칭' 프로그램 소장으로 있다. 인시아드에서 수여하는 탁월한 교수상INSEAD's Distinguished teacher award을 5회 수상했다. 그는 베를린에 있는 ESMT에서 리더십 개발 연구 분야의 탁월한 교수Distinguished Professor로 임명받았다. 캐나다 맥길대학교, 몬트리올 경영대학원, 하버드 비즈니스스쿨에서 교수직을 수행했으며 전 세계 경영 기관에서 많은 강의를 하고 있다.

〈파이낸셜 타임스〉, 〈르캐피탈〉, 〈Wirtschafts woche〉, 〈이코노미스트〉에서는 그를 전 세계 리더십 선도 이론가 가운데 한 명으로 평가했다. 그는 글로벌 최고 경영 사상가 50인 가운데 한 사람이자 인적자원 경영 분야에서 가장 영향력있는 인물 가운데 한 사람으로 평가받는다. 미국심리학회American Psychological Association에서 수여하는 해리와 미리엄 레빈슨 상Harry and Miriam Levinson Award을 받았고 네덜란드 정신분석협회Dutch Psychoanalytic Institute에서 수여하는 프로이트 기념상Freud Memorial Award을 받았다. 또 리더십 개발 영역을 하나의 학문 분야discipline로 정립한 세계적 전문가 가운데 한 사람으로 인정받아 국제리더십협회International Leadership Association에서 평생업적상Lifetime Achievement Award을 받았다. 현재 그는 조직 리더십 임상 연구 분야에서 선두에 있는 인물로 인정받고 있다.

그의 책으로는 저자, 공동 저자 또는 편집자 자격으로 쓴 35권이 있다. 그의 저서로는『정상에서의 불안』,『신경증적인 조직』,『조직의 역설』,『리더와 바보와 사기꾼들』,『추월차선에서 임원의 삶과 죽음』,『리더십의 신비로움』,『행복 방정식』,『공포로 인한 리더십 교훈』,『새로운 글로벌 리더들』,『진료실 침상의 리더』,『코치와 카우치』,『가업: 가족기업에서의 인적 딜레마』,『성, 돈, 행복과 죽음』,『인성과 리더십에 관한 성찰』,『리더십과 커리어 개발에 관한 성찰』,『단체와 조직에 대한 반추』,『코칭 만화경』 등이 있다. 지금도 계속 책을 쓰고 있다. 그의 책과 기사는 31개국 언어로 번역되었다.

맨프레드는 350개의 학술 논문을 책 내의 챕터 형식으로 또는 논문 형태로 발표했다. 그는 약 100건의 사례 연구를 썼으며 그 가운데 3건은 올해의 최고 사례상Best Case of the Year Award을 수상했다. 그는 많은 잡지에 정기 기고가로 활약하고 있다. 그의 저작물은 다음과 같은 간행물에 실렸다. 〈뉴욕타임스〉, 〈월스트리트 저널〉, 〈로스앤젤레스 타임스〉, 〈포춘〉, 〈비즈니스위크〉, 〈이코노미스트〉, 〈파이낸셜 타임스〉, 〈인터내셔널 헤럴드 트리뷴〉.

그는 17개의 편집 이사회 소속이며 경영학학회Academy of Management의 펠로우로 선출되었다. 국제 조직 정신분석학회International Society for the Psychoanalytic Study of Organizations의 창립 멤버이며 이후 종신 유수회원이 되었다. 그는 미국, 캐나다, 유럽, 아프리카와 아시아의 앞서가는 회사를 위해 조직 설계/혁신과 전략적 인적자원 경영에 대한 컨설턴트로 활동 중이다. 그는 글로벌 리더십 개발 컨설턴트 회사인 Kets de Vries Institute(KDVI)의 회장이자 주 소유주다. 교육자와 컨설턴트로서 40개국 이상의 나라에서 활동해왔다. 네덜란드 정부는 그에게 Oranje Nassau 왕가의 Officer 훈장을 주었다. 그는 외몽고 지역에서 최초로 플라이 낚시를 한 사람이고 뉴욕의 익스플로러 클럽Explorers Club의 회원이다. 그는 시간이 날 때면 중앙 아프리카, 시베리아 타이가, 파미르 고원, 알타이 산맥, 아넘랜드(호주 원주민 보호구역) 등의 열대 우림이나 초원 지역에 가거나 북극권으로 향한다.

콘스탄틴 코로토브 Konstantin Korotov

콘스탄틴 코로토브는 베를린에 있는 유럽 경영테크놀로지스쿨 European School of Management and Technology(ESMT)에 속한 리더십개발센터Center for Leadership Development Research 소장 겸 조직행동과 리더십 부문 부교수로 있다. 리더십 개발 분야에서 15년 이상 일했으며, 조직 프랙티스의 근접 모니터링을 학문적 연구와 결합시키고, 삶의 역동과 이 시대 임원 커리어를 결합하고 있다. 그가 관심을 갖는 연구분야는 리더십 개발 접근법과 도구, 개인의 정체성 변화, 커리어 전환과 임원코칭에 관한 것이다.

그가 엘리자벳 플로랑 트리시와 맨프레드 F. R. 케츠 드 브리스와 함께 공동편집자로서 지은 저서는 다음과 같다. 『코치와 카우치: 더 나은 리더를 만드는 심리학 Coach and Couch: The Psychology of Making better leaders』(2008), 『코칭 만화경: 내부로부터의 통찰 The Coaching Kaleidoscope: Insights from the Inside』(2010), 『리더십 개발 Leadership Development』(2011), 『새로운 러시아 비즈니스 리더들 The New Russian Business Leaders』(2005). 이 외에도 수십 권의 학술지 기사와 프랙티셔너를 위한 기사와 텍스트를 썼다.

그는 그동안 포브스지, 월스트리트 저널, 매니저 매거진, 도이치벨레, Vedomosti(러시아 비즈니스 일간지), Sekret Firmy(러시아 출판사)와 그 외에도 다수의 전문 HR 웹사이트에 소개되었다.

콘스탄틴은 ESMT에서 임원 교육 공개 과정 '심리지능으로 사람과 팀을 리드하기'를 총괄하며, EMBA와 MBA 프로그램에서 강의하고 있다. 또 '리더와 젊은 리더를 개발하기'라는 코스에도 협력하고 있다. 그가 맡았던 맞춤형 임원 교육 포트폴리오 프로그램에는 도이치텔레콤, 도이치뱅크, 티센크루프, 존슨앤드존슨, 로자톰, 이.온, 알더블유이, 언스트앤영, 맥도날드, 루프트한자, 제록스와 같은 고객이 참여한다. 그는 임원 그룹 교육에 탁월함을 인정받아 수많은 상을 받았다. 콘스탄틴이 총괄하는 ESMT의 리더십개발센터가 지향하는 점은 매니저가 리더십 자질을 어떻게 개발하는지, 조직이 어떻게 리더십개발 문화를 창출하는지, 리더십이 어떻게 효과적이고 지속 가능한 비즈니스 문화를 만드는 데에 공헌하는지에 대한 이해를 돕는 것이다. 이 센터는 학술연구자, 교육자, HR 전문가, 학습 중인 개발 현역 종사자와 리더십 개발에 관심 있는 비즈니스 임원이 제휴하는 플랫폼이라고 할 수 있다.

콘스탄틴은 리더십 개발, 리더십과 커리어 전환을 코칭 주제로 삼아 전 세계의 회사와 개인 임원을 컨설팅하고 있다. 그는 유럽, 북미와 남미, 아시아 태평양 지역, 러시아와 CIS(독립국가연합) 등지에서 최고 학술회의, 현역 종사자 대회, 기업 내 행사 등에 자주 초청되는 강연자다.

엘리자벳 플로랑 트리시 | Elizabeth Florent-Treacy

　엘리자벳은 원래 미국 캘리포니아 출신이며 20년 이상 프랑스에서 살며 일했다. 프랑스 퐁텐블로 IGLC 연구소 부소장으로, 리더십개발 임원교육 프로그램에서 조직 리더십, 임원 그룹 코칭, 경험적 학습에 관한 리더십 탐구, 정신역동적 접근법을 조사하는 연구팀을 이끌고 있다. 또 IGLC 연구팀은 개인, 팀, 조직을 위한 임원코칭에 쓰이는 360도 설문 도구를 개발하고 있는데, 이를 통해 IGLC 리더십 개발 모듈과 프로그램을 위한 혁신 콘텐츠와 방법을 창출하고 있다.

　엘리자벳은 IGLC 연구소에서 선별된 인시아드 임원 프로그램에서 초대 강사 역할을 맡고 있으며, 최고 학술과 현역 종사자 회의(경영아카데미, 국제 리더십 협회, 유럽 멘토링과 코칭회의 포함)에서 IGLC 연구팀을 대표한다. 또 리더십 개발과 임원코칭에 대한 IGLC와 독일 ESMT 회의에서 공동의장직을 수행했다.

　엘리자벳은 리더십 개발과 가업 분야에서 임원코칭을 하고 있으며, 그룹 코칭 자격도 훈련받았다. 그녀는 코칭 학술 저술 프로젝트 분야를 부전공으로 공부했다.

　엘리자벳은 리더십과 가업 주제와 관련한 25가지 사례 연구를 썼으며, 그 가운데 6가지 사례로 최고 사례 저술상을 받았다(European Case Clearing House and European Foundation for Management Development). 그녀는 지금까지 25개에 이르는 기사와 조사보고서, 책의 일부 텍스트를 집필하거나 공동 집필했다. 그녀는 리더십 개발과 가업에 관한 주제로 5권의 책을 공동 저술했는데 여러 언어로 번역 되었다. 저술에 포함되는 책은 『코칭 만화경』(2010), 『코치와 카우치: 더 나은 리더를 만드는 심리학』(2008), 『침상에서의 가업』(2007)을 들 수 있다. 그녀는 사회학 학사 학위와 조직개발 석사 학위를 취득했으며, 임상조직심리학 학위를 갖고 있다(인시아드 우등졸업). 그녀의 논문이 다루는 내용은 다중 모듈 '정체성 실험실' 리더십 개발 프로그램에서 시간이 흐르면서 개인의 변화를 지지하거나 방해하는 요소를 식별하는 법이다.

안드레아스 베른하르트 Andreas Bernhardt

안드레아스 베른하르트는 ESMT에서 프로그램 소장, 시니어 강연자, 임원코치로 있으며, ESMT의 리더십개발 연구소 창립 멤버로 ESMT의 임원코칭 팀을 관리하고 있다. 20년간 실제 리더십 개발과 코칭 경험으로 그는 현재 프랑스 퐁텐블로에 있는 IGLC와 ESMT에서 리더십 코치로 활동한다. 그 외에도 여러 국제적인 회사에 임원 프로그램을 기획하여 제공한다. 그는 ESMT에서 매년 기획하는 코칭 콜로키엄의 공동 기획자이자 의장직을 맡고 있다. 또 맥클린/하버드 의과대학 ICPA 창립회원, 하버드 코칭연구소Institute of Coaching와 공동으로 국제 코칭연구포럼 International Coaching Research Forum의 공동 주최자, 세계경제포럼 2010에 기업의 성 격차 보고서의 기고자로, 그 외에도 최고 학술 대회와 전문 실천가 컨퍼런스에 정기적으로 기고하고 있다.

그가 가르치고 코칭하는 분야는 리더십, 조직행동론, 코칭, MBA 변화, 임원 MBA, 공개 과정, 회사의 특정 임원 프로그램 등이다. 그가 맡았던 맞춤형 임원교육 포트폴리오 프로그램에는 다음과 같은 조직이 포함된다. 알리안츠, 뮌헨 알이, 도이치뱅크, 호건 로벨스, 에스에이피, 도이치텔레콤, 이.온, 알더불유이, 히타치, 존슨앤존슨, 글락소스미스클라인, 사노피-아벤티스, 웨스트파마, 맥도날드 등을 들 수 있고, 유럽연합과 30개국 이상의 참여자들이 포함된다. 효율적인 리더십 개발 인터벤션을 창출하는 데 있어서 가르치는 일과 임원코칭과 경험적 학습 접근법을 다양하게 규칙적으로 접목하고 있다.

안드레아스는 여러 나라에 걸쳐 임원코칭, 리더십 개발, 어려운 시기에 팀을 이끄는 것을 주제로 회사를 운영하고 있으며, 리더십과 커리어 문제를 주제로 정기적으로 임원을 코칭하고 있다. 그는 임상/조직심리학, 경영과 조직행동을 공부했으며, 심리학 석사 학위를 소지하고 있다. 또 인시아드 임원 장기 프로그램인 변화를 위한 컨설팅과 코칭Consulting and Coaching for Change(CCC)의 졸업생이다.

사례 기고자 소개

- 카타리나 발라즈Katharina Balazs는 글로벌 고객과 함께 일한다. 리더십 개발 교수이자, 리더십 컨설턴트, 최고 임원 프로그램을 기획하고 임원코치로도 활동하고 있다. 프랑스의 그랑제꼴 파리경영대학원 박사 학위를 소지하고 있다. 그녀는 영어, 불어, 독일어, 스웨덴어와 헝가리어를 구사한다.
- 그레이엄 바커스Graham Barkus는 홍콩 캐세이 퍼시픽 항공에서 조직개발부장으로 일한다. 개인과 단체에 복잡한 환경에서 적응, 변화, 혁신, 탄력성을 키우는 방법을 지원한다. 조직개발과 학습 분야에서 아시아, 유럽과 미국 등지에서 20년 경력을 갖고 있다.
- 기드런 베커Gudrun Becker는 국제 조직개발과 이문화 간 경영을 위한 컨설턴트, 코치 겸 트레이너로 일한다. 그녀가 제공하는 컨설팅 서비스 영역은 변화경영 프로세스, 이문화 팀빌딩, 임원코칭과 이문화 경영이 포함된다.
- 독일인 피터 보박Peter Bobak은 리더십과 임원 개발에 주력하는 글로벌 기업에서 지난 20년간 일했다. 그는 독일 하이델베르그 대학과 파리 제8 대학에서 임상심리학 석사 학위를 취득했다.
- 샤론 처번Sharon Chirban 박사는 하버드 의대 심리학과 강사, 스포츠 심리학자, 컨설턴트로 일한다.

- 사빈느 뎀코프스키Sabine Dembkowski 박사는 런던과 쾰른 코칭센터The Coaching Centre의 창립자이자 소장으로 있다 (www.thecoachingcentre. com).
- 유발 엥겔Yuval Engel은 네덜란드 VU대학에서 경영조직 박사 과정을 밟고 있다. 현재 기업 창립자 커리어에 대한 연구를 진행하고 있다.
- 엘리자벳 엥겔로Elisabet Engellau는 인시아드 경영학과 겸임교수로 있다. IGLC에서 프로그램 부장직을 맡고 있으며, 리더십, 고성과 팀 임원 프로그램을 설계하고 가르치며 코칭한다.
- 안토니오 가르반 루나Antonio Galvan Luna는 멕시코에 있는 교육 컨설팅회사 GALIKA의 공동 창립자 겸 시니어 컨설턴트로 있다. 독일 Konstanz대학에서 비즈니스 경제학 석사 학위를 받았다.
- 뷜런트 곡던Bülent Gögdun 은 ESMT에서 고객 맞춤형 솔루션 프로그램 소장을 맡고 있다. 비영리 분야에서 경영 컨설턴트와 프로젝트 매니저로 경험을 쌓았다.
- 아가타 할체프스카 피겟Agata Halczewska-Figuet은 파리 Crédit Agricole CIB센터 학습 분야 소장이다. 이전에 IGLC에서 임원이사 겸 임원코치로 일했다.
- 비잇 헬러Beate Heller는 스위스 베른의 Swisscom에서 임원개발 부장직을 맡고 있다. 15년 이상의 임원 교육 경험을 쌓았으며, 스위스 금융산업과 국제 컨설팅 분야에서 리더십과 재능 개발 전문가다. 하이델베르그대학에서 불문학과 영문학 박사 학위를 받았다.
- 토마스 헬위그Thomas Hellwig는 인시아드의 겸임교수이자 프로그램 소장직을 맡고 있다. 정신치료 박사 학위를 받은 의사이며 인시아드에서 MBA 학위를 받았다.
- 니키 헤이워스Nikki Heyworth는 Courageous Success라는 코칭과 컨설팅회사의 비즈니스 개발부장이다. 그녀의 고객으로는 엔지니어링,

음식제조업과 생명공학을 비롯해서 공공기관 등 다양한 영역의 최고 경영자가 포함된다.

- 아멜 카불Amel Karboul은 Change, Leadership & Partners의 창립자 겸 경영파트너로 일하고 있다. 독일 보스턴컨설팅그룹Boston Consulting Group에서 전략 컨설턴트로도 있었다. 영국 옥스포드 Brookes대학에서 코칭과 멘토링 박사 과정에 있으며 아랍어, 불어, 영어와 독일어로 프로그램을 진행한다.

- 스베틀라나 카포바Svetlana Khapova는 암스테르담 VU대학에서 커리어학과 부교수이자 박사 교육 과정 소장직을 맡고 있다. 베를린 ESMT 초빙교수로 있다.

- 게르하르트 리스카Gerhard Liska는 비엔나와 뒤셀도르프에 있는 컨설팅회사 USP-D에서 선임 컨설턴트로 활동하고 있다. 비엔나대학에서 인간생태학 석사 학위를 받았다.

- 실케 매티스Silke Matthies는 임원코치 겸 경영 컨설턴트로 활동한다. 그녀의 국제적인 고객은 서비스, 유틸리티, 제약산업 분야에 걸쳐 있다. 경영학 석사 학위를 소지하고 있다.

- 케이트 맥커트Kate McCourt는 Bombardier Transportation GmbH에서 학습과 개발 고문으로 있다. ESMT에서 선임 프로그램 매니저로 일했으며 언어 컨설턴트를 비롯해 다문화 커뮤니케이션과 갈등 경영 전략에 초점을 맞춘 트레이너로 경력을 쌓았다.

- 머리 팔레프스키Murray Palevsky는 인시아드의 글로벌 리더십 센터에서 코치로 일한다. 캐나다 맥길대학교에서 조직행동과 금융 MBA 학위를 취득했다. 몬트리올에서 정신분석 훈련 과정을 이수했고, 인시아드 우등 졸업자다.

- 롤프 파이퍼Rolf Pfeiffer는 리더십 개발 전문 서비스 회사인 Leadership Choices 공동 창립자 겸 경영이사직을 맡고 있다. 2004년부터

ESMT 코치로 일하고 있다. 그는 베를린 기술대학 경영학 석사 학위와 툴루즈 고등 경영대학 조직심리학 석사 학위를 소지하고 있다.

- 마르시아 레이놀즈Marcia Reynolds는 최고 재능을 지닌 여성들이 직장에서 올바른 결정을 하고 전략적 관계를 맺으며 그녀들이 힘과 우아함과 영향력을 불어넣는 코칭에 초점을 맞추고 있다. 조직심리학 박사로 성인 학습과 커뮤니케이션 석사 학위 두 개를 소지하고 있다.
- 샌디 스타델만Sandy Stadelmann은 컨설팅회사 Customer Centric Management의 창립자 겸 경영 파트너로 여성 비즈니스 코칭 전문 분야를 맡고 있다.
- 안나 우르노바Anna Urnova는 러시아와 영국의 유수한 다국적기업에서 15년 이상 기업 경험을 쌓은 숙련된 HR 임원이다. 영국 런던 정치경제대학교에서 인사경영학 석사 학위를 받았으며 인시아드에서 임상조직 심리 수료증을 받았다.
- 에릭 반 드 루Erik van de Loo는 암스테르담 자유대학에서 리더십과 행동을 가르치는 교수로 재직 중이다. 또 인시아드에서 초빙 리더십 임상교수로 CCC 프로그램의 공동 소장직을 맡고 있다. 네덜란드 Leiden대학교에서 사회학 박사 학위를 받았다.
- 아네트 보스Annette Voss는 ESMT에서 리더십과 코칭 관련 임원 프로그램을 기획하고 운영하는 공인된 비즈니스 코치다. 독일 대학교에서 리더십 강의를 하고 있다.

서론

서론

아래에 소개되는 이야기는 맨프레드 F. R. 케츠 드 브리스Manfred F. R Kets De Vries의 초창기 코칭 프로젝트에서 일어난 실제 사례 가운데 하나다. 이 이야기로 시작하는 것은, 앞으로 이 책에서 다루게 될 코칭 주제와 도전의 많은 부분이 포함되어 있기 때문이다.

1977년 추운 11월의 어느 저녁 일곱시 반, 전화벨이 울렸을 때 나는 마침 사무실을 나가려던 참이었다. 나는 최대한 빨리 집에 가고 싶었기 때문에 순간 망설였지만, 이 시간에 대체 누가 전화를 걸어오는지 궁금하기도 했다. 전화를 건 사람은 야근이 일상화된 사람이었을 것이다. 그는 내가 사무실 책상에 꼿꼿이 앉아서 전화받기를 기대한 듯했다. 그가 말을 시작하자 그의 목소리에서 불안감이 느껴졌다. 그냥 일상적인 업무 전화가 아니었다. 그는 자신이 토니 핀치라는 사람이며, 화장품 회사의 제품 안정성을 테스트하는 연구소의 상무이사라고 소개했다. 알고 보니 그는 몇 달 전 내가 진행했던 스트레스 관리 세미나에 참석했던 사람이었다.

지금으로부터 몇 년 전, 나는 캐나다 맥길대학교의 조직행동학과에서 젊은 부교수로 재직하고 있었다. 그 무렵 내 연구는 스트레스에 관한 것이었고, 핀치가 참석했던 세미나는 리더십 개발이라는, 내가 비즈니스 세계로 뛰어든 커리어 초창기에 진행했던 것이다. 세미나 피드백은 좋았고, 참석했던 많은 기업 임원은 유용한 지식을 습득했다고 느꼈다. 그렇지만 세미나 이후 나에게 개인적으로 도움을 요청한 사람은 핀치가 처음이었다.

핀치는 그의 직원 가운데 한 명이 심각한 스트레스를 받고 있으며 동기부여가 되지 않아 고민하고 있었다. 전문적인 도움의 손길이 없으면 그 직원은 곧 모든 에너지가 고갈되어 탈진할 것만 같은 상태였다. 이전까지 나는 다양한 컨설팅 경험이 있었지만 이 사례는 유난히 흥미로웠는데, 그 이유는 어떤 특정 개인에 대한 위기 관리는 처음이었기 때문이었다. 그의 연구소는 내가 속해 있던 학교 캠퍼스에서 20분 거리에 있었기 때문에 교통 또한 편리했다. 우리는 그 직원을 위해 하루짜리 인터벤션을 제공하기로 동의했다.

이틀 뒤 나는 연구소를 방문했고 도착하자마자 핀치의 사무실에서 일대일 브리핑을 받았다. 그의 연구소는 미용 상품을 테스트하고 있었고, 연구 목적을 위해 실험용 동물을 보유하고 있었다. 내 코칭 대상자는 마크라는 젊은 남성으로, 연구소 동물을 관리하고 실험에 적합한지 확인하는 일을 하였다. 문제는 그의 일 처리가 점점 성급하고 불충분해진다는 점이었다. 동물은 잘 관리되고 있었지만 동물 하나하나에 대한 서류작업이 체계적이지 않고 정확하지 않아, 한 번은 전체 실험을 무효로 처리해야만 했다. 동시에 마크의 행동은 점점 변덕스러워졌는데, 어떤 일은 지나치게 성급하게 마무리하고 어떤 일은 필요 이상으로 시간을 오래 썼다. 중요하지 않은 일에 지나치게 많은 시간과 노력을 쓴 만큼 정작 중요한 일은 완전히 소홀히 하는 식이었다. 코칭 세션

일주일 전, 핀치는 마크를 사무실로 불렀고 마크는 그동안 자기 성과가 좋지 않았던 것을 인정했다. 마크는 좀 더 노력하기로 약속했고, 핀치의 제안에 따라 외부 컨설턴트를 통해 도움을 받는 데에 동의했다.

짧은 브리핑이 끝나고 나는 마크를 소개받았다. 나는 그에게 연구소를 구경시켜 달라고 부탁하였다. 연구소 규모는 아주 컸고, 여러 개의 실험실과 넓은 사무실 공간으로 이루어져 있었다. 어딜 가나 따뜻하고 차분한 분위기였고, 내가 만났던 직원들은 모두 자기가 하는 일에 열정을 가지고 있었다. 마크 또한 자기 일에 열정을 가진 사람처럼 보였기 때문에 핀치에게서 이야기를 듣지 않았다면 나는 그에게 어떤 문제가 있다고 상상하지 못했을 것이다.

마크는 학교를 졸업하자마자 수의사로서 연구소에 채용되었고 상당히 큰 규모의 연구소에서 유일하게 자격을 갖춘 수의사 3명으로 이루어진 작은 팀을 이끌고 있었다. 그에 대한 첫 인상은 놀랍게도, 어떠한 의심이나 불만을 가진 사람처럼 보이지 않았다. 오히려 그는 내 존재를 환영하는 듯 보였고 내 질문에도 적절하게 잘 대답했다.

연구소 투어가 끝나고 나는 그에게 가족 환경, 교육 그리고 어떻게 해서 지금의 자리까지 오게 되었는지 물었다. 심층 인터뷰가 진행되자 그는 회사 내에서 그의 역할에 깊은 불만과 부담감을 토로했다. 내가 들은 바로는, 그는 평생 동안 동물과 함께 지내왔다. 그는 어린 시절 알버타주의 작은 목장에서 자랐고, 어렸을 때부터 수의사가 되는 것을 꿈꾸어 왔다. 마침내 꿈을 이루었을 때 그는 보통 수의사처럼 동물을 진찰하는 일 말고 조금 더 색다른 일을 하기로 마음먹었다. 그는 연구하는 일을 좋아했고 그가 배운 지식으로 인간 사회에 도움을 줄 수 있는 일을 하고 싶었다.

학교를 졸업하고 곧바로 그는 연구실 일자리를 찾았고, 지금 근무하는 연구소에 들어오게 되었다. 수의사로서 그가 선택할 수 있었던 직업과는 다르지만 매우 흥미롭고 신나는 근무 환경이었다. 그리고 보수도 굉장히 좋았다. 그렇지만 지금의 그는 그때의 자기 선택에 의구심을 갖고 있으며 '속았다'고 생각했다.

시설을 돌아보면서 나는 연구소 곳곳에서 실험용 동물들을 발견할 수 있었다. 어느 애완동물 가게처럼 한쪽 벽에는 생쥐와 작은 쥐들로 가득한 용기들이 늘어서 있었다. 어느 방 한 켠에서는 사람들이 컴퓨터와 현미경으로 일을 하고 있었고 한쪽 구석에는 비글 강아지 여섯 마리가 쇠창살로 된 우리 안에서 낮잠을 자고 있었다. 강아지들은 흔한 애완견처럼 생겼지만 그들의 머리와 귀에는 플라스틱으로 된 태그가 묶여 있었다. 모두 건강해 보였다. 그렇지만 꼬리감는 원숭이capuchin monkey를 본 순간 나는 조금 당황했는데, 인간과 흡사한 표정이나 몸짓과는 다르게 우리 안에 갇혀서 정신적 스트레스를 받는 듯 반복적이고 과격한 행동을 보이고 있었기 때문이었다.

동물 실험은 항상 논쟁의 이슈가 되어왔기 때문에 나는 마크가 겪고 있는 심리적인 문제가 그것과 상관이 있을 것이라 추측했다. 그렇지만 마크는 입사하기 전부터 연구소의 동물 실험을 알고 있었을 텐데 일을 시작하고 나서 2년 동안 무슨 일이 있었던 건 아닐까? 마크는 나에게 핀치가 언급하지 않은 중요한 사실 하나를 말해주었다. 실험이 끝나면 실험에 사용했던 모든 동물을 살처분하는 것이 연구소의 정책이었다. 마크의 설명에 따르면, 실험에 한 번 사용한 동물은 결과가 중복되는 것을 방지하기 위해 다른 어떤 실험에도 사용할 수 없으며, 평생을 우리 안에 갇혀 지냈기 때문에 사회성이 전혀 없어 애완동물로 입양될 수도 없다는 것이다. 그뿐만 아니라 애초에 연구소에서 데리고 있는 동물의 숫자에 비해 입양을 원하는 사람의 숫자가 턱없이 부족했다.

그렇기 때문에 동물을 처리하는 것이 마크의 일상적인 업무가 되었다. 동물을 좋아하고 사랑해서 수의사 공부를 한 젊은 청년이 지금은 일상적인 업무로 동물을 죽여야만 했다. 나는 아우슈비츠 수용소에서 '죽음의 천사Angel of Death'라고 불렸던 의사 요제프 멩겔레가 떠올랐다. 마크가 느끼는 스트레스와 부담감은 직장에서뿐만 아니라 집에서도 문제를 일으켰다. 밤에는 잠들지 못했고 주기적으로 위경련과 두통을 호소하며 기억력이 나빠졌다. 그는 직장에서 시간을 낭비하며 중요한 업무를 뒤로 미루는 습관이 생겼다. 마크의 설명을 들을수록 나는 그가 현재 무의식적으로 그에게 맡겨진 일들을 망치고 싶어한다는 느낌을 받았다. 마크의 사례는 단순히 집중력의 문제가 아닌 총체적 재앙이었다.

마크는 도망칠 수 없었다. 그는 일자리를 원했고 월급이 필요했다. 그렇지만 돈 때문에 직장을 그만두지 못하는 것은 아니었는데, 그는 일자리 제안을 받았을 때부터 이 모든 일을 예상했기 때문에 그 누구도 원망할 수 없었다. 일자리 제의를 받아들이고 두둑한 연봉과 최고 수준의 복지 혜택을 누리기로 결정한 것은 바로 그 자신이었기 때문이다. 지금 일을 소화할 수 없다는 이유로 회사를 그만둬버리면 그를 뽑아준 회사를 배반하는 배은망덕한 일이라 생각했다. 그리고 놀랍게도 개인적으로 일을 혐오하면서도 마크는 동물 실험의 필요성을 인지하고 있었을 뿐 아니라 동물실험에 대한 회사의 방침을 어느 정도 지지하고 있었다. 그의 문제는 내면적인 것이었고, 그 문제를 해결하고 일을 계속하고 싶어했기 때문에 내 개입을 받아들이기로 한 것이다.

그의 이야기를 다 듣고 나서 내 느낌은 좋지 않았는데, 나는 그에게 당장 일을 그만두라고 말하고 싶었다. 분명히 그는 자신에게 맞지 않는 일을 하고 있었다. 나는 윤리적인 딜레마에 빠졌는데, 나를 고용한 핀치는 내가 마크를 도와 그가 다시 제대로 역할을 수행하게 되기를 바라고 있었다. 마크 자신 또한 이 직장을 계속 다니기를 원했다. 그렇지만 코치로서 나는 이 모든 것이 잘못된 방향이라는 것을 알고 있었다. 물론 어떤 사람들은 마크와 똑같은 일을 하면서 스스로 정당화하며 '나쁜' 직업에서 좋은 점만 바라볼 수도 있다. 그렇지만 마크는 그럴 수 있는 사람이 아니었다. 그 일은 확실하게 마크의 적성에 맞지 않았고, 거기서 발생하는 스트레스에 대처하는 방법 때문에 그의 자아는 분열될 위기에 놓여있었다. 스트레스는 그를 엄청나게 짓누르고 있었다.

어쨌든 나는 핀치에게 고용된 입장이었고, 내 역할은 마크가 내면의 목소리와 싸워 다시 한번 팀의 생산적인 일원이 되게 하는 것이었다. 핀치의 바람대로, 나에게 맡겨진 임무를 완수하고, 코칭료를 받고, '내 할 일을 다했다'라고 생각하며 떠날 수도 있었다. 그렇지만 나는 이것이 어떠한 코칭이나 개입으로 해결될 문제가 아니라는 것을 확신했다. 본인이 돌보던 동물을 일상적으로 죽이는 일에 대한 스트레스를 마크는 결코 묻어버리지 못할 것이다. 문제는 시간이 갈수록 점점 심각해질 것이라는 점이다.

나는 코치가 된 뒤 처음으로 코칭 대상자에게 그가 나에게 요청한 도움을 내가 줄 수 없음을 말하기로 했다. 처음에는 마크로 하여금 그가 처한 현실을 똑바로 직시하게 만들었다. 이 과정은 내가 생각했던 것보다 훨씬 고통스러웠는데, 마크는 본인이 이 직업에 적합한 사람이 아니라는 것을 받아들이는 것을 매우 힘들어했다. 그의 첫 반응은 거부였는데, 직장을 그만두고 새롭게 시작해보라는 내 제안을 거절했다. 그는 자신이 본인의 스트레스를 해결하지 못하고 있는 것이 문제의 핵심이며, 도망가지 않고 이 자리에서 반드시 해결해야 한다고 주장했다. 나는 우리 두 사람의 고용인인 핀치가 원하는 것과는 정반대 방향으로 마크를 설득해야만 하는 굉장히 불편한 위치에 서 있었다.

이것은 정말 까다로운 코칭 사례이다. 누가 내 의뢰인인가? 핀치? 마크? 핀치의 문제를 해결해야 하는가, 마크를 구해줘야 하는가? 만약 마크를 위한 충언을 한 것처럼 핀치와도 불편한 대화를 할 용기를 낸다면? 테이블 위에 새로운 카드를 제시하는 것은 절대로 쉬운 일이 아니다. 이야기는 다음과 같이 전개된다:

마크는 깊은 내면에서 이 일을 절대 거부할 것이라는 내 판단은 결론적으로 옳았다. 우리의 긴 대화 끝에 마크는 훈련된 수의사에게는 동물을 실험하고 죽이는 일 외에 다른 좋은 직업의 기회가 많다는 점을 인정했다. 마크에게 회사를 그만두는 것이 회사를 배신하거나 개인 삶이 실패했다는 증표가 아님을 설득시키자 그는 안도의 숨을 내쉬었다.

이제 남은 일은 핀치에게 우리의 결론을 전달하는 것이었다. 예상했던 대로 핀치는 내가 가져온 소식을 달갑게 받아들이지 않았다. 사실 그는 경악했다. 나는 핀치에게 이렇게 예상치 못한 결론에 다다른 것에 대해 아주 정당한 이유와 설득력이 있는 근거를 대야 했다. 마크는 처음부터 그에게 적합하지 않은 일을 받아들인 것이었다고 설명할 때 핀치는 굉장히 난감해했지만, 마크가 회사에 갖고 있는 충성심과 헌신적인 태도를 알려주자 그는 조금 누그러들었다. 결정적으로 핀치를 설득한 것은 장기적으로 보았을 때 마크를 데리고 있는 것이 회사의 입장에서 더 큰 리스크와 비용을 떠안게 된다는 점이었다. 마크의 문제는 결코 해결되지 않고 계속 수면 위로 떠오르게 될 텐데, 그럴 때마다 그는 업무에서 더 큰 실수를 하게 되고 회사 입장에서는 더 큰 손실을 떠안게 될 것이었다. 또 마크가 감당하는 스트레스 수준은 결국 잦은 결근과 그의 정신적 상해를 보상해 달라는 요구로 이어질 수도 있다. 각자의 길을 떠나는 것이 마크와 회사 모두에게 더 나은 결정이었다.

코칭이 끝나고, 마크는 일시적으로 실업자가 되었고 핀치는 당장 교체할 사람을 고용해야 했다. 표면적으로는 내 코칭이 실패했다고 볼 수 있었지만, 나는 내가 마크나 핀치 모두에게 가장 올바른 해결책을 제시한 것이라고 믿었다.

독자는 위 사례에서 코치의 결정에 찬성할 수도 있고 반대할 수도 있다. 이 이야기는 앞으로 이 책에서 다룰 중심 주제인 '코칭 신화 깨기 Demystifying coaching'를 잘 보여준다는 점에서 매우 중요하다. 까다로운 코칭 사례에는 다양한 층위가 존재한다. 처음에 코치는 표면층을 분석해야 한다. 이를테면, '의뢰인이 누구인가?' '내 책임은 무엇이고 어디까지가 내 역할인가?'와 같은 질문을 던져야 한다.

그렇지만 표면 밑에는 심리적으로 혹은 무의식적으로 우리의 행동과 결정에 영향을 미치는 내면세계가 존재한다. 내면세계는 흔히 숨겨져 있고 잘 보이지 않는다. 마크의 사례로 되돌아 가보자. 이 사례가 심층적 차원에서 코치에게 어떤 무의식 반응을 일으켰는지 자못 궁금했다. 위의 이야기에서 코치는 마크를 나치의 아우슈비츠 수용소에서 일했던 요제프 멩겔레 의사와 비교했다. 코치는 제2차 세계대전 때 어린 시절을 네덜란드에서 보냈다. 그때 그의 어머니가 게슈타포의 눈을 피해 유태인을 숨겨주었고, 나중에 이스라엘에게서 '의로운 시민Righteous Gentiles'이라는 명예로운 칭호를 받았다. 이런 어린 시절의 경험이 40년 뒤 그의 코칭 과제에 어떤 영향을 주었을까? 마크를 회사에서 탈출하게 도와주면서 코치의 어린 시절 경험이 그의 내면에 어떤 작용을 했는지 스스로 인지하고 있었을까?

　비슷한 이야기지만 다른 결말을 갖고 있는 또 하나의 사례를 비교해 보자. (이 책의 사례는 모두 실제 일어난 사건이지만 인물과 회사는 가명이다.) 앞의 사례와 행동 패턴은 비슷하지만 자기 인식이 부족했기 때문에 코치인 데이빗과 코칭 대상자인 준 모두는 큰 혼란에 빠진다. 코치의 입장에서 우리에게 들려준 이야기이다:

　　나는 한 미국 굴지의 기업 이사회에 있는 여성 임원을 코칭 해달라는 의뢰를 받았다. 그녀는 CEO 자리를 승계받을 대상자 가운데 한 명이었고 대상자 모두가 리더십 개발을 위한 일대일 코칭을 제공받게 되었다. 코칭의 목적은 철저하게 준비를 해서 CEO 승계를 받거나 탈락할 때는 회사를 떠나 새로운 커리어 방향을 설정하는 것이었다. '승진 아니면 아웃Up or out'이라는 고위험 코칭 과제였다.

　　내 코칭 대상자인 준은 야망있는 여성이었다. 스탠포드와 와튼스쿨에서 교육받은 그녀는 업계 최고의 위치에 오르는 것을 목표로 커리어 전반을 쌓아왔다. 첫 세션 때 그녀는 나에게 CEO가 되는 것 외에 다른 경우의 수는 없다고 딱 잘라 말했다. 자신은 이미 내정자이며 다른 후보자들은 이제 회사를 떠날 준비를 해야 할 것이라고 (어떤 내부자의 정보라며) 날 안심시켰다.

　　한 달 뒤, CEO 자리에서 밀려났다는 소식을 들었을 때 그녀의 반응은 격한 분노였다. 계약에 따라 우리의 코칭은 그 뒤 몇 달 동안 더 예정되어 있었지만 이후의 세션은 그녀의 동료들이 얼마나 멍청하고 무식한지에 대한 그녀의 속풀이 시간이 되었다.

준은 그녀의 전공과 더욱 밀접한 금융 쪽 부서로 옮겨달라고 요청했고, 부서 이동 뒤에도 그녀는 계속해서 조직 안에서 불신과 불만 분위기를 조장했다. 결국 몇 주 지나지 않아 그녀는 해고되었다. 회사에서는 남은 다섯 번의 코칭 세션을 외부에서 지속하도록 허락했다.

처음에 그녀는 낙관적upbeat이었고, 앞으로 자기 회사를 차리겠다는 계획에 대해 나에게 피드백 해달라고 요청했다. 그녀는 아주 오랜만에 진정한 자유와 홀가분함을 느낀다고 말했고 나에게도 그렇게 보였다. 그렇지만 몇 주 뒤 다시 분노가 가득한 상태에서 나를 찾아왔다. 그녀는 회사를 설립할 자금을 모으지 못했고 그 원인으로 자신을 해고한 전 직장을 탓하고 있었다. 그녀는 매우 화가 난 상태였고, 길에서 전 직장 동료를 마주치기라도 한다면 가만두지 않을 것이라는 협박성 말을 하기도 했다.

우리의 마지막 세션에서 그녀는 완전히 망가진 상태였다. 항상 깔끔하게 잘 차려 입고 다니던 그녀는 완전히 다른 모습이었다. 퇴직금은 바닥났고 그녀는 거의 파산에 이를 지경이었다. 놀랍게도 그녀는 분노 상태에서 완전한 절망 상태로 옮겨갔다. 코칭만이 그녀에게 희망과 위안을 주는 유일한 시간이었기 때문에 그녀는 코칭 세션을 조금 더 연장하자고 나에게 애원했다. 완전히 망가진 그녀를 외면할 수 없었던 나는 코치로서의 책임감으로 그렇게 하기로 동의했다.

우리는 그 뒤 일주일에 한 번씩 시내 커피숍에서 만남을 지속했다. 준은 더는 자기 미래나 회사 이야기를 하지 않았고 자신이 잠자리를 같이 한 남자들 이야기만 늘어놓았는데, 그들을 통해 비뚤어진 쾌락을 느끼는 듯했다. 그녀는 여러 남자들과의 관계를 시작했고 그리고 곧 그들을 버렸다. 그녀는 남자들과의 관계에서 우위를 차지하며 상대방의 마음을 아프게 하는 데에서 쾌락을 느꼈다. 그녀의 행동이 그녀 인생에서 그녀를 실망시킨 모든 남자들(직장 동료들을 포함한)에 대한 복수처럼 보인다고, 나는 조심스럽게 그녀에게 말했다. 그렇지만 그녀는 듣기를 거부했고, 남자를 통해 그녀에게 찾아온 중년의 위기를 나름 즐기고 있다고 말했다. 동시에 그녀는 나에게 사과를 하며 그녀의 이야기에 유일하게 진심으로 귀 기울여 주는 남자는 나밖에 없다고 했다. 나는 우리의 만남을 통해 그녀의 미래 계획을 함께 세우기 위해 노력했지만 현재 그녀의 유일한 목적은 자기파괴처럼 보였다. 이미 오래 전부터 코칭료를 못 받고 있었지만, 나는 우리의 만남을 끝내기 전에 그녀가 어느 정도 안정적인 모습을 회복하길 바랐다.

한 달 뒤, 새벽 두 시에 그녀에게서 긴급한 전화가 왔다. 그녀가 코카인을 팔다가 적발되어 구금되었다는 소식이었다. 그녀의 이야기에 따르면, 그녀는 만난 지 얼마 안 된 잘 알지 못하는 남자의 차를 타게 되었는데 알고 보니 그는 마약상이었다. 나는 그녀를 경찰서에서 내리고 나와 그녀의 아파트에 데려다 주었다. 집에 왔을 때 나는 아내와 크게 말다툼을 했고, 아내는 내 행동이 '의뢰인에게 일반적으로 하는 일이냐?'고 물었다. 내 머리가 어떻게 된 게 틀림없었다. 나는 잠을 못 이룬 채 침대에 누워 생각했다. 이미 일은 내 통제를 벗어나 너무나 잘못된 방향으로 흘러가고 있었다. 오늘 새벽에 걸려온 그 전화는 준에게뿐만 아니라 나에게도 큰 경종이 되었다.

코치인 데이빗은 추후에 그의 수퍼바이저에게 했던 이야기를 나누었다(그 전까지 데이빗은 수퍼바이저에게 준에 관한 어떠한 보고도 하지 않았다). 그는 진작부터 두 사람의 관계가 잘못되었다는 것을 알고 있었지만 어떤 이유에서인지 그만둘 수 없었다고 고백했다. 숙련된 코치로서 그 원인을 찾기까지는 오래 걸리지 않았다. 준의 행동양식이 데이빗의 인생에서도 나타나는 어떤 패턴이었던 것이다.

모든 것이 분명해졌다. 데이빗은 대학생 시절 캠퍼스에서 대마초를 팔다가 구금된 적이 있었다. 그는 당시 미성년자였고, 대학교 경찰관들을 잘 설득하여 결국 부모님께 알리지 않고 풀려났다. 그 시절은 그의 인생에서 가장 큰 침체기였고, 그때 그는 크게 방황했고 외로움을 느꼈다고 고백했다. 그의 고백은 부모님에 대한 고백으로 이어졌는데, 그는 20년이 지난 지금도 그때 부모님이 항상 바쁜 가운데 자신을 혼자 외롭게 두었던 것을 원망하고 있었다. 그가 진정으로 부모를 필요로 했을 때 그들은 거기에 없었다.

난생 처음 이런 이야기를 털어놓은 다음, 데이빗은 수퍼바이저의 도움 없이도 단번에 자신과 준의 인생에 공통점이 있음을 발견할 수 있었다. 그의 수퍼바이저는, 그가 준을 돕고자 한 것은 비록 자기 상처에 대한 대리 치유의 목적이긴 하나 그 자체는 옳고 수용 가능한 것이었다고 덧붙였다. 그렇지만 데이빗의 실패는 그녀에게 '제대로 된' 도움을 주지 못했다는 점이라고 조심스럽게 알려주었다. 데이빗은 훈련된 심리치료사가 아니었다. 훨씬 초기에 준을 심리치료사에게 보냈어야 했다. 데이빗은 이 말을 듣고 '정신이 번쩍 들었다.'

그는 그 뒤 준을 두 번 더 만났는데, 한 번은 그녀와의 관계를 정리하고 그녀를 심리치료사에게 소개해주기 위해 만났으며, 한 번은 그녀가 이제는 인생의 미래 준비에 중점을 둬야 한다는 메시지를 확고히 해주기 위해서였다. 그녀와의 관계를 조심스럽게 마무리하고 나서 데이빗은 상당한 안도감을 느꼈다.

코칭 신화 깨기

위의 사례가 보여주듯이, 코칭은 복잡한 것이다. 코치들은 흔히 자신이 해결할 수 없는 난제와 부딪히게 되는데 난제를 해결하는 방법은 다른 코치에게 도움을 요청해 상황을 바라보는 새로운 관점을 가지는 것이다. 실패는 상대적인 것이다. 어떤 경우에 실패는 상사에게 적절한 타이밍에 보고하지 못한 경우일 수 있고, 본인의 동기와 두려움을 이해하려는 노력의 부재일 수 있다. 어떤 경우에는 처음에는 실패처럼 보였지만 결과적으로 큰 성공일 수도 있다. 앞으로 이 책에서는 위의 사례들과 비슷한 이야기를 많이 접하게 될 것이다. 우리는 실력있는 코치들의 도움을 받아 다양한 사례를 해부하여, 어떤 행동 양식, 테마, 도전 과제, 걸림돌이 코칭 결과에 좋게 또는 나쁘게 영향을 미쳤는지 살펴볼 것이다. 우리는 코칭의 신비를 파헤치고, 사람을 돕는 여타의 다른 직업과 마찬가지로, 코칭을 하나의 예술로 규정하고 싶다. 지속적인 자아성찰과 동료 코치나 수퍼바이저를 통한 현실 점검을 요구하는 예술이다.

이 책의 서문에서 말했듯이 우리의 주장은 이렇다. 많은 수의 까다로운 코칭 사례를 분석해보면 코칭 대상자가 까다로운 것이 아니라 코칭 대상자와의 관계가 까다로운 것이다. 제1장에서는 코칭을 개관하고 다음 장에서는 심리치료사들의 통찰을 소개할 것이다. 우리는 이 책에서 코치가 만나는 이슈와 도전을 나열하려는 것인데, 코치 자신의 행동과 믿음의 결과일 때가 자주 있다. 그래서 제2장에서는 코치 스스로가 이른바 '까다로운 코칭'이라 일컫는 어려운 코칭 인터벤션에서 반복되는 패턴과 테마가 포함된 사례들을 자세히 들여다볼 것이다.

코치에게 지속적인 자기성찰과 수퍼비전이 필요하다는 우리의 주장을 뒷받침하기 위해 우리는 가장 먼저 사람들이 왜 코칭을 직업으로 선택하는지 살펴볼 것이다. 많은 이유가 있겠고 모든 이유가 유효하다. 그러나 개인의 과도한 강점이 단점이 되듯이, 코치가 되려는 동기를 충분히 성찰하지 못하면 코치는 처음부터 사각지대를 갖고 시작하는 것이다. 자신의 핵심적 동기요인(타인을 돕고자 하는 열망, 균형 잡힌 라이프 스타일의 추구, 상당한 수준의 수입을 원함 등)과 더불어 잠재적 실패 요인(개인적 가치에 대한 경직된 집착, 자기 행동의 '맹점blind spot', 위험한 관계로의 묘한 이끌림, 수퍼비전 받기를 거부함 등)을 미리 인식함으로써 코치는 까다롭고 위험하기까지 한 코칭 상황을 예방하거나 대처할 준비를 갖추게 된다.

1부

현대의 코칭 이슈

1

임원코치,
그들은 누구이고 왜 존재하는가?

　임원코치는 두 가지 매우 흥미로운 특징을 가지고 있다. 첫째, 이 분야에 입문하기 위해서는 풍부한 인생 경험과 상당한 직업 경력이 필수이다. 둘째, 코칭은 제2의 인생을 준비하는 중년들에게 매우 매력적인 커리어 전환 옵션이다. 이번 장에서 우리는 중년들이 인생을 재정비하는 시점에서 왜 임원코치로 커리어 전환을 선택하는지 살펴볼 것이다. '세 가지 앎three ways of knowing'의 접근방식이 커리어 전환에 어떤 영향을 미치는지[1], 그리고 임원코치가 되려면 무엇이 요구되는지[2] 살펴볼 것이다. 또 커리어 전환 과정에서 '지적인 커리어intelligent career', '커리어 기업가 정신career entrepreneurship', '경계없는 커리어boundaryless career' 개념을 배우고[3], 커리어 전환 과정에서 어떤 환경적인 요인이 중년의 새로운 도전에 방아쇠를 당기게 하는지 살펴볼 것이다. 마지막으로, 우리는 왜 코치가 되려고 하는지 근본적인 이유를 탐구할 것이다.

임원코치로의 커리어 전환

　일반적인 코칭 개념이 '관리자가 주변 사람들에게서 피드백과 지원을 받는 특정한 경영관리 스타일', 또는 '학습과 개발을 위한 인터벤션'으로 설명될 수 있다면, 임원코칭은 조금 더 구체적으로 정의될 수 있다. 임원코칭이란, 코치가 개입함으로써 경영 간부들 스스로 목표를 명확하게 세우고, 장애물을 극복하며, 목표 달성을 위한 구체적인 방법을 찾도록 도와주는 전문적인 서비스이다.[4]

수세기 동안 인간 문명에는 삶을 조언해 주는 특정한 사회적 역할(종교 지도자, 상담자, 현자 등)이 존재해왔고, 근대에 와서는 심리분석가, 정신의학자, 심리치료사 등의 의료 전문가들 역할이 커졌다. 그렇지만 한 번의 마우스 클릭으로 원하는 정보를 얼마든지 얻을 수 있는 시대를 살아가는 현대인들은 잠시 삶을 멈추고 생각을 정리하거나 조언을 구하는 일의 중요성을 아직까지도 깨닫지 못하고 있다. 그런데도 임원코칭 수요가 늘어나는 것은 그 자체로 인간이 기본적으로 가진 소통과 성찰 욕구를 반영한다. 이러한 욕구는 이제는 익숙한 컨설팅과 유사한 틀을 지니고 있는 코칭을 통해 해소될 수 있다. 그렇기 때문에 코칭이 우리 사회에서 전문 직업 분야로 자리잡는 것이 아직은 진행형인데도 사회적인 현상으로 주목받고 있으며 이것은 매년 코칭 업계로 흘러 들어가는 막대한 예산이 증명해 준다.[5]

두 번째로, 임원코칭의 급속한 확장은 서비스 공급자들의 니즈 충족이라는 점에서 설명될 수 있다. 매우 매혹적인 커리어 전환 옵션으로 인식되고 있기 때문이다. 코칭은 커리어 전환기에 있는 중년이나 퇴직 직전의 직업인들에게 딱맞는 극소수의 직업 가운데 하나이다. 임원코칭이란 이미 자기 분야(경영, 교육, 심리학, 예술문화, 스포츠 등)에서 어느 정도 성공을 이룬, 많은 경험치를 쌓은 사람이 자기 지식과 기술을 재포장하여 매우 새롭고 창의적인 방법으로 판매하는 행위이다.

아직 직업으로서 임원코칭이 갖는 의미를 연구한 결과가 많지 않지만[6] 코칭 분야로 성공적으로 입문하는 데에는 오랜 기간 축적된 인생 경험이 필수이며, 자신이 오랫동안 쌓아온 경험을 활용하여 제2의 인생을 설계하고 싶어 하는 중년 직업인들에게 매력적인 커리어 옵션이라는 것은 매우 분명하다. 코칭은 실천을 기반으로 하고 있기 때문에, 고객이 처한 상황을 현실적으로 이해하기 위해서 코치는 본인의 조직 생활 경험이 바탕이 되어야 하며, 좋은 관계를 위한 '정치적인political' 조언 또한 해줄 수 있어야 한다[7]. 이와 동시에 코치는 예리한 자기 인식이 필요하며 개인과 그룹의 상호작용 방식을 이해하여야 한다. 또 개인의 특징과 성격이 어떻게 작용하는지 알고 있어야 한다. 이러한 이유 때문에, 임원 코치의 평균 연령은 50을 웃돌며, 코치라는 직업이 남성과 여성 모두에게 똑같이 매력적이다(성별 균형을 이루는 직업군은 많지 않다).

   이번 장에서는 임원코칭이라는 직업을 다양하게 연구한 결과를 살펴볼 것이다. 임원을 대상으로 하는 교육 프로그램을 진행하면서 우리는 임원코치들을 가까이서 관찰할 수 있었고, 그들이 어떤 이유에서, 그리고 어떤 방식으로 코치가 되었는지 인터뷰해왔다. 현재 진행 중인 프로젝트 가운데에는 코칭을 주된 직업과 부수적인 직업으로 구분하여 연구하는 것도 있다. 이러한 연구 과제의 목적은 코치의 관점, 조직의 관점에서 코칭이라는 직업을 더 잘 이해하기 위한 것이며, 자기 선택으로 직업을 바꾸는 사람들이 왜 임원코치로 전환하는지 알기 위한 것이다.

커리어 전환하기: 최고의 시기와 최악의 시기

   사회・정치적인 환경이 계속 변함에 따라 커리어의 미래를 예측하는 것이 점점 불가능해지고 있다[8]. 한 직장에서 평생을 일하는 것과 안정된 사다리를 올라가며 계속해서 승진하는 것은 이제 불가능한 일이다. 심리적 계약psychological contract이 해체된 것으로 볼 수 있다. 직장이 안정적인 일자리를 장기적으로 제공하는 대가로 직원에게 장기적인 충성을 요구했던 전통적인 계약이 사라졌다. 직업을 변경하는 사람들을 대상으로 최근에 실시한 연구결과에 따르면, 커리어 진행을 꼭지점을 향해 나아가는 직선 모양으로 보았던 전통적인 관점이 변하고 있다고 한다.

우리가 특별히 주목하는 것은 커리어에서 가장 중요한 시점이 중년이다[9]. 이 시기에 사람들은 지금 자신이 하는 일에서 한 발 물러나 인생을 조망하며 앞으로의 인생을 위해 재정비하는 시간을 갖는다. 지나온 인생을 평가하는 것은 이따금 불편하고 받아들이기 어려운 현실 점검을 수반한다. 평가해 보면, 젊은 시절에 가졌던 꿈이나 목표가 현실과 커다란 격차를 보이는 경우가 많기 때문이다. 반면, 이런 깨달음을 통해 사람들은 지금까지 따라왔던 정해진 길에서 탈피하려는 욕구가 생기며, 새로운 에너지를 가져다 줄 새 목표를 찾게 된다.

중년의 위기에 관한 연구들이 쏟아져 나오고 있다는 사실은 성취 지향적인 우리 사회의 단면을 보여준다. 우리 부모 세대들이 이루었던 직업적 성공은 우리에게 기준점이 되었고 우리는 그들이 일해온 방식을 쉽게 버리지 못한다. 그런데도 직업을 연구하는 사람들에 따르면 중년이 된 성인들은 직업에서 근본적인 변화를 추구하고 실제로 이 시점에 많은 전환이 일어난다. 그렇기 때문에 더는 한 직종에서 최고 위치에 오르는 것을 커리어의 최종 목표로 삼으면 안 된다[10]. 반대로, 진정한 성공 열쇠는 중년의 위기가 닥칠 때, 실험 정신을 갖고 새로운 것에 도전하며 자기 범위를 확장시키고 학습을 통해 적응력을 개발하는 데에 있다[11].

최근 한 연구에서는 사람들이 현대 사회에서 성공하기 위해 택하는 이른바 이례적인 직업 행동을 탐구했다[12]. 이러한 행동 방식은 '커리어 기업가 정신career entrepreneurship'이라 정의되는데, 사회적으로 유지되어 온 규칙(예를 들어, 나이, 교육 수준, 성별, 문화적 또는 사회·경제적인 지위, 취업 유입, 커리어 진행 순서, 책임감 정도 등)을 우회하거나 위반하는 것을 말한다. '지적인 커리어intelligent career'란 개념에 따르면, 지금까지 전통적으로 선행되어 왔던 직업적 경험에서 완전히 벗어난 직업으로 전환하기 위해서는 어느 정도 기업가 정신이 필요하다. 또 이것에 따르면, 틀에서 벗어난 직업을 선택하기 위해 개인이 스스로 던지는 세

가지 질문이 있는데 그것이 바로 '세 가지 앎' 방식이다: '왜'에 대한 앎(Knowing-why: 내 선택 배경에 무엇이 나를 동기부여하였는지), '어떻게'에 대한 앎(Knowing-how: 어떤 종류의 기술과 능력이 필요한지), 그리고 '누구'에 대한 앎(Knowing-whom: 새로운 기회를 위해 누구를 만나야하며, 누구와 어떤 관계를 맺어야 하는지)이다[13].

예를 들어, 구매자(인사 담당자)로서 또는 코칭을 받는 대상자로서 (임직원) 리더십 코칭 세계와 인연을 맺은 사람은 어떤 지점에서부터는 코칭을 본인의 커리어 옵션으로 생각하게 되는 경우가 많다. 서비스 구매자로서 코칭을 관찰해온 것이 결국 머리 속에서 자기 자신을 그 자리에 두고 본인의 가능성을 생각한다. 이 시점에서 사람들은 '세 가지 앎' 방식을 활용할 수 있다. '누구'를 아는 것은, 결국 그들을 통해 코칭을 여러 가지 방법으로 학습하게 됨으로써 '어떻게'에 대한 앎까지 연결된다. (코칭 세미나에 참석하는 것, 숙달된 코치의 '그림자' 코치가 되는 것, 전문 코치를 수퍼바이저로 고용하는 것 등의 방법이 있다는 것을 알게 된다.) 더 나아가, 코치를 관찰하며 그들 자신도 타인을 돕는 일에서 매우 큰 가치를 발견하게 되고 이것이 '왜'에 대한 앎으로 이어지기도 한다. 이런 능동적 접근법은 코칭이 자신에게 적합한 길인지 판단하도록 도움을 줄 것이다.

중년에 커리어 전환을 하는 사람의 또 다른 특징은 그들이 '건설적 접근법constructive approach'을 이용하여 미래 계획을 세운다는 점이다[14]. 인생의 갈림길에 선 사람들은 대략 비슷한 경로를 바라보게 될 터인데, 어떤 길에서 더 큰 가능성을 보느냐는 저마다 다를 것이다. 그들의 결정에 크게 영향을 미치는 요소는 타고난 성격 특징과 관련이 있다. 그 가운데 우리가 주의 깊게 봐야할 특징은 외부와 관계 맺는 일에 적극적인지 소극적인지와, 현실을 판단할 때 효과적인지 비효과적인지이다. 적극적이고 실용적인 방법으로 본인의 커리어 옵션을 평가하는 것을 '건설적 접근법'이라고 한다. '건설적 접근법'을 사용하여 커리어를 재평가하는 방법은 다음과 같다: 현재 성취 수준에 맞추어 기대치를 낮춤으로써 현재 직업에 안주하거나 현재 성취 수준과 기대치의 격차를 인정하는 대신 대리 만족을 위해 다른 일(예를 들면, 후배를 양성하는 등)에 에너지를 쏟거나, 아니면 조직 내부나 외부에서 급격한 변화를 모색하는 것이다. 대부분의 경우 이러한 건설적 접근법을 사용할 때 결과는 개인에게 아주 만족스러워진다.

성인 발달 이론은 개인의 직업과 직장생활을 이해하는 데에 큰 도움이 된다[15]. '커리어 기업가 정신', '지적 커리어'와 같은 개념들이 직업 발달 단계의 순서를 상당히 허물었지만 (예를 들어, 글로벌 기업의 전직 CEO가 이사진과 함께 일하는 임원코칭 파트너십을 시작했을 때 이 경우 '주니어 임원' 이라 불릴 수 없다. 비록 그것이 그에게 새로운 커리어라 할지라도) 개인의 연령과 어느 정도 일치하는 다음의 세 가지 주요 단계가 펼쳐진다. 익숙치 않은 상황에 몰입하거나 신선한 에너지, 커리어 경로의 주어진 방향성과 꾸준한 추구, 커리어 경험에 능숙하게 몰입하는 것 등이 그것이다[16]. (직선적인 커리어 경로를 따라가는 사람에게 더욱 적용되는 이론이다.) 비록 신선한 에너지, 주어진 방향성, 능숙한 몰입이라는 커리어 단계는 점점 진화하여 이제 커리어 단계와 연령과의 상관관계가 점점 유연해지지만, 개인의 커리어란 여전히 '한 개인의 직업 경험의 시간 축에서의 진화 과정the evolving sequence of a person's work experience over time'으로 간주된다[17]. 이것은 우리가 지금까지 살펴보았던 개념에 매우 부합하며, 커리어 전환에 대한 새로운 시각을 제시한다. 그것은 인생의 어떤 지점에서든지 새로운 커리어를 적극적으로 설계하고 실험하고 전환하는 개인의 능력을 강조한다.

그렇다면 성공적인 중년의 커리어 전환은 어떤 식으로 전개되는가? 사람들이 커리어를 재정비할 필요성을 느끼고 커리어 전환을 위해 뭔가를 투자했다면 그들의 실험은 시작된 것이나 다름없다. 아이러니하게도, 기업 간부들을 위한 전통적인 경영대학원 프로그램이 커리어 전환 욕구를 불태우는 촉진제가 되기도 한다. 예를 들어, 우리의 리더십 개발 프로그램에 참여한 간부들은 프로그램을 통해 새로운 지식을 배울 뿐 아니라 인생을 되돌아보는 시간을 따로 갖기를 원하는 경우가 많았다. 그들은 조직 내에서 새로운 도전 과제를 원했고, 심지어 현재 직장을 떠나 새로운 직장을 찾기를 바라는 사람들도 있었다. 대학원 프로그램에서 만난 동년배의 기업 간부들과 이 문제를 함께 고민하는 과정 속에서 그들 모두가 영향을 받는다.

위와 같은 현상은 이른바 '정체성 실험실Identity laboratories'이라는 주제에 대한 연구를 촉발시켰다[18]. 변혁적 임원교육 프로그램에 관한 최근 연구에 따르면, 사람들이 개인적 변화 경험을 추구할 때, 직업적 정체성을 포함한 정체성 문제를 탐구하고 실험하는 데에 구조적인 도움과 보호막을 제공하는 정체성 실험실 또는 전환적 공간transitional space에서 큰 혜택을 받을 수 있다는 것이다[19]. 지적인 커리어 투자를 위한 건설적인 환경으로서, 정체성 실험실의 개념은 리더십 개발 연구에서 나온 아이디어를 커리어와 코칭 분야에 적용한 것이다. 특별한 전환적 공간으로서의 정체성 실험실 — 외부 세계와의 시간적, 공간적, 심리적 경계로 인해 보호되고 심리적으로 안전하다는 점이 특징임 — 의 개념은 정신역동의 전통이나 인류학적 연구 위에 기초하며 정체성, 커리어, 변화 연구의 문헌에 나온 개념들까지 통합한 것이다. 위와 같은 환경은 이미 비즈니스 스쿨이나 조직 내에 또는 다른 여러 환경에 이미 존재하거나 앞으로 얼마든지 창조할 수 있으며, 특별히 개인 정체성 변화의 경계선에 있는 사람들이 추구하는 환경이다. 즉 이들은 이전의 정체성과 완전히 이별하지 못한 채 분리 중에 있다. 새로운 정체성은 아직 수립 중이며 확고하지 않다. 사람들이 개인의 변화를 모색할 구조화된 기회를 가지려 애는 쓰지만, 자신도 모르게 이런 어정쩡한 상황에 처하게 될 가능성을 배제할 수 없다. 사람들은 정체성 작업에 필요한 기회와 환경을 찾고 있는데, 우리가 발견한 것처럼 비즈니스 스쿨이 바로 그런 환경에 해당될 수 있다[20]. 이런 종류의 '정체성 실험실'이나 전환을 위한 공간은 특히 임원코치로의 전환을 탐색하고 시험해 보는 것과 잘 어울려 보인다. 이런 공간은 개인이 앞으로 어디에 투자해야할지 스스로 판단하는 데에 도움이 된다. 예를 들면, 평소에도 훌륭한 경청자라는 평판이 있는 사람이 임원 프로그램에서 코칭을 받은 뒤 하루 일과 가운데 일정 시간을 다른 사람에게 무료로 코칭을 제공하는 실험을 해볼 수 있다. 만일 코칭 경험을 통해 그가 내적으로 보람이 느껴지고 외부에서 지속적인 긍정적 피드백을 받는다면 그는 이 실험을 점점 가시화하고 공식화함으로써 이 선택을 강화하는 쪽으로 갈 것이다.

임원코칭: 매력적인 커리어 옵션

리더십 개발에 관련된 우리의 연구와 경험에 따르면, 성공적으로 진행되기만 하면 임원코치로의 전환은 활기찬 새로운 커리어 단계로 진입하게 해준다. 많은 사람들이 중년기에 들어서면 자신이 정체되었다는 사실을 발견한다. 사람들 대부분에게 정상 자리는 주어지지 않는다. 또 일부는 비전통적인 커리어 길을 따를 수밖에 없거나 선택하게 되는데 (예를 들어, 직장에 다니는 워킹맘의 경우) 원래 자기 분야의 노선을 따라 커리어를 계속 쌓아가는 것이 아마도 불가능하다는 사실을 깨닫게 된다. 정상까지 올라가서 성공을 이룬 극소수의 사람들도 있겠지만 그 가운데는 지금까지 해온 일에 지루함을 느끼고 다른 의미 있는 일을 하면서 남은 인생을 보내길 희망하는 사람도 있다. 커리어 옵션으로써 임원코칭은 다음과 같은 문제에 해결책을 제공해준다: 한 가지 영역에서만 지속적으로 이루어진 '실패한' 커리어나 비전형적인 경험을 가진 사람들을 배제하지 않고 직업으로서의 임원코칭은 광범위한 삶의 경험, 다양한 전문적 배경과 기업가적 역동성을 가진 중년의 커리어 신입생을 특별히 우대해준다. 다음 장에서는 사람들이 왜 임원코치가 되고 싶어하는지 자세히 살펴보기로 하자.

경계에 걸친 역할에서 조직 생활에 영향 미치기

코칭은 기업가 정신을 발휘할 개인 사업의 영역이자 동시에 기업과의 관련성에서 혜택을 볼 수 있는 영역으로 보인다. 임원코칭은 조직이나 그룹과의 접점에서 일하는 능력을 촉구하면서 그것을 기반으로 한다. 경계에 걸쳐짐boundary spanning이란 두 개 또는 그 이상의 개체나 역할 사이의 경계선에서 발생하는 과정이나 활동을 의미한다. 임원코치는 그들의 기술, 지식과 재능에 대한 니즈가 있을 때 한시적으로 조직에 고용되는 임시 직원으로 비유될 수 있다. 임원코치는 비록 조직의 구성원은 아니지만 회사 내의 특정 임무를 수행하도록 되어 있기 때문에 임시 직원이 맞는 도전과 유사한 도전을 만난다[21]. 많은 코치들은 이러한 점을 임원코치의 장점으로 본다. 사업가적 성격의 활동을 하면서도(개인 능력을 사용할 기회를 여러 조직에서 찾는 등) 조직의 상근 직원이 갖는 일상적 구속에서 자유롭다는 점을 높이 산다. 다른 한편으로는, 조직에서 정규 임원의 위치에 있으면서 코칭 프로젝트를 수행하기 위해 휴가를 쓰거나 무급 휴가를 떠나는 임원코치도 그리 드물지 않다. 분명한 것은 임원코치는 매우 기업가적인 방식으로 경계선에서 일하게 된다는 점이다.

습득한 능력을 일관성있게 전환하기

국제코치연맹International Coach Federation에 등록된 코치들의 프로필과 인터넷을 통해 서비스를 제공하는 사람들의 프로필을 분석해 보면, 적어도 이 표본 그룹에서는 사람들 대부분이 비즈니스 경영과 관련된 배경 지식을 갖고 있음을 알게 된다. 그러므로 새로운 코치 대부분은 그들의 기존 인맥 자산Knowing-whom을 활용하여, 코칭 동기에 대한 지식Knowing-why과 코칭 방법에 대한 지식Knowing-how을 확장해 나갈 것 것이다. 한편으로는 경청과 상담이 임원코치의 핵심적인 능력이기 때문에 전직 (또는 현재) 심리학자, 정신분석가, 정신과 의사 등도 쉽게 임원코칭 커리어로 전환이 가능하다. 심리학과 관련된 분야를 공부한 사람들이 바라보는 임원코칭이란 이색적인 도전 과제(예를 들어, 심리적인 병리 현상보다는 비즈니스 효과성과 관련된)에 직면한 완전히 다른 종류의 고객들과 함께 일할 수 있는 활기찬 기회로 여겨진다. 이런 심리학적 배경을 지닌 사람들은 그들이 기존에 가지고 있던 방법에 대한 앎knowing-how 을 활용하고 더욱 발전시킬 수 있는데, 그들이 자기 분야에서 오랜 기간 쌓아온 직업 경험과 삶의 경험은 기업에서의 경영관리 경험이 부족하더라도 그것을 보완해준다. 이 경우 그들이 코칭을 선택한 이유knowing-why 또한 매우 자연스러운데, 대부분의 사람들이 본래 직업을 선택했던 이유가 타인에게 도움을 주고자 하는 열망이었기 때문이다.

일과 삶의 균형

흥미롭게도 임원코칭은 남성과 여성 모두에게 동등하게 매력적인 커리어 옵션이다. 커리어의 방향에 관한 최근 연구 조사에 따르면, 중년 여성들이 겪는 커리어 문제를 특별히 눈여겨볼 필요가 있다고 한다[22]. 그 내용은 우리가 상상하는 것만큼 단순하거나 분명하지 않다. 성공적인 여성 임원들이 커리어 사다리를 내려오는 이유는 전통적인 커리어 사다리에서 여성의 성공이 불가능하기 때문이 아니고, 직업적인 성공을 추구함으로써 지불해야 하는 비용이 개인적인 삶과 가정생활에서 얻을 수 있는 잠재적인 보상에 비해 너무나 크다고 여기기 때문이다. 코치로서 직업을 전환한 여성들의 이야기를 들어보면, 전통적인 커리어 사다리에서는 성장 기회가 너무나 제한되거나 존재하지 않는다고 인식하거나, 다음 커리어 단계로 나아가기 위해 필요한 개인의 투자가 인생의 다른 관심 분야와 결코 양립될 수 없다고 느꼈다고 한다. 여성에게 코칭은 임원의 삶과 비교했을 때 한계가 더 적고 뛰어난 능력을 발휘할 수 있는 영역으로 여겨진다. 이와 비슷하게 남성들도 코칭이 개인의 다양한 니즈와 관심 분야를 충족시키는 데 더욱 실현 가능하고 가치가 있는 분야라고 생각한다.

좋은 삶을 유지하기: 사회적 연결, 파워와 돈

커리어 사다리에서 내려오면서 겪는 도전 가운데 하나는 바로 직업적인 자아 정체성을 잃어버리는 것이다. 그렇지만 전통적인 커리어의 정상에 있던 사람들 대부분은 임원코칭으로 전환하는 것을 즐기는데, 그 이유는 그들이 계속해서 경영진들과 교류할 수 있고 거기에 따르는 지적인 자극과 혜택을 누릴 수 있기 때문이다. 예를 들어, 전략을 구체화하거나 함께 승계를 계획하는 등 중요한 일에 간접적인 역할을 할 수 있고 권한을 가진 사람들에게 영향력을 행사할 수 있다.

고객이 어떤 결정을 할 때 코치의 잠재적인 영향력을 부인할 수 없을 것이다. (모든 위험 부담 또한 포함된다.) 그러므로 이런 파워를 행사할 수 있다는 점이 코칭을 커리어로 선택하게 하는 중요한 요인 가운데 하나로 볼 수 있다. 조직 생활에서 무력감으로 좌절 상태에 있거나 커리어 정체기에 있다는 느낌이 들 때 사람들은 코칭 분야에 입문함으로써 내면에 존재하는 파워에 대한 욕구를 깨닫게 된다[23].

임원코칭이란 재정적인 측면에서도 좋은 커리어 이동이다. 특히 최고의 임원코치로 명성을 쌓는 일은, 영향력이 있는 사람들과 네트워킹을 해야 하는 등 큰 투자가 필요한 일이지만 그 보상은 상당히 높다. 최상위 임원코치가 받는 보수는 법률이나 컨설팅 회사 파트너가 받는 금액과 비슷하고 중견 심리치료사보다 조금 더 높다. 코칭이 기업에서 상당히 가치 있는 서비스로 여겨진다는 사실은 코치들로 하여금 상대적으로 높은 보수를 기대하게 한다. 우리가 이 책을 쓰고 있는 시점 기준으로 코치는, 장소마다 차이가 있지만, 시간당 200달러에서 3,500달러까지 받고 있으며, 중간값은 500달러이다. ('맨해튼에 있는 최고 수준의 정신과 의사에 해당')[24]. 이와 같은 높은 보수에 대한 인식을 통해 알 수 있는 사실은 한 개인이 직장을 떠나서도 지금까지 받았던 보수와 비슷한 (또는 더 큰) 액수의 돈을 벌면서도 조금 더 자유로운 라이프 스타일을 영위할 수 있는 직업이 존재한다는 것이다.

어떤 사람들은 철저히 이성적인 계산에 근거해서 투입되는 노력의 양에 비해 임원코치로서 받는 서비스 비용이 높다고 판단하기에 코칭을 선택하기도 한다. 또 어떤 사람들은 코칭이라는 분야가 처음 시작부터 높은 수준의 책임감과 고객과의 상호작용을 바탕으로 일한다는 사실에 끌리기도 한다. 예를 들어, 이제 막 새롭게 시작한 코치 (또는 아직 훈련중인 코치)는 전 직장에서의 위치와 네트워크를 이용해 상대적으로 쉽게 코칭 기회를 잡을 수 있다.

중년에게 주어지는 커리어 옵션 가운데 기존의 관심 분야와 능력을 활용하고 주도적으로 일을 추진하며 일과 삶의 균형 또한 놓치지 않는 그런 커리어 기회는 사실 다른 곳에도 있다. 예를 들어, 예술 분야 또는 비영리 조직에서 재능을 활용할 수 있을 것이다. 그렇지만 임원코칭이 현재 누리는 높은 위상, 낮은 진입장벽, 그리고 높은 잠재적 수익성을 모두 갖춘 일은 있다고 해도 거의 없다.

임원코칭은 위로의 보상인가?

커리어 정체기career plateau란 객관적인 커리어 성공을 이룬 사람이 이제는 승진의 기회가 제한되었다고 느끼는 상태를 의미한다[25]. 이 상황을 받아들일 수 없는 개인은 이 시기에 큰 좌절감을 느끼며 일에 대한 몰입이나 만족도가 감소하게 된다[26]. 커리어 차원에서 코칭에 한 발 더 다가가는 것은 일종의 치료적 행위로 여겨진다. 조직에서 더 큰 발전의 기회가 없다는 것을 깨달은 개인이 아직 넘치는 에너지와 자기 존재감을 드러내고 싶은 열망을 가지고 코칭 커리어를 선택한다. 여기서 위험은, 코치가 자기 인식이 부족하여 내면에 있는 대리 성공 욕구가 미치는 영향을 충분히 인지하지 못할 때 발생한다. 좌절에 빠진 꼭두각시를 멋대로 조종하는 조종사처럼 되지 않도록 조심해야 한다. 코치가 고객의 목적이 아닌 자기 목적을 달성하고자 하는 무의식적인 욕망에 휘둘려서는 안 된다.

경계 태세를 취하라

요약하자면, 임원코칭은 한 개인이 더는 그에게 맞지 않는 커리어 여정에서 내려와 커리어 중간에서 전환할 수 있도록 수익성 있고 실용적인 기회를 제공한다. 또는 고생해서 쌓은 개인적이고 직업적인 경험을 일관적이고 혁신적인 방법으로 강화시키는 기회를 준다. 성공적으로 코치로 전환한 사람의 경우, 수익적인 면과 개인적인 삶의 의미 면에서 큰 보람을 느낀다. 임원코치는 조직이 핵심 인재를 최고 수준으로 활용할 수 있도록 도와주는 데에 큰 역할을 한다. 코치는 조직 리더들로 하여금 업무에서 더 큰 성공을 이루고 자신이 수행하는 업무에서 더 많은 만족감을 얻어 결과적으로 객관적이거나 (또는 동시에) 주관적인 커리어 성공에 이르도록 분명하게 공헌한다. 코칭은 심리치료가 개인에게 가져다줄 수 있는 공헌과 컨설팅이 회사에 가져다줄 수 있는 공헌을 창의적으로 통합함으로써 개인과 조직 양자를 모두 돕는다[27].

임원코칭의 장점은 명백하다. 진입장벽이 낮은 새로운 커리어로써 이전의 경험을 바탕으로 새로운 도전을 제시하고, 시간과 경계 면에서 융통성이 있고, 재정적으로나 감성적으로도 보람 있는 일이다. 그러나 전체 그림으로 보면 훨씬 미묘한 측면이 있다. 코치로의 커리어 전환이 처음에는 명함을 인쇄해서 뿌리듯 쉬운 일처럼 보이나 장기적인 성공을 위해서는 세심한 준비와 실험, 지속적인 평가 과정이 필요하다.

 위에서 열거한 여러 가지 이유, 또는 모든 이유 때문에 임원코치가 되는 것이 중년의 교차로에서 아주 만족스러운 방향 전환임이 확실하다. 단 자기 능력을 철저하게 탐색하고, 새로운 직업 세계에 대한 현실적 탐색, 커리어 전환에 대한 건설적 접근이 보장된다는 조건에서 그렇다. 또 왜 자신이 코치가 되려 하는지 개인의 심층적인 이유를 이해한다는 조건에서 또한 그렇다. 이러한 주요 요건이 흔히 과소평가되며, 바로 그런 이유로 코치와, 그들이 연관된 조직 양자 모두에게 경계 태세를 늦추지 말라고 촉구하는 바이다.

 이 책이 중점적으로 말하려는 바는 코치가 자신이 왜 코칭을 하는지에 대한 내면적인 동기를 탐색해야만 한다는 점이다. 우리는 지금까지 커리어 번아웃, 일과 삶의 균형, 재정적인 보상 등과 같은 동기요인을 살펴보았는데, 우리는 그것이 본질적으로 잘못되었다는 말이 아니고, 코칭을 시작하기 전에 그것들이 철저하게 다루어져야 한다고 주장하는 것이다. 숙련된 코치는 지속적으로 자기 자신을 향해 다음과 같은 질문을 던져야만 한다: 이 프로젝트를 수행할 때 나는 효과적으로 역량을 발휘할 수 있는가? 아니면 단지 돈을 벌기 위한 목적으로 맡은 것인가? 내가 이 프로젝트에 매료된 것이 글로벌 기업의 전략적 선회를 간접적으로 좌지우지할 수 있기 때문인가? 이 프로젝트를 통해 나 스스로의 미해결된 욕구 가운데 하나를 풀고자 하는 것은 아닌가? 다시 한번 강조하건대, 이런 질문에 '예'라고 답하는 것이 본질적으로 틀렸다는 말이 아니다. 다만 코치가 (또한 그들의 수퍼바이저가) 이러한 동기 요인을 잘 인지하고 있고 그것들이 잠재적인 실패 요인이 아닌 강점(예를 들어, 설렘과 에너지의 원천)으로 승화될 수 있도록 확실히 해야 한다는 것이다.

새로운 직업 정체성을 찾는 과정에서 새로운 커리어에 대한 투자만을 신경 쓰는 것은 충분하지 않다. 똑똑한 커리어 투자 회수[28]가 필요하다. 커리어 전환을 하려는 사람들은 흔히 적합한 일을 한다. 코칭 교육 과정에 등록하고, 코치 협회에 가입하고, 다른 코치를 만나며 코칭이 올바른 선택이라고 스스로를 설득시킨다. 그렇지만 동시에 지금까지의 옛 정체성은 물론 이전의 커리어에 투자했던 흔적을 붙들고 있기도 한다. 여전히 기업 임원으로서의 사고방식으로 (더 중요한 건, 임원으로서의 감정으로), 고객이 결정을 내리는 데에 시간이 너무 걸린다거나, 코치(실제로는 코치의 모자가 아닌 아직도 임원 모자를 쓰고 있으면서)의 생각과 다른 방향으로 고객이 결정을 내릴 때 자신이 간섭하지 못한다는 점을 힘들게 느낀다. 특히 고객이 내린 선택과 가치관 충돌이 일어날 때 더욱 어려움을 느낀다. 코치는 고객보다는 코치 자신이 중요하다고 생각하는 것과 부합하는 해결책을 밀어부치려는 등 아직도 임원 역할에서 벗어나지 못하는 경우가 있다. 가끔 코치가 이전에 갖고 있던 노하우(성공적인 리더로서 수년간의 경험이 만든)는 코치의 코칭 방식을 선택하는 데에 영향을 미친다. 예를 들어, 고객 문제를 컨설팅하는 것처럼 해결책을 제시하는 방식을 선택하는 경우가 흔히 있다. 우리는 이미 코칭 동기요인 가운데 하나인 수익성을 언급했다. 코치 입장에서는 개인적으로 쏟은 투자와 수입에 대한 기대 때문에 수익성은 크지만 본인에게 부적합한 과제를 수임하거나 포기해야 할 일을 맡게 된다. 성공적인 코치가 되려면 '효과적인 코치가 되기 위해 그만 두어야 하는 일은 무엇인가?'와 같은 질문이 필요하고 더 나아가 포기함으로써 발생하는 손실을 받아들이는 것도 필요하다.

다음 장에서는 다른 동기 요인 가운데 하나인 타인을 도우려는 욕구에 대해 훨씬 더 자세히 살펴보기로 하자. 이것은 대부분의 코치에게 아마 가장 중요한 동기 요인 가운데 하나일 것이다. 그렇지만 모든 강점이 그러하듯이 지나치면 책임감 있는 실천의 경계선이 모호해지고, 이롭기보다는 해를 끼치는 '미묘한' 코치-고객 관계로 들어가는 기저의 원인이 될 수 있다.

주석

1. M. Arthur, P. Claman, and R. DeFillippi(1995). "Intelligent Enterprise, Intelligent Careers." Academy of Management Executive, 9(4), 7-20; k. Korotov, S. N. Khapova, and M. B. Arthur (2011). "Career Entrepreneurship." Organizational Dynamics, 40(2), 127-35.
2. K. Korotov and S. Khapova(2009). "Intelligent Career Divestments." Paper presented at the Academy of Management Annual Meeting, Chicago, IL, August 7-12.
3. M. Arthur, P. Claman, and R. DeFillippi(1995). "Intelligent Enterprise, Intelligent Careers." Academy of Management Executive, 9(4), 7-20; M. Arthur and D. Rousseau (1996). "Introduction: The Boundaryless Career as a New Employment Principie." In M. Arthur and D. Rousseau (Eds), The Boundaryless Careen A New Employment Principie for a New Organizational Era. New York: Oxford University Press, pp. 3-20; M. Arthur, S. Khapova, and C. Wilderom (2005). "Career Success in a Boundaryless Career World." Journal of Organizational Behavior, 26(2), 177-202.
4. R. R. Kilburg(2002). Executive Coaching: Developing Managerial Wisdom in a World of Chaos. Washington, DC: American Psychoiogical Association; K. Korotov(2009). "Liminality and Careers of Executive Coaches." Paper presented at the 25th EGOS Colloquium, Barcelona.
5. D. Coutu and C. Kauffman(2009). "What Can Coaches Do for You?" Harvard Business Review, 87(1), 91-7; J. E. Bono, R. K. Purvanova et al.(2009). "A Survey of Executive Coaching Practices." Personnel Psychology, 62(2), 361-404.

6. For exceptions, see accounts of executive coaches discussing their career choices and steps in M. F. R. Kets de Vries, K. Korotov, and E. Florent-Treacy (Eds)(2007). Coach and Couch: The Psychology of Making Better Leaders. Basingstoke and New York: Palgrave Macmillan; and M. F. R. Kets de Vries, L. Guillen-Ramo, K. Korotov, and E. Florent- Treacy(2010). The Coaching Kaleidoscope: Insights from the Inside. Basingstoke and New York: Palgrave Macmillan.
7. A. M. Valerio and R. J. Lee(2005). Executive Coaching: A Guide for the HR Professional. San Francisco: Pfeiffer.
8. M. B. Arthur, K. Inkson, and J. K. Pringle(1999). The New Careers: Individual Action and Economic Change. Thousand Oaks, CA: Sage.
9. D. J. Levinson, C. N. Darrow, E. B. Klein, M. H. Levinson, and B. McKee(1978). The Seasons of a Man's Life. New York: Knopf; L. E. Thomas(1980). "A Typology of Mid-Life Career Changes." Journal ofVocational Behavior, 16, 173-82; E. Jacques(1965). "Death and the Mid-Life Crisis." International Journal ofPsychoanalysis, 46, 502-14; M. F. R. Kets de Vries(1978). "The Mid-Career Conundrum." Organizational Dynamics, 7(2), 45-62; M. F. R. Kets de Vries(2010). Reflections on Leadership and Career Development. Chichester: Jossey-Bass, a Wiley Imprint.
10. D. T. Hall(2002). Careers In and Out of Organizations. Thousand Oaks, CA: Sage; H. Ibarra(2003). Working Identity: Unconventional Strategies for Reinventing Your Career. Boston, MA: Harvard Business School Press.
11. D. T. Hall(2002). Careers In and Out of Organizations, Thousand Oaks, CA: Sage.
12. K. Korotov, S. N. Khapova, and M. B. Arthur(2011). "Career Entrepreneurship." Organizational Dynamics, 40(2), 127-35.
13. M. Arthur, P. Claman, and R. DeFillippi(1995). "Intelligent Enterprise, Intelligent Careers," Academy of Management Executive, 9(4), 7-20.
14. M. E R. Kets de Vries(2010). Reflections on Leadership and Career Development, Chichester: Jossey-Bass, a Wiley Imprint.
15. D. E. Super(1953). "A Theory of Vocational Development." American Psychologist, 8, 185-90; M. L. Savickas(2002). "Career Construction: A

Developmental Theory of Vocational Behavior." In D. A. Brown and Associates (Eds), Career Choice and Development. San Francisco: Jossey-Bass, pp. 149-205; L. Baird and K. Kram(1983). "Career Dynamics: Managing the Supervisor/Subordinate Relationship." Organizational Dynamics, 11, 46-64; E. Erickson(1959). "Identity and the Life Cycle." Psychological Issues, 1, 1-171; D. J. Levinson, C. N. Darrow, E. B. Klein, M. H. Levinson, and B. McKee(1978). The Seasons of a Man's Life. New York: Knopf.

16. K. Inkson(2007). Understanding Careers: The Metaphors of Working Life. Thousand Oaks, CA: Sage.
17. M. Arthur, T. Hall, and B. Lawrence (Eds)(1989). Handbook of Career Theory. Cambridge: Cambridge University Press.
18. K. Korotov (2005). Identity Laboratories. INSEAD PhD Dissertation.
19. M. Dubouloy (2004). "The Transitional Space and Self-Recovery: A Psychoanalytical Approach to High-Potential Managers' Training." Human Relations, 57(4), 467-96; M. F. R, Kets de Vries, K. Korotov, and E. Florent-Treacy(Eds) (2007). Coach and Couch: The Psychology of Making Better Leaders. Basingstoke: Palgrave Macmiilan.
20. K. Korotov(2005). Identity Laboratories. INSEAD PhD Dissertation; G. Petriglieri and J. L. Petriglieri(2010). "Identity Workspaces: The Case of Business Schools." Academy of Management Learning & Education, 9(1), 44-60.
21. C. Bartel and J. Dutton(2001). "Ambiguous Organizational Memberships: Constructing Organizational Identities in Interactions with Others." In M. A. Hogg and D. J. Terry (Eds), Social Identity Processes in Organizational Contexts. Philadelphia, PA: Psychology Press.
22. W. Cascio(2007). "Trends, Paradoxes, and Some Direction for Research in Career Studies," In H. Gunz and M. Peiperl (Eds), Handbook of Career Studies. Thousand Oaks, CA: Sage, pp. 549-57.
23. D. C. McLelland and D. H. Burnham(1976). "Power Is the Great Motivator." Harvard Business Review, 54, 100-10, 159-66.
24. D. Coutu and C. Kauffman(2009). "What Can Coaches Do for You?" Harvard Business Review, 87(1), 92.

25. D. C. Feldman and B. A. Weitz(1988). "Career Plateau Reconsidered." Journal of Management, 14, 69-80.
26. R. Goffee and R. Scase(1992). "Organizational Change and the Corporate Career: The Restructuring of Managers' Aspira ti ons." Human Relations, 45, 363-85.
27. D. Coutu and C. Kauffman(2009). "What Can Coaches Do for You?" Harvard Business Review, 87(1), 91-7.
28. K. Korotov and S. Khapova(2009). "Intelligent Career Divestments." Paper presented at the Academy of Management Annual Meeting. Chicago, IL, August 7-12.

2

구조자 증후군

선행 이면의 복잡한 내막

끊임없이 변화하는 직업 세계에서 리더십 코칭은 조직 안에서 기능이 떨어지는 임원을 관리하기 위한 도구로만 간주되지 않는다. 저성과가 초래하는 손실에 대한 인식이 커지면서 리더십 코칭은 주류에 편입되기에 이르렀다. 욕심 있는 리더라면 리더십 코칭을 원한다. 리더십 코칭은 특히 승진, 새로운 업무 등과 같은 변화와 전환의 시기에 큰 도움이 된다. 커리어에 중요한 결정을 해야 할 때, 직장에서 문제가 발생할 때, 인생에 큰 변화가 생길 때, 코치는 그들에게 상황을 이해하는 데에 반드시 필요한 가이드를 제공할 수 있다.

1장에서 언급했듯이, 리더십 코칭은 매우 매력적인 커리어 옵션이 되었다. 그 이유는 돈을 잘 벌고 수준 높은 사람들을 상대하는 일이기 때문만은 아니다. 코치들에게 왜 코치가 되기로 결정했는지 물어보면 대부분은 타인에게 도움을 줄 수 있는 일이기 때문이라고 답한다. 20세기에 정신분석학이 유행했던 것처럼 지금은 코칭 시대가 열렸다고 할 수 있다.

정신역동적 심리치료와 리더십 코칭은 아주 중요한 상이점이 있다. 코칭은 (임상적 훈련을 받지 않는 한) 정신적 병리보다는 상대적으로 정상적인 행동 범위를 다룬다. 기본적으로 코칭은 임원이 자기 비즈니스 목표를 최대한 빠르게 성취할 수 있도록 돕는 것이기 때문에 코치는 정신과 의사, 정신분석가, 심리치료사보다 훨씬 행동 지향적이다. 코칭 세계에서는 과거에 일어난 일보다는 현재가 더 중요하다. 또 코치는 무의식(당장은 합리적이라 여겨지지 않는) 세계보다는 의식적이고 합리적인 사고 과정에 중점을 둔다.

많은 사람들은 순수한 이타적 동기로 사람을 돕는 직업에 매료된다. 구원rescuing이라는 테마는 대부분의 인간관계 특히 커플 관계에서 발견되는 핵심 역동이다. 타인을 도우려는 열망은 매우 훌륭한 것이고, 비슷하게 인류애, 동정심, 헌신, 서비스 정신과 같은 것들은 진정으로 가치 있는 일이다. 일을 하면서 타인을 도울 수 있다면 그보다 좋은 직업은 없을 것이다. 직업을 통해 타인과 세상을 좋게 만드는 일은 지지받아 마땅하다.

우리 인간은 태어날 때부터 타인을 향한 이타심을 타고 난다. 공감은 모든 인간관계 형성의 기본 토대가 된다[1]. 진화심리학자에 따르면, 인간이 하는 특정 행동은 오로지 종의 사회성을 증진하는 것을 목표로 한다. 신경학자들은 우리의 뇌에서 거울신경세포를 찾아냈다[2]. 이런 증거들은 적자생존 법칙뿐만 아니라 친절자 생존the survival of the nicest 또한 인류 진화의 방향이 됨을 시사한다.

의사, 간호사, 변호사, 경찰 등과 같이 타인을 돕는 일은 큰 책임감을 가지는 직업이다. 그렇지만 그들도 같은 인간인 만큼 우리와 똑같은 욕구와 고민, 문제점을 안고 살아간다. 이러한 이유로 그들이 하는 일을 더 잘하기 위해서는 일 외적인 관계를 통해 그들 내면의 문제를 먼저 해결해야 한다.

만약 그들의 문제를 먼저 처리하지 않는다면 타인을 돕겠다는 좋은 의도가 너무 앞서 의뢰인의 필요와 그들 자신의 필요를 혼동하는 지경까지 가게 될 위험이 있다. 이런 경우에 조력자helper가 구조자rescuer가 되는 것이다. 구조자가 될 위험은 의료 업계나 심리치료사들 사이에서는 이미 널리 알려졌지만, 이제 막 발전하기 시작한 리더십 코칭 영역에서는 그에 관한 프로토콜이 존재하지 않는 것이 사실이다. 리더십 코칭과 심리치료의 경계가 불분명할 수 있는데도 코치들은 구조자 증후군 훈련을 받지 않는다.

일반적으로 돕는 사람으로서의 자기 인식이 너무 강해질 때 문제가 발생한다. 돕는 사람의 역할은 고귀하고 가치있는 것이지만, 돕는 사람이 되는 것이 누군가에게 유일한 인생 목적이 되어서는 안 된다. 어떤 사람들은 타인을 돕는 일에 중독된 경우가 있다[3]. 그들은 다른 사람을 기쁘게 하지 못해 안달이 나 있다. 더 큰 문제는 코치가 의뢰인을 통해 자신이 가진 내면의 이슈를 해결하려고 할 때 발생한다. 이런 관계에서 코칭 결과는 당연히 참혹할 수밖에 없는데 의뢰인은 자기 문제 더하기 코치가 해결해야 할 문제까지 떠안게 된다.

다른 사람을 돕고자 하는 마음이 왜 이런 구조자 증후군으로 이어질까?[4] 왜 어떤 사람은 영웅 콤플렉스에 더 취약한 것일까?[5] 영웅이 되고자 하는 과정에서 도움이 필요한 사람은 정작 자신인데 말이다.

타인을 돕는 일의 작동 원리가 복잡하다는 점을 고려할 때, 단순하게 '다른 사람을 돕기 위해' 리더십 코칭을 시작한 사람들의 동기는 지나치게 단순화되어 있어 속기 쉽고 역기능적 결과를 가져올 수 있다. 자신을 타인을 돕는 직업으로 이끈 근본적인 이유에 대해 정말로 이해가 없는 경우도 있다[6]. 코칭과 같은 직업군에 속한 사람은 가능하면 수퍼바이저의 도움을 받아 자신이 이 길을 가는 진짜 이유가 무엇인지 진지하게 성찰해야 한다. 경험이 많은 코치라면 인간 조건의 질곡을 잘 이해할 것이다. 그들은 자기 삶의 조건에 대해서도 잘 아는가?

구조자 증후군은 공식적으로 인정된 질병은 아니지만, 코치를 포함한 이타적인 직업을 갖고 있는 사람들이 많이 만나는 이슈이다. 본 장에서 우리는 강박적이고 과도하게 돕는 행동의 근원을 알아보고 잘못된 행동 패턴을 분석하며 해결할 수 있는 방법을 살펴보겠다. 구체적으로 코치와 고객 사이에서 일어나는 구조자 증후군의 패턴을 통해 상호 의존codependency이라는 개념을 살펴보고 건설적인 조력자가 되기 위해 필요한 것을 살펴보겠다. 구조자 증후군을 더 깊이 이해하면 우리 안에 내재하는 구조자의 강도를 더 잘 알게 될 것이다. 그리고 이러한 행위가 어떻게 우리 본래의 좋은 목적을 비껴가게 하는지도 잘 알게 될 것이다.

균형이 기울어지다: 도움이 도를 지나칠 때

인간이 하는 행동은 그 정도에 따라 효과적일 수도 있고, 역기능적일 수도 있다. 타인을 기쁘게 하는 일에 집착하는 행동은 이타심에서 나온 행동과는 확연히 다르다. 열정이 지나친 코치가 의뢰인의 개인적인 삶에 지나치게 개입하는 일이 자주 일어난다. 코치가 구조자가 되려고 할 때, 코치-고객 관계는 불건전한 상호 의존적인 관계가 되며 코치와 고객 모두에게 큰 비용을 치르게 한다. 이러한 관계가 지속되면, 코치는 오히려 무력감과 무능함을 느끼며 감정적으로는 분노를 느낄 수 있다. 시너지 효과를 내기는커녕 서로 에너지를 소모하는 관계가 된다.

결론적으로 코치와 고객 모두 고통받을 것이다. 코치 입장에서는 관계가 균형 있고 상호적인 것이 아닌 일방적인 관계가 됨에 따라 과부하가 걸릴 것이다. 코치가 감정적으로 충족되지 않은 상태에서 두 사람의 관계는 서로에게 원망과 분노만을 남길 것이다. 고객 입장에서는 언제나 의지할 수 있는 사람을 곁에 두는 것이 진취적이고 적극적으로 살아가는 능력을 개발하는 데에 아무런 도움이 되지 않는다.

이 불행한 관계는 구조자가 되고자 하는 코치가 자기 역할에 지나치게 몰입한 나머지 무슨 일이 벌어지는지 파악하지 못하는 상황까지 치닫게 된다. 타인에 대한 이타심과 다른 사람을 돕고자 하는 강박관념을 구분하지 못하는 것이다. 진정한 도움은 일방향이 아닌 쌍방향이 되어야 한다. 진정한 도움을 통해 고객은 스스로 성장하고 발전할 수 있는 힘을 키워 더는 도움이 필요 없어지는 것을 목표로 해야 한다. 구조하려는 욕구가 극단적으로 치달으면 도움을 받는 사람 입장에서는 코치의 방향을 따라갈 수밖에 없다. 그들은 더는 스스로 어떤 결단도 내릴 수 없게 된다. 구조자 증후군을 가진 코치들은 코칭 대상자의 문제에 몰입함으로써 자신이 가지고 있는 문제에서 도피하고자 한다[7]. 다른 말로 하면, 겉으로 보기에는 박애적으로 보이는 행동이 사실은 이기적이고 자기중심적인 동기 때문에 발생한 것이다.

구조자 증후군

남을 돕는 직업을 가진 사람은 최대한 '정상적인normal' 사람이어야 한다. 즉 그들이 개인적으로 갖고 있는 어려움과 역기능적 행동 패턴을 제거하여 의뢰인의 문제점을 바라볼 때 명징하고 온전하게 볼 수 있어야 한다. 그렇지 않으면 구조자가 전이transference와 역전이counter-transference 반응 - 과거의 문제를 현재로 불러오며 - 에 무기력하게 갇혀 자기 욕구에 휘둘리게 될 것이다[8]. 이런 경우 고객 문제를 늠름하게 해결해 주려던 구조자는 고객의 문제가 아닌, 살아오면서 내면에 쌓인 자기 미해결된 과제에 직면하게 된다. 구조자 증후군은 한 가지 잘못된 믿음에서부터 비롯된다. 그것은 '내가 원하는 것을 얻는 유일한 방법은 다른 사람들이 원하는 것을 해주는 것'이라는 믿음, 즉 도움이 강박이 되는 순간 나타난다. 결국 돕는 사람은 자기 선택으로 남을 돕는 것이 아니라, 강박적으로 구조자-피해자rescuer-victim 관계를 찾게 되고 그 관계를 심지어 지속시키려 한다.

인간이라면 누구나 살면서 타인이 필요로 하는 것에 반사적으로 맞춰준 경험이 있을 것이다. 사려 깊고 친절한 이 행동이 강박적인 형태를 떨 때 위험이 찾아온다. 구조자 중후군에 시달리는 사람은 음식, 담배, 술, 섹스 등과 같은 중독에 빠져있는 것이나 마찬가지다. 다른 사람이 보기에 도움을 주는 행동은 영웅적인 자기 희생처럼 보인다. 그렇지만 구조자를 자청하는 사람을 가까이서 관찰해보면 그들이 도움을 주는 행동을 통해 자기 문제를 회피하는 핑곗거리로 삼는다는 것을 알 수 있다.

역설적으로, 타인의 문제를 해결하는 능력이 뛰어나면 뛰어날수록 구조자는 더 많은 문젯거리를 떠안게 된다. 물 밀듯 밀려오는 요청을 통해서 자기 존재 가치를 느낄 수는 있겠지만 그들의 심신은 결국 탈진 상태에 빠진다. 마음 깊숙한 곳에서는 더 원하지 않지만 그들은 계속해서 남을 도우면서 다른 사람에게 'No'라고 말하는 것을 두려워한다.

타인에게 호감을 얻으려는 과도한 집착 - 도움을 베푸는 사람으로 보이기 위한 - 은 불안정한 자아 이미지와 관련이 있다. 구조자들은 이기적이거나 사랑이 없는 사람으로 보일까봐 두려워하며 누군가 도움을 요청할 때 'No'라고 말하는 것은 인간관계를 끊는 것이라고 믿는다. 'No'라고 말하면 타인에게서 미움을 받거나 거절당할까봐 두려운 것이다. 호감을 사려는 지나친 욕구는 구조자들로 하여금 한계를 정하거나 적절한 경계선을 세우는 데에 실패하게 한다.

또 구조자들은 타인을 돕는 일에서 신속성을 중요하게 여긴다. 모든 문제점들이 정확한 해결 방법이 있는 것이 아닌데도 그들은 그들 앞에 놓인 문제를 즉시 해결하는 방안을 제시해야 한다는 강박을 가지고 있다. 불행하게도 그들의 지나친 열정은 스스로에게 새로운 어려움을 가중시키는데, 심한 경우에는 그들이 사회에서 만나는 모든 사람들의 문제를 본인이 해결해야만 한다고 느끼는 경우도 있다. 당연하게도 이런 비현실적인 목표는 구조자들의 심한 자책과 죄책감으로 이어진다.

많은 경우, 도움을 요청하는 사람들이 진정으로 원하는 것은 누군가 자기 말에 귀 기울여주는 것뿐이다. 그들은 누군가 자기 인생을 이래라

저래라 통제하기를 원하는 것이 아니다. 즉각적인 해결 방안을 제시해주는 것이 항상 효과적인 것은 아니다. 구조자들은 도움을 주는 행위의 목적이 도움을 받는 사람으로 하여금 제 발로 바로 서게 하는 것이란 점을 자주 잊는다.

리더십 코칭에 존재하는 구조자 증후군

우리가 아는 코치 한 명은 그녀의 고객을 위해 회사에 전화를 걸어 그가 아파서 출근하지 못한다고 전해준 경우가 있었다. 사실 그 고객은 알코올 의존증에 가까울 정도로 술을 많이 마시는 사람이었고 그 날도 숙취 때문에 일을 할 수 없었다. 이같은 도움은 선을 넘어도 한참 넘은 것이다. 그녀와 그 고객과의 관계는 전형적인 상호 의존성codependency 관계이다. 상호 의존적 또는 종속적 관계란 코치의 행동이 사실은 고객의 불건전하고 파괴적인 행동을 더욱 강화시키는 것을 말한다. 우리가 그녀에게 왜 그렇게까지 했냐고 물었을 때, 그녀는 그가 평소에 그녀에게 의존을 많이 하며 문제가 생겼을 때 그녀를 통해 많은 위안을 얻기 때문이라고 했다. 그녀는 그를 최고의 고객 가운데 하나로 꼽았는데 그 이유는 어렵지 않게 알 수 있다. 그녀와 그 고객의 사례가 너무 극단적이라고 생각할지 모르지만 지금까지 만난 코치들을 볼 때 생각보다 흔하게 일어나는 일임을 알게 되었다.

모든 인간관계는 어느 정도 상호 의존적인 측면이 있다. 우리는 가까운 지인들에게 의지하며 모든 상호 의존적인 관계가 역기능적인 것은 아니다. 건강한 관계는 그 안에 상호성reciprocity이 있다. 그러나 어떤 상호 의존적인 관계는 일방적인 관계를 유지하려는 일종의 '중독addiction'으로 발전하면서 심각하고 감정적으로 파괴적인 형태를 띤다. 진정으로 보살피는 관계는 모두를 충만케 하지만, 상호 의존적인 행위는 서로를 고갈시킨다. 상호 의존성이 발생할 때 도움을 주는 측(코치)

은 좌절감을 느끼며 정신적으로 육체적으로 탈진한다. 동시에 무의식적으로 자신이 관계에 들인 노력에 상응하는 보상을 기대한다.

비효과적일 뿐만 아니라 위험하기까지한 상호 의존적 코치-고객 관계는 진단되지 않고 넘어가는 경우가 많다. 그렇지만 한 번 의존적인 관계가 형성되면 구조자 증후군은 그 전모를 드러낸다. 코치의 모든 생각, 의도, 그리고 행동은 오로지 고객 주위를 맴돌며 코치 자신의 정신건강은 망가진다. 중독적인 관계의 결탁relationship entanglement이 형성된 것이다. 코치와 고객의 자아는 하나가 되는 방향으로 나아간다. 그들은 자신을 개별적 존재로 보기 어려워진다. 이런 상황에서는 계약이 끝난 뒤에도 무보수로 만남을 이어나간다.

상황을 어렵게 하는 것은, 상호 의존성을 보이는 코치 대부분이 결핍 많은 사람에게 끌린다는 점이다. 초반에는 두 사람의 만남이 서로에게 만족스러울지라도 그렇게 관계가 지속되지 않는다. 구조해주는 것은 의존적인 사람의 영구적인 해결책이 되지 못한다. 구조를 요청하는 사람들은 대체로 소극적이다. 보기에는 순종적일지라도 좋은 조언을 해주어도 절대로 행동으로 옮기지 않는다. 그들은 해야 할 일을 하지 않는 데 대해 항상 핑곗거리를 찾고 구조자가 느끼는 무력감과 분노는 가중될 뿐이다.

구조를 요청하는 사람들은 세상이 자기를 도와줄 것이라 믿으며 도움을 요청하는 것이 자기 권리라고 생각하는 경향이 있다. 슬프게도 그들이 구조자 증후군을 겪는 조력자를 만나면 그들은 자기 힘으로 문제를 해결할 능력을 잃는다. 구조자를 자청한 코치가 그들에게 상황을 외면하고 도피하는 기회를 주기 때문이다.

또 다른 문제는 구조자 성향을 가진 코치는 동등한 관계 속에서 불편함을 느끼는 경향이 있다는 점이다. 역설적이게도 의뢰인이 스스로 문제를 해결하고 더는 도움을 필요로 하지 않게 되면 코치는 불안해진다. 이런 경우 구조자는 즉시 또 다른 구조 대상을 찾아 나선다.

코치 자신의 필요와 고객의 필요 사이에서 균형 잡는 것은 서커스의 곡예와 같다. 그것은 마음챙김mindfulness과 정확함을 요구하는 극도의 섬세한 균형잡기 행위balancing act이다. 우리 모두가 효과성을 떨어뜨리는 행동 패턴이 있기는 하지만 구조자 성향을 가진 코치는 효과적인 코치가 되는 것을 방해하는 맹점blind spot이 있기 마련이다. 더 최악인 것은, 구조할 대상을 많이 갖고 있는 코치의 경우 우선순위를 판단하는 감각을 잃고 결국은 패닉에 빠질 위험이 있다는 점이다.

구조자의 탈진

구조 대상이 점점 많아지면 구조자에게 돌아오는 성취감은 반대로 줄어들 수 있다. 코칭은 감정적으로 많은 에너지를 쏟아야 하기 때문에[10] 시간이 지남에 따라 초반의 목적 의식이 상실될 수 있다. 이 단계가 오면 코치는 냉소적이며, 피곤하고, 냉담한 감정 상태에 놓인다. 그들이 갖고 있던 긍정의 힘과 일에 대한 열정은 사라져버린다. 더 최악인 것은 이런 감정 상태에 있는 코치는 자기 고객에게 무의식적으로 상실과 패배의 감정을 전염병처럼 퍼트릴 수 있다는 것이다.

코치는 자신에게 발견되는 부정적인 감정 요소(분노, 이기심, 욕심, 경쟁심, 원망, 질투 등)를 어떤 식으로든 억누르려 할 것이다. 그에 따르는 정신적, 감정적 노력은 상당히 피곤한 것이다. 겉으로는 긍정적으로 보일지라도 그들 내면에서는 겉으로 밝게 보이기 위한 '쇼'에 대해 강한 회의감이 들 것이다. 그들의 탈진은 코치 내면의 욕구를 부정할 뿐 아니라 자신을 돌볼 시간을 스스로에게 허락하지 않음으로써 더욱 가중된다.

구조자의 이런 탈진 상태는 마땅히 받아야 할 인정과 고마움을 받지 못하고 있다는 현실 판단에 의해 더욱 악화될 수 있다. 감정적으로 지쳐 있는 코치는 자신이 도와주는 고객이 자기 노력의 진가를 알아봐주지 않거나, 도움을 아예 필요로 하지 않는다고 판단할 위험이 있다. 이 지경에 이르면 코치가 하는 모든 일은 그 목적을 상실하게 된다.

죄책감과 자기혐오에 따른 의욕 상실은 구조자의 탈진을 말해주는 또 다른 증거이다. 구조 작업 내려놓기가 그 상태에서의 증상이다. 또는 '투사projection'가 갑자기 증가하는데 자신이 구조해줘야 할 고객에게 사사로운 실수를 지적하며 그들을 탓하는 일이 일어난다.

결국 코치는 자신에게 주어진 모든 구조 미션을 포기하기에 이른다. 코칭을 종료할 의도로 고객이 아직 가지고 있는 문제를 부정하거나 감춘다. 이 과정에서는 일반적으로 불안, 감정적 분리, 우울이 나타난다. 약물 남용도 흔한 증상이다. 만성적 스트레스로 코치의 신체 건강에도 적신호가 켜지는데 그 증상으로는 고혈압, 당뇨, 편두통, 소화불량, 면역체계 혼란 등이 있다.[11] 만성 신체적 스트레스는 개인의 수명에도 영향을 준다.

심리적, 신체적 고통 외에도 구조자 증후군을 겪는 사람은 인간관계에서 경계선을 상실하게 된다. 경계선을 상실한 그들은 그들에게 도움을 요청한 사람들을 통해 자기 판타지를 실현시키려고 한다. 코칭을 포함한 모든 치료적 상황에서 비윤리적인 행동 유혹은 언제나 있다. 성적 개입은 주요 위험이다. 사람을 돕는 직업군에 있는 전문가는 남다른 감정 조절 능력을 가져야 함을 잊지 말기를 바란다.

어두침침한 거울로 비추다

코치는 사람을 돕겠다는 자기 내적 동기를 잘 알고 있을 것이다. 타인을 효과적으로 돕기 위해서는 먼저 자기 감정 욕구와 행동 패턴을 깊이 이해하여야 한다. 그들의 현재 상태가 고객과의 관계에 더 좋게, 또는 나쁘게 영향을 주고 있음을 반드시 인식해야 한다. 그렇다고 해서 감정적으로나 행동적으로 100% 완벽한 사람만이 코치가 될 수 있는 것은 아니다. 그렇다고 한다면 이 세상에 코치가 될 수 있는 사람은 아무도 없을 것이다.

왜 어떤 사람이 구조자 증후군에 더 잘 걸리는지 이해하기 위해서 우리는 인간 내면의 무의식 세계와 접속하고 타인과 맺어온 관계맺음 방식, 특히 어릴 때 자신을 돌봐준 사람caretaker과 형성된 관계의 강도를 살펴봐야 한다.[12] 유아 시절 부모에게서 지속적으로 따뜻하고 섬세한 관심을 받으며 자란 사람은 안정적인 애착 관계를 형성할 수 있다. 이런 경험을 통해 우리는 사람에 대한 중요한 '내부 작동 모델internal working models'이 형성된다. 내 부모는 내가 필요로 할 때 항상 내 뒤에 존재한다고 느끼며 자란 경우 어른이 되어서도 안정되고 자신감이 있으며 건강한 자존감을 갖는다[13]. 그렇지만 어렸을 때 돌봐주는 사람이 없거나 결핍 많은 부모 밑에서 자란 경우 결과는 매우 다를 수 있다.

역기능적 가정의 스토리

순기능을 하지 못하는 가정에서 자란 어린 시절의 경험은 그야말로 다양하다. 중독, 가난, 방치 ― 이 경우 어린아이는 스스로가 부모 역할을 하는 것 외에는 달리 방법이 없다. 그 과정에서 자기 욕구를 방치하게 된다 ― 에서부터 겉으로는 안정되고 사랑이 넘치는 모습이지만 그 안을 들여다보면 완벽 추구로 인해 무시무시한 밀실공포claustrophobic 환경이 만들어지는 그런 가정까지 그 모습은 실로 다양하다.

우리가 살펴볼 첫 시나리오는 결핍 많은 부모가 자녀를 보살피지 못하거나 하지 않으려 했던 가정 이야기다. 이 가정의 부모는 아이에게 예측 불가능하게 (예를 들어 거절하거나 짜증을 내거나 적대적으로 대했다) 반응했다. 부모는 아이가 필요로 하는 관심, 따뜻함, 즉각적인 반응을 제공하지 못했다. 이런 가정에서 자란 아이는 자기 의견, 필요, 감정이 중요하지 않다고 여기며 자란다. 그들은 부모에게 중요한 존재라고 한 번도 느끼지 못했고 부모의 진정한 사랑을 받지 못했다. 그들은 미숙한 부모가 된다.

위와 같은 가정에서 자란 사람은 누군가에게 도움을 요청하는 것을 굉장히 어려워한다. 그들은 도움을 구하는 것을 이기적인 행동이라고 본다. 아픔 많은 초기의 애착 관계 때문에 상처 입은 자아상sense of self을 회복하기 위해서 그들은 성인이 된 뒤 구조자 역할을 자처하는 경향이 있다[14]. 지금까지 해결되지 않은 고통스러운 어린 시절의 경험을 해결하는 방식이다. 이러한 심리적, 감정적 사막지대를 가진 사람이 타인을 돕는 일을 인생 과제로 삼고 세상의 인정을 얻는 수단으로 생각하는 것은 자연스러운 일이다. 사람을 돕는 직업군이 이들과 잘 어울리는 것은 놀랍지 않다.

두 번째 시나리오는 잘해야 사랑을 받을 수 있는 가정에 관한 것이다. 외부에서 볼 때 가족관계는 평화로우나 그 가정에서 자라는 아이의 현실은 너무도 달랐다. 사랑을 받으려면 '좋은' 아이가 되어야 하고 부모를 기쁘게 해드려야 하고 그들의 높은 기대에 부응해야 했다. 아이들에게 선포된 따라야 할 엄격한 의식적 또는 무의식적 규칙은 각 아이의 개성을 원천적으로 차단했다. 이 가정의 아이들은 존재로 사랑받는 것이 아니라 잘한 행위 때문에 사랑받는다고 느꼈다. 어릴 때부터 경험한 부모의 조건적 사랑은 아이들이 커가면서 승인 중독자approval addict로 이끌었다. 성인이 되어서도 아이는 부모의 기대대로 살려고 하고 그들의 행동 방식은 강요된 무언의 규칙을 따라간다. 그들은 과거의 잘못을 바로잡으려는 강한 욕구가 있다. 그들의 완벽 추구는 수용되고 인정받으려는 내면의 위대한 실존적 욕구를 가린다. 무슨 일을 하든 '이만 하면 됐어'가 안 되며 계속 부족감과 열등감에 시달린다.

이런 특수한 구조적 환경에서 자란 아이는 모든 관계에서 자기 부정과 고통, 희생이 따른다고 믿는다. 또 아이는 자신이 진정으로 원하는 것, 자기 진짜 욕구나 필요는 중요하지 않다고 여기게 된다. 가정의 '구세주savior' 역할을 한다는 것은 다른 가족 구성원의 문제에 관심을 기울인다는 뜻이다.

사람을 돕는 직업을 선택하는 것은 가정의 감정적 또는 신체적 역기능(또는 가족 구성원의 죽음)과 관련된 불안과 무력감을 극복하는 하나의 방법이 된다[15]. 타인의 고통을 덜어내주는 것이 구원의 수단이 될 수 있다. 그렇지만 불행하게도, 구조자 자신이 어린 시절 노출되었던 병리적 육아 환경으로 인해, 성숙한 구조자가 되기 위해 필요한 건강한 자아 존중감이 개발되지 못했다. 그들은 기쁨은 없고 자기 부정만 있는 순교자martyr에게서 보여지는 거짓 이타심pseudo-altruism에 사로잡힐 수 있는데, 그것은 피학적masochistic이고 자아 도취적narcissistic인 병리 성향을 띤다. 그들의 강박적인 보살핌compulsive caretaking과 자기 희생self-sacrifice은 그들 내면의 분노, 시기심 그리고 타인을 통제고자 하는 욕구에 대한 방어defense로 해석될 수 있다[16].

심리치료사는 사람을 돕는 직업군의 대표적인 예이다. 많은 설문 조사에 따르면 상당 수의 심리 치료사들이 성장할 때 심리적 또는 신체적 어려움이 있는 가족 한 명을 돌봐야 하는 책임을 가졌다고 한다. 부모의 죽음 또한 자주 발생하는 시나리오이다[17]. 어린 시절 겪어야 했던 애착, 돌봄, 질병과 관련된 어려움은 타인을 돌봐야 한다는 강박compulsion — 불안, 무력감, 소외에 대한 방어로서 — 을 형성한다.

이러한 가정 환경에서 자란 헬퍼는 타인에게 그들이 굶주린 관심과 돌봄을 돌려줌으로써 자신이 어렸을 때 경험한 감정적 결핍을 치료하고자 한다. 이러한 강박은 '사람을 돕는 직업 증후군helping profession syndrome'이라 불리며, 개인의 '정서적 거래 장부에서의 심각한 적자severe deficit in the emotional balance of payments'를 야기한다[18]. 육체적으로나 정신적으로 문제가 있던 가족 구성원 때문에 발생했던 스트레스에 대처하기 위해서 구조자 패턴을 채택하게 된다. 어렸을 때 정서적 이슈에 시달리고 많이 고민한 덕분에 그들은 이제 타인을 효과적으로 도울 수 있게 되었다. 흔히 상처투성이의 힐러wounded healer(그러나 자기 인식이 높은)가 잘 적응된 헬퍼well-adjusted helper보다 더 진정성있게 타인을 도울 수 있다.

그렇지만 모든 게 그러하듯 사람을 돕는 일에도 한계가 있는 법이다. 어린 시절의 트라우마로 인해 촉발된 과도한 도움 행위는 자기 파괴적인self-destructive 길로 이끈다. 이런 유형의 사람에게 공통적인 어린 시절 시나리오 연구에 따르면 이들이 타인을 돕는 직업군을 선택하는 것은 야누스적Janus 성격을 지닌다. 첫째로, 이 직업의 선택은 어린 시절 습득한 행동 패턴의 반복을 의미한다. 둘째로, 이러한 작동 방식은 방어적 투사defensive projection의 한 형태이다. 많은 경우에 헬퍼는 미충족된 자기 정서적 욕구를 투사함으로써 고객과 자신을 무의식적으로 동일하게 여긴다. 이런 일이 일어나면 헬퍼와 도움을 받는 사람 사이의 구분이 흐려진다. 도움을 받는 사람은 헬퍼의 자기 도취적인 외연 확장narcissistic extension이 되는 셈이다. 도움을 주는 행위는 어쩌면 구조자 개념이 형성되는 시기에 영감을 주었던 역할 모형의 결과일지도 모른다.

어린 시절부터 따라다니는 유령

이러한 과거를 가진 헬퍼는 성인이 되어서도 어린 시절의 유령이 따라다니는데 인생 초기의 아픈 경험이 자신과 타인에 대한 왜곡된 전제assumption를 만들어놓는다. 정서적 자원도 없이 어렸을 때부터 헬퍼의 역할을 떠맡게 된 이들은 그때 제대로 도와주지 못한 죄책감으로 내몰린다.

구조자는 다음과 같은 왜곡된 전제를 가지고 활동한다: '나는 다른 사람을 도와주거나 적어도 도와주려고 노력하거나 기쁘게 해줘야 한다. 그렇지 않으면 나쁜 일이 생길 것이다.' '나는 항상 행복해야 되고 다른 사람에게 부정적인 감정을 보여주면 안 된다.' '내 가치는 타인이 나를 어떻게 평가하느냐에 달려있다.' '내가 다른 사람이 원하는 것을 해주지 않으면 나는 거부당할 것이다.' 많은 경우, 타인을 도와야겠다는 강박은 어린 시절부터 내려온 '해야 되는 것들must & should' 리스트 때문에 계속 유지된다. 그렇지만 이 행동 리스트는 최악의 동기 요인이다. 헬퍼는 갈수록 타인이 주는 인정에 중독되지만 결과는 아무것도 없다. 그들은 결코 자기 자신에게 만족하지 못하며 스스로 세운 높은 기준에 도달하기란 불가능하다. 완벽함을 추구하기 때문에 그들은 스스로를 실패자로 만든다. 구조자 증후군에 빠진 사람은 자동으로 계속 돌아가는 스트레스의 순환self-perpetuating stress cycle에 빠진 것이다.

그들이 어렸을 때 스트레스에 대처하던 방식이 그때는 효과적이었을지 모르지만 현재의 삶에서는 아니다. 현재 어쩔 수 없이 하는 행동을 들여다보면 미해결된 아주 오래된 가족 드라마의 유사한 테마가 지금도 반복되고 있음을 발견할 것이다. 얼핏 보기에는 그들의 영웅적 행위가 고객의 용을 퇴치하는 것 같지만 그들의 진짜 (대개 의식 수준을 넘은) 목적은 자기 과거의 용을 퇴치하는 것이다. 구조자의 내면 극장inner theater을 깊게 분석해보면 그들이 고객을 선택하는 방식과 고객을 대하는 방식이 어렸을 때 느꼈던 고통을 무의식적으로 재생하고 있음을 발견하게 된다. 역설적이게도 구조자가 고객보다 훨씬 더 아파하는 경우가 자주 있다. 어린 시절 도움이 되었던 행동 방식이 성인이 된 뒤에는 오히려 자유를 구속하는 제약이 된다. 그들은 사람들에게 잘 해주는be nice 것이 모든 문제를 해결하는 마법의 공식이 아님을 배워야 한다.

구조자가 자기 감정과 연결되는 데에 어려움을 겪기도 한다. 그들에게는 타인의 감정이 중요하기 때문이다. 타인 욕구에 주파수를 맞추는 행위는 결국 자신이 진짜 원하는 것이 무엇인지 잃어버리게 만든다. 그들은 무엇을 생각하고 무엇을 느껴야 하는지조차 모르는 상태가 된다. 그들은 자기 감정을 표현하고 묘사하는 데에 어려움을 느낀다. 더 심각한 것은 구조자는 오직 타인을 돕는 행위를 통해 '구원redemption'을 추구하기 때문에 극심한 스트레스와 자존감 결핍에 시달릴 수 있다는 점이다. 그들 내면에 가지고 있는 왜곡된 전제, 즉 오로지 타인에게 봉사함으로써 사랑과 존경을 받을 수 있다는 생각은 오히려 그들에게 타인에게 이용당할 기회를 제공할 뿐이다.

구조자의 기본적인 작동 방식modus operandi은 타인을 기쁘게 하는 것이다. 그렇지만 자신을 소진하면서까지 타인을 위해 하는 일은 결국 자기 자신을 더욱 깎아먹는 일이다. 타인을 구조하는 것이 인생 목적이 될 때 도움을 주는 사람과 받는 사람, 그리고 그 관계에 모두 건강치 못한 결과를 가져온다. 모든 것을 타인의 필요에 맞추는 것은 자기 파괴적이거나 자기 희생적인 행위일 뿐이다. 도움을 받는 사람 입장에서는 자기 힘으로 문제를 발견하고 해결하는 힘을 잃는다.

한 가지 짚고 넘어갈 점은 우리가 다른 사람을 위해 하는 일에 대해 보상과 인정을 기대하는 것 자체는 아무 문제가 없다는 점이다. 타인에게 인정받는 것만이 자신이 가치 있는 사람이 되는 유일한 방법이라고 강박적으로 생각할 때 위험하다. 이것은 패-패lose-lose의 상황이다. 예를 들어, 코치가 자기 자존감을 오직 고객에게 의존할 때 코치는 아주 취약해진다. 구조자는 끊임없이 인정받기를 원하고 그 절박함은 불가능한 미션을 만들어낸다.

이러한 이유로 구조자 미션에 착수하기 전에 반드시 자기 자신을 검열하는 작업이 선행되어야 한다. 특히 구조자는 자기가 그 일을 하려고 하는 원인이 무엇인지 깊이 고민해야 한다. 타인을 돕고자 하는 욕구가 어디서 나오는지 알아야 한다. 과거 한때 적절했지만 더는 유효하지 않은 특정 방식이 떠올라 다른 영역에까지 적용하려는 전이과정transferential process을 알아차려야 한다. 자신을 진정으로 동기부여하는 것이 무엇인지 발견하는 것은 상황을 바라보는 새로운 관점을 제공한다. 구조자가 자기 내면 극장을 제대로 이해하지 못한다면, 그래서 자기 자아상을 수리하지 못한다면 결국 상실과 실패감으로 끝날 것이다.

구조자 증후군 관리하기

구조자 증후군에 대한 슬프면서도 웃긴 농담이 있다. 어느 날 한 사람이 가파른 산길을 운전하다가 얼음 조각과 충돌했다. 차가 한 바퀴 돌아 순식간에 협곡으로 떨어지게 되었는데 그 순간 그의 머리 속에 그의 고객 한 명의 인생이 마치 영화처럼 펼쳐졌다. 구조자 증후군을 겪는 사람은 타인과 관계를 맺는 새로운 방식을 찾아야 한다. 그렇다면 우리는 그들을 어떻게 도와줄 수 있을까?

구조자 증후군에 대처하는 첫 걸음은 개인의 전염도 degree of contamination를 진단하는 것이다. 임원코치는 자기가 구조자 증후군의 리스크가 있는지 스스로 진단해야 한다.

다음의 질문은 개인의 상태를 진단하는데 도움이 될 것이다. 질문 리스트를 통해 당신이 구조자 함정에 빠질 위험성이 어느 정도인지 판단할 수 있다. 각 질문을 하나씩 충실하게 작업하기 바란다.

구조자 증후군 강도 진단

- 당신 자신을 위한 시간을 내는 것이 힘든가?
- 도움을 필요로 하는 사람을 거절하기가 힘든가?
- 당신은 항상 자발적으로 타인을 도우려고 하는가?
- 어려움에 빠진 사람들에게 책임감을 느끼는가?
- 타인이 겪는 어려움에 자주 휘말리는가?
- 타인이 겪는 어려움을 말하거나, 생각하거나, 걱정하는 것을 멈추기 힘든가?
- 도움을 따로 요청받지 않은 상황에서도 주변 사람들을 항상 도와주

려는 경향이 있는가?
- 당신의 고객이 때로는 가족같이 느껴지는가?
- 계약이 끝난 뒤에도 고객과 비공식적인 코칭 관계를 지속하는가?
- 타인에게서 도움을 받는 것이 불편한가?
- 타인의 부탁을 거절할 수 없어서 일이 너무 많아지는 경우가 자주 있는가?
- 타인이 당신을 어떻게 생각하는지 항상 걱정하는가?
- 당신이 타인을 돕는 일을 하기 때문에 더 가치있는 사람이라고 생각하는가?
- 타인에게 보살핌을 제공할 때 가장 편안하고 안전하다고 느끼는가?
- 타인의 문제를 해결해줄 수 없을 때 죄책감을 느끼는가?
- 곤경에 빠진 사람을 대신해 결정을 내리는 편인가?
- 타인의 요구가 많아질 때 경계를 짓는 것이 어려운가?
- 당신이 돕고 있는 사람을 위해 변명을 만들어내는가? (말로 또는 암묵적으로)
- 당신이 해결해야 할 문제가 없을 때 불안하거나 충족되지 않은 느낌을 받는가?
- 항상 주는 입장이기 때문에 가끔 화가 나거나 분함을 느끼는가?
- 가끔 사람들에게 이용당하는 느낌이 드는가?
- 타인의 삶에 개입하여 도와줄 때 그들이 당신의 노력에 대해 충분히 인정해주지 않으면 화가 나는가?
- 계속해서 타인을 돕는 행위가 당신을 정신적으로나 육체적으로 지치게 만드는가?
- 당신은 정서적으로 문제가 많은 가정에서 성장했는가?
- 당신은 가족을 지켜야겠다는 책임감을 가지고 자랐는가?

당신이 동의한 질문의 갯수를 모두 합하라. 대부분의 질문에 '예'라고 답했다면 당신은 현재 구조자 증후군을 겪고 있을 확률이 매우 높다. 대부분은 아니지만 높은 점수를 받았다면 추후 구조자 증후군에 빠지지 않게 예방조치를 해야 한다.

치유자여, 당신 자신을 먼저 치유하라 Heal thyself

만약 당신이 구조자 증후군을 겪는 코치라면 치유 과정은 자기 문제를 직시하는 것에서 시작한다. 평생 고통, 죄책감, 거절에 대한 공포 등 부정적인 감정에 대해 거부denial(가장 원초적인 방어기제의 하나)를 사용했던 사람에게 그 패턴을 바꾸는 것은 절대로 쉬운 일이 아니다.[19]

그룹 치료와 일대일 치료를 통해 지금까지 억압해왔던 감정을 직시하며 어린 시절 형성된 잘못된 행동 방식이 어떻게 현재까지 영향을 주는지 깨달아야 한다. 사례 연구와 수퍼비전(동료 수퍼비전 포함)을 통해 상호 지원과 개인의 작동 방식을 통찰할 수 있다. 이 과정을 통해 코치의 자존감이 향상될 것이며 구조자 증후군에 빠진 코치를 건져내어 경계 설정하는 법을 새롭게 알려주고 유년 시절 내면의 미충족 욕구를 발견하고 존중해줄 것이다.

진정한 변화를 위해 짚고 넘어가야 할 문제가 있다. 구조자는 지금보다 더 이기적이 되어야 하는데, 본인에게 더 너그러워져야 한다. 그들은 타인의 것이 아닌 자기 꿈과 비전을 이루기 위해 집중해야 한다. 또 쉽지 않겠지만 인생을 즐기며 즐겁게 사는 법을 배워야 한다. 더 나아가 중독적인 사람들(육체적, 감정적으로 소진시키는)과 분리하는 법을 배워야 한다. 자신이 제공하는 도움의 품질을 계속 성찰해야 한다. 왜 특정 고객에게 집착하는지 근본 원인을 고민해야 한다. 코칭 프로젝트 수락이 고객 문제를 해결하기 위한 것이 아니라 내면 깊숙한 곳에 있는 자기 문제를 해결하기 위한 — 전이적 함정transferential trap — 것이라는 결론에 도달하면 애초부터 코칭 관계를 시작하면 안 된다.

구조자가 자신이 근본적으로 결함있는 가정assumptions을 기초로 행동하고 있음을 알아차렸다면 자기 행동 방식을 바꾸는 능력이 향상될 것이다. 예를 들어, 타인의 도움 요청을 거절하는 것이 그 사람을 거부하는 것이라고 혼돈하기 쉬운데 이런 두려움은 흔히 지나치다. 부탁을 거절할 수밖에 없는 타당한 이유를 설명하면 대부분 받아들일 것이다. 마지막으로 그들에게 이 세상 전체를 다 치유해야 — 서툴렀던 어린 시절에는 그렇게 해야 하는 줄 알았지만 — 할 필요가 없음을 깨닫는다면 그들은 더 효과적이고 행복해질 것이다.

건설적인 구조자 되기

건설적인 구조자는 타인의 필요에 민감한데, 그런 데에는 다 이유가 있다. 자기 건강과 행복을 대가로 치르면서까지 타인을 돕는 노력을 해서는 안 된다[20]. 건설적인 구조자는 고객에게 도움을 주면서도 개인의 행동 결과는 온전히 개인의 몫이라는 것을 알려야 한다.

자기 인생 문제를 해결하기 위해 어떤 노력을 했는지 질문함으로써 코치는 고객에게 인생의 주인은 자신임을 인식시켜야 한다. 고객은 코치를 부정적인 감정을 갖다 버리는 쓰레기통으로 생각하면 안 된다. 코치의 도움을 받아 그들 스스로 개인 문제를 해결할 힘을 길러야 한다. 건설적인 코치는 관계 속에 상호성reciprocity을 만듦으로써 더 효과적 관계로 이행한다.

건설적인 구조자는 고객이 자기 문제를 해결하도록 돕는 과정에서 촉매자catalyst 역할을 한다. 자기 어려움을 직면하도록 격려하는 역할이다. 문제에 대한 책임을 스스로 지게 하며 문제를 객관적으로 — 전이 과정이 일어나지 않도록 — 바라보게 하는 것은 고객으로 하여금 문제의 주인의식을 갖고 변화를 도출해내도록 장려한다.

이상적으로 리더십 코치는 다양한 심리분석 도구를 통한 광범위한 자기 검사self-examination를 거쳐 일종의 자기 지식self-knowledge과 객관성을 가지고 있어야 한다. 다른 어떤 직업군보다도 자기에 대한 이해도가 높아야 하며 의식과 무의식이 작용하는 방식의 차이를 이해해야 한다. 또 그들은 자기 인식, 반영성reflectivity, 비방어성non-defensiveness을 만드는 일종의 정서적 수용성emotional receptivity을 가져야 한다. 건설적인 구조자는 자신을 도구로 삼아 고객의 삶을 아우르는 주제theme를 파악함과 동시에 코칭 세션 동안 일어나는 코치 자신의 생각과 감정, 신체적 반응, 행동 패턴 등을 인지한다. 이것이 사회적 감성 지능의 핵심이다.

건설적인 구조자는 신뢰할 수 있으며 성실하고 신중한 사람인데 그런 데에는 이유가 있다. 고객의 자율성과 고객이 처한 현실을 잘 살피며 고객을 존중하는 믿을 수 있는 사람이다. 자기 관심사와 우려는 옆으로 치워두고 고객의 그것에 집중하며, 고객의 웰빙을 위해 이타적으로 헌신한다. 고객이 자신이 행동하는 방식에 대한 심층적인 통찰을 얻도록 돕는 데에 넘치도록 열정적이다. 이런 종류의 학습을 통해 고객을 빛나게 하는 요령을 알고 있는 사람이다. 좋은 질문을 던지는 것이 코치의 기술인데 고객으로 하여금 비판보다는 도전과 지원을 받는다고 느끼게끔 하는 질문을 던짐으로써 학습 과정을 향상시킨다. 코치는 또 어려운 질문에 직면할 준비가 되어 있어야 하며, 고객이 듣고 싶어하지 않는 진실을 말해야 할 때도 있다. 이 과정에서 코치는 적절한 타이밍에 개입해야 한다. 너무 이른 개입은 효과가 없다. 너무 늦은 개입은 이미 기회가 날아갔다. 코치의 개방성과 솔직함 그리고 고객에 대한 자기 감정을 인식하고 표현할 수 있는 능력은 고객과의 교류를 매우 가치있게 만든다. 유머까지 쓸 수 있다면 더욱 효과적일 것이다.

건설적인 구조자는 보기 드문 경청자이다. 고객으로 하여금 자신이 이해받고 있다고 느끼게 함으로써 효과적인 파트너십 관계를 형성할 수 있다. 코치와 고객 사이에 형성된 감정적인 유대감은 개입을 효과적으로 끌어올리는데 필수적이다. 유대관계를 형성하기 위해서는 타인의 상황과 감정, 동기를 알아차리고 이해하고 공감하는 능력이 필요하다. 건설적인 구조자는 타인이 슬퍼하면 함께 슬퍼하고 타인이 기뻐하면 함께 기뻐하는 정서적 감수성이 있다. 건설적인 구조자는 통찰력, 이해, 공감, 측은지심이 뛰어날 뿐 아니라 자기 경계를 잃지 않으면서 행동할 줄 아는 사람이다.

건설적인 구조자는 모호함ambiguity에 대한 커다란 톨레랑스tolerance를 가지고 있다. 이것은 일종의 소극적 능력negative capabilities — 의도적인 열린 마음 상태intentional open-mindedness — 인데 빨리 결론내리려는 충동을 느끼지 않으면서 상상력을 유지하는 능력이다. 불안해하지 않으면서 불확실성uncertainty을 수용하는 능력이다. 인지적 복합성cognitive complexity과 인간 조건의 모호성을 가치있게 생각한다. 결론적으로, 코치에게 인내심은 필수불가결한sine qua non 요소이다.

위에서 살펴본 것처럼 사람을 돕는 직업에 요구되는 행동이나 동기는 그저 평범하게 '좋은decent' 행동 수준을 훨씬 뛰어넘는다. 이러한 역량은 의식적인 과정과 무의식적인 과정의 파워를 모두 인정하는 것을 의미한다. 이를 위해서는 개인과 타인에 대한 깊은 이해가 바탕이 되어야 한다. 진정으로 건설적인 구조자가 되기 위해서는 스트레스 상황에서도 이러한 자질을 나타내기 위해서 충분한 자기 지식과 자기 규율self-discipline이 있어야 한다. 그들은 자기 심리적 건강이 코칭 품질에 어떤 영향을 미치는지 매우 잘 알고hyper-aware 있다.

맺는 말

우리 모두는 코치로서 세상에서 상처받고 실패했다. 그러나 대처하는 법을 배운다. 우리 모두는 저마다 고유한 강점과 약점의 조합을 가지고 있다. 모두가 그림자를 가지고 있다. 자주 퇴보하기도 한다. 모두가 도움이 필요하다. 헬퍼도 도움이 필요하다. 그러나 중요한 것은 타인을 돕기 전에 자기 자신을 먼저 돌보라는 점이다. 모든 힐링이 내면에서부터 시작하듯이, 건설적인 구조자는 고통의 근원을 만나기 위해 기꺼이 자기 내면을 들여다볼 태세가 되어있다. 그들은 또 정기적으로 수퍼바이저나 멘토와 함께 자기 생각과 필요에 대해 체계적으로 논의하는데 이는 인정할 수 없거나 인정하기 싫은 코치 자신의 모습을 보는 데에 큰 도움이 된다.

우리의 인간다움humanness에 대해 관대하며 수용적이고 공감적이며 현실적인 태도를 취하는 것은 쉽지 않다. 효과적인 헬퍼가 되기란 매우 도전적인 시도이다. 무지not knowing를 용인하기, 절망과 혼돈의 순간에 묵묵히 함께 해주기, 애통과 사별의 시기에 함께 해주기는 어려운 일이다. 그렇지만 효과적인 코치는 이러한 문제에 직면할 준비가 되어있고 그 과정에서 수면 위로 드러나는 개인적 취약성을 받아들일 준비가 되어있다. 더 나아가 코칭이라는 일의 특성상 야기되는 개인 삶에서의 스트레스와 도전은 조난 위기를 초래할 수 있으므로 적극적으로 대처해야 한다. 심리적 탈진과 전문 역량 부족을 예방하기 위해 지속적인 자기 돌봄self-care이 필요함을 건설적 구조자는 잘 안다.

자기 이해를 통해 코치는 자기 애착과 증오를 알아차림으로써 고객과의 관계를 다음 단계로 끌어 올릴 수 있다. 코치 자신의 한계를 알고 심리치료, 전문가의 수퍼비전, 동료 피드백 등 여러 형태의 도움을 받는다면, 구조자 증후군의 함정에 빠지지 않을 것이다.

주석

1. N. Mc Williams(1984). "'The Psychoiogy of the Altruist." Psychoanalytic Psychology, 1, 193-213.
2. G. Rizzolatti and L. Craighero(2004). "The Mirror-Neuron System." Annual Review of Neuroscience, 27, 169-92.
3. H. B. Braiker(2001). The Disease to Please. New York: McGraw-Hill. 4. M.

C. Lama and M. J. Krieger(2009). The White Knight Syndrome. Oakland, CA: New Harbinger Publications.

5. G. E. Vaillant, N. C. Sobowale, and C. McArthur(1972). "Some Psychological Vulner- abilities of Physicians." New England Journal of Medicine, 287, 372-5; P. J. Flores(2004). Addiction as an Attachment Disorder. Lanham, MD: Jason Aronson.

6. P. Casement(1985). On Learning from the Patient. London: Routledge; W. Dryden and L. Spurling(Eds)(1989). On Becoming a Psychotherapist. London: Routledge; M. F. R. Kets de Vries, K. Korotov, and E. Florent-Treacy(Eds)(2007). Coach and Couch: The Psychology of Making Better Leaders. Basingstoke: Palgrave Macmillan; M. R R. Kets de Vries, L. Guillen, K. Korotov, and E. Florent-Treacy(Eds)(2010). The Coaching Kaleidoscope: Insights from the Inside. Basingstoke: Palgrave Macmillan; S. Bager-Charleson(2010). Why Therapists Choose to Become Therapists. London: Karnac.

7. R. Tillet(2003). 'The Patient Within—Psychopathology in the Helping Professions." Advances in Psychiatric Treatment, 9, 272-9.

8. M. F. R. Kets de Vries(2006). The Leader on the Couch: A Clinical Approach to Changing People and Organisations. London: Wiley.

9. P. Mellody(1989). Facing Codependence: WhatIt Is, Where It Comes from, How It Sabotages OurLives. New York: HarperCollins; J. R. Gordon and K. Barrett(1993). "The Codepend- ency Movement: Issues of Context and Differentiation." In J. S. Baer, A. Marlatt, and R. J. McMahon (Eds). Addictive Behaviors across the Life Span. Newbury Park, CA: Sage.

10. J. Edelwich and A. Brodsky(1980). Bum-out: Stages of Disillusionment in the Helping Professions. New York: Human Sciences Press; E. Lakin Phillips(1983). Stress, Health and Psychological Problems in the Major Professions. Washington, DC: University Press of America; R. Hale(1997). "How Our Patients Make Us 111." Advances in Psychiatric Treatment, 3, 254-8; C. Thompson(1998). "The Mental State We Are ín: Morale and Psychia- try." Psychiatric Bulletin, 22, 405-9; T. M. O'Halloran and J. M. Linton(2000). "Stress on the Job: Self-care Resources for Counselors." Journal of Mental Health Counseling, 22, 354-65; Miller, G.(2001). "Finding Happiness for Ourselves and Our Clients." Journal of Counseling and

Development, 79, 382-5.
11. R. Payne and J. Firth-Cozens(1987). Stress in Health Professionals. Chichester: John Wiley & Sons; E. Heim(1991). "Job Stressors and Coping in Health Professions." Psychotherapy and Psychosomatics, 55, 90-9; A. Ramírez, J. Graham, and M. A. Richards et al.(1996). "Mental Health of Hospital Consultants: The Effects of Stress and Satisfaction at Work." Lancet, 347, 724-8.
12. J. Bowlby(1982). Attachment and Loss, Vol. 1: Attachment. (Rev. edn) New York: Basic Books. 13. E. H. Erikson(1956). "The Problem of Ego Identity." Journal of the American Psychoanalytic Association, 4, 56-121.
14. J. Bowlby(1982). Attachment and Loss, Vol. 1: Attachment. (Rev. edn) New York: Basic Books; M. Ainsworth, M. Blehar, E. Waters, and S. Wall(1978). Patterns of Attachment. Hillsdale, NJ: Erlbaum.
15. H. Feifel, S. Hanson, R. Jones et al.(1967). "Physicians Consider Death." Proceedings of 75th Antiual Convention of the American Psychological Association. Washington, DC: American Psychological Association; R. Pfeiffer(1983). "Early Adult Development in the Medical Student." Mayo Clinic Proceedings, 58, 127-34; G. Gabbard (1985). "The Role of Compulsiveness in the Normal Physician." Journal ofthe American Psychiatric Association, 254, 2926-9.
16. B. J. Seelig and L. S. Rosof(2001). "Normal and Pathological Altruism." Journal ofthe American Psychoanalytic Association, 49, 933-58.
17. M. F. O'Connor(2001). "On the Etiology and Effective Management of Professional Distress and Impairment among Psychologists." Professional Psychology: Research and Practice, 32, 345-50. 18. D. Malan(1979). Individual Psychotherapy and the Science of Psychodynamics. London: Butterworth, p. 139.
19. H. Kohut(1977). The Restoration ofthe Self. New York: International Universities Press; K. D. Neff, K. Kirkpatrick, and S. S. Rude(2007). "Self-Compassion and Its Link to Adap- tive Psychological Functioning." Journal of Research in Personality, 41, 139-54.
20. J. A. Kottler(1993). On Beinig a Therapist. San Francisco, CA: Jossey-Bass; C. Feltham(Ed.)(1999). Understanding the Counselling Relationship. London: Sage.

3

코칭에서의 진단 :
필수 불가결한 조건

　임원코칭은 과학이 아니고 예술이다. 그러나 다른 모든 직업에서 그러하듯이 예술이란 형식과 기능이 상상력과 감수성과 함께 어우러질 때에 비로소 성립하는 것이다. 의학의 경우를 예로 들어보자. 최고의 의사는 다른 의사들이 보지 못하는 여러 연관성을 간파하는 직관력이 있는 것으로 알려졌지만, 그들의 전문성이란 결국 수년간에 걸친 훈련과 더불어 진단과 치료의 명확한 프로토콜에서 비롯된다고 할 수 있다.

　코치로서 효과적이기 위해서 코칭 세션은 구조적이고 실용적이며 목표 시향적이어야 한다. 그렇지만 동시에, 고객의 내면세계와 외부세계의 복잡성을 탐구하기 위해서는 직관과 경청 기술이 필요하다. 또 코치에게는 전체적인 맥락을 명확하게 이해하는 능력이 필요하다. 즉 고객 조직에서 어떤 일이 벌어지고 있는지에 대해서도 꿰고 있어야 한다. 마찬가지로 중요한 것으로 코치에게는 코치-고객 관계에서 코치로서의 역할을 끊임없이 평가하고 재조정하는 기술이 요구된다. 마지막으로 코치는 매 코칭 인터벤션에 관련된 기록 노트를 체계적으로 작성할 필요가 있으며 특히 그 과제가 어려운 경우였다면 더욱 그러하다. 또 코치는 자기 강점과 약점을 평가하고 개발하기 위해서 정기적으로 수퍼바이저와 만나야 한다.

심리치료에서는 환자의 사례 평가와 수퍼비전의 관행이 표준적인 절차이고 컨설팅에서는 프로젝트에 대한 종합 평가 보고서를 쓰는 것이 일반적인데도, 아이러니하게도 많은 임원코치가 그들의 인터벤션을 체계적으로 검토하지 않는다. 코치가 코칭 인터벤션에 착수하기 전에 상세한 진단 체크리스트를 작성하는 것이 일반적이지 않은데다 코칭 세션이 끝난 뒤 평가나 사례 이력을 기록하는 것 또한 수행하지 않는다. 우리는 코칭에서도 이런 종류의 지속적인 보고와 검토에 좀 더 엄격한 기준을 적용함으로써 많은 혜택을 얻을 수 있음을 제안하고자 한다. 특히 우리가 주장하고 싶은 점은 이런 엄격한 규율과 시스템을 코치가 갖추고 있다면 앞으로 까다로운 코칭 상황을 방지하는 데에 많은 도움이 된다는 점이다.

코칭 관계에서는 많은 일들이 잘못 흘러갈 수 있고 일부는 상당히 미묘한 것들이 있다. 그러므로 코칭 인터벤션의 난이도에 상관없이 사전 세션을 비롯해 코칭 이후 세션에 대해서도 세밀한 준비가 필요하다. 이렇게 하는 것이야말로 효과적이고 책임 있는 코치로서 스스로 배우고 발전하는 데에 가장 효과적인 방법 가운데 하나이기 때문이다.

초기 세션에서의 철저한 진단은 코칭에서 가장 흔하게 일어나는 난관을 미리 예방할 수 있는데, 그것은 바로 고객이 코칭에 100% 몰입하지 않거나 코칭을 거부하는 상황이다. 사전 진단이 이렇게 중요한데도 실제 많은 코칭 관계가 빈번하게 실패한다. 그 이유는 코치나 고객 입장에서 진정한 변화를 향한 동기부여가 아닌 눈에 보이는 혜택(수익성이나 회사에서 약속받은 승진 기회 등)을 위해서 코칭에 임하는 경우가 많기 때문이다. 코치와 고객 둘 다 온전히 코칭에 전념할 수 있으려면 사전 준비 기간 동안 코치가 다음과 같은 몇 가지 주요 질문을 염두에 두어야 한다: 첫째, 고객이 얼마나 동기부여 되어 있는가? 고객의 진정한 목표는 무엇인가? 코칭 세션의 성과에 대한 고객의 기대치는 과연 얼마나 현실성이 있는가?

둘째, 코치는 고객을 둘러싼 조직적/유기적인 맥락을 충분히 이해하고 있는가? 이 코칭 인터벤션에서 조직 내 다른 사람들이 기대하는 바를 확실히 알고 있는가? 코칭 관계나 고객에게 해로울 수 있는 어떤 숨겨진 의도가 없음을 확신하는가? 셋째, 코치는 스스로의 동기부여와 능력에 대해서 솔직한가? 나로 하여금 이 프로젝트를 받아들이게 한 주요 요인은 무엇인가? 내가 특별히 조심해야 하는 잠재적인 실패 요인은 무엇인가? 내가 고객에게 감정이입을 느끼는 것이 가능한가? 내가 다룰 수 있도록 훈련받은 영역을 넘어선 심리적이거나 개인적인 문제는 아닌가?

이번 장에서는 코치가 인터벤션을 준비하고 수행할 때 고려해야 할 잠재적인 문제들을 미리 생각해볼 수 있도록 템플릿을 제공하고 나중에 비슷한 사례가 발생했을 때 참고 자료로 쓰이길 제안한다.

코칭 템플릿: 진단과 평가에 필요한 주제

Section 1: 개인 정보

가장 먼저 할 일은 코칭 대상자에 대한 포괄적인 그림을 그리는 일이다. 이것은 앞으로의 세션에서 고객이 어떤 행동을 취할지 코치에게 실마리를 제공할 뿐만 아니라 고객 입장에서 코치와 나누는 개인정보에 대한 대화가 사생활 침해가 아닌 코칭 관계를 시작하는 자연스러운 방법이라고 느끼게 할 것이다.

코치는 다음과 같은 사항을 물어볼 것이다(기록으로 남기는 것 또한 필요하다).

- 이름, 나이, 생년월일, 혼인 여부, 자녀의 수, 인종, 종교, 교육 수준, 직업, 사회 계층과 다른 관찰 사항 등.

코치는 고객의 사생활에 대해서도 질문할 수 있다. 코치가 이런 질문을 직접 묻지 않는다 해도 다음과 같은 개인적인 정보가 인터벤션을 위

해 꼭 필요하다는 것을 그에게 알릴 필요가 있다:
- 어린시절: 성격과 기질, 행동 문제, 사회적 관계와 가족 관계, 학교생활
- 결혼(파트너 관계): 연령, 결혼 횟수, 현재 관계, 자녀 여부
- 교육: 최종 학력, 학문적 성취
- 직업 이력: 현재의 직업, 이전의 직업, 관계, 커리어 목표
- 사회적 이력: 대인 관계, 그룹 활동
- 현재의 사회적 상황: 거주 형태, 수입, 사회적 환경, 위험 행동, 안정도

Section 2: 조직에 대한 정보

코칭 인터벤션을 시작하기 전 코칭 대상자를 비롯해 다른 관련된 조직 구성원과 앞으로 시작할 코칭 목표에 대해 나누는 시간이 있었겠지만 첫 세션에서 코칭 대상자와 함께 다시 한번 이 점을 다루는 것이 좋다. 특별히 여러 조직 구성원들의 관점 차이를 구체적으로 이야기하는 것이 도움이 된다. 코치가 여러 '공식적인official' 역할과 책임을 지니고 있는 사람들 사이의 견해 차이를 찾아내고 고객이 이것을 어떻게 받아들이는지 알면 좋다.

코치는 다음 사항을 고객에게 질문해야 한다:
- 조직 내에 있는 사람 가운데 코치가 인터뷰해주기를 바라는 사람이 누구인가?
- 조직의 성격, 산업, 미래를 위한 도전 과제는 무엇인가?
- 조직에서의 역할: 고객이 현재 자기 역할을 어떻게 보고 있으며 앞으로 어떻게 진전될 것인가?
- 조직문화: 조직문화를 통해 무엇을 배울 수 있는지? 책임 전가나 단기적인 성과를 지향하는 문화, 또는 직원을 일회용 상품으로 대하는 문화가 있는가?
- 조직의 전통, 상징과 유물: 조직에서 중요한 의식(의례)에는 어떤

종류가 있는가? 사무실 배치는 어떠한가? 건물이 개방되어 있고 방문객을 따뜻하게 맞이하는 구조인가?
- 조직의 사회·경제적 환경에서는 어떤 일이 벌어지고 있는가?
- 조직의 리더십에 대해 어떤 평가를 내릴 수 있는가?

Section 3: 주요 이슈, 고객을 위한 코칭 목표

조직 목표에 대한 질문과 더불어 고객의 관심사와 목표에 대해 첫 세 선부터 대화를 나눌 것을 권장한다. 간혹 고객이 자기 문제를 설명하는 와중에 그가 인지 못한 새로운 관심사와 다른 목표가 수면 위로 떠오르는 경우도 있다. 게다가 (이 책의 서론에서 살펴본 수의사 마크의 경우에서 보았듯이) 그에게는 표면 밑에 깔려 있는 동기 요인이나 내재된 욕구가 있을 수 있다. 그것을 이해하기 위해서 코치는 섬세하고 반복적인 탐정과 같은 역할을 수행해야 한다.

코치는 고객의 목표가 실현 가능한지 아닌지를 세밀하게 평가할 필요가 있으며 또 고객으로 하여금 행동을 방해하는 숨겨진 부수적인 이득이 존재하는지 여부에 대해서도 평가할 필요가 있다. 고위 간부들 대부분은 이미 그들의 강점과 약점이 무엇인지 잘 알고 있다. 사실 그들은 해야 한다고 알고 있는 것과 실천과의 거리를 좁히려고 고군분투하고 있다. 이것에 대한 완벽한 비유로는, 담배를 끊으려 하지만 실제로 금연에 성공하기까지 너무나 어려운 흡연자의 경우라고 할 수 있다. 흡연자는 담배와 관련된 모든 건강상의 문제를 알고 있고 끊어야 한다는 사실도 알고 있다. 단지 그 사실이 담배에 불을 붙이는 행위를 막지 못할 뿐이다. 그렇지만 좀 더 큰 맥락에서 분석해볼 때, 한 개인이 금연에 매번 실패하는 이유에는 이차적인 이득이 존재할 수 있다. 그는 회사 건물 밖에서 동료들과 담배를 피우며 휴식 시간을 즐길 수도 있고 담배가 수반하는 일종의 위험한 느낌이나 흥분된 분위기를 좋아할 수도 있다. 만일 담배를 끊는다면 자신의 창의적인 면을 잃어버릴까봐 두려운 것일 수도 있고 아니면 금연한 뒤 사탕을 너무 많이 먹어서 살이 찔 것을 두려워하는 것일 수 있다. 이 비유를 통해 알 수 있는 것은 담배를 끊음으로써 얻어지는 혜택에 비해 계속 담배를 피움으로써 생기는 이익이 상대적으로 크다고 느끼는 사람은 그 이익을 보호하기 위해 전념한다는 것이다. 그가 담배를 끊도록 설득하려는 사람은 그에게서 바람직한 대답을 들을 것이다. "물론이지, 네 말이 맞지. 정말 이번에는 끊을거야."라는 대답을. 그렇지만 이 말은 이내 또 다른 실패를 낳을 것이다.

코칭을 받는 고객의 목표와 목적을 토론할 때 다음 사항을 고려해야 한다:

- 고객이 일을 수행하는 데에 영향을 미치는 정치적인 절차에는 어떤 것이 있는가?
- 이런 정치적이고 비공식적인 절차에 대해 고객은 얼마나 재빠르게 이해하고 있는가?
- 고객이 문제라고 보는 것은 무엇인가?
- 고객은 문제를 얼마나 잘 이해하고 있는가? 더 나아가 고객이 진짜로 중요한 문제에 초점을 맞추고 있는가?
- 그 문제가 해결되었다는 것을 고객이 어떻게 알 수 있는가?
- 현재 고객이 처해있는 상태와 목표로 하는 상태 사이의 격차는 얼마나 큰가?
- 고객의 문제를 해결하는 과정에서 고려해야 할 경계선이 있는가? (예를 들어, HR, CEO, 상사와 조직 등 문제를 해결하는 데에 이해관계가 있는 다른 집단이 있는가?)

Section 4: 실행 계획 세우기

고객에게 영향을 미칠 수 있는 잠재적인 이차적 이득을 충분히 검토하기 전에 다음 행동 단계로 나아가는 것은 갑작스러울 뿐 아니라 역효과를 낳을 수 있다. 고객의 동기 요인과 무의식적인 저항력을 검토하고 고객 내면의 욕망을 충족시킬 수 있는 목표를 세울 수 있으면 그때서야 마침내 다음과 같은 내용을 토론할 수 있다:

- 다음 세션 전까지 수행해야 할 행동: 이것은 실험의 형태를 띠거나 구체적이고 측정 가능한 행동이어야 한다.
- 개인적인 행동: 고객이 책임감을 가지고 수행해야 할 행동은 무엇인가?
- 조직 행동: 고객의 목표 행동을 지지하기 위해서 조직 내에서 어떤 것이 이루어져야 하는가?
- 지원 시스템: 고객에게 도움을 줄 수 있는 사람은 누구인가? 고객에게 피드백을 줄 수 있는 사람은 누구인가? (사적이거나 직장 영역에 있는 사람들이 될 수 있다.)
- 잠재적인 탈선 요인: 고객이 목표 행동을 이행할 때 의욕을 꺾거나 방해할 수 있는 요소는 무엇인가?

Section 5: 심리적인 인상 psychological impressions

훌륭한 임원코치는 고객에 대한 일종의 심리 진단을 직관적으로 하게 되지만, 각 세션마다 다음과 같은 세부 사항을 평가하고, 시간이 지남에 따라 어떻게 변화하고 발전하는지 기록하는 것이 중요하다. 코치는 아래 사항을 염두에 둘 필요가 있다:

- 외모: 전반적인 인상, 자세, 복장, 차림새, 건강
- 전체적 행동: 습관, 제스처
- 코치에 대한 태도: 협조적, 적대적, 방어적, 매력적, 회피적, 호감을 사는 태도
- 의식 상태: 무기력함, 경계 태세, 초경계 태세

- 주목: 집중 또는 주의를 기울임
- 기분 상태: 전반적인 감정 상태(슬프다, 행복하다, 우울하다, 의기양양하다, 불안하다, 짜증난다 등)
- 사고 과정: 사고 비약, 회피, 집착, 의식(의례), 망상
- 판단: 이성적으로 결정하는 능력
- 통찰력: 고객이 문제점이 존재한다는 사실을 깨닫고 있는가?
- 동기: 에너지 수준, 행동하려는 의지
- 불안 증상: 신체적 혹은 감정적 불안 상태

Section 6: 겉으로 드러나는 고객의 강점(어떤 강점에 해당되는지 주목하라)

- 확실한 자아감과 자기 효능감
- 관계 형성에 있어 사회적 자신감과 효과성
- 주도적으로 문제를 처리하는 능력
- 경험을 긍정적으로 재구성하는 능력
- 자아 성찰과 자기 분석을 위해 시간을 쓰려는 동기
- 우울증을 다루는 능력, 스트레스와 압력에 대한 회복 탄력성
- 타인을 다룰 수 있는 설득력
- 타인 존중(생각, 감정)과 자기 주장 사이의 균형 감각을 유지하는 능력
- 조직하는 능력과 성실함
- 명랑함, 혹은 현실감을 유지하면서 틀을 벗어나는 개방적 사고력
- 모든 주요 활동에 적극적 참여

Section 7: 겉으로 드러나는 고객의 약점(어떤 약점에 해당되는지 주목하라)

- 거절당했다는 느낌과 자기혐오로 인한 무가치함에 대한 확신

- 친밀감의 문제: 자신이 별로 사랑스럽지 못하다는 확신과 함께 강렬하게 사랑받고 싶은 열망이 혼합된 상태
- 외로움, 어느 곳에도 속하지 않는 고립감
- 타인의 동기부여에 대한 상당한 불신: 타인에게 다가가지 못함, 또는 팀플레이를 잘하지 못함
- 분노, 분개, 죄의식, 적개심, 우울
- 사실에 근거한 의사결정보다는 감정 혹은 직관에 치우침
- 규칙과 규정에 대한 강한 선호. 변화에 대한 제한된 개방성
- 낮은 성과 지향성
- 자기 성찰을 외면하며 자신을 계속 바쁘게 만듦
- 염세적인 인생관: 최악의 시나리오를 선호

Section 8: 일반적인 관찰 사항(아래와 같은, 혹은 다른 관찰 사항이 있을 수 있다.)

- 쉽게 산만해진다.
- 업무, 놀이, 학교 환경에서 과제에 주의력을 유지하는 데 어려움이 있다
- 타인이 이야기할 때 경청하는 데 어려움이 있다.
- 작업이나 지시사항을 따르는 데 어려움이 있다.
- 조직화하는 데 어려움이 있다.
- 복잡성을 다루는 데 어려움이 있다.
- 시간 관리에 어려움이 있다. 예를 들어, 잦은 지각, 서두름, 마지막 순간의 일 처리
- 건망증이 있다. 물건을 잘 잃어버리는 경향이 있다.
- 부주의한 실수를 저지른다. 세밀한 사항에 대한 주의력이 떨어진다.
- 과도한 몽상과 공상을 한다.
- 초조해하거나 한시도 가만히 있지 못하는 과잉 활동성 경향이 있다.

- 조용히 앉아 있는 데 어려움이 있다. 예를 들어, 가만히 앉아있지 못하고 안절부절한다.
- 지나치게 말이 많다.
- 충동적이다(말을 하거나 행동하기 전에 생각하지 않는다).
- 다른 사람들을 방해하거나 끼어든다(타인의 말이나 게임에 참견한다)
- 불안해한다.

더 깊이 들어가기

코칭이 난국에 빠진 것처럼 보일 때가 있다. 진전이 미미하거나 고객이 사전에 동의했던 코칭 계약 요소를 무시한다. 이런 경우에 코치는 한 걸음 물러서서 고객이 어떤 이유에서 그런 변화에 저항하고 있는지 살펴보아야 한다. 고객은 자신이 포기할 수 없다고 여겨지는 자기 성격, 기질, 또는 행동의 사각지대와 관련된 문제로 분투하고 있을지도 모른다. 예를 들어, 우리에게 코칭을 받았던 한 중역 간부는 (이제부터 그를 '리뷰'라고 부를 것이다) 상사에 대한 공격성과 팀에 대한 과잉 보호가 그의 역할을 수행하기 위해 꼭 필요하고 효과적일 뿐만 아니라, 결코 바꿀 의사가 없는 자신만의 고유한 가치의 일부분이라고 확신하고 있었다. 그의 회사 CEO가 명백하게 말하기를 (360도 다면평가 중), 리뷰는 부사장 역할을 확실히 수행할 능력이 있는데도 분노를 폭발시키는 성향과 부하 직원을 과도하게 방어하는 태도 때문에 회사 내에서 강력한 적군을 만들고 있다고 했다. 이 점은 모두 코칭 세션 초기에 드러났는데 리뷰는 이런 사실을 이미 잘 알고 있지만 바꿀 생각이 없다고 솔직하게 고백했다. 사실 그는 회사를 그만두고 자기 회사를 차릴 생각이었다.

그의 행동이 어디서 기인하는지에 대한 이해 없이 그의 행동을 바꿀 실행 계획을 제안하는 것은 아무 의미가 없었다. 그 다음 이어지는 세션에서 우리는 리뷰의 인생 초기 경험에 대해 대화를 나누었다. 그는 루마니아에서 네 형제 가운데서 자랐는데, 그의 아버지는 교육 수준이 높았는데도 그 무렵 다른 루마니아 사람들처럼 차우세스쿠 정권 아래에서 자유를 억압당하고 있었다. 리뷰는 장남으로서 아버지의 황폐해진 삶에 대한 무력감과 실망감 때문에 끊임없이 억압된 분노를 느끼는 반면 그의 남동생들을 향한 심한 보호의식을 키워나갔다. 코칭을 시작할 무렵 그는 이탈리아 회사의 고위 간부로 있었지만, 1980년 루마니아의 공산정권을 피하기 위해 어린 동생 세 명을 데리고 이탈리아의 망명자 수용소로 탈출했다. 그때의 아슬아슬했던 이야기를 들으며 우리는 그가 왜 그토록 자기 행동 양식을 바꾸기를 꺼려하는지 단번에 간파할 수 있었다. 과거에 생존하기 위해 필요했던 생존 방식이 현재의 삶에서 더는 중요하지 않을 수 있다는 코치의 이야기를 그는 주의 깊게 들었다. 결과적으로 그는 그의 특정한 행동 양식을 재평가 (전면적으로 바꾸는 것이 아니라)하는데 동의했으며 그 행동이 부적절하다고 느껴지는 상황에서는 행동의 수위를 완화하기로 동의했다. 그는 상당히 성공적으로 변화를 수행해나갔다.

　자기 과거 스토리를 말하는 것은 코칭 대상자에게 새로운 세계를 보는 개안eye-opener의 경험을 줄 수 있다. 또 자신의 반복된 행동 양식(예를 들어, 자신감 부족, 자신감 과잉, 리더십 역할에 대한 거부감, 반복적인 갈등 문제 등)을 보게 하는 방법으로 가계도genogram[1] 를 만들 수 있다.

　가계도는 가족을 지도로 그리는 도구로, 코치와 코칭 대상자 모두에게 가족 관계를 전체적인 그림으로 보여준다. 코칭 대상자가 가계도를 그리는 과정에 참여할 때, 그는 자신에게 일어난 어떤 사건, 상실, 또는 역사에 대해 한결 편안하게 터놓을 수 있게 된다. 그리고 코치에게도 가계도는 고객 정보를 아주 자연스럽게 취합할 수 있는 수단이 된다. 여기서 주의할 점은, 고객에게 가계도를 그리게 하기 전에 가족을 깊이 탐색하다 보면 기억 저편에 있던 고통스러운 기억이 떠오를 수 있음을 미리 알려주는 것이 중요하다.

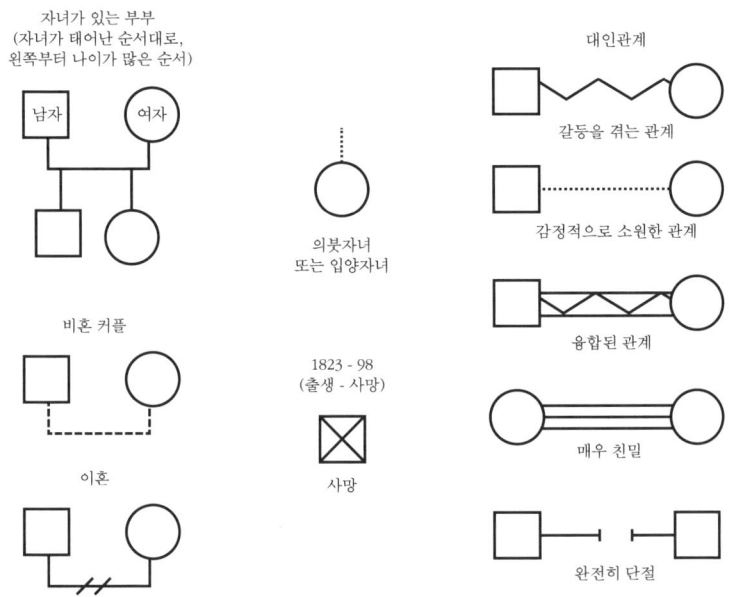

[그림 3.1] 가계도를 그릴 때 사용되는 기본 부호

　가계도를 사용하는 방법은 가장 먼저 가계 나무를 그리게 하고 그 다음에는 위에 보이는 것처럼([그림 3.1] 참조) 적절한 곳에 부호를 첨가하면 된다. 코칭에서 가계도를 활용하는 것은 고객으로 하여금 직장 관계에서 무의식적으로 반복하고 있는 행동 양식을 깨닫게 한다는 점에서 그 가치가 있다. 예를 들어, 전이와 역전이라는 것을 설명하지 않더라도 코치는 가계도를 보면서 고객과 동생 사이의 갈등 관계가 바로 그녀 어머니와 그녀 이모의 관계와 비슷하다는 점을 지적할 수 있다. 또 조직 내에서 자기보다 어린 여자 직원과의 상호작용에서 비슷한 갈등 양상이 발생한다는 사실도 말해줄 수 있다.

한 가족의 이야기: 발디니 가$家^2$

아래 보이는 가계도는 코칭 세션 동안에 그려진 것인데 두 자매인 줄리에타와 코르델리아 사이의 가족기업 승계 관련 이슈의 실마리를 제공한다. 줄리에타는 대학을 졸업하고 가업에 동참하면서 마케팅 부장으로서 성공을 거두었다. 그녀의 여동생 코르델리아도 회사 밖에서 성공적인 커리어를 쌓았다. 모든 것은 아무 일 없이 진행되었지만 어느 날 그들의 부모 줄리오와 올리비아가 은퇴를 선언하고, 첫째 딸인 줄리에타, 그리고 둘째 딸인 코르델리아의 남편인 로메오를 가업의 후계자로 지명하게 되면서 가족 사이에 갈등이 시작되었다. 이 문제로 말미암아 두 자매 사이의 갈등은 계속 커졌다.

승계만 아니었다면 행복하고 성공적인 삶을 살았을 두 여인 사이에 갈등의 뿌리가 어디에 있는지 파악하는 것은 사실 쉬운 일이 아니다. 줄리에타의 코치는 그녀에게 간단한 가계도 부호를 이용해 가계 나무에서 발디니 가$家$ 사람들 사이의 관계를 표시하도록 했다([그림 3.2] 참조).

가계도를 그리는 동안 줄리에타는 그녀가 매우 사랑했던 마리아 할머니가 세상을 떠난 직후의 기억을 떠올렸다. 그때 마침 여동생 코르델리아가 태어났다. 마리아 할머니는 줄리에타의 어머니 올리비아가 가업에 전적으로 매진하는 동안 줄리에타의 양육을 도맡아 해주었다. 그렇지만 코르델리아가 태어났을 때 올리비아는 스스로 아이를 키워보겠다고 나섰다. 어른이 되어서도 줄리에타는 그 시절 어머니의 무관심으로 외로워서 치를 떨었던 때를 기억했다. 줄리에타가 할머니를 잃은 슬픔에 빠져있을 동안 어머니는 새로 태어난 아이 때문에 줄리에타에게 관심을 쏟지 않았다. 가계도를 완성하고 나서야 줄리에타는 그녀와 여동생 사이에 영향을 미친 사건에 대해 비로소 스스로 깨달았다. 줄리에타는 어른이 되어서도 여동생을 성공한 개인으로 인정해주지 않았음을 인정했고 왜 그토록 여동생이 자꾸 거슬렸는지 예전에는 이해하지 못했음을 인정했다. 동시에 그녀가 아버지 줄리오와 친밀하게 지냈던 것을 동생인 코르델리아가 질투했으리라는 것을 알아차렸다. 동시에 줄리에타는 오래 전에 형성된 여동생과의 관계 방식이 여전히 그들의 삶은 물론 가업에도 영향을 미치고 있음을 알게 되었다. 코치의 도움을 받아 그녀는 여동생과의 관계를 새롭게 보려고 했다. 여동생인 코르델리아와 그녀의 남편인 로메오는 가족 모두가 그토록 정성들여온 가업의 중요한 자원이자 엄연한 성인 사업 파트너로서 받아들이도록 관계를 재구성했다.

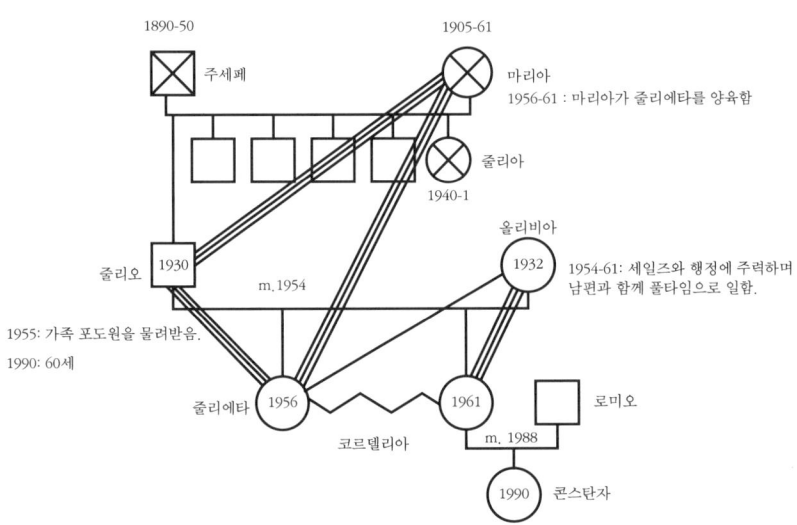

[그림 3.2] 발디니 가 가계도

코치의 자기 평가

마지막으로 우리는 코치에게 개인적인 체크리스트나 행동 코드를 작성해서 스스로의 동기 요인과 성과를 평가하는 지침으로 삼을 것을 권고한다. 코칭 프로젝트마다 시작 전과 후에 아래와 같은 질문을 생각하는 것은 아주 좋은 방법이다. 질문은 간단하지만 코치가 질문에 정직하게 대답한다면 까다로운 코칭 상황을 예방하는 데 도움이 될 것이다.

- 나는 이 고객에게 정말로 적합한 코치인가?
- 나는 고객에게 압도당하는가 아니면 고객에 대한 통제력을 유지하는가?
- 코칭을 통해 해결해달라고 요청받은 문제의 소유권이 누구에게 있는지 명확히 했는가?
- 고객 기저에 있는 동기와 저항 요소가 무엇인지 이해하는가?
- 내가 코치로서 이 고객에게 어떻게 영향받고 있는지 인식하는가?
- 매 세션과 고객에 대해 사후 성찰의 시간을 갖는가?

간단히 말하자면, 코칭 세션 전과 세션 중, 그리고 사후에 코치는 매번 자신에게 이렇게 질문해야 한다. 고객이 나에게 어떤 영향을 미치는가? 고객이 진정 필요한 것이 무엇인가? 오늘 고객을 도울 때 나는 효과적이었는가 비효과적이었는가? 내일은 어떻게 좀 더 효과적이 될 수 있을까?

주석

1. M. Bowen (1978). Family Therapy in Clinical Practice. New York: Basic Books; M. F. R. Kets de Vries, R. Carlock, and E. Florent-Treacy (2007). Family Business on the Couch: A Psycho- logical Perspective. Chichester: John Wiley & Sons.
2. This vignette and genogram first appeared in R. Carlock and L. Van der Heyden (2005). "Trouble in Tuscany: Exploring Business Family Relationships." INSEAD Case Study 04/2005-5279. Fontainebleau: INSEAD.

2부

까다로운 코칭 사례와 해설

4

까다로운 코칭 주제

제2부에서는 2009년 12월 베를린에서 열린 제1회 ESMT 코칭 콜로키엄에서 발표된 내용 가운데 편집부가 선정한 사례를 다룬다. 콜로키엄에서 발표된 내용은 전 세계에서 활동 중인 최고 수준의 코치들이 직면했던 어려운 코칭 사례를 생생하게 보여준다. 코치들은 다양한 어려운 상황에 직면했는데 우리는 그들의 이야기를 들으면서 몇 가지 기본적이고 반복되는 주제를 발견했다.

코치와 코칭 대상자(개인 또는 그룹), 그리고 코칭을 의뢰한 조직 사이의 관계를 관리하는 것은 매우 까다로운 일이다. 일부 코치에게는 고객과 합의 관계를 맺는 일이 도전이 되는 반면, 다른 코치에게는 언제까지 코칭을 지속해야 하는지 판단하는 일이 도전이 된다. 또 다른 코치는 초반에 선정했던 코칭 주제와 서비스 범위에 변화를 경험한다. 어떤 코치는 여러 고객과의 관계 속에서 갖게 되는 다양한 역할을 스스로 분리하는 데에 어려움을 느낀다. 또 일부 코치는 고객의 상황에 과도하게 몰입했다고 느끼며, 어떤 코치는 앞으로 소개될 사례와 같은 다양한 상황 속에서 자신이 수행해야 할 역할이 코치의 범위를 넘어서는 것인지 혼란스러웠다. 많은 이들이 코칭 결과에 혼란을 느꼈고, 그들은 까다로운 사례에 자주 등장하는 주제와 패턴을 분석하여 비슷한 상황을 경험하게 될 다른 코치에게 미리 알려주는 것이 가능할지 알고 싶었다. 그래서 우리는 여러 사례에서 반복적으로 등장하는 중요한 주제를 선정하여 다음과 같이 설명하고자 한다.

시스템적 접근

시스템적 접근이란 코칭에서 매우 중요하지만 다음과 같이 간결하게 서술할 수 있다. '고객을 알라' 그리고 '고객 비즈니스를 알라.' 우리가 발견한 놀라운 사실은 많은 코치들이 양자택일에만 치중한 나머지 고객에 대한 중요한 배경 정보와 탐험을 위한 길에서 스스로를 고립시킨다는 점이다.

고객을 알라

조직의 리더십 코칭은 주로 업무에 초점이 맞추어져 있지만 사무실 밖에서의 삶의 역동성을 무시할 수 있다고 생각한다면 그건 비현실적인 생각이다. 가족 역동family dynamics은 업무 관련 상황에서 결정적 요소가 될 수 있다. 특히 가족기업 안에서 이뤄지는 코칭에서는 모든 이슈에 등장한다Omnipresent. 개인적 우려나 실제로 존재하는, 또는 고객에 의해 지각된 도전은 고객이 세상을 바라보는 시각뿐 아니라 일 관련 이슈를 바라보는 시각에 영향을 준다. 겉으로는 긍정적으로 보이는 조직 생활일지라도(예를 들어, 승진, 리더십 프로그램, 오랫동안 원했던 해외근무 등) 고객이 다른 기준에서 그것을 평가한다면 양면적인 가치를 띨 수 있다. 다른 기준이라는 것은 승진으로 인해 달라질 개인적인 삶에 대한 파트너 측의 걱정이라든가, 더 깊게는 부모보다 더 잘해야 한다는 심리적 강박이나 오이디푸스 콤플렉스 영향oedipal repercussions과 같은 심리적인 영역까지 포함한다.

일 외의 다른 영역을 무시하거나 개인의 행동이나 의도에 수반된 개인사를 이해하지 못한다면 이것은 앞으로 코칭 대상자로 하여금 본인의 문제를 탐색하는 데에 100% 전념할 수 없는 복잡한 상황으로 이어질 수 있다. 또 순전히 비즈니스적인 관심사만을 고려해서 세워진 목표는 결국에는 개인적인 관심사와 충돌하기도 한다. 코치가 고객에게 동료, 상사, 부하 직원의 의견을 반영하여 행동을 변화시키라고 권고하는 일이 자주 있다. 그렇지만 직장과 무관한 관계자들(자녀, 배우자, 친구들)에게서 피드백을 얻으라는 권고는 얼마나 자주 하는가? 코치는 때때로 고객의 직장 동료들을 인터뷰한다. 만약 직장 밖의 이해관계자를 인터뷰한다면 어떨까?

우리는 코치에게 고객의 배우자나 자녀에게 바로 전화를 시도하라고 주장하는 바는 아니다. 가족에 개입하는 것은 특히 가업과 관련된 맥락에서 큰 도움이 되지만 다른 종류의 코칭 인터벤션에서는 불필요하거나 가능하지 않을 수도 있다. 그러나 중요한 것은 직장에서의 변화가 고객의 사생활에 어떤 영향을 미치는지 넓은 맥락에서 문제를 탐색하는 것이 까다로운 코칭 상황(개인의 저항 등)을 다루는 방법의 하나가 될 수 있다는 점이다.

고객 비즈니스를 알아라

코치는 산업에 대한 개요, 미래의 도전 과제 등 고객이 몸 담고 있는 조직에 대한 전체적인 그림을 그리고 있어야 한다. 직무기술서와 고객이 실제로 하는 일 사이의 차이를 알기 위해 코치는 고객의 공식적인 역할과 실제적인 de facto 역할을 비교 분석해야 한다. 또 코치는 고객의 조직 문화를 이해하려고 힘써야 한다. 직원을 일회용 물품으로 보고 단기적인 결과에 초점을 맞추며 책임을 전가하는 문화인가? 아니면 직원들이 그들의 일을 통해서 가치를 느끼고 즐기면서 일하는 문화인가? 조직 리더들이 혁신적이고 개방적인가? 아니면 편집증적 paranoid 이고 통제적인가?

까다로운 코칭 주제

코칭 역할의 유동성

코칭 프랙티셔너practitionner들은 코칭과 상담이 개별 현상이라고 주장하지만 현실적으로 그 경계선은 유동적이다. 코치는 흔히 스스로를 컨설턴트라 부르며 상담가 또한 코치라고 부르기도 한다. 사실 우리가 코치를 만나보거나 그들의 공식 프로필을 보면 스스로를 '컨설턴트'라고 하면서 동시에 '코치'라고 부른다. 컨설팅이 코칭으로 보완될 수 있고 마찬가지로 코칭 방법론이 컨설팅 분야에 사용될 수 있다고 주장하는 사람들도 있다. 심지어 코칭 심화단계까지 배우는 심리치료사들이 있다. 이들은 자연스럽게 정신역동적 접근법을 잘 사용할 것이다. 이렇듯 여러 분야에 겹치는 기술은 서로 보완적이 될 수 있지만 코치가 신경써야 할 것은 코치 측의 혼합된 접근법과 고객 측의 기대 사이에 있을 수 있는 근본적인 철학의 차이이다. 돈을 지불하는 조직 측과 코칭을 받는 고객 사이에 기대치의 차이가 존재하는 것은 드문 일이 아니다. 이 점이 먼저 다루어지지 않는다면 접근법에 있어서 이런 철학적인 차이가 나중에 오해를 발생시키거나 더 좋지 않은 상황을 야기할 수 있다. 코칭 외에 다양한 분야를 경험하는 것은 코치에게 매우 소중하고 또 고객에게도 풍성함을 선사하지만 책임 있는 코치라면 자신도 모르게 기업 임원, 심리치료사, 상담가 등 원래의 정체성으로 돌아가려는 경향이 본인 안에 내재되어 있음을 항상 인지하고 있어야 한다.

일반적으로 컨설턴트는 그가 갖고 있는 전문지식 때문에 고용이 되는데, 고객 문제의 해결책을 찾아주는 역할을 해야 하기 때문이다. 반면에 코치가 주로 하는 일은 고객으로 하여금 목표를 정하거나 일의 초점을 찾거나 선택권을 탐색하거나 중요한 결정을 내리도록 도와주는 것이다. 코치는 절대 조언을 해서는 안 된다고 주장하는 순수주의자들의 관점에 우리는 결코 동의하지 않는다. 때로 고객은 코칭 인터벤션에서 얻게 되는 통찰력을 즉각적으로 행동하기 위해 필요한 지식, 경험 또는 네트워크를 갖고 있지 않을 수도 있다. 이런 경우에 코치가 고객을 돕기 위해 예시를 제공하거나 도움이 될 만한 정보의 출처를 제안하고 심지어 특정한 조언을 해주는 것이 가능하다. 그러나 그 조언을 받아들이거나 거부할 권리는 고객에게 있다. 코치가 자신이 옳다고 확신이 들어도 고객에게 자기 관점을 너무 밀어붙이지 않도록 조심해야 한다.

현재 활동하는 코치들 가운데 코치가 되기 전에 비즈니스나 컨설팅 회사에서 높은 위치에 있던 사람이 많은데 이들은 이미 많은 지식, 경험과 노하우를 쌓아온 사람들이다. 앞으로 다루게 될 사례를 통해서 알게 되겠지만 코칭 접근법을 자유자재로 사용할 수 있는 컨설턴트가 있다면 고객에게 엄청난 도움이 될 것이다. 그렇지만 우리의 코칭 과제가 컨설팅 영역으로 너무 빨리 치우치지 않도록 항상 경계해야 한다. 왜냐하면 컨설팅을 통해 조언을 주는 것이 고객으로 하여금 스스로 해결 방안을 탐색하고 선택하는 과정을 방해했던 사례가 무수히 많기 때문이다. 성공적인 컨설턴트 배경을 갖춘 코치는 코칭 세션이 컨설팅으로 변질되지 않도록 특별히 유의해야 한다. 마찬가지로 이전에 기업 임원이었던 코치는 자신도 모르게 부하 직원의 문제를 해결해주는 상사의 사고방식으로 되돌아가려는 경향을 조심해야 한다. 임원이었던 코치는 고객에게 '숙제'라는 미명 아래 특정한 행동을 지시하는 일까지 일어난다. 마지막으로, 정신역동적 접근법에 익숙한 코치는 문제를 둘러싼 조직적 맥락을 충분히 이해하지 못하고 개인과 그 개인의 가족 체계에만 지나치게 집중할 가능성이 있다. 우리가 강조하는 점은 코칭 관계라는 것이 심리치료사-환자와의 관계와도 다르고 컨설팅 관계와도 다르고 기업에서의 상급자-부하 직원 관계와도 다르다는 사실이다. 컨설팅과 코칭을 병합하거나 또는 심리치료에 지나치게 의존하면 고객 입장에서는 역할 혼돈이 생기며 코치에게는 좌절감을 초래하고 코칭 결과 또한 원하던 수준에 미치지 못할 것이다.

코칭 계약 존중하기

올바른 코칭 계약에 실패하는 것이 코칭에서 가장 치명적인 실수 가운데 하나로 여겨지는데도, 초반 계약에서의 부주의와 오해 등으로 코칭 관계에서 문제가 발생하는 것은 여전히 드문 일이 아니다. 코칭 계약은 공식적인 형태(코칭 목표, 규칙, 보수, 결과 보고 등)와 그보다 더 중요한 심리적인 형태(안전감, 비밀유지, 시간과 장소의 안정적인 환경 등)로 이루어지는데, 코치와 코칭 대상자가 기대하는 것은 물론, 코치의 주 고객인 조직(인사부, 인재개발부 임원, 코칭 대상자의 직속상사 등)의 기대치 또한 이 코칭 계약에 따라 결정된다.

심리적 계약은 코칭 관계의 경계선을 지정해주며 그 경계선의 침투성penetrability 정도를 결정한다. 예를 들어, 코치는 코칭 과제를 진행하면서 때로 코칭 대상자와 연관된 다양한 이해관계자와 인터뷰를 원할 수 있다. 또는 코치는 코칭 대상자의 일상에 참여하여 그의 행동을 바로 옆에서 관찰하면서 '라이브 코칭live coaching'을 하거나 고객의 '지금 여기'의 경험을 함께 작업할 수 있다. 예를 들어, 코치는 코칭 대상자가 주관하는 회의에 참석하거나, 사전 동의를 얻어 중요한 사람들을 회의에 초대하여 회의 과정에서 어떤 일이 벌어지는지 메타 수준meta-level에서 관찰할 수 있다. 이런 심리적 경계선과 이 접근법의 범위에 대해서는 애초부터 계약서에 명시되어야 한다. 코칭 과정에 다른 사람을 개입시키는 것은 전체적인 시스템에 영향을 미칠 수 있다. 그 시스템 안에 있는 다른 인물들은 각자의 의제를 가지고 있고 자기 이익을 위한 특정 메시지를 전달하기 위해, 또는 코칭 대상자의 안녕을 위태롭게 할 목적으로 상황과 코치를 이용할 수 있다. 적절한 계약은 코칭 대상자를 보호하며 코치가 조직 시스템의 다른 인물과도 공개적으로 일할 수 있도록 여건을 만들어준다.

'No'라고 말하며 경계선 지키기

코치는 흔히 고객의 현실에 자신이 너무 많이 연루되었음을 느낀다. 우리는 이 책의 서두에서 어떻게 코치의 과거 경험과 현재의 필요가 코칭을 복잡미묘하게tricky 만드는지에 대한 몇 가지 예를 보았다. 이것은 분명 무거운 주제이다. 코칭 관계가 생산적이고 건강하게 유지되기 위한 경계선을 넘는 순간 코치가 자신과 고객에게 경고를 줄 시점을 찾는 것은 분명히 어려운 일이다. 문제는 고객이 진정으로 도움을 필요로 하고 코치 말고는 다른 의지할 사람이 없을 때이다. 그때 코치 안에 있던 구조자rescuer(제3장에서 살펴본 대로)가 발동하여 고객 문제에 과도하게 개입한다. 고객을 '구조rescue'하려는 열망이 너무도 강렬해서 코치가 출입 구역을 넘는 불편한 마음조차 무시하는 상황이 온다.

경계선 관리의 실패는 코치가 능숙하거나 자신감 있는 분야가 아닌 다른 분야로 개입이 확장될 때 발생한다. 자기 능력 밖으로 움직이는 것은 수입을 증가시키는 가능성과도 관련이 있다. 더 높은 코칭료를 받을 수 있는 기회는 자기 경계선을 계속해서 확장시키고자 하는 아주 강력한 동기가 된다. 금전적인 이익을 위한 것이 아닐지라도, 다른 니즈를 충족시킬 때 (예를 들어, 다른 사람에게 중요한 존재가 되려는 심리적 니즈) 코치는 필요 이상으로 코칭을 이어나가고자 할 수 있다. 비록 코칭을 지속하는 것이 추가적인 수익을 가져오지 않는 상황이라 할지라도.

코치, 살인청부업자hired assassin인가?

우리는 약 십 년 전쯤에 코칭 관련 기사를 신문에서 보게 되었다. 그 무렵에는 코칭이 전 세계적으로 활기를 띠고 번성하는 분야였다. 그 기사는 높은 코칭료를 받은 한 코치의 사례를 다루었는데 글로벌 조직에서 한 임원의 나쁜 위생 상태 때문에 직장 동료와 부하 직원이 엄청난 불만을 가지고 있었다. 이 상황에서 코치는 임원에게 그의 위생 상태와 관련된 메시지를 전달해야만 했다. 무엇인가 조치가 이루어져야 한다는 모든 이들의 일치된 의견이 있었는데도 조직 내의 그 누구도 이 문제를 감히 꺼내지 못했다. 그 임원은 폭발적인 성격인데다 아무도 이런 예민한 문제로 그와 불편한 상황에 놓이기를 원하지 않았기 때문이었다. 결국에는 인사부장이 코치를 고용함으로써 이 문제를 해결하기로 했다. 그 코치는 예정된 코칭 세션에 임원 사무실에 들어가서 단도직입적으로, '당신, 정말 냄새가 나 죽겠어요!' 라고 말한 것으로 전해졌다. 코치를 고용한 회사 사람들 모두가 코치가 한 일에 아주 만족해했다고 한다.

이런 종류의 코칭 과제는 시간 효율면에서 흥미롭게 들릴 수 있지만 코치로서 '살인청부업자'로 고용되는 것은 결코 만족스러운 일이 아니다. 냄새 나는 임원 이야기는 우습긴 하지만 진짜로 중요한 문제를 시사한다. 즉 조직에서는 흔히 그들 스스로 직접적으로 대면할 수 없는 구성원을 다루는 대안으로 코치를 이용하고 있다는 점이다. 더 나아가 코칭은 직원의 부족함을 알려주거나 또는 이직 권고를 암시하는 위장 전술로 사용될 수 있다. 반대로 코칭 대상자의 입장에서는 (그것이 의식적이든 무의식적이든) 조직 내의 특정한 개인이나 조직 전체에 대해 어떤 영향력을 행사하기 위해 코치를 이용할 수 있다. 이것은 코치가 절대로 승리할 수 없는 싸움이다. 사실상 살인청부업의 근본적인 목적은 단어의 뜻처럼 '더러운 일을 다른 사람이 하도록 시키고 책임을 떠맡기는 것'이다. 코치는 코칭 인터벤션의 원래 목적이 아닌 다른 이유에서 조직이나 코칭 대상자에게 이용되고 있음을 깨달을 것이다. 물론 그 일은 정기적인 코칭 수임료로 달콤하게 포장될 것이며 진정으로 고통받는 고객에게 중요한 변화를 가져다줄 가능성도 있다. 그렇지만 이런 종류의 코칭에서 코치는 잠재적인 보상과 위험에 대해 스스로 정직해야 한다.

가치관의 영향

우리가 관찰한 또 다른 종류의 복잡미묘한 코칭 상황은 조직, 코칭 대상자, 그리고 코치가 가진 가치관이 서로 부딪칠 때 발생한다. 리더십 코칭 인터벤션에는 나이가 어리거나 경험이 적은 사람은 거의 포함되지 않는다. 일반적으로 코칭 서비스의 구매자와 코칭 대상자, 그리고 코치는 인생 경험이 많고 객관적인 기준으로 성공한 사람들이다. 그들의 관점에서 성공이란 본질적으로 그들이 가진 신념이나 가치관과 연결되어 있다. 그렇지만 일정 지점까지는 성공을 보장해주었던 어떤 가치관이나 신념이 새로운 자리에서 오히려 성장을 방해할 수 있다. 흔한 예로, 생산 현장의 리더가 매니저로 승진해서 임원의 위치까지 올라가는 상황이 있다. 그는 누구에게 충성해야 하는가? 이익이 어떻게 사용되어야 하는가? 직원들의 월급을 올려주어야 하는가, 아니면 이해관계자를 위한 배당금을 늘려야 하는가? 평생 충실한 노조원이었던 그의 아버지는 이 상황을 어떻게 말할 것인가?

코치는 대부분 고객이 어떤 사람이든 '있는 그대로' 받아들이라고 교육받지만, 사실 코치도 사람이기에 자기 가치관과 비슷한 고객에게 끌리게 마련이다. 어떤 코치는 자기 가치관과 다를 경우 코칭을 맡지 않는 선택을 한다. 예를 들어, 담배나 무기제조 회사 직원은 절대로 코칭하지 않는다는 코치를 본 적이 있다. 이것은 정직하고 명백한 포지셔닝을 한다는 장점이 있다. 그러나 진정한 가치관의 차이는 코칭이 진행되면서 더욱 수면 위로 드러난다. 고객의 진술이나 신념 가운데 일부가 그동안 코치가 근본적으로 전혀 의심할 여지가 없다고 믿어왔던 가치관과 충돌을 하는 경우가 발생한다. 한 예로, 직장에서 일종의 성적 매력을 강조하는 문화나 성희롱과 성차별 정책 등이 벌어지는 것을 코치가 인지

하는 경우가 있다. 사람들 대부분은 성에 대해 확고하면서도 양극화된 신념을 갖고 있다. 이런 경우에 코치는 상황에 영향력을 행사하려는 욕망과 코칭 업무를 분리시키는 것에 어려움을 느낄 수 있다.

자신과 반대되는 가치관을 가진 사람을 무시하거나 모욕을 주지 않으면서 가치관 차이에 대해 토론하는 일은 결코 쉬운 일이 아니다. 사람들은 - 코치와 고객 모두 - 타인의 신념을 받아들이도록 강요받을 때 저항한다. 그렇지만 고객으로 하여금 과거에 생성된 가치관이 현재의 조직 환경에 적합한지 아닌지를 검토하도록 유도하는 것은 도움이 된다. 이 경우에 코치에게 용기는 물론 높은 수준의 감성지능이 필요하다. 이런 문제를 다루다보면 고객과의 가치관 갈등을 어떻게 다룰 수 있는지를 배우는 좋은 경험이 될 것이다. 코칭 경험은 개인이 굳게 믿는 신념을 탐색하고, 그러한 신념이 조직이라는 맥락에서 어떻게 발현되는지 평가해보는 기회이다. 고객으로 하여금 스스로의 신념과 가치를 탐색하도록 돕는 것이 코치의 역할이지만 가끔은 코치 자신이 소중하다고 여기는 것의 근원은 무엇인지, 그리고 그 영향은 무엇인지를 생각해보는 것은 매우 유용한 훈련이 될 것이다.

안전한 환경

우리는 지금까지 심리적 안전감에 대해 조금씩 이야기해왔는데 이 중요한 주제를 좀 더 자세히 설명해보려 한다. 성공적인 코칭 인터벤션을 위해 심리적 안전감에 관한 원칙은 대단히 중요하다. 코칭 서비스를 받는 고객이 위협, 조롱, 또는 굴욕감을 느끼면 본능적으로 자신을 보호하려고 한다. 고객의 자기 방어는 코칭 세션 동안 터놓고 논의되지 않는다면 코칭을 비생산적으로 만들 것이다. 우리는 고객의 방어기제로 말미암아 코칭에서 중요한 것을 달성하기가 어렵다고 토로하는 코치들을 자주 보았다. 이보다 더 최악인 경우는 일대일 코칭이나 그룹/팀 코칭을 제공하는 기업이 안전한 환경을 제공하지 못해서 코칭의 잠재적인 효과를 감소시키는 것이다. 그렇다면, 과연 코치들은 고객과의 신뢰를 쌓는 역할에 대해 어느 정도 점검하고 있는가? 흥미롭게도 우리는 실패한 코칭을 고객이 어떻게 설명하는지에 대해 코치에게서 자주 보고 받지만 코치가 고객을 위해 심리적으로 안전한 환경을 만들어 주었는가에 대한 성찰은 좀처럼 듣기 어렵다. 우리는 이전에 발행한 책에서[1] 심리적 안전이 코칭과 임원들의 개발에 어떤 역할을 하는지 자세히 다루었다. 우리가 여기서 강조하고 싶은 점은 바로 그러한 환경을 조성하는 책임은 코치에게 있다는 것이다. 특히 안전한 공간을 유지하는 것이 쉽지 않은 조직일 경우 더욱 그렇다.

안전한 환경 조성하기는 현재 진행되는 코칭 세션의 영역을 훨씬 넘어선다. 그것이 포함하는 영역은 다음과 같다: 더 큰 그림의 HR 전략에서 코칭 목표와 위치 지정하기, 세심한 계약, 코칭과 직접적인 관련이 없는 다른 이해관계자 다루기, 인터벤션 도구 선택하기(진단도구, 피드백 도구 등), 코칭과 코칭 대상자에게 주어지는 다른 정보들과의 관계 정리하기(조직 내에서 코칭이 이루어질 경우 성과 평가 회의, 임원교육 프로그램에서 이루어질 경우 교수 내용과 자료 등), 코칭 세션의 시간과 물리적인 장소.

변화에 대한 주인의식

코치가 고객에게 제공하는 생각이나 방법을 스스로에게도 언제든지 적용할 수 있는 완벽한 인간이라 생각하는 것은 정말 비현실적이다. 코치가 어떤 상황이나 사람에 대해 갖고 있는 의식적 또는 무의식적 반응은 협력적인 코칭 관계를 만들기 위해 도움이 될 수 있고 그렇지 않을 수도 있다. 코치가 가진 개인적인 성공 욕구나, 탐색과 실험 의지 또한 마찬가지이다. 코치는 고객 문제와 더불어 개인적인 감정, 희망 사항,

염려와 불안 등의 복잡한 그물에 얽혀 있기 때문에 리더십 코칭 과정에서 중요한 도구로서의 자기 자신을 지속적으로 관찰하는 것이 어렵다.

만일 코치가 그의 행동이 미치는 영향(긍정적이든 부정적이든)을 잘못 해석하거나 무시하면 정말 까다로운 상황에 맞닥뜨릴 수 있다. 그렇기 때문에 수퍼바이저나 동료들의 수퍼비전을 통해서 자기 역할을 되돌아보는 훈련은 아주 중요하다. 자신의 도전과 한계점을 인식하는 데에는 용기가 필요하다. 또 코칭은 어느 정도의 겸손함을 요구하는데 코치는 자기 능력에 대해서 스스로 정직해야 하고 코칭 결과에 대해 어디까지가 자기 공로인지 정확하게 판단해야 한다. 변화를 만들고 좋은 결과를 이루어내기 위해서는 코칭을 받는 사람이 최선을 다해야 한다고 진정으로 믿는다면 결과를 평가할 때도 같은 원칙이 적용되어야 한다. 코치의 업적보다는 오히려 코칭 대상자가 열심히 노력한 결과로 여겨야 한다.

"꽤 좋다"에서 "훨씬 좋다"로

우리가 가지고 있는 사례를 관통하는 또 다른, 미묘하지만 중요한 주제는 '나는 다음 번에 어떻게 개선할 수 있는가?'에 대해 코치가 스스로 질문하고 비판적으로 자신을 평가하는 의지에 관한 것이다. 코치로서 스스로를 평가하는 방법은 우리가 코치로서 얼마나 성숙했는지의 정도를 정확하게 보여준다. 이것은 자기 실수를 정직하게 평가한다는 의미일 뿐만 아니라, 스스로에게 너무 가혹하지 않다는 의미도 된다. 우리가 무엇을 잘못했고 무엇을 잘했는지를 알기 위해 우리 경험을 해체, 분석하는 시간을 따로 낸다면 코칭 세션에서 발생하는 모호함과 역설을 진단하는 일에 익숙해질 것이다. 다시 한번 강조하지만, 코치라는 직업은 치료 프로토콜을 통해 점검되어야 한다. 진정한 실패는 치료사가 이번 세션에서 무엇을 했는지 되돌아보지 않고 또 다음 세션에서 무엇을 개선할 수 있을지 성찰하지 않는 것이라고 할 수 있다. 우리가 신뢰하는 동료나 수퍼바이저에게 결과를 보고하는 습관을 기른다면 지금까지 '충분히 괜찮았던' 코칭 인터벤션이 '훨씬 더 좋게' 발전할 수 있다. 당신이 이 책에서 보게 될 까다로운 코칭 사례 가운데 극도로 끔찍한 것은 하나도 없다. 또 어쩌면 일부 사례는 외부의 관찰자에게는 별로 어렵지 않게 보일 수 있다. 그렇지만 고객이 꼼짝 못하는 상황이거나 코칭이 완전히 교착상태에 빠진 상황에서도 사례에 나오는 코치들은 사례 노트를 작성하고 동료와 토론했던 것이 아주 큰 도움이 되었다고 증언한다.

메타 주제: 정신역동적 관점

성공적인 코칭이든 까다로운 코칭이든, 모든 코칭 인터벤션에서 반복적으로 나타나는 중심 주제는 표면 밑에 존재하는 것에 대한 코치의 자각(또는 자각의 결여)이다. 모든 코칭 인터벤션은 두 가지 수준에서 발생한다. 눈에 보이는 것(행동, 결정)과 감추어진 것(믿음과 행동에 미치는 시스템과 대인 관계의 영향력)이다. 감추어진 영향을 온전히 다루기 위해서는 코치가 정신역동적 개념에 어느 정도 익숙해질 필요가 있다.

리더십 개발을 위한 인터벤션으로써 코칭은 개인과 조직 차원 모두에서 잠재력이 상당히 크다. 그러나 리더십 코치와 교육 제공자가 겉으로 드러나 있는 것만을 보고 대인 관계와 팀 역동에 큰 영향을 주는 숨겨진 정신역동을 놓치는 일은 너무도 빈번하다. 그 결과, 신속하고 가시적인 변화만을 추구한다. 그러나 표면 행동 밑에 깔린 무의식적 정신역동을 무시한다면, 오래 지속되는 참된 변화란 일어날 수 없다. 우리가 원하는 것은 신속한 해결quick fix 그 이상이므로 조직에서 우리 작업은 정신역동적 방향에 기초한다. 이런 접근법이 목표로 하는 것은 사람들이 과거 경험을 다시금 경험하고 그들의 자유 의지를 확장시켜 삶에서 새로운 도전을 발견하도록 하는 데 있다. 개인이 건강하게 기능하기 위해서는 우리 스스로에 대해 문외한이어서는 안 된다.

이런 접근법은 은유로 하면 개인의 내면 극장inner theater을 탐험하는 것과 같다고 할 수 있다. 커튼 뒤의 우리 내면 무대 위에는 온갖 비극과 희극으로 가득차 있으며, 우리가 사랑하고 증오하고 두려워하고 존경하는 사람들이 바로 연극의 주요 인물이다. 이 곳에서 우리는 긍정적이거나 부정적인 감정과 깊이 연결되어 있는 우리 기억과 열망을 발견한다. 우리 자신과 타인을 더 잘 이해하기 위해서 연극의 주요 인물과 연계하여 자주 반복되는 삶의 주제와 패턴을 알아내야 하며 혹시 고통스러운 생각을 피하려는 노력이 반복적으로 있었는지에 대해서도 생각해보아야 한다. 이러한 전이나 역전이 반응은 과거에 중요했던 어떤 관계의 형태가 반복되는 것으로 그것이 현재에는 더는 유효하지 않을 수 있다.

전이라는 것은 '거짓된 연결성false connection'인데 한 사람에게 느꼈던 감정을 무의식적으로 다른 사람에게 향하게 하는 것을 의미한다. 즉 어떤 사람을 보고 과거에 있는 특정한 인물을 떠올리고 그에게 갖고 있던 기대감이나 인식을 현재의 이 사람에게 투영하는 것이다. 예를 들어 부서에 새롭게 합류한 어느 젊은 여성 직원이 아무리 확연한 전문성을 갖고 있다고 해도, 그 부서의 팀장은 그녀에게 도무지 '설명할 수 없는' 비호감을 느낄 수 있다. 숙고 끝에 팀장은 그 여성 직원이 자신과 늘 갈등 관계에 있던 자기 여동생을 떠올리게 한다는 사실을 발견할 것이다. 물론 그 젊은 새 직원이 비난받을 구석은 하나도 없는데 말이다.

역전이 또한 비슷한 과정이지만 이것은 코치의 관점에서 이루어지는 것이다. 전이와 마찬가지로, 역전이는 코치가 자신이 해결하지 못한 갈등을 고객에게 투사하기 시작할 때 일어난다. 과거에는 이 역전이가 치료에 방해물로 여겨졌는데, 감정이 적절하게 관리되지 않으면 해로울 수 있다고 믿었기 때문이다. 그러나 요즘은 고객을 돕기 위해 필요한 중요한 정보의 원천으로써 역전이를 바라보는 시각이 늘어나고 있다.

요약하자면, 우리가 어렸을 때 형성된 주요 관계는 성인이 되어서 우리가 사랑하고 친구를 선택하고 우리 자신을 표현하는 방법에만 영향을 주는 것이 아니라, 상사, 동료, 부하 직원과의 상호작용에도 반영된다. 그것이 영향을 주는 영역은 우리가 결정을 내리는 방법, 우리의 리더십 유형, 직장에서의 여러 측면과 일과 무관한 영역에까지 걸쳐있다. 우리는 온갖 비극과 희극이 들어있는 내면 극장을 일터에까지 데리고 다닌다.

조직에서 일하는 것은 빙산의 벌판을 항해하는 것과 유사하다는 말을 자주 한다. 대부분의 위험은 표면 아래에 숨겨져 있다. 이러한 비유는 겉으로 드러나거나 잠재된 인간관계의 역동을 시각화하는 데 도움이 된다. 우리는 기업 조직에서 다음과 같은 일들이 일어날 수 있음을 기억해야 한다:

- 아무리 비이성적인 행동이라 해도 모든 행동은 이성적으로 설명될 수 있다.
- 우리가 행동을 결정할 때 무의식이 강력하게 작동한다.
- 동기 욕구 체계 motivational needs systems 는 정신 세계의 삼각관계 ─ 인지, 감정, 행동 ─ 를 만든다.
- 우리에게는 내면 극장 탐험을 방해하는 방어기제와 맹점이 있다.
- 감정은 정체성과 행동을 형성하며 큰 영향력을 행사한다.
- 과거는 우리의 현재를 이해하고 미래를 만들어가는 렌즈이다.

정신역동 '렌즈'를 통해 코칭 대상자와 코칭 상황을 분석하는 접근법은 까다로운 코칭 사례의 주요 테마를 고려할 때 가치 있는 일이라 할 수 있다. 이것은 모든 코치가 다 심리치료사가 되어야 한다는 주장이 아니다. 기본적인 전문 지식과 상식 외에도, 코치는 자기 행동을 분석하기 위해서 표면 밑에 있는 것을 분석할 수 있어야 한다. 또 고객의 무의식적인 동기 요소와 조직과 시스템적인 차원의 역동에 대해서도 알아야 한다. 더 나아가, 정신역동적 개념에 기초하는 것은 각 인터벤션의 경계선과 범위를 정하는 데 도움이 되기 때문에 큰 위험에 빠지지 않도록 해준다. 즉 코치는 자신이 훈련받은 전문성 영역 밖에 있는 상황이나 병리를 인지할 수 있어야 하고, 설사 코칭 계약을 종료하더라도 타 분야 전문가로 보내는 데에 주저함이 없어야 한다. '선무당이 사람 잡는다A little knowledge can be a dangerous thing'라는 격언처럼 정신역동 기술도 겉핥기식으로 사용하는 것은 적절하지 않다. 요약하자면 코칭 세션에 깊이와 넓이를 더하는 정신역동에 대한 지식과 훈련을 갖추는 것이 책임 있는 코치의 모습이라고 우리는 믿는다. 겉으로 보기에 비이성적인 행동 원인을 이성적으로 분석하고, 과거 경험을 평가하여 미래의 가능성을 재구성하고, 전이와 역전이 신호를 주시하고, 체계적으로 생각하는 것을 뜻한다. 단, 너무 지나치지 않는 선에서.

사례를 읽을 때 주제 되돌아보기

이 책의 사례를 읽을 때 이러한 주제들을 잘 살펴볼 것을 권고한다. 각 사례는 한 가지 이상의 주제를 담고 있을 것이다. 기억해야 할 것은 우리가 지금까지 다루었던 주제가 완전하거나 상호 배타적이지 않다는 점이다. 한 사례에 여러 주제가 한꺼번에 존재할 수 있는데 그 가운데 한 가지 주요 원인만을 가려내는 것은 쉬운 일이 아니다. 그런데도 우리가 계속 주제를 다루는 것은 각 사례에서 배움의 기회를 잃을 수 있기 때문이다. 코치를 꿈꾸는 사람, 코치로서 위치를 확보하려는 사람, 또는 앞으로 코칭 커리어로 계속 가고자 하는 사람에게 여기 소개된 정상급 코치들이(그들의 탁월한 용기와 겸손을 다시 한번 강조하고 싶다) 다각적인 사례 연구를 통해서 간접 학습과 현실을 성찰하는 기회를 제공할 것이다.

우리는 독자들에게 사례를 찬찬히 정독하기를 권장하며 해설이나 사례, 저자의 후기를 살펴보기 전에 다음과 같은 사항을 고민해보기를 바란다:

- 이 사례에 등장하는 주제는 무엇인가? 당신이 수퍼바이저 코치라면, 수퍼비전 세션에서 코치와 함께 다루야 할 주요 주제는 무엇인가?
- 불완전하거나 분실된 중요한 정보가 있는가? 당신이 이 사례를 평가할 때 이것이 어떤 영향을 미치는가?
- 이 사례를 읽고 나서 지금 어떤 기분이나 감정을 경험하는가?
- 당신이 이 사례의 주인공(코치)이었다면 어떤 기분이었을까?
- 이 사례에서 당신이 고객이었다면 어떤 기분을 느꼈을까?
- 이 사례를 어렵게 만드는 것은 무엇인가? 그것을 미리 예방할 수 있었는가? 코치가 다른 방법으로 코칭을 준비할 수 있었는가?

위의 질문들을 점검하고 나서 다른 코치들이 쓴 해설을 읽을 것을 권한다. 그리고 나서 다시 한번 다음과 같이 되돌아보아야 한다:

- 해설을 읽고 난 뒤에 상황을 바라보는 당신의 첫 인상이 바뀌었는가?
- 해설 내용 가운데 사례에 등장하는 코치에게 가장 중요하다고 생각되는 부분은 무엇인가?
- 해설 내용 가운데 당신에게 가장 중요한 부분은 무엇인가?
- 어떤 부분에서 당신은 동의하는가, 또는 동의하지 않는가?
- 이 사례에 해설을 해달라는 요구를 받는다면 당신은 어떻게 할 것인가?

우리는 독자에게 사례의 해설 뒤에 포함된 저자의 후기 또한 꼼꼼히 읽어볼 것을 제안한다. 다음과 같은 점을 되돌아보기를 바란다:

- 이 곳에서 제시된 결과를 어떻게 생각하는가?
- 이 사례에서의 경험과 해설을 통해 저자인 코치가 무엇을 배울 수 있을 것으로 생각하는가?
- 코치나 임원으로서 당신이 배운 점은 무엇인가?

당신은 고객의 전체적인 상황, 주변 인물들의 속마음과 가족사 문제(가끔씩 아주 오래된 것들)에 대해 각 사례의 저자들이 다루는 방식에서 사례마다 차이가 있음을 알게 될 것이고, 코치가 그것에 어떤 감정과 반응을 나타내는지에도 차이가 있음을 알아차릴 것이다.

어떤 사례는 고객의 과거나 그가 직면한 문제에 대한 정보를 그다지 많이 제공하지 않을 수도 있다. 어떤 사례를 읽다보면, 좀 더 추가적인 정보가 있었더라면 전체적인 윤곽을 이해하는 데 더 도움이 될 거라는 생각이 들 것이다. 그때마다 사례에 등장하는 코치가 올바른 질문을 했는지 독자 스스로 질문해보기를 권한다. 그리고 당신이었다면 어떤 질문을 했을지도 생각해보라.

22장부터 24장까지는 해설이 없는 사례 세 가지를 소개한다. 이 사례를 통해 독자 스스로 전체적인 상황을 파악하는 연습을 하고 사례에서 언급된 사람들이 어떤 영향력 아래에 있는지, 또 이 사례를 탐구하면서 여러분 자신에 대해서 무엇을 배울 수 있는지 알기를 바란다.

이 책에 제시된 질문은 코칭을 심도있게 학습하거나 자신이 진행했던 코칭의 사후 성찰을 위해 이 책을 활용하는 한 가지 방법에 불과하다. 소그룹 워크숍이나 코칭 클래스에서 이 책의 사례를 토론 주제로 삼을 수 있다. 사례와 해설에 대한 각자의 생각을 나누고, 자기만의 평을 작성하거나 수퍼비전 세션에서 역할극을 진행할 수 있다. 다른 사람과의 토론을 통해 이 책의 사례 자체에게서 배울 수 있을 뿐 아니라 다른 코치나 학습 전문가들의 경험에 접근하는 기회가 될 것이다.

주석

1. M. R R. Kets de Vries, K. Korotov, and E. Florent-Treacy (2007). Coach and Couch: The Psychology of Making Better Leaders. Basingstoke and New York: Palgrave Macmillan; M. R R. Kets de Vries, L. Guillén, K. Korotov, and E. Florent-Treacy (2010). The Coaching Kaleidoscope: Insights from the Inside. Basingstoke and New York: Palgrave Macmillan.

5

코치는 영웅이 아니다

_ 그레이엄 바커스_{Graham Barkus}

사례 요약

그레이엄 바커스의 사례에서는 견고한 심리적 방어기제로 중요한 변화를 이뤄내지 못하는 고객이 등장한다. 개인의 도전적인 상황뿐만 아니라 이 고객의 개발 과제에 대한 경영진의 무관심 때문에 상황은 더욱 악화된다. 경영진은 이 이슈를 온전히 코치의 몫으로 넘긴다.

맥락: 이 사례는 싱가포르의 다국적 금융 서비스 기업의 테크놀로지 부서에서 생긴 일이다.

배경

어떤 고객은 코치에 대한 잘못된 믿음을 갖고 있는데 그들은 코치를 기업 내 모든 문제를 해결하기 위해 낙하산을 타고 투입되는 해결사troubleshooter로 생각한다. 어떤 경우에는 코치가 그들의 편이 되어 회사와 동료들을 상대로 자기 목소리에 더 힘을 실어줄 것으로 착각한다. 여기서 소개하는 사례에서 이 두 가지 유형의 고객을 모두 만나보게 될 것이다.

이 프로젝트의 대상은 싱가포르에 기반을 둔 다국적 금융 서비스 기업의 기술 부서였다. 기술 부서는 직원 350명과 고위 간부 13명으로 이루어져 있다. 고위 간부 가운데 한 명인 내 고객은 새로운 비즈니스 모델 개발이라는 특별한 책임을 지고 있었다. 회사는 5년간의 구조 조정 기간의 두 번째 해를 맞이했던 상황이고 내 고객인 리Lee는 다른 간부들 12명의 변화 과정을 관리하는 역할을 부여받았다.

리는 자기 역할을 리더로 이해했고, 그룹 개발 프로세스를 주도하고 동료들을 올바른 경로로 안내해야 할 책임이 있다고 스스로 믿었다. 그렇지만 실제로는 주어진 임무에 접근하는 그만의 방식이 그룹 내에서 상당히 부정적인 결과를 초래했다. 리의 상사들은 그가 문제를 해결하기는커녕 문제를 더 가중시킨다고 확신했지만 정작 본인은 이러한 사실을 인지하지 못했다. 그는 속으로 자기에게 주어진 임무에 최선을 다한다고 믿고 있었다. 내가 그를 코칭하기 시작했을 때 리는 내 역할이 그에게 힘을 주어 주변 사람들을 설득해 그가 추구하는 방향으로 이끌게끔 하는 것이라고 착각하고 있었다. 사실 내 역할은 그가 자신에게 주어진 역할을 올바르게 분석하고 일에 대한 그의 접근방식에 변화를 주는 것이었다.

위에 언급한 상황만으로도 나에게는 큰 도전이었다. 리의 상사들은 그가 잘못된 방향으로 팀을 이끌고 있다는 사실을 알고 있으면서도 아무도 그것을 언급하지 않았다. 그들은 리의 성실함과 정직함을 높게 사고 있었으므로 아무도 그를 비판하거나 솔직하게 피드백을 주지 않았다. 상황을 더욱 악화시키는 것은 리의 개인 사정이었다. 그는 해외에 거주하는 대가족을 부양하는 가장이었고 그의 어린 아들은 큰 교통사고를 당해 장애를 갖게 되어 전문 의료 지원을 필요로 했다. 아들의 사고 직후 회사 차원에서 지원된 의료 지원은 리가 생각하기에 충분하지 않았고 그는 지금까지도 그때 더 강력하게 요구하지 못한 자신을 자책하고 있었다.

누가 보아도 호감이 가고 성실한 사람이라는 것과 그가 자기에게 주어진 역할에 진심으로 최선을 다한다는 사실은 그의 상사들이 그를 직접적으로 비난하지 못하는 이유가 되었다. 더 정확하게 말하면 회사의 경영진은 그것을 자신들의 일이라고 생각하지 않는 듯했다. 그들의 눈에 그것은 코치의 일이었고 그들의 딜레마를 나에게 위탁하여 내가 어떤 마법이라도 부려 문제를 해결해주기를 기대하고 있었다.

새로운 비즈니스 모델 개발에서 리의 역할은 프로세스와 시스템을 개선하고 효율성과 생산성을 향상시킬 수 있는 방안을 기획하며 애매모호하게 정의된 변화 관리라는 개념을 개선시키는 것이었다. 리의 경영 아래에서 지난 5년 동안 부서의 많은 기술 활동은 비용 대비 효과를 고려하여 아웃소싱되었으며 고위 경영진의 역할은 점점 기술 영역보다는 아웃소싱된 공급 업체를 관리하는 데 초점이 맞추어졌다.

기술 부서는 더 체계적인 방법으로 문제를 해결하고 효율성을 창출하려는 시도를 하는 동안 중요한 구조 조정 - 아웃소싱을 포함한 - 을 겪고 있었다. 핵심은 고위 관리자가 자기 전문 분야에만 초점을 맞추던 예전의 기업 문화를 동료와의 협력과 협업을 더욱 중요하게 여기는 새로운 문화로 대체하는 것이었다. 예전의 문화에서는 의사결정 대부분이 가장 윗선에 있는 한 사람에게서 내려오곤 했다.

코치로서 내 역할

나는 조직개발 전문가로서 팀에 투입되었는데 그들의 업무 문화와 대인 관계의 역동성이 전략 실행에 어떤 방해가 되는지를 그들을 이해시키고 업무의 효율성을 확보하는 것이 목적이었다. 나는 워크숍과 그룹 코칭, 그리고 관리팀과의 사례 교육 세션을 통해 조직원들과 일하는 방식뿐 아니라 납품업체들과 일하는 방식에 변화를 만들어내려고 했다. 내 접근방식은 그럴듯해 보였지만 임원들 가운데 그 누구도 이러한 이슈에 진정한 주인 의식을 가지려 하지 않았다. 모든 사람이 문제를 인지하고 있었지만 개인적으로 접근할 수 없는 조직 차원의 문제로만 보았다. 그들은 조직 밖에 있는 외부 사람을 통해서 문제를 해결하고자 했다.

도전

팀원들과의 인터뷰를 통해 나는 그들이 조직에 대해 공통된 세 가지 견해를 가지고 있음을 알게 되었다. 첫 번째는, '소프트 스킬'이나 대인 관계 능력은 업무와 무관하고, 오히려 시간 낭비라는 믿음이 있었다. 두 번째로, 그들은 자기 자신이 아닌 다른 동료들에게서 문제점을 찾는 경향이 있었다. 세 번째로, 직원들은 겉으로는 분명한 가이드라인을 갖고 있는 척하지만 사실은 아무런 전략이 없는 경영진을 탓하고 있었다. 내 코칭 대상자인 리만이 예외였다. 리는 본인이 대인 관계와 조직개발 사안에 큰 관심이 있다고 했다. 그는 직장 내 대인 관계 관련 책을 광범위하게 읽었고, 다양한 심리학 분야에서 경영자 교육을 받아왔다. 그가 보기에 문제의 핵심은 직원들이 함께 일하는 방식에 있었는데 그것을 보지 못하는 팀원들에게 답답함을 표현하기도 했다. 개인적으로 그는 사업 성과를 높이기 위한 기회를 많이 포착하고 있었지만 동료들에게는 그런 비전이 없다고 느꼈다. "그들은 이해 못해요. 저를 그저 독재자로 생각하죠."라고 말했다.

리의 좌절감은 미래의 커리어에 대한 불안으로 더욱 가중되었다. 그가 느끼는 위협이 실체가 있는지 모르겠지만, 그것은 리에게 매우 중요한 이슈였다. 왜냐하면 그는 가정을 책임져야 했고 무엇보다도 그의 아픈 아들이 그에게 경제적으로 완전히 의존하고 있었다. 아들의 사고 직후 리는 자신이 회사에 더 좋은 의료 지원을 강력하게 요구하지 못했기 때문에 아들의 장애가 심해졌다고 믿고 있었다. 그리고 이러한 믿음은 일을 대하는 그의 태도에 큰 영향을 미치고 있었다. 그는 나에게 이렇게 말했다. "내 인생에서 가장 중요한 교훈은 바로 이것입니다. 다른 사람의 의사 결정에 의존하지 말 것. 자신에게 필요한 것을 알고 있다면 당장 행동으로 옮길 것." 이런 마음가짐이 리의 일터에서 어떤 식으로 발현되는지 발견하는 것은 어렵지 않았다. 긍정심리학과 그룹 역동에 관심이 있었지만, 리는 직장에서 그 배움을 실제로 적용하지 못하고 있었다. 그가 옹호와 격려의 표현이라고 생각했던 행동들은 그의 동료들에게 회유와 강압으로 느껴졌으며 자기 세계관을 강요하는 것으로 보였다. 동료들을 설득하려는 노력이 실패했다는 것을 깨달은 리는 자기혐오와 편집증에 빠졌고 직업을 잃고 가족을 부양할 수 없게 될까봐 전전긍긍했다. 결론적으로, 그는 내 인터벤션을 통해 동료들의 생각을 변화시키기를 원했지만 자기 문제점은 인지하지 못했다.

내 접근법

나는 개인 코칭과 그룹 코칭 세션을 모두 활용하기로 했고 360도 리더십 진단 도구인 Global Executive Leadership Inventory(GELI)[1]를 사용해 임원들의 프로필을 만들었다. 코칭 과정의 주요 요소는 다음과 같다:

- 팀을 지원하여 변화의 틀을 마련하고 적응적 도전과제adaptive challenge를 강조한다. (지금 하던 일을 단순히 더 열심히, 더 빨리, 더 스마트하게 수행하는 것을 요구하는 '기술적 도전과제technical challenge'와는 반대의 개념이다) 적응적 도전 과제는 배움, 실험, 그리고 새로운 문제 해결 방식을 발견하는 것을 목표로 한다.
- 그룹 워크숍을 통해 조직의 미래를 위해 가장 좋은 리더십 문화를 규정한다.
- 경영진에게 직접 피드백함으로써 조직이 원하는 리더십 문화와 현재 상태 사이의 가장 큰 차이점이 무엇인지 파악한다.
- 경영진을 대상으로 워크숍을 실시하여 직원들이 원하는 리더십 문

화가 현재 어떤 영역에서 적용되지 않고 있는지를 분석한다.
- GELI 진단 결과 피드백
- 개인 코칭 세션

리의 GELI 진단 결과는 동료들이 그의 행동을 어떤 식으로 바라보는지 확인하는 데 큰 도움이 되었다. 우리는 그의 행동 뒤에 숨겨진 의도와 그의 행동이 미치는 실질적 영향의 차이를 탐색했다. 대부분의 코칭 세션은 앞으로 조금씩 행동을 변화시키겠다는 리의 다짐과 다가올 미래에 대한 긍정적인 바람으로 마무리되었다. 그렇지만 아쉽게도, 이러한 동기부여는 그가 회의실을 떠나 자기 사무실로 돌아가는 동안 휘발되었다. 다음 세션 때 그는 여전히 풀이 죽은 표정으로 돌아와, 변화를 위한 행동을 하지 못한 자신에 대해 무력감과 동시에 더 큰 부담감을 느꼈다. 그는 피해망상, 자기혐오 그리고 그에 따른 지속적인 무행동inaction의 악순환에 갇혀 있었다. 흥미롭게도 긍정심리학과 인간관계 기술에 대한 그의 관심은 상황을 더욱 악화시키는 것처럼 보였다. 그는 책에서 읽은 지식을 자기 행동 변화를 위한 도구로 사용하는 것이 아니라 타인에게 가르치고 전파해야 할 것으로 내면화하고 있었다. 리는 자신이 습득한 통찰력을 다른 사람들의 행동을 변화시키는 도구로만 사용했던 것이다.

교착상태 끝내기

나에게 가장 큰 도전은 리가 자기 심리적 불안과 불안정성을 알아차리면서 자기 행동을 온전히 성찰하도록 내면에 공고히 형성된 방어기제를 뚫는 것이었다. 동시에 나는 경영진에게 문제에 대한 책임 의식을 지게 하고 오직 그들만이 해결할 힘을 가졌음을 확인시켜 주어야 했다. 그러기 위해서는 리의 상사가 더욱 꼼꼼하고 건설적인 피드백을 주기 위해 적극적으로 개입해야만 했다. 마지막으로, 내 자신이 최대한 객관적이고 집중력이 흐트러지지 않도록 유지하는 것이 중요했다. 내 개인적인 편견과 판단 때문에 가능한 해결책들을 놓치면 안 되었다.

코치는 영웅이 아니다: 해설 1

_ 샌디 스타델만 Sandy Stadelmann

코치가 만난 상황을 내가 이해한 바는 다음과 같다. 저자는 조직개발 전문가로서 투입되어 고객을 도와 업무 성과에 지장을 주기 시작한 대인 관계 방식을 바꿔야 했다. 이 사례의 가장 까다로운 부분은 변화 과정을 겪고 있는 다국적 기업의 대규모 부서 내의 그룹 코칭 프로세스에 참여한 바로 리이다. 경영진은 회사를 위하는 리의 긍정적인 의도에 대해 공감했고, 그 때문에 그가 일하는 방식에 대해 어떤 효과적인 피드백을 제대로 제공하지 못하고 있었다. 리는 변화를 위해 적극적으로 행동하며, 개인적인 삶의 경험을 바탕으로 강하고 행동 지향적인 철학에 의존하는 사람으로 묘사된다. "결정을 내릴 때 절대로 타인에게 의존하면 안 됩니다. 무엇이 성취되야 하는지 알고 있다면, 그 일이 성취될 때까지 포기하면 안 됩니다. '행동하지 않음'의 비극적인 결과를 최대한 피해야 합니다." 리는 자기 행동이 조직 내에서 많은 역기능을 초래하고 있다는 사실을 알지 못했다. 그는 자기 동료들에게 뭉뚱그려 부정적인 의견을 갖고 있었고 그들과 어울리지 못했다. "그들은 나를 이해하지 못해요. 나를 그저 독불장군으로 생각하죠." 리는 자신의 좋은 아이디어들이 실현되지 못하는 이유가 동료들이 자신을 제대로 이해하지 못하기 때문이라고 생각했다. 한편으로 리는 직장을 잃게될까봐 두려워했고 큰 부담감을 느끼고 있었다. 그는 코치인 그레이엄이 동료들을 설득해 자신을 따르게 하기를 바랐다. 리는 심리학과 인간관계 기술에 큰 관심이 있었다.

위에 언급한 문제들을 다루기 위해서 그레이엄은 다음과 같은 두 가지 질문을 고려할 수 있다:

1. 어떻게 하면 코칭을 통해 리의 내면에 공고하게 만들어진 방어기제를 뚫고 그로 하여금 자기 행동을 온전히 돌아보고 내면의 불완전함을 받아들이게 할 수 있을까?

이번 코칭 대상자는 내면의 압박이 점점 커감에 따라 무엇인가 행동해야 한다는 것을 알고 있었다. 그의 행동 지향적인 성격은 코칭에 도움이 되지만, 그 방향이 타인이 아닌 자신을 향해야 한다.

첫 단계로, 리는 타인을 내 뜻대로 변화시킬 수는 없지만, 그들과 더욱 효과적인 방법으로 소통할 수 있는 방법을 찾을 수 있음을 알아야 한다. 리는 인간관계 기술을 배우는 것에 굉장히 호의적이다. 그렇기 때문에 LIFO와 같은 성격유형 검사를 소개해주는 것이 도움이 될 수 있다. 본 성격유형 검사는 강한 인본주의 철학을 바탕으로, 관점의 변화와 시스템적 사고를 가능하게 한다. LIFO의 기본 전제는 자신을 아는 것, 그리고 타인의 성격 유형을 이해하는 것이 효과적인 관계 맺음의 핵심이라는 것이다. 본 성격유형 검사는 다음과 같은 도움을 줄 것이다:

- 다양한 종류의 성격유형과 강점을 알게 될 것이다.
- 자기 강점을 잘 이해하고 그것이 타인에게 미치는 영향을 알게 될 것이다.
- 그의 동료들과 임직원들을 더욱 잘 이해하게 될 것이다.
- 더욱 진실되고 풍성한 관계 형성을 위해 자기 행동을 제어하고 조정하는 법을 배울 것이다.
- 목표 달성을 위해 자기가 주장하는 방식을 상황에 따라 어떻게 적

절하게 해야 하는지 배울 것이다.

추가적으로, 그의 행동 철학이 자기가 속한 분야와 잘 어울리는지 분석하고 자신이 처한 비즈니스 맥락에 더 적합하게 만들기 위해 연구하는 것이 도움이 될 것이다.

마지막으로, 도달하고자 하는 목표를 면밀히 살펴보고 (자기 과제와 역할이 정확히 무엇인지) 이러한 목표를 달성하기 위해 가장 적절한 활동이 무엇인지 상호 반영하는 것이 필요하다.

2. 리의 개인적인 삶과 관련된 깊은 상처를 건드릴 위험 때문에 두려워 꼼짝도 못하는 고위 경영진들이지만 그렇더라도 그에게 정확한 성과 피드백을 줄 수 있도록 하기 위해 어떻게 그들을 도울 것인가?

피드백 방법은 어떤 문화권에 속해 있느냐에 따라 영향을 많이 받는다. 상사가 부하 직원에게 직접 피드백을 주는 것이 개인주의 문화권에서는 당연히 기대되지만 집단주의 문화권에서는 적절하지 않다. 개인주의 문화권에서는 코치가 피드백의 중요성과 그에 따라 발생하는 문제들을 강조할 수 있다. 경영진의 입장에서 건설적인 피드백을 올바른 방식으로 제공하는 법을 배우는 것은 굉장히 큰 도움이 된다. 스트레스를 발생시키는 대화를 해야 할 때 긴장을 줄이는 방법을 배우는 것 또한 도움이 된다. 경영진은 리가 일하는 방식에서 어떤 점이 가치가 있는지 판단해야 하며, 개인 차원과 비즈니스 차원에서 그에게 어떤 점을 기대하는지, 그의 성과를 어떻게 측정할 것인지 명확히 해야 한다. 이 과정을 진행하고 난 다음 성과에 대한 피드백을 주어야 한다.

코치는 영웅이 아니다: 해설2

_ 스베틀라냐 카포바 Svetlana Khapova

이 사례는 코치인 그레이엄과 코칭 대상자인 리 사이에서 정서적 개입이 일어난 사례이다. 그레이엄이 발표한 내용에 따르면, 리는 정서적인 도전 앞에서 무력감을 느끼고 있었다. 코치가 리의 개인적인 이야기에 너무 몰입하였고 그의 사정에 불편함을 느끼는 것처럼 보인다. 객관적으로 고객을 돕기 위해서 코치는 감정적인 거리를 두어야 한다. 그것이 불가능하다면 코칭을 중단하는 것이 현명할 것이다.

이 사례는 상황이 갖는 감정적인 측면에 무게를 두고 소개되었다. 반면에 관련자들이 이뤄야 할 코칭 목표라든지, 코칭 결과를 촉진시키기 위해 필요한 조직 차원의 프로세스라든지 하는 객관적인 부분은 거의 강조되지 않았다. 개인 한 사람 때문에 조직이 제대로 기능하지 못한다고 판단하는 것은 과대평가이다. 리는 특정한 한 가지 행동 양식을 보여줄 뿐이다. 조직이란 다양한 유형의 사람들, 다양한 행동 양식을 가진 개인들로 이루어져 있다. 경영진은 리가 속해 있는 팀뿐만 아니라 조직 전반의 문화와 집단 역동에 대해 생각해보아야 한다.

또 다른 중요한 포인트는 한 개인을 변화시킨다는 것은 매우 어렵고 어쩌면 불가능한 일이라는 것이다. 개인적으로 나는 리의 행동에 낯선 피드백을 주는 것이 큰 도움이 될 것이라고 생각하지 않는다. 그 대신 리가 담당하는 변화 프로세스에서 리더의 역할을 재정립하거나 필요하다면 리더의 역할을 둘로 나누는 것을 제안한다. 그 가운데 한 가지 역할만 리가 맡고 나머지 하나의 역할은 새로운 적임자를 발탁하면 된다.

코치인 그레이엄에게는 본 코칭을 계속해서 진행할 것인지 깊이 고민해보기를 제안한다. 또 전체의 집단 역동과 조직 문화에 대해 포괄적으로 생각해보기를 바란다. 리가 맡고 있던 리더십 역할을 둘로 쪼개는 것은 경영진과 상의해야 할 부분이다.

사례 후 노트

_ 그레이엄 바커스 Graham Barkus

이 사례를 2009년 12월 ESMT 콜로키엄에서 발표할 당시 많은 사람들이 고객에 대해 내가 객관성을 타협했다고 보았기 때문에 무척 흥미롭게 느껴졌다. 내가 코치 역할에서 객관성을 유지하기보다는 개인적인 십자가를 진 것 같다고 보는 시선은 나에게 큰 도움이 되었다. 경영진은 현재의 문제를 그들의 문제가 아닌 내 문제로 보려고 한다는 것을 알았지만 내가 얼마나 그들의 바람을 만족시켰는지는 알 수 없었다. 학회 이후 두 가지 중요한 사실이 명백해졌다. 첫 번째로, 이번 코칭 프로젝트에는 두 명의 고객이 존재했는데 코칭 대상자인 리와 그의 상사를 포함한 경영진이었다. 그들 모두는 코치의 도움을 필요로 하는 상태였는데 저마다 인터벤션이 필요했다. 그들 모두가 이 부분을 명확히 인지하고 내가 어디에 집중해야 할지 그들로 하여금 선택하게 했어야만 했다.

두 번째로, 나는 경영진이 암묵적으로 요구했던 문제 해결사 역할을 하고 있었다. 나는 '영웅'처럼 굴음으로써 현재 우리가 어디에 있는지 감을 잃었고 적응적 변화 이론Adaptive change theory에서 말하는 '업무 기피work avoidance'에 빠졌음을 보지 못했다. 나는 내가 이미 할 수 있고, 편안하게 생각하는 일을 하느라 바빠서 내가 진짜로 해야 하는 일과 역할에 대해서는 스스로 묻지 않았다. 더욱 중요하게도, 어떤 일은 내가 아닌 타인이 하도록 내버려두어야 한다는 사실을 잊고 있었다.

사실 조직의 문제에 대해서는 경영진이 어느 정도의 책임 의식을 가졌어야 했는데 코치로서 모든 문제에 대한 해결 방안을 제시하려고 했던 것이 잘못이었다. 더욱 깊게 들어가보면 내가 리의 성격에서 관찰했던 특징(자신이 문제에 대한 정답을 알고 있다는 확고한 믿음)은 어쩌면 내 자신의 모습이 그에게 투영된 것이었다.

코치이자 조직개발 전문가인 나에게 가장 중요한 고객은 바로 조직이다. 리와 그의 상사는 내 고객 가운데 일부였으나 그들이 현 시점의 교착상태를 만들어낸 장본인이었다. 리에게 도움이 필요한 것은 명백한 사실이었으나 그 도움은 코치가 아닌 조직의 경영진에서부터 내려왔어야만 했다. 조직개발을 위해 투입된 코치의 역할은 문제를 정의하고 조직 내에서 토론의 장을 열고, 그들이 디자인한 솔루션을 잘 시행하도록 돕는 것이다. 코치는 영웅이 아니다.

주석

1. M. F. R. Kets de Vries (2005). Global Executive Leadership Inventory: Facilitator's Guide. San Francisco: Jossey-Bass.
※ LIFO: Life Orientations www.liforientations.com Accessed September 26, 2011.

6

컨설팅 고객이
코칭을 필요로 할 때

_ 안토니오 가르반 루나 Antonio Galvan Luna

사례 요약

코치 안토니오 가르반 루나가 발표한 컨설팅 프로젝트에서 그의 고객은 사실 더 큰 코칭 니즈가 있었다. 코치는 가족기업으로 내려온 비즈니스 안에서 저마다 별개의 인터벤션을 필요로 하는 두 개의 의제가 존재함을 발견했다. 처음에는 컨설턴트로, 나중에는 코치로 변신한 루나는 초반에 고객의 신뢰를 얻기 위해 컨설팅을 선택했고 그 신뢰를 바탕으로 점차 비즈니스 소유주와 매니저들과 함께 코칭 사례로 만들어갔다.

맥락: 이 사례의 배경은 라틴 아메리카이다.

배경

"가족, 종교, 친구, 이것은 성공적인 비즈니스를 위해 반드시 제거해야 할 3가지이다." 포브스 잡지가 매년 선정하는 픽션 인물 재력 순위 TOP 15 가운데 한 사람인 찰스 몽고메리 번스가 한 말이다. 번스 씨는 심슨 가족이라는 가상 세계에 존재하는 인물이지만 이 말은 내가 맡았던 코칭 가운데 가장 어려웠던 사례를 한 마디로 요약한다.

2008년 중순 나는 여섯 명의 형제 자매가 경영하는 한 가족기업을 소개받았다. 그들은 자국에서 가장 큰 주유소 네트워크 가운데 하나를 보유하고 있었다. 주요 수입원은 연료였지만 편의점, 세차장 그리고 수리 서비스와 같은 편의시설도 주유소와 함께 있었다. 주유소 대부분은 고속도로 요지에 있었는데 지나가는 관광객과 화물 운송량이 많은 만큼 수익성이 매우 높은 편이었다.

그룹의 설립자는 현재 경영자의 부친이었는데 그는 여러 산업 분야에서 많은 사업을 일궈낸 성공적인 사업가였다. 설립자인 아버지가 물러나면서 모든 자녀들에게 주유소를 유산으로 상속하였다. 형제자매는 자기 몫의 주유소를 유지하고 운영했으며 새로운 주유소를 설립하고 배터리와 윤활유 제조에서부터 건설에 이르기까지 새로운 사업으로 뛰어드는 등 저마다의 사업을 확장했다.

따라서 여러 개의 새로운 비즈니스 그룹이 생겨났고 각각은 하나의 계열사로 운영되었다. 각 그룹은 자기 주유소와 그와 연계된 사업 활동을 유지함에 있어 서로의 독립성을 유지하고 형제자매의 독점권과 소유권을 철저히 지키고 있었다. 그렇기 때문에 회사의 이미지나 경영 스타일, 법률 구조, 그리고 제공되는 서비스 등은 그룹마다 차이가 있었다. 더욱이 이들 형제자매들 사이의 큰 나이 차이는 그들 사이에 보이지 않는 장벽을 만들었다.

주요 사업인 연료 판매는 특정한 조건 아래에서 가능했다. 연료와 기타 석유 제품 생산과 유통은 프랜차이즈 형식으로 개인 투자자에게 주유소를 허가해주는 국영 독점에 의해 통제되었다. 따라서 대부분의 주유소는 소규모의 재벌이 소유하였고 소수가 독점하는 시스템에 의해 가격이 통제되었다. 무려 32개의 주유소를 소유하고 있던 형제자매들은 몇년 전 모든 주유소를 통합하는 새로운 브랜드를 만들어 고객들에게 인지도와 충성도를 높이기로 결정했다. 그들은 새로운 브랜드 이미지를 만들었고 모든 주유소의 로고를 새롭게 바꾸었다. 그들이 소유한 편의점들 또한 모두 새로운 이름과 이미지로 브랜드화되었으며 새로운 절차와 매뉴얼이 만들어졌다.

그들은 매주 주간 회의를 열고 새로운 그룹과 관련된 중요한 이슈를 상의했다. 이들을 아우르는 코디네이터가 고용되었는데, 그는 광고나 홍보 같은 공통 이슈를 담당하고 모든 주유소가 새로운 표준을 잘 준수하는지 확인하는 일을 했다.

처음에는 모든 것이 유망해 보였다. 주유소와 편의점은 새로운 이미지를 빠르게 브랜드화했고 곧 브랜드 홍보를 위해 큰 광고 캠페인을 시작했다. 그룹은 처음 몇 년 동안 강세를 보이고 성장을 계속하면서 더 다양한 제품군과 서비스를 갖추게 되었다. 그렇지만 곧 새로운 위협이 나타났다. 다른 현지 기업이 경쟁에 뛰어들었고, 미국의 대형 편의점 체인이 진입하여 고속도로 요지에 상점을 열기 시작했다.

도전

코디네이터는 형제자매들에게 새로운 비즈니스 위협에 대처하여 그룹의 확장을 도울 수 있도록 비즈니스 컨설턴트를 고용할 것을 제안했다. 그들은 코디네이터의 의견에 따라 나를 컨설턴트로 고용했다. 이 시점에서 임원코칭은 그들의 의제에 존재하지 않았다.

내가 그룹을 경영하는 형제자매들을 처음 만난 것은 그들의 주간 회의 때였는데 앞으로 내가 할 일에 대해 15분 동안 발표하는 자리가 주어졌다. 즉시 이 일이 앞으로 쉽지 않을 것이라는 예감이 강하게 들었다. 보통 첫 회의 때는 모든 참여 인원들이 서로 정보를 공유하고 교류하느라 바쁜데 그런 모습은 전혀 보이지 않았다. 형제자매들 가운데 절반만

이 내 말에 귀 기울였고 그 누구도 나에게 질문조차 던지지 않았다. 나머지 인원은 서류를 보거나 스마트폰을 만지작거렸다. 창업주인 그들의 부친도 그 자리에 있었는데 내 존재를 불편해하는 것 같았다. 내 발표가 끝난 후 나를 예의바르게 환영해주고 함께 일하게 되어 기뻐하는 그들의 모습이 의아하게 느껴졌을 정도이다.

그룹과 관련된 모든 사업 부서의 운영 정보를 모으고 나서 그 다음 작업은 그룹의 지휘 계통에 익숙해지는 것이었다. 나는 두 시간짜리 주간 회의에 참여하고, 모든 사업 부문을 방문하며 많은 임직원들을 인터뷰했다. 내가 발견한 사실은 전체 조직이 브랜드 이름만 같을 뿐 다양한 사업 부문들 사이에 통일된 것이 전혀 없었다. 주간 회의는 겉으로 보기에는 이사회와 다름이 없었고 코디네이터는 모두에게 중요한 사안만을 가지고 회의를 진행했지만 실제적인 성과는 거의 없었다. 아무도 자신들의 경영과 자본에 대한 자유를 포기하길 원치 않았기 때문이었다. 경영진은 자기들에게 이득이 되는 기회만을 바랐기 때문에 조직을 아우르는 통일된 사업 확장 계획이 없었다. 몇몇은 마케팅 캠페인과 직원들의 유니폼을 새로 디자인하는 것을 가장 시급한 문제로 보았다면, 다른 이들은 그렇게 생각하지 않았다. 비교적 나이가 많은 경영자들은 더 전통적인 인사관리 방식을 선호하여 고정된 임금으로 직원을 관리하는 것을 선호하는 반면, 젊은 경영자들은 이익의 일정 비율을 주는 것을 선호했다. 몇몇은 자신의 모든 사업 단위를 철저히 통제하기를 원했으며 코디네이터를 자기 권위를 위협하는 사람으로 보았지만, 다른 몇 명은 코디네이터에게 더 많은 권한을 위임하기를 원했다. 제품과 서비스에 관해서는 일부는 편의점에서 판매되는 음식의 표준화를 선호하여 미국 스타일의 가공식품을 선호했고 일부는 레스토랑 스타일의 서비스를 유지하고 필요에 따라 메뉴를 변경하는 방식을 원했다.

그렇지만 견해의 차이와 스타일의 차이가 이들의 가장 큰 문제는 아니었다. 진짜로 심각한 것은 그 차이점들이 회의에서 단 한 번도 언급되지 않는다는 점이었다. 현실은 오히려 반대였다. 회의 때마다 모든 것은 평화롭게 합의되었고 다짐이 이뤄졌다. 예를 들어, 한 번은 모든 주유소에서 '청결한 무료 화장실'을 제공해야 한다는 것에 모두가 동의했다. 그렇지만 내가 직접 방문해보니 몇몇 주유소에서 화장실 사용 요금을 받고 있었다. 주유소의 매니저에게 이것을 문의했을 때 그들은 소유주에게서 직접 지시를 받았다고 대답했다. 마케팅 수단의 하나였던 포인트 적립 카드 또한 회의에서 모두 결정된 사항이었지만 실제로 실행되는 곳은 몇 곳 되지 않았다.

어느 날 이 모든 상황에 대한 내 시각이 180도 변하게 된 계기가 있었다. 한 회의에서 나는 참석자들에게 그룹으로 경영하는 진짜 목적이 무엇이냐고 물었다. 그들은 놀랍게도 만장일치로 가족의 통합과 단합을 촉진하는 것이라고 답했다.

이 시점에서 나는 이 프로젝트의 진정한 도전 과제가 무엇인지 깨달았다. 그들이 추구하는 단합은 실제로 존재하지 않았다. 형제자매는 이익을 늘리고 그룹을 확장하기를 원했고 실제로 그들은 이러한 목표를 달성하기에 훌륭한 위치에 서 있었다. 그들은 시장 인지도와 튼튼한 기반 시설을 갖추고 있었다. 그들에게 이제 필요한 것은 그룹 전체를 아우르는 시스템의 표준화와 더 나은 비즈니스 관행의 도입이었다. 새로운 비즈니스 모델을 구축하고 성장을 보장하기 위해 꼭 필요한 과정이었다. 이 과정에서 가족 구성원들이 앞으로 지켜야 할 공통된 행동 방침에 동의하게 하는 것이 진정한 도전 과제였다.

코치로서 내 역할

그룹이 근본적인 변화를 이루지 못하는 이유는 변화에 대한 뿌리 깊은 저항 때문이 아니라 단순히 변화를 실행할 능력이 부족하기 때문이라는 것이 곧 명백해졌다. 나는 결국 경영진인 형제자매들과 코디네이터를 대상으로 코칭을 진행하기로 결정했다. 변화가 제대로 일어나지 않는 이유를 알기 위해 나는 개별 면담을 하여 형제자매들이 개인적으로 어떤 생각을 가지고 있는지 살펴보기로 했다. 내 예상대로 주간 회의에서 다루어졌던 많은 운영상의 변화가 실제로는 한 번도 실행된 적이 없었다.

결정적인 문제는 형제자매들이 변화가 필요하다는 사실에 마음으로 모두 동의하고 있었지만 그 과정에서 그들이 사업 지배권을 잃을까봐 전전긍긍한다는 사실이었다. 일부는 작은 부분에서 변화를 시도했지만 그것조차도 자체 그룹 내에서만 실행되었기 때문에 그룹 사이의 운영 불일치는 더욱 확대되었다. 그 와중에 경영진은 가족의 평화를 위협할 수 있는 대립을 최대한 피하기 위해 각자가 뒤로 물러나 있었다.

그들이 운영하는 사업 규모에 비해 그들은 구멍가게 경영 마인드였다. 그들은 비즈니스 대부분의 문제에 개인적으로 관여하고 있었다. 그들이 직접 중요한 결정을 내리고 회사 대부분의 문제를 해결하려고 했다. 결과적으로 그들은 언제나 스트레스에 시달리고 항상 시간에 쫓기는 반면, 그들이 고용한 코디네이터는 별다른 권한이 없었다. 회의에서 합의된 의견을 코디네이터가 성공적으로 실현하는 것은 거의 불가능했다.

코칭을 시작한지 6개월이 지나면서 나는 그들에 관한 많은 정보를 수집했고 문제의 핵심이 무엇인지 파악했지만 나는 아직도 어떻게 접근해야 할지 감을 잡지 못했다. 코치로서 나는 최대한 가족의 단합을 해치지 않으면서 그들의 행동에 변화를 가져오도록 격려하는 방법을 찾아야 했다. 형제자매들은 마음을 열어 나를 받아들였고, 나를 비즈니스 파트너라기보다는 친구로 생각하기 시작했다. 나에 대한 신뢰가 깊어진 만큼 나에게 기대하는 점도 커졌다. 회사를 살리기 위해서라면 그들은 무엇이든 할 준비가 되어 있는 것처럼 보였다. 그들은 사태 해결을 위해 요구되는 솔루션이 마음에 들지 않았지만 내가 그들과 함께 하며 계속 내 도움을 원했다.

내 접근법과 결과

나는 모든 그룹 구성원들에게 공통된 한 가지 문제점, 즉 그들의 시간 부족에 초점을 맞추기로 했다. 마이클 거버는 '사장이 없이 돌아가지 않는 사업이라면 그것은 사업이 아니라 그냥 일자리일 뿐이다'라고 말한 적이 있다. 매 세션마다 나는 그들이 달성하지 못한 목표와 시간이 없어서 해결하지 못한 중요한 일을 생각하게 했다. 이 방법은 꽤 효과적이었고, 특히 그들이 개인적인 일들을 처리하는 데 큰 도움이 되었다.

그들 가운데 한 명은 스페인으로 2주간의 종교 여행을 가는 것을 꿈꾸고 있었는데 그만큼의 시간을 할애하면 사업에 안 좋은 영향을 미칠까봐 주저하고 있었다. 나는 타인에게 통제권을 맡기는 것 또한 리더의 중요한 역할이라는 것을 그에게 알려주었고, 결국 그는 여행을 떠나기로 마음먹었다. 이와 같은 몇 가지 에피소드가 경영진 사이에서 나에 대한 신뢰를 더욱 쌓았고 결국 나는 6개 그룹의 모든 주유소와 편의점 직원들을 대상으로 교육을 진행했다.

이러한 교육을 실시한다고 해서 큰 구조적 변화가 일어나는 것은 아니지만 직원들에게 협력이나 협업의 이점을 이해시킬 수 있다면 경영진이 어려운 결정을 내릴 때 큰 힘이 될 것이라고 판단했다.

그 다음 나는 코디네이터를 코칭했다. 코칭을 통해 그의 권위를 회복하고 그가 갖고 있는 아이디어를 구현하도록 도우려했다. 그는 모든 주유소와 편의점을 더 잘 조율하는 데 필요한 구체적인 행동 리스트를 작성했다. 그동안 나는 그가 개인적으로 개발해야 할 능력과 기술에 초점을 맞추었다. 협상하는 법, 리더십 기술, 그리고 효과적인 프레젠테이션과 같은 기술적인 문제를 훈련했다.

나는 형제자매들과 함께 그룹의 전략기획 회의도 주관했다. 일대일로 진행된 개별 면담을 통해 나는 그들의 사업에 대한 지식을 충분히 습득했고 혼자서 전략 회의를 이끌 수 있는 수준이 되었다. 또 나는 그들이 서로 동의는 했지만 토론을 꺼리는 안건을 제3자로서 테이블 위에 올릴 수 있었다. 이런 식으로 나는 그들 사이에서 열린 토론을 촉진하면서 잠재적으로 논쟁이 될 수 있는 사안을 가지고 솔직하게 대화를 나눌 수 있도록 유도했다.

회의에서 나는 코디네이터와 진행했던 코칭 세션의 내용을 발표했고 코디네이터가 제안한 아이디어들이 실제로 실천에 옮겨지는 결과를 가져왔다. 그 가운데에는 하나로 통합된 정보 시스템이 있었는데 각 그룹에서 판매량, 베스트 셀러 제품, 비용 등과 같은 중요한 정보를 단일화된 시스템에 업로드하는 방식이었다. 이 시스템은 그 자체로 그룹 사이에 협력의 중요성을 이해하게 된 직원들의 생각 변화와 그 변화를 활용하는 코디네이터의 역량을 보여주는 결과였다. 이러한 시스템은 더 강한 구매력, 더 효과적인 그룹 차원의 프로모션과 같은 이점을 가져올 것이고 이것은 경영진이 부하 직원에게 중요한 결정을 내리도록 권한을 위임했기 때문에 가능했다고 계속 강조했다.

컨설팅 고객이 코칭을 필요로 할 때: 해설 1

_ 뷜런트 곡던Bülent Gögdun

나는 코치가 상황을 분석하고 보이는 것 뒤에 숨겨진 진짜 문제를 파악하는데 큰 역할을 했다고 생각한다. 이제 다음 단계는 평가 결과를 형제자매들과 공유하고 그들이 가능한 해결책을 생각하도록 하는 것이다. 그들은 하나의 공동체로 묶여 있으며 의사결정은 물론, 어떠한 행동도 실행하지 못하는 상태이다. 두 가지 상반된 욕구 - 사업 확장을 위해 힘을 합하고자 하는 욕구와 자기 독립성과 자율성을 지키고자 하는 욕구 - 가 그들을 무기력하게 만들었다. 모든 사람이 조직 문제를 인지하고 있지만 갈등을 피하기 위해 문제에 대해 언급하기를 꺼려했다. 잠재적으로 가족의 유대를 파괴할 수 있는 갈등에 대한 두려움은 오히려 더욱 해결하기 힘든 내면의 딜레마를 가져왔다. 효과적인 업무 관계를 만들기 위해서는 논란이 될 수 있는 문제에 대한 토론과 반대되는 입장이 필요하다.

    나는 첫째로 가족들끼리 그들의 생각과 입장에 대해 솔직하게 대화를 나누게 하는 것을 추천한다. 그들의 속마음을 공개하게 하는 것만으로도 가족들에게는 큰 위안이 될 것이다. 그 다음에는 모두 모여서 공동으로 문제 해결 방법을 함께 탐색하는 세션을 갖도록 제안한다. 코치가 먼저 솔루션을 제시해도 되고 아니면 그룹으로 몇 가지 방안을 생각해 내도록 한다. 아니면 '최소 공통 분모'를 찾는 것 또한 방법이 될 것이다. 가족 구성원들이 모두 동의하는 몇 가지 기본 척도를 먼저 탐색하고 그것을 기준으로 시작해도 된다. 작은 단계부터 시작하는 전략은 가족들에게 필요한 협업 기술을 개발하는 데에 도움이 될 것이다. 또 다른 방안으로, 언제든지 그만둘 수 있는 파일럿 프로젝트를 통해서 어떤 방식이 그들에게 효과적인지 테스트해볼 수 있다. 예를 들어, 어떤 제품을 구매할지 공동으로 합의를 이끌어내는 활동을 통해서 그들은 서로에 대해 배울 수 있을 것이다. 마지막으로, 형제자매들은 '한 그룹'으로 행동하지 않고 어느 정도의 독립성을 유지하는 방안을 생각해볼 수 있다. '한 그룹'으로 행동하지 않되, 정기적인 만남은 꾸준히 가지면서 생각과 경험을 공유하는 것이다.

    또 긍정적인 변화에 대한 욕구는 다음과 같은 방법으로 확대될 수 있다:

- 협력하지 않음으로써 발생할 수 있는 위험과 손실을 분명히 설명한다.
- 뚜렷한 비전을 제시한다(국가에서 가장 이윤이 높은 주유소 그룹이 될 것, 또는 내년까지 수익을 2배로 증가시킬 것 등).

- 어느 누구도 큰 피해를 겪지 않도록 단계적 접근방식으로 변화가 이루어질 수 있음을 보여준다.

컨설팅 고객이 코칭을 필요로 할 때: 해설 2

_ 게르하르트 리스카 Gerhard Liska

나는 이 사례의 두 가지 측면을 언급하려 한다. 첫째로, 코치와 고객 모두 상황을 더욱 정확하게 이해하는 것이 필요하다. 가족의 평화를 지키는 것이 회사를 경영하는 형제자매들에게 가장 중요한 문제로 보인다. 그렇기 때문에 그들만의 가족제도를 잘 이해하는 것이 해결책을 찾는 데 큰 도움이 될 것이다. 문제는, 가족사업은 상이한 작동 원리와 발전 과정을 가지는 여러 시스템이 혼합되어 있다는 점이다. 감정으로 움직이는 가족제도와 합리성으로 움직이는 비즈니스 논리가 병존한다.

1. 경영진들의 아버지가 하는 역할은 무엇인가? 여전히 형제자매들에게 영향력을 행사하고 있는가? 그렇다면 어떤 면에서 그러한가? 아버지 역할을 좀 더 깊게 이해한다면 진정 새로운 통찰력으로 상황을 바라볼 수 있을 것이다. 기업가가 자신이 평생 해온 일을 물려주는 상황은 항상 미묘한 문제일 수밖에 없다. 아버지 입장에서는 그 자신이 해온 접근방식과는 다른 자녀의 방식을 이해하기 어려울 것이다. 이런 이유 때문에 무대 뒤에서 계속해서 형제자매들에게 생각과 관점을 제시하면서 영향력을 미칠 수 있다(자기 생각이 최선의 해결책이 되리라는 기대를 감추면서).

2. '상충되는 논쟁을 피하면서 가족의 화합을 유지하는' 신념 체계를 계속 지속하는 일에 아버지가 어떤 공헌을 하고 있는가?

3. 특정한 성별 모델과 관련해서 신념이 하나 있는데, 그것은 바로 가정의 머리가 남자라는 사실이다. 즉 남성은 사회에서 가족을 대표하면서 수입을 책임지고 여성은 자녀를 키우고 가정에서 살림을 한다는 신념을 의미한다. 이것은 개방적인 토론이 일어나지 않는 가정 내에서 의사소통하는 방법과 토론 스타일과 관련이 있을 것이다. 한 가정의 가장은 결정권을 쥐고 있다(아마도 다른 가족 일원과 먼저 상의를 한 뒤에 결정할 수 있지만 아무튼 아버지는 맨 마지막 결정권자이다). 아마도 형제자매들은 다양한 관점을 나누고 타협에 동의하면서 결정을 내리는 법을 배울 기회가 그동안 없었을 수도 있다. 게다가 형제 자매들이 위계상 비슷한 위치에 있기 때문에, 현재 상황에서 결정을 하는 절대 권위가 존재하지 않는다. 이로 말미암아 그들은 변화의 필요를 느끼면서도 다른 한편으로는 적절한 역할 수행 개념이나 최고의 실행이 없는 막다른 골목에 처해 있는 것이다.

4. 아버지는 여전히 형제자매들에게 역할 모형인가?
한 가지 가설은 아버지가 성공적으로 자신만의 회사를 세운 리더로서 역할 모형을 제시하고 있다는 가설이다. 그의 자녀들은 아버지의 경영과 리더십 방식을 높이 평가할 것이다. 두 번째 가설은 아버지가 가정의 화합을 지키는 역할 모형이라는 가설이다. 아버지는 자신이 평생 일군 과업을 자녀에게 물려주면서 공평하게 재산을 분배했던 것이다.

아버지의 역할 모형으로서의 경영 방식과 위상을 위배할 수 있기 때문에 형제자매들이 경영에서 다른 접근법을 따른다거나 서로 손잡고 합친다거나 하는 일은 진정 어려울 수 있다. 아버지로서 그의 이미지를 위반하는 것이 되기 때문이다. 이 점이 바로 우리가 이 특정한 가족제도를 이해해야만 하는 이유이다.

5. 형제자매의 동기는 무엇인가?

그들은 이 사업만이 그들의 유일한 일생 과업이라는 것을 스스로 느끼기도 전에 리더의 자리에 올라왔을 수 있다. 그 대신 일종의 가족에 대한 충성심을 보여야 한다는 의무감 때문에 가업을 이어받기로 결정했을 것이다. 어쩌면 가족의 유대를 지키는 것이 이러한 사실을 외면하도록 도와주는 자기 보호의 한 형태일 수 있다.

이러한 가설에 근거해 볼 때, 코치에게 다음과 같은 행동 영역을 다루라고 제안하고 싶다:
1) 가족 체제와 (또는) 아버지가 형제자매의 행동에 어떻게 영향을 미치는지 분석하라.
2) 다음 행동 단계를 계획할 때 아버지의 입장을 고려하라. 나라면 아버지를 개인적으로 참여시킬 것이다. 예를 들어, 아버지와 사업을 운영하는 다른 대안을 논의하거나 아니면 아버지와 아예 다른 사업을 같이 하는 것을 의미한다. 또는 (가족에게는 생소한) 외부에서 임원을 스카웃하거나 기업공개를 하거나 재단을 설립하는 것 등을 들 수 있다.
3) 형제자매, 코디네이터와 아버지를 모두 한데 모아 함께 매니저와 리더의 역할 모형이 무엇이어야 하는지 논의하라.
4) 형제자매들이 좀 더 긴밀하게 협력할 수 있도록 미래의 조직에서는 어떤 소통 방식으로 일하게 될지를 그려보라. 이 상상 속의 접근법은 반드시 커뮤니케이션과 구조에 초점을 두어야 한다.
5) 가족의 연합이 지켜질 수 있는지, 또 어떻게 지켜질 수 있는지, 그리고 연합을 위해서라면 공개적인 논의와 더불어 때로는 논란이 될 수 있는 토론의 여지마저도 허락할 수 있는지를 함께 나누어라.

사례 후 노트

_ 안토니오 가르반 루나 Antonio Galvan Luna

제1차 ESMT 코칭 콜로키엄이 열릴 무렵 나는 아직 이 프로젝트를 수행하고 있었다. 콜로키엄 참가는 이 사례를 다루는 데 엄청난 도움이 되었다. 특히 이런 종류의 상황이 전 세계에 걸쳐서 비즈니스에서 얼마나 빈번하게 발생하는지 알 수 있었다. 이 코칭 프로젝트 기간 동안 나는 '그렇지만 우리 비즈니스는 다른 사람들의 비즈니스와 다르답니다'라는 말을 자주 들었기 때문에 특히 이 점이 내게 유용했다.

내가 콜로키엄에서 발견한 점을 형제자매들에게 말했을 때, 그들은 한결같이 놀라움을 표시했지만 내 말을 받아들였다. 그 소식으로 말미암아 그룹 안에서 개방성이 더 커졌고 형제자매들에게 변화에 얼마나 개방적인지 스스로 질문하도록 만들었다. 전 세계에 걸쳐 다른 많은 사람들도 이와 비슷한 상황에 직면한다는 사실을 이해하게 됨으로써 좀 더 수용적인 태도를 갖게 되었고 좀 더 적극적으로 자신들의 행동을 성찰하게 된 것 같다. 개인적으로 그 콜로키엄은 코치로서 이 사례를 어떻게 진행해야 하는지에 대한 내 염려를 나눌 수 있는 기회가 되었다. '전문' 코치로서 내가 다루는 상황의 해결점을 찾으려고 고군분투하고 있음을 공개적으로 인정하는 것이 내게는 어려웠다. 그렇지만 문제를 나누면 참말로 문제가 반으로 줄어들었다.

7

그가 내 말을 듣는 것일까?

_ 아멜 카불 Amel Karboul

사례 요약

아멜 카불은 한 소프트웨어 회사의 글로벌 직원들을 관리감독하는 임원을 코칭한다. 고객이 요청한 것은 다문화 역량, 국제적인 팀을 이끄는 리더십, 조직의 전략적 혁신에 관한 도움이었다. 코치는 고객의 경험 부족이 코칭으로 대치될 수 없음을 발견한다. 또 현재의 성공이 그와 그의 팀으로 하여금 변화의 시간을 갖고 준비하는 것을 어렵게 한다는 사실과 더불어, 지속적인 압박 때문에 그가 잠시 멈추고 되돌아 보는 시간적인 여유를 가질 수 없다는 사실을 깨달았다. 코치의 접근법 몇 가지는 제대로 성과를 거두지만 몇몇은 난관에 부딪친다. 또 코치는 그녀가 가진 두 가지 역할, 즉 코치와 컨설턴트의 역할 사이에서 갈등한다.

맥락: 이 사례는 유럽에 본사가 있는 다국적 기업에서 일어났다.

배경

마틴 박사는 한 소프트웨어 회사의 R&D 부장으로 있으면서 그의 고용주에게 높이 평가받는, 업계 최고의 소프트웨어 엔지니어 가운데 한 사람이었다. 그는 부하 직원 6명을 데리고 있었고 최종적으로는 전 세계의 다섯 곳에 분포된 3,000명 이상의 R&D 직원을 책임지고 있었다. 내가 그와 일하기 시작했을 때 그는 그 위치에 있은 지 1년이 된 상태였고 두 가지 도전 과제에 직면해 있었다.

첫 번째는 소프트웨어 엔지니어로서 높이 평가받고 있음에도 마틴 박사는 해외 경험이 아주 적었다. 유럽에 기반을 둔 그는 유럽이 아닌 외국에서 살아본 적이 없었고 국제적인 팀을 이끄는 데에 익숙하지 않았다. 그에게 속한 여섯 개 팀은 남성 리더 5명과 여성 리더 1명이 이끌었는데 두 팀은 미국에, 한 팀은 중국에, 나머지는 유럽에 있었다. 그들 가운데 네 명은 소프트웨어 개발에 관련된 배경을 갖고 있고, 한 명은 재무/HR 분야, 또 다른 한 명은 세일즈와 마케팅 분야 출신이었다. 마틴 박사가 그의 새로운 부서의 기능을 평가할 목적으로 시작한 360도 컨설팅 훈련을 통해서 알게 된 사실은, 리더십 팀과 직원 일부가 마틴 박사에게 '다문화 역량'이 부족하다는 점에 불만을 느낀다는 것이었다. 유럽 밖에 있는 일부 직원들은 지리적으로 마틴 박사와 가까이 있는 다른 직원들에 비해서 존중을 덜 받고 있다고 느꼈다.

두 번째 도전은 회사가 전략적으로 커다란 변화를 겪고 있었는데 제품 판매에서 서비스 판매로 이동 중이었다. 이러한 전략 변화로 인해 이전까지 자율 조직으로 운영되던 R&D 부서 내의 사고방식 전환이 요구되었다. 앞으로 R&D 부서는 상용화 과정에서 아주 이른 시기에 고객과 관계를 형성해야만 했고 다른 부서, 특히 판매와 마케팅 부서와 더욱 긴밀하게 일해야 했다. 마틴 박사는 이런 전략적 전환이 여섯 명의 핵심 R&D 리더십 팀의 멤버들과의 관계에서도 의미심장한 변화를 가져올 것임을 어렴풋이 느끼기는 했으나 구체적으로 어떤 모습으로 전개될지에 대해서는 전혀 감이 없었다.

코치로서 내 역할

　나는 마틴 박사의 오랜 대학 친구이자 나에게 몇 년동안 코치를 받았던 한 고객을 통해서 마틴 박사를 소개받았다. 처음 2시간 동안 회합을 하고 나서 마틴 박사는 나와 함께 일하고 싶다고 말했다. 그에게는 첫 임원코칭 경험이 될 예정이었고 접근법과 절차에 관해서 그는 열린 마음의 소유자였다. 마틴 박사가 찾고 있던 코치는 국제 업무에 익숙한 사람으로 리더십 팀을 개발한 경험이 있으면서 회사에서 전략적으로 중대한 변화의 시기를 겪고 있을 때 임원을 코칭하는 데 능숙한 사람이었다. 나는 그와 1년 이상 일할 예정이었다. 나에게 매력적이었던 것은, 내가 생각하기에 적합하다고 여겨지는 무엇이든지 그에게 마음껏 제안할 수 있다는 점과 회사의 오래된 접근법에 얽매이지 않아도 된다는 점이었다. 최종적으로 우리는 4~6주에 한 번씩 두 시간의 대면 코칭을 진행하기로 결정했다.

　코치로서 내 역할은 3단계로 나뉘었다. 첫 번째는 분석 단계로, 고객과 그의 리더십 팀을 개별적으로 면담하는 것이었다. 이 인터뷰가 끝나고 나는 리더십 팀과 회합 두 차례와 미리 예정되었던 큰 규모의 직원회합 한 번에 관찰자로 참석했다. 이 회합에 참여하면서 마틴 박사의 역할에 대해 폭넓게 이해했고, 내가 관찰한 바를 그에게 알려주며 앞으로 그가 달성할 구체적 목표에 동의를 구했다.

　두 번째 단계는 실제 코칭 과정으로, 여러 번의 일대일 세션은 물론, 리더십 팀 회의에 참석하는 그를 동행하는 것과 그의 부하 직원에게 보고를 받는 피드백 세션을 관찰하는 것까지 포함되었다(일대일과 그룹 세션 모두 포함).

　세 번째로는, 내 자신이 코치 역할뿐 아니라 컨설턴트 역할까지 수행하도록 하는 요구가 자주 있었다. 나에게는 이전에 제품 판매에서 서비스 판매로 전환한 기업의 임직원들을 코칭한 경험이 있었기 때문에 때때로 그 경험과 지식을 사용하여 마틴 박사에게 새로운 도전 과제를 제시했다.

도전

코치로서 내가 마틴 박사와의 코칭에서 직면한 세 가지 도전은 다음과 같다:

1. 코칭은 인생 경험의 대체물이 아니다

마틴 박사에게 국제적인 경험과 다문화 역량이 부족한 것은 커다란 장애물이었다. 그는 열린 마음과 배움에 대한 열망이 있었지만 그가 나타내는 자연적인 반응은 공감적이기보다는 주지적이었다. 우리는 마틴 박사가 다양한 문화를 인정하고 전 세계에 있는 그의 직원과 개인적으로 공감할 수 있는 방법을 찾고 있었다. 40대 후반의 백인 남성으로서 마틴 박사는 사회적으로 특권을 누리는 위치에 있었고 그의 직원과는 달리 살면서 한 번도 차별을 경험해본 적이 없었다. 360도 피드백 훈련360-degree feedback exercise을 하는 동안 마틴 박사의 직원들은 이 점을 지적했다.

2. 지금 성공적이라면 변화가 왜 필요할까?

내 고객은 제품에 대해 아주 깊은 지식과 튼튼한 내적 네트워크를 가지고 있었다. 그는 국제적으로 인지도가 높은 조직에서 성공을 이룬 최고 임원이었다. 동시에 그의 회사는 전략적인 전환으로 진통을 겪고 있었는데 그것은 위에서부터 오는 추진력으로 인한 것이지만 회사의 구조상 아래 직원들에게 그 긴박함은 크게 다가오지 않았다. 직원들 대부분은 과거에 성공을 가져다준 사업 전략을 굳이 지금 벗어나야 할 이유가 별로 없다고 여겼다. 마틴 박사는 이러한 전환을 이루려고 총력을 기울였는데 지금까지 훈련해온 그의 성공적인 행동과 사고방식을 바꾸기 위해 스스로 분투하고 있었다.

3. 차에 연료 넣을 시간이 없다. 운전하느라 바쁜 나머지.

R&D 부서의 모든 구조는 제품 출시에 맞추어져 있었다. 일 년에 세

번 이뤄지는 신제품 출시를 준비하는 주간에는 전체 팀이 한꺼번에 광란에 휩싸일 정도로 작업에 매달리는데 그 기간 동안에는 자기 성찰과 미래 계획을 위해 잠시 멈추는 것이 현실적으로 어려웠다. 이런 상황에서 코치인 나는 코칭 일정을 잡는데 석 달 이상 어려움을 겪었다.

내 접근법

마틴 박사와 나는 그와 그의 리더십 팀을 위해 1년 계획을 세우는 것부터 시작했다. 우리는 다음 항목을 계획에 포함하였다: 리더십 팀 회의에서 새로운 루틴을 시도하기, 리더십 팀에 그룹 코칭 도입하기, 마틴 박사가 팀과 어떻게 상호작용하는지 동행하면서 관찰하고 내 관찰 사항 피드백 제공하기, 일대일 코칭 세션을 진행하고 마틴 박사에게 결정 일기decision diary를 쓰도록 하기.

회의 루틴

정보를 교환하기 위해 리더십 팀은 격주에 한 번씩 4시간씩 지속되는 화상회의를 진행하고 있었다. 초기 면담에서 내가 발견한 점은 이러한 회의에서 팀원 대부분은 전략이나 실행 관련 주제를 소통하는 데에 어려움을 느낀다는 것이다. 특히 중국에 있는 팀의 일원은 그들의 회의에 매우 좌절을 느꼈으며 좀 더 자주 직접 얼굴을 마주할 필요가 있다고 말했다. 비교적 새로 팀에 투입된 팀원으로서 그는 화상회의를 통해 다른 팀원들에게 중국에서 지금 무슨 일이 일어나고 있는지 전달하는 데에 큰 어려움을 겪고 있었다.

협의 끝에 리더십 팀은 기존의 격주 화상회의를 각 팀이 위치한 장소에서 이틀간의 워크숍을 연간 다섯 차례 진행하는 것으로 대치하는 데 동의했다. 나는 마틴 박사와 워크숍에 동행하여 그의 모습을 관찰하고 휴식 시간과 워크숍이 끝난 뒤 그에게 코칭을 해주기로 했다. 휴가를 포함, 이미 예정된 다른 일정까지 감안하여 우리는 평균 8주에 한 번씩 워크숍을 진행했다. 이것은 그 팀에게 매우 의미 있는 프로젝트였는데 한 해가 끝나갈 때쯤 이것이야말로 가장 효과적인 인터벤션이었다는 사실이 분명해졌다.

현지 워크숍에 가서 중국에 대한 전략과 비즈니스 혁신을 논의하는 것은 화상회의보다 훨씬 효과적이었다. 마틴 박사를 포함한 리더십 팀 구성원들은 그곳을 방문하는 기회를 활용해 현지 직원과 리더들과 현장에서 회합 일정을 잡았다. 팀의 일부는 처음으로 중국 연구소를 방문했는데 중국이 더는 지루한 프로그래밍을 아웃소싱할 저렴한 장소가 아님을 직접 발견했다. 중국 연구소는 의욕과 교육 수준이 높은 직원들로 구성된, 정교한 소프트웨어 개발에 이상적인 중심지로 발전해 있었다.

중국에서는 직원 이직률이 상당히 높았는데 그 이유는 직원들이 야심에 가득차 있었고 값싼 노동력으로만 취급받기를 거부했기 때문이었다. 중국의 리더십 팀 일원이 말하기를 과거에는 이 점을 다른 팀원에게 설명하려고 애를 많이 썼는데도 동료 대부분은 다소 추상적인 개념으로 받아들였지만 그들이 현장을 직접 방문하고 나서야 비로소 상황을 제대로 이해할 수 있었다. 마틴 박사도 몇 년 전에 중국을 방문한 적이 있는데 그때의 방문과 비교하면 현재까지 엄청난 변화가 일어났다는 사실에 상당히 깊은 인상을 받은 듯했다.

중국 워크숍의 직접적인 결과로, 리더십 팀은 중국 지부에 더 많은 자원을 할당하고 실력있는 직원들을 보유하는 과제에 착수했다. 이와 비슷한 현상이 서유럽 밖에 위치한 지부 네 곳에서도 발생했다. 예를 들어, 리더십 팀이 동유럽 전체 직원 회의에 참석했을 때 너무도 놀랐던 것은 그 지역의 직원 평균 나이가 28세라는 사실이었다(서유럽이 48세인 것과 비교해서). 이 지역의 젊은 직원들은 서유럽 직원들에 비해서 제품에서 서비스로의 전략 전환을 훨씬 더 기꺼이 받아들이고 있었다.

워크숍 기간 동안 나는 마틴 박사를 계속 코칭했다. 쉬는 시간, 저녁 시간과 각 워크숍이 끝난 뒤 긴 세션을 가졌는데 이렇게 함으로써 그가 새로운 방법을 시도하도록 격려했고 즉각적인 피드백을 얻도록 해주었다. 마틴 박사는 코칭에 매우 개방적이었고 늘 나를 그의 코치라고 다른 사람에게 소개했다. 시간이 흐르면서 많은 구성원들이 내게 와서 피드백을 요청했다. 마침내 마틴 박사와 나는 내가 전체 그룹을 코칭하는 것에 동의했는데 한 가지 조건이 있었다. 그것은 구성원 가운데 누군가 개인 코칭을 받고자 한다면 다른 코치를 섭외해야 한다는 점이었다.

나는 마틴 박사에게 자신이 결정한 내용을 일지에 기록하도록 했다. 이렇게 일지를 쓰도록 요구한 목적은 그가 특정한 시간을 할애하여 자기 생각을 반추하게 하기 위함이었고, 또 문화의 다양성을 다루고 전략 변화를 시행하는 데에 일관성이 있는지 검토해보도록 하려는 것이었다. 우리는 정기적인 코칭 세션에서 이 일지를 검토하고 그가 결정을 내린 문제들을 함께 살펴보았다.

긍정적인 면과 부정적인 면

마틴 박사와의 코칭 경험은 많은 긍정적인 특징이 있었다. 특히 고객은 그룹 코칭과 피드백을 통해서 자기 인식과 배움을 확대하려는 열망으로 가득차 있었다. 나는 이런 그의 태도가 나로 하여금 적절한 지원과 이해심을 제공하도록 만들었다고 생각한다. 특히 지치고 힘들었던 시기에 그의 긍정적인 태도는 더욱 빛을 냈다. 그러나 다른 한편으로는 극도로 다루기 어려웠던 요인들도 있었다.

우리가 같이 일하는 동안 마틴 박사는 문화적으로 많은 실수를 했는데, 그 대부분은 모두 미리 예방할 수 있던 것이었고 그것은 (직접적이든 간접적이든) 내 충고를 무시했던 결과였다. 한 가지 불행한 사건은 5개 지역 워크숍 가운데 중동에서 일어났다. 리더십 팀 구성원 가운데 한 명이 스트레스와 탈진으로 쓰러져서 한동안 입원하는 일이 생겼다. 마틴 박사는 즉시 이 일에 개인적인 관심을 쏟으며 쓰러진 그를 돌보며 병원까지 운전해서 데리고 갔다. 이튿날 우리 팀은 중동을 떠나기로 되어 있었지만 나는 마틴 박사에게 하루만 더 머물라고 충고했다. 마틴 박사가 그의 아픈 동료에게 보여주는 지지의 표시로서뿐만 아니라 그곳 연구실에 있는 직원들을 위해서도 그가 남아주는 것이 중요하다고 느꼈기 때문이다. 그렇지만 마틴 박사도, 아파서 쓰러진 동료 직원도, 마틴 박사가 더 남아 있을 필요가 없다고 여겼다. 입원해 있는 직원은 나머지 팀에게 그들이 떠나도 자신은 정말 괜찮다고 말했다. 한 이틀 쉬고 나면 곧 회복될 것이라고 했다.

불행하게도 다른 연구실 직원들은 아주 다른 생각을 가지고 있었다. 마틴 박사와 팀이 이튿날 바로 떠났다는 사실이 알려졌을 때 하나의 작은 혁명이 발생했다. 거의 모든 직원들이 이것을 스캔들이라고 여겼다. 어떻게 그들의 상사가 가까운 동료를 병원에 놓아두고 돌아갈 수 있단 말인가? 연구실 직원들 사이에서는 배신감이 팽배했고 그 분노가 너무도 강렬해서 마틴 박사는 평화를 되찾고 그의 직원들의 신뢰를 다시 얻기 위해서 즉각 다시 돌아와야만 했다. 마틴 박사는 위기에 빠진 부서를 두고 떠난다는 그 행위에 담긴 상징적인 메시지를 과소평가했던 것이 분명했다.

우리가 함께 했던 한 해 동안 이와 비슷한 성격의 사건이 세 개 더 발생했는데 각 사건은 마틴 박사가 내 충고에 따르기를 거부하면서 일어났다. 마틴 박사는 다문화를 이해하지 못하는 자기 단점을 전적으로 인식하고 있었지만 내가 가진 다문화 역량을 그가 활용하는 데는 빈번하게 실패했다. 예를 들어, 내가 제안했던 여러 인터벤션들이 가치 있는 것임을 인정하지 않았는데 간단하지만 유익한 몸짓의 하나로, 직원들의 고유언어로 인사하는 것이 있었다. 마틴 박사가 나를 고용한 이유는 내가 가진 국제적인 배경 때문이었음에도 그것을 이용하려 하지 않았다는 점이 나에게 큰 좌절로 다가왔다. 내 이런 좌절감은 가끔씩 내 행동에도 영향을 미치는 것 같았는데, 일련의 사건 뒤에 실시한 세션에서는 내 대답이 다소 비판적이 되었기 때문이다. 결과적으로, 이런 사건에 대한 우리의 성찰은 어떤 열매도 제대로 맺지 못했다. 고객의 고집스러운 성격을 고려할 때, 내가 그때 상황을 달리 다룰 수 있었을지 오늘날까지도 의문이 드는 것이 사실이다. 일반적으로 그룹 코칭에서 진행하는 섀도우 코칭이나 관찰하고 피드백하는 과정은 성공적이었다. 그러나 일부 팀 구성원들은 — 이해할 만하지만 — 그들의 메시지를 마틴 박사에게 전달하고 그의 결정에 영향을 주기 위해서 내 위치를 활용하려고 했다. 이것은 반복적으로, 아주 교묘하면서도 미묘하게 이루어졌고 가끔씩 나는 이런 간섭을 알아차리거나 모면하기가 힘들다는 생각이 들기도 했다.

물론 코칭 기간 동안 나는 혼자서 일했는데 가끔씩 누군가의 지원이 필요하다고 느꼈고 특히 국제 워크숍 기간 동안에 이 필요를 강하게 느꼈다. 그러나 마틴 박사는 두 번째 코치 고용을 원하지 않았고 나는 혼자 힘으로 팀 지원을 어떻게 더 체계적으로 할 수 있을지 궁리하기 어려웠다.

내 고객과의 관계 또한 우리가 함께 일하는 동안 어려움을 주는 원인이 되었다. 마틴 박사는 원래 내성적이고 이성적인 데다 신체적으로도 잘 드러나지 않는 반면, 나는 굉장히 직관적이고 어떤 사건들에 감정적으로 반응하는 측면이 강하다. 그 결과, 그의 최소한의 보디랭귀지를 해석하는 것이 너무 어려웠고 주어진 상황에서 그의 의견이 어떤 것인지 감을 잡기가 어려웠다. 때때로 마틴 박사와 전체 리더십 팀과 일할 때 나는 회의실에서 감지되는 어떤 긴장감을 느꼈는데 이후에 내가 이 점을 고객에게 말하면 그는 항상 아무것도 느끼지 못했다고 대답했다. 내가 감지한 것이 맞는지 실험해보기 위해서 회의가 진행되는 동안 그들도 긴장감을 느꼈는지 팀원 한 명씩 물어보았다. 회의실에서 비슷한 긴장감을 느꼈다고 대답한 사람은 6명 가운데 2명밖에 없었는데 그렇게 대답하는 사람은 항상 이 두 사람이었다. 다른 팀원들은 내가 존재하지도 않는 갈등을 만들어낸다고 느꼈다.

리더십 팀의 일부 구성원들은 공개적인 회의에서 좀 더 결정권을 행사하고 싶어 했지만 좀 더 어려운 결정이 요구될 때는 한 걸음 물러나서 평상시대로 마틴 박사의 결정을 기다렸다. 점점 더 많은 사람들이 이 패턴을 인식하였다. 모든 사람들이 패턴을 바꾸자고 말은 했지만 쉽게 변하지 않았다. 특히 어려운 상황에서 패턴은 항상 반복되었다. 마틴 박사가 수동적이 되어서 그의 팀이 결정하도록 기다리면, 그들은 결국 그가 결정하도록 다시 밀어부쳤다. 그가 서둘러서 결정을 내리면 그들은 그가 권력을 빼앗아 갔다면서 불평을 했다. 이런 패턴이 곧 모두에게 명백해졌지만 행동 변화는 최소한으로 이루어졌다. 모든 이들이 이 문제를 토론하고 싶어 했고 우리가 어떻게 그 사이클을 깰 수 있을지에 대해서도 대화를 나누었지만 사이클을 깨는 것에 깊은 주저함이 있는 듯했다. 특히 제품 출시를 준비하는 데드라인 기간 동안에 더욱 심했다. 이 분위기에서 나는 이런 종류의 의식적인 행동 양식을 바꿀 수 있는 방법을 찾지 못했다.

그가 내 말을 듣는 것일까?: 해설

니키 헤이워스 Nikki Heyworth

아멜은 현재 상황에서 세 가지의 주요 도전에 마주쳤다. 그것은 다음과 같다.
1. 고객의 다문화 감수성 부재
2. 전략적 변화에 대한 니즈
3. 긴급성보다는 중요도에 초점 맞추기

마틴 박사가 그에게 도움이 필요하다는 사실을 인정하고 변화에 마음이 열려 있는 것은 매우 좋은 일이다. 그러나 나는 그가 R&D 책임자로서의 역할을 돌아볼 필요가 있다고 제안하고 싶다. 그는 아직도 엔지니어에서 전략적인 리더로 완벽한 전환을 이루지 못한 것처럼 보인다. 임원으로 승진하는 것은 기능적인 전문성의 결과일 뿐 그것이 성공적인 전략적 리더십을 즉각적으로 동반하는 것은 아니라는 사실을 나는 그동안 목격해왔다.

새로운 제품 출시 기간 동안 정신없이 분주해지기 때문에 장기간의 계획을 짜는 것이 어려웠다고 코치 아멜은 언급한다. 나는 마틴 박사를 도전하게 하는 데에 이 점을 출발점으로 사용하고 싶다. R&D 책임자로서 마틴 박사가 신제품 출시의 그 정신없는 분위기에 직접적으로 연루되어야 하는지를 가장 먼저 묻고 싶다. 장기적 관점으로 더 중요한 코칭 세션을 계획하는 것이 불가능하다면 이런 고객의 단기적 시야는 어떤 손실을 가져올 것인가?

아멜에 의하면 마틴 박사는 회사가 제품에서 서비스 제공자로 전환하는 것을 지지한다고는 하지만 그 전까지 너무도 성공적이었기 때문에 그의 행동과 사고방식을 바꾸려면 큰 노력이 필요했다고 한다. 제품에서 서비스 위주로 전환된 부서가 제품 출시만을 위해 돌아가는 것도 이상한 일이다. 일 년에 세 번 정신없이 분주한 이유를 분석해본다면 그 전략적인 전환이 발생했는지 아닌지를 판단할 수 있는 흥미로운 방법이 될 것이다. 회사가 왜 전략적 변화를 계속해서 부추기는지 마틴 박사는 확실히 알아야 한다고 생각한다. 현재 그는 '지금까지 우리는 성공적이었는데 변화가 왜 필요한가'라는 상태에 머물러 있을지 모른다. 그의 사고방식이 '우리의 성공을 지속하려면 우리는 이제 변화해야 한다'라는 신념으로 변할 때까지는 결코 그의 팀에 긴급성을 불어넣을 수 없을 것이다. 이러한 신념 변화를 얻기 위해서 그가 필요한 것이 무엇인지를 묻고 싶다. 아마도 그는 그의 상사와 더 많은 시간을 보낼 필요가 있을지도 모른다. 그 상사는 변화를 이끌어온 요인을 충분히 이해하며 그러한 변화를 시작했던 장본인일 것이다. 또 전략 변화가 주는 혜택을 뒷받침하는 증거가 무엇인지 그가 찾아볼 것을 제안한다. 아마도 이것은 그들의 경쟁자가 하는 일일 수도 있고, 아니면 회사의 다른 분야에서 이미 실행하여 성공을 맛본 일일 수도 있다. 그가 이런 새로운 신념을 내면화한 뒤에야 어떻게 하면 팀원들의 사고방식을 전환할 수 있을지 알게 될 것이다.

전략 변화 문제와 더불어 중요한 것은 다문화 역량에 관한 문제이다. 내가 의문을 갖는 것은 문화적 무감각으로 여겨졌던 문제 가운데 일부는 사실 전략적 리더십이 부족해서 비롯된 결과에 더 가까운 것은 아닌가 하는 것이다. 예를 들어, 마틴 박사의 유럽 팀이 그의 리더십을 어떻게 느끼는지 인터뷰해보면 이것이 다문화 역량에 관한 문제인지 일반적인 리더십 문제인지를 알 수 있을 것이다.

문화의 다양성과 그것이 함축하는 의미를 내면화한다는 것이 외국에서 한 번도 살아보지 않은 중년 남성 임원에게 가능한 일이라고 나는 생각하지 않는다. 다문화 실수 사례나 글로벌 팀의 구성원이 무시당한다고 느끼는 사례를 더 찾아보기 위해서 초기 면담 결과와 360도 피드백 결과를 다시 한번 검토하기를 권한다. 각각의 사례를 고객과 함께 검토하면서 또 비슷한 일이 일어난다면 어떻게 다르게 다루어야 할지를 함께 논의해보아야 한다. 또 많은 시간이 들겠지만 팀원 모두와 일대일로, 그리고 전체 팀 단위로 대면하는 시간을 늘린다면 그들과의 관계를 개선하는 데 아주 좋은 기회가 될 것이다.

그의 리더십 팀과 초점으로 '전략 전환strategic shift' 문제에 초점을 두고 그것을 중점적으로 다룰 것을 나는 제안한다. 팀원들은 그것을 어떻게 바라보고 있는가? 그것이 절실하게 필요하다고 느끼는가? 그것이 시행되지 않는다면 어떤 결과를 가져오는지 인식하고 있는가? 아멜이 그 전에 겪었던 경험을 바탕으로 리더십 팀을 위해서 워크숍을 진행할 것을 제안한다. 이 워크숍은 R&D부서 내의 전략 변화 문제를 다룰 수 있을 것이다. 아멜이 마틴 박사의 리더십 팀을 도와줄 수 있는 영역은 다음과 같다: 전략 전환 에 내포된 질문을 탐색하기, 전략 구조와 체계가 적합한지 살피기, 변화 과정에서 희망하는 최종 상태가 무엇인지 조사하기, 변화를 위한 추진 일정 등을 검토하기. 변화를 실행하는 과정에서 문화적으로 어떤 문제가 발생할 수 있는지도 논의하면 도움이 될 것이다. 이러한 질문에 답을 찾도록 팀을 격려하며 협력과 협업을 강조하는 것으로 성공을 새롭게 정의한다면 마틴 박사는 전략 전환을 이끌어 내면서도 동시에 팀에게 그들이 존중받는다는 것을 보여줄 수 있을 것이다.

사례 후 노트

_ 아멜 카불 Amel Karboul

　내가 맡은 두 가지 역할, 즉 마틴 박사에게 코치 역할과 변화 경영에 필요한 컨설턴트 역할을 분리하는 것이 점점 어려워졌다. 나는 회사가 전략 전환을 시도하는 것과 관련된 내 경험과 지식을 사용할 것인가, 아니면 온전히 마틴 박사와 그의 팀에만 초점을 맞출 것인가를 고민했다. 그러므로 나는 코치와 컨설턴트의 의무 사이에서 계속 갈등한 것이다.
　컨설턴트와 코치 사이의 차이를 구별하는 일반적인 방법은 컨설턴트는 해결책을 제공해주는 전문가이고 코치는 고객이 스스로 해결점을 찾도록 도와주는 전문가라는 점이다. 그러나 수년간에 걸쳐 수행해 오면서 내 컨설팅은 진화해왔다. 나는 컨설팅이라는 것을 다음과 같이 시스템적 접근법이라고 서술하고 싶다: 즉 고객에게 답을 바로 주려고 시도하기보다는 고무적이고 도발적이면서도 도전이 되는 질문을 고객에게 던짐으로써 고객이 스스로 문제를 해결하는 능력을 강화시키도록 시도하는 접근법이라고 정의한다. 이번 사례에서 내가 코칭과 컨설팅 사이의 경계가 흐릿해진다고 여겼던 이유가 바로 이 점일 것이다. 고객이 컨설턴트와 코치의 다른 점을 몰랐기 때문에 상황이 좀 더 쉽지 않았다. 고객의 눈에는 컨설턴트와 코치가 비슷해 보였을 것이다. 그에게는 어떤 전문가를 고용하든지, 그의 문제에 대한 해결점을 찾는 데 도움이 되면 그만이었다. 그 결과, 그와 내가 체결한 계약의 범위를 토론하는 것은 아주 어려웠는데 내 고객이 미묘한 차이를 이해하지 못했기 때문이었다.

마지막으로 마틴 박사의 부서에서 내 위치에 대한 질문이 있었다. 그의 부서는 '전문가' 조직으로, 매우 복잡한 기술적인 일을 맡을 수 있게 고도로 훈련된 직원으로 구성되었다. 나는 아웃사이더로서 그들의 전문 지식을 나눌 수가 없었는데, 특히 젊은 직원들 사이에서는 내가 정말 그들의 역할을 인정하고 있는지, 또 그들의 복잡한 근무 환경을 이해하는지에 대한 의문이 빈번히 제기되었다. 같은 이유에서 나도 그들이 코치로서의 내 역할을 완전히 알아주지 않는다는 느낌을 받았다. 이것은 내가 그들을 '구원해줄 수 있는' 전문지식을 갖고 있음을 어떻게 보여주었어야 했는지에 대해 스스로 자문하게 했다. 이것은 ESMT 콜로키엄 수퍼비전 세션에서 아주 강렬하게 대두된 주제이다. 일부 동료 코치들은 이것이 코칭 인터벤션이라기보다는 조직개발과 관련된 문제로 여겼다. 다른 이들은 이 코칭에서 동기로 작용한 역동이 한 개인의 행동을 변화시키고 그로 인해 전체 조직에 유익을 주는 '영웅'이 되려는 코치의 욕망에서 비롯된 것인지 궁금하게 여겼다.

8
고객의 불안감 찾아내기

_ 피터 보박Peter Bobak

사례 요약

피터 보박은 고객에게서 매우 어려운 상황을 해결해 달라는 요청을 받는다. 그에게 주어진 코칭 프로젝트는 아주 매력적이고 결과가 가시적이면서도 보람있는 일이지만 피터는 그 프로젝트를 성공적으로 이끌 역량과 자원이 자신에게 충분히 있는지 고민한다. 고객은 그가 미리 정해 놓은 기대치를 코치가 확인해주기를 원하는 듯하다. 반면에 코치는 확인해주거나 조언을 주는 역할로 그의 개입이 축소되는 것을 꺼리고 있다.

맥락: 이 사례는 유럽에 위치한 역동적이고 국제적인 첨단기술 기업에서 발생했다.

배경

어느 날 이른 아침 나는 제프에게서 전화를 받았다. 그는 1990년도에 나와 함께 일했던 동료로 그 뒤에도 계속 연락하며 지내는 사이였다. 제프는 밤새 한숨도 못 자고 직장에서의 문제로 괴로워하고 있었다. 도무지 탈출구가 보이지 않는 상황에 갇힌 듯했고, 나를 만나서 이야기할 수 있는지 묻기 위해 전화를 했다.

제프는 매우 역동적인 첨단 기술 회사에서 일한다. 그는 글로벌 리더십 개발 포트폴리오를 담당하며 최고위급 리더를 위한 세미나를 조직하고 운영하는 일을 맡고 있었다. 그는 그의 분야에서 선두에 있는 전문가로 그의 조직뿐만 아니라 외부적으로도 활발히 활동하는 개인들과 여러 팀을 포함한 글로벌 네트워크의 한 구성원이었다. 그가 하는 업무 특성상, 어떤 공식적인 경영 책임은 없었고 그에게 직접 보고하는 사람도 없었다.

나는 제프에게 큰 불안감을 느끼게 하는 문제가 언제, 어떻게 시작되었는지 물어보았다. 이야기는 조직의 책임자이면서 제프보다 경영에서 세 단계 위에 있고 이사회 바로 밑에 있는 스티브와의 음성 메일로 거슬러 올라간다. 스티브는 회사에서 리더십 개발 프로그램의 책임자로서 제프가 수행하는 역할을 좋게 평가하고 있었다. 스티브는 제프에게 세계 곳곳에 있는 고위 인사 담당자들을 위한 글로벌 회의를 마이애미에서 기획하고 운영해줄 수 있는지 음성 메일로 물어왔다.

그 메시지는 완전히 예상 밖이었고 제프에게는 청천벽력 같았다. 그는 즉시 패닉 상태에 빠졌다. HR 이사의 비서가 이미 그를 추천했다는 보고를 받았으며 제프와 준비에 착수하기 위한 회의 일정을 잡으려고 그의 전화를 기다리고 있다는 말을 들었을 때 그의 공포는 더욱 커졌다.

제프는 이런 요청이 그에게 굉장히 큰 스트레스를 안겨주었다고 내게 고백했다. 한편으로는 이런 중요한 회의 책임을 맡게 되어서 기쁘고 자신에게 자랑스러웠다. 이것으로 이사들을 포함해서 고위 간부들의 주목까지 받게 되었다. 그는 이번 기회에 일을 잘해내고 명성을 쌓고 전문가로서 그의 위치를 확고히 해야 한다는 압력에 시달렸다. 동시에 이런 기대감의 무게가 그 스스로 지탱하지 못할 정도가 되었다. 게다가 그가 맡고 있는 다른 공식적인 업무와 개인적으로 약속한 일들을 고려할 때 이 임무를 과연 효과적으로 수행해낼 수 있을지 의심하기 시작했다.

이번 일을 현실적으로 살펴보니, 너무도 급박한 데드라인 안에서 그가 현재 맡은 업무량을 재조정하고 새로운 임무를 수행할 시간을 확보하는 것은 몹시 어려워 보였다. 직원이나 프로젝트를 위한 다른 자원이 마련되어 있는지도 확실하지 않았다. 최악인 것은 제프가 연초에 세운 가족과의 휴가 계획과 이번 일이 충돌할 수도 있다는 것이다.

이와 같은 딜레마에 대한 그의 첫 반응은 '리스크가 없으면 재미도 없다'고 말하며 긍정적으로 생각하는 것이었다. 또 (상황을 지나치게 분석해서 자신을 마비시키기보다는) 위험을 감수함으로써 그는 상사에게 회사에 대한 헌신과 참여도를 보여줄 수 있으리라고 스스로를 위안했다. 이런 식으로 동기를 부여받은 제프는 새로운 임무에 맹렬하게 뛰어들었고 이런 흥미진진한 모험에 자신과 함께 가담할 동료를 모집하는 데에 힘을 쏟았다. 자신만의 팀을 가지고 있지 않았던 그는 다른 부서의 여러 동료들에게 접근했는데 대부분의 사람들이 그들의 업무량과 새 프로젝트 범위에 회의적인 태도를 보였다. 또 그들은 새 프로젝트에 요구되는 추가적인 노력에 대해 충분히 보상받으리라고 느끼지 않았다.

제프는 요청받은 대로 HR 이사의 비서에게 전화를 걸었고 브리핑 회의 일정을 잡았다. 회의를 통해 제프는 이 업무의 성격에 대해 좀 더 정확한 정보와 그가 맡은 일에 대한 좀 더 뚜렷한 아이디어를 얻을 수 있었다. 그렇지만 알면 알수록 자신이 그 일에 적합한 사람인지 의구심이 커졌다. 그가 지금까지 여러 프로그램을 성공적으로 진행하는 데에 필요했던 기술은 이번처럼 대형 기획 행사를 조직하고 경영하는 데에 요구되는 기술과는 상당한 차이가 있었다. 그의 망설임이 계속 커지는 가운데 그의 의구심을 공개적으로 드러내는 것은 거의 불가능했다. 고위 경영진 측에서 그에게 특별 지시한 미션에서 뒷걸음질 치는 것은 그를 완전히 무능력한 사람으로 보이게 할 것이기 때문이었다. 그의 미래 커

8장. 고객의 불안감 찾아내기

리어가 돌이킬 수 없는 해를 입을 것이며, 영원히 '회의론자nay-sayer'라는 딱지가 붙을 수 있는 위험한 상황이었다.

그렇지만 동시에 제프는 이번 프로젝트를 맡음으로써 주어지는 잠재적인 보상 유혹을 피할 수 없었다. 이런 종류의 도전을 맡아서 헌신과 열정으로 일을 해내는 사람은 나중에 승진으로 보상을 받는다는 사실을 부인할 수 없었다. 가시적 성과를 내기 전에 전략상의 이유로 프로젝트가 중간에 무산된다 하더라도 일을 맡았던 사람이 보상을 받는 일은 흔했다. 제프는 위험을 감수하려는 열정, 헌신, 의욕은 당연히 요구되는 것이므로 지체하거나 질문을 던지는 것은 부적합한 행동으로 간주될 거라고 여겼다. 그는 덫에 걸렸다. 여기서 후퇴한다면 승진 기회는 영원히 사라질 것이고 남은 커리어를 쪽방에서 보내게 될 것이다. 그렇지만 그가 프로젝트에 필요한 시간도 자원도 경험도 없이 도전에 임한다면 눈에 보이는 실패를 온전히 자신의 책임으로 떠맡게 될 것이다.

여기까지의 내용이 우리가 처음 만났을 때 제프가 내게 설명해준 상황이었다. 위기의 밑바닥에는 언젠가부터 제프가 느끼던 회사에서 그의 위치에 대한 전반적인 불안감이 존재하고 있었다. 지난 3년간을 되돌아보면, 제프는 그가 이룬 실적이 '나쁘지 않았다'라고 수긍했다. 그러나 실적 평가 시스템에 기록된 그의 실적은 사실 회사의 기대치를 계속해서 만족해왔고 오히려 목표치를 더 초과한 경우도 있었다. 제프는 굉장히 자기 비판적인 사람이었고, '부가가치를 창출하는' 자신의 능력에 회의를 품고 있었다.

하루 속히 결정을 내려야 하는 상황에서 우리는 이튿날 다시 만나기로 약속했다. 두 번째 만남에서 제프는 그 업무가 요구하는 사항을 충족시키는 그의 능력을 냉정하게 평가한 뒤 (또 일과 삶의 균형을 위해서도) 그 임무를 거절하는 것 말고는 다른 대안이 없다는 판단을 내렸다. 그렇지만 그는 어떻게 거절해야 할지 몰랐고 그렇게 함으로써 파생

되는 부정적인 결과를 몹시 염려했다. 내가 제프에게 던진 첫 번째 질문은 그의 직속 상사가 그에게 어떤 의견을 주었는지였다. 이 질문은 제프에게 놀라움을 안겨주었다. 그의 직속 상사는 제프가 새로운 프로젝트를 요청받은 것을 전혀 모르고 있었고 제프는 그를 이 프로젝트에 참여시키는 것을 '잊어버렸다'고 말했다. 이 점은 참으로 터무니없이 들리지만 다음 설명을 들으면 이해가 될 것이다. 제프의 부서는 9개월 동안 세 번이나 조직 개편을 겪었고 그의 직속 상사는 지금까지 그가 일한 3년 동안 네 번째로 임명된 사람이었다. 즉 평균 9개월에서 일 년 사이에 한 번씩 상사 자리가 비워졌다가 채워졌던 것이다. 이런 상황을 감안할 때 제프가 위기 상황에 잠재적인 지원 병력으로 그의 직속 상사를 고려하지 않은 점은 그리 놀랄 일이 아니었다.

도전

어떤 면에서는 제프와 내가 서로 개인적으로 아는 사이라는 사실이 (심지어 우리는 예전에 서로를 대상으로 코칭을 연습하기도 했다) 그의 코치인 나에게 유리한 점이 되었다. 나는 그의 회사를 알고 있었고 또 제프의 근무 환경도 이해하고 있었다. 그렇지만 나는 이런 개인적이고 직업적이면서 심지어 문화적인 친밀감이 오히려 어려움을 야기할 수 있음을 곧 깨달았다.

코치로서 첫 번째 도전은 시간의 압박이었다. 우리는 위기에 대처할 신속한 해결책이 필요했고 그 압박감은 즉시 가동되었다. 결과적으로 제프가 이 임무를 수락해야 할지에 대해서 코치로서 즉각적이고 직접적인 답을 주어야 한다는 기대감이 있었다. 바로 이 점이 상당한 긴장감을 불러 일으켰는데 어떤 문제에 대해 실행 가능한 해결책에 도달하는 과정에는 원래 성찰과 심사숙고하는 시간이 필요한데 우리에게는 도무지 그럴 만한 시간이 없었다.

제프에게 제안된 임무가 엄청난 기회인지 아니면 실패가 예정된 불가능한 도전인지 판단하는 본질적인 문제는 내 안에서도 유사한 상반된 감정을 불러 일으키고 있었다. 그것은 부분적으로 우리 사이의 친밀함과 친분 때문이었다. 나는 제프의 우유부단함에 '감염되었다'고 느꼈고, 문제에서 적절한 거리를 유지하면서 동시에 계속 몰입해야 하는 것이 어려웠다.

　제프의 코치로서 나는 공평성을 유지해야만 했고 그를 위해서 대신 결정을 하면 절대 안 된다고 생각했다. 내 역할은 제프가 그의 위기를 다루는 법을 배울 수 있도록 그리고 스스로 결정을 내리는 능력을 회복할 수 있도록 돕는 것이었다. 그렇지만 그가 내게서 원했던 것은 그가 이 새로운 도전 과제를 충분히 떠맡을 수 있다는 믿음에 힘을 실어달라는 것이었다. 돌이켜 생각해보면 제프가 이해하는 코치의 역할은 내가 믿는 것과 현저하게 달랐다. 비록 최종 선택은 그가 하는 것이라는 것을 표면적으로는 인정했지만 제프의 잠재의식은 내가 그의 자신감을 북돋워주기를 원하고 있었다고 생각된다. 그의 앞에 닥친 도전을 준비시키면서 리스크를 과소평가하는 그런 자신감 말이다.

　이러한 내 믿음은 제프가 프로젝트를 거절함으로써 생기게 될 나쁜 결과를 과대포장하여 묘사하는 모습을 보면서 더욱 강화되었다. 시간이 촉박한 나로서는 이 상황이 상당히 어려웠는데, 제프가 'No'라는 선택이 불가능하다고 확신하는 것이 현실적인 진단에 근거한 것인지, 아니면 자기 회의에서 비롯된 것인지 판단하기 어려웠기 때문이다. 여기서 다시 한번 나는 중립적이고 공평한 관점을 유지하기란 얼마나 힘든지 깨달았고 제프의 내면적인 갈등에 나 스스로도 영향받고 있음을 느꼈다. 상식적으로 나는 상사의 명백하게 비이성적인 요구사항을 거절하는 것이 용인되어야 한다는 생각이지만 동시에 나 스스로도 지나치게 조심하며 위험을 기피한다는 느낌을 지울 수 없었다.

도전에 대처하기

위와 같은 의혹들은 나에게 영향을 미쳤는데 나로 하여금 객관성을 잃고 상황에 현명하게 대응하지 못하게 했으며 내 사고방식을 흐릿하게 만들었다. 나는 내 자신의 반응을 분석하면서 내 고객이 분투하는 내면의 갈등을 이해하는 데 도움이 되는 방향으로 내가 느끼는 혼란을 긍정적인 요소로 바꾸기로 했다. 결국 나는 내 개인적인 반응을 활용해 다음과 같이 내 인터벤션의 기초가 되는 기본 원칙을 세웠다:

1. 현실적으로 능력을 평가, 분석한 뒤에도 여전히 자신이 그 임무를 수행하는 최선의 후보자가 아니라고 여겨진다면 네 판단을 받아들여라. 그리고 이 결정에 대해서 너 자신을 비난하지 마라.
2. '불가능한 미션'을 수락하는 것보다 임무를 거절하는 위험을 감수하는 것이 낫다. 자신감을 갖고 'No'라고 말하라. 비록 도전을 거절하는 일이 회사의 문화를 거스르는 것일지라도.
3. '위험 감수' 이전에 '보살핌caring'을 우선하라. 네 결정이 너 자신과 다른 사람에게 어떤 영향을 가져올지 생각해 보아라.
4. 너에게 지속적으로 '충분하지 않아'라고 느끼게 하는 고성과주의에 대한 고정관념이 어떻게 작용하는지 반추해 보라.

제프에게 그의 직속 상사 의견을 물어봄으로써 나는 이 상황에 새로운 요소를 도입했다. 제프는 그 이전까지는 직속 상사를 연관시키려는 생각조차 하지 못했지만 이제는 그의 상사와 상의하여 상사의 권한을 활용해 미션 거절을 정당화하기로 마음 먹었다. 이것은 제프 혼자서 해결하려는 그동안의 사고방식을 깨는 것을 의미한다. 또 그는 회사의 잦은 구조조정 속에서 그가 개발한 전략을 활용하기 시작했다. 그것은 위에서 내려오는 지휘에 어떤 기대도 없이 단지 진공과 같은 상태에서 그의 업무를 수행하는 것으로, 그가 이름 붙인대로 '그럼에도 불구하고

despite' 경영을 수행하는 것을 의미했다.

우리의 대화 또한 좀 더 심리적인 수준에서 열매를 맺었다. 제프는 그가 가진 능력과 업무에 요구되는 능력 사이에 존재하는 차이를 현실적으로 평가하면서 자신을 '능력 없는 사람'으로 판단하는 것을 그만두겠다는 의식적인 결심을 했다. 끝으로, 그는 회사 내에서 그의 역할에 더 집중하고 조직 내에서 감지되는 문화적인 기대치에는 덜 집중하기로 결정했다. 고위 경영진과 마주할 때에도 편안하게 'No'라고 말하는 것을 배워보겠다고 결심했다.

고객의 불안감 찾아내기: 해설

_ 머리 팔레브스키 Murray Palevsky

피터는 그의 고객이 잠 못 이루는 밤을 이야기하면서 그의 사례를 시작한다. 나는 이 부분을 듣고 피터는 정말 타인에게 관심이 많으며 배려심이 있는 코치라는 사실을 알게 되었고 고객의 불안이 피터에게 영향을 미치고 있음을 알게 되었다. 혹시 그 정도가 조금 지나친 것은 아닐까? 피터가 고객의 불안에 과잉 투자했다는 의구심이 든다. 그리고 바로 이 점 때문에 코치로서 제프를 도와 해결책을 찾는데 어려움을 느낀 것 같다. 피터 또한 이 점이 까다로운 코칭 상황의 핵심이었다고 인정한다.

지시 사항은 명백해 보였다. 마이애미 회의를 운영하는 책임을 제프가 수락할 것인지에 대해 피터가 제프 자신을 코치해주기를 원했다. 나는 여기에 좀 더 감추어진 코칭 지시 사항이 있다고 여기는데 그것은 그가 은연중에 가지고 있는 '둘 중 하나either/or' 프레임 외의 다른 가능성을 제프에게 인지시켜 주는 것이다. '리스크가 없으면 재미도 없다'라고 언급한 부분은 그 자신을 스스로 설득하기 위한 것처럼 들리고 또 '둘 중 하나'라는 프레임으로 코치를 끌고 갔다.

제프는 회사의 리더십 개발 전략 업무를 담당하고 있지만 부서에 대한 책임은 아무것도 가지고 있지 않다. 게다가 부하 직원도 없다. 나는 다음과 같은 결론을 내리게 되었는데 제프는 스스로를 내부인, 또는 외부인과 같다고 느낄 것이고 회사에서 일상적으로 일어나는 일에서 차단된 상태이면서 회사의 여러 고위 경영진과는 이따금씩 교류하는 그런 존재라는 것이다. 그는 함께 일하는 책임자들과 때때로 연결되지만 또 한편으로는 분리되어 있다. 이런 전문가로서의 역할은 스스로를 팀플레이어로 여기기 어렵게 만들었을 것이다. 이 점은 그가 조언이나 피드백을 구하기 위해서 상사에게 다가갈 생각도 하지 않는다는 사실에서 확인된다. 표면상 그가 '상사를 잊었거나' 상사가 지난 4년 동안 몇 번이나 바뀌었기 때문이라고 말하긴 하더라도 말이다.

피터의 까다로운 코칭 사례를 관찰해본 바 그의 고객 제프는 변덕스럽고 헤아리기 어려운 관객의 기대를 관리해야 하는 극도로 불안한 공연 기획자를 연상시켰다. 이것은 제프가 느끼는 소외감이 어떤 것인지를 내게 다시 느끼게 해주었다.

제프는 그의 커리어나 성과가 성공 또는 실패로 규정된다고 여기는가? 그는 왜 그토록 냉혹하고 자기 비판적일까? 더구나 가족에 대한 책임감을 타협하는 것이 이 모든 것에 어떤 영향을 미쳤을까? 만일 제프가 임무를 수락하고 나서 이사진들의 기대치를 충족시키지 못했을 경우에 그는 회사를 위해 가족과의 휴가를 희생시키면서까지 충성했다는 사실로 자신을 위로할 수 있었을까?

제프 사례에 대한 내 분석은 이렇게까지 까다로운 상황으로 발전된 데에는 그 중심에 제프가 설정한 드라마가 놓여있다는 것이다. 이것이 제프를 혼돈스럽게 했다. 그렇지만 이 점이 코치에게 똑같이 적용되는 것은 아니다. 코치는 고객을 돕고자 하고 고객은 제프가 그랬던 것처럼 자신이 꼼짝 못하게 되는 상황을 만들어 버리고 그 딜레마를 코치에게 전가한다.

그렇다면 왜 그렇게 꼼짝 못하고 갇혀 있는가? 휘황찬란한 성공과 처참한 실패와 같은 극단적인 판단 기준 말고 좀 더 균형잡힌 업무 성과란 없는 것일까? 제프는 신데렐라의 유리구두 치수가 꼭 맞아야하는 것처럼 자기가 마이애미 미션에 '완벽하게 어울리는 사람'인지 아닌지에 대한 환상에 젖었다. 아마도 코치는 제프가 완벽하지는 않지만 '충분히 괜찮은 사람'이라는 사실을 깨닫게 해줄 수 있다.

피터가 판단한 긍정적인 요소가 있다면 제프가 그의 동료들이 이 특별한 프로젝트에 회의를 품고 있음을 알고 있다는 점이다. 이것은 장점이고 자기 역량을 스스로 감지하는 능력을 강화시키는 훈련의 한 부분으로 이 요소를 코치가 전략적으로 사용할 수 있었을 것이다. 제프와 함께 일하는 사람들은 그와 한 팀으로 서술되지 않았으며 협동이라는 단어는 그에게 다소 낯설게 보였다. 그렇지만 제프는 성공 가능성이 없는 과제에 대해서 'No'라고 말하는 것이 모두가 윈-윈하는 상황일지도 모른다는 가능성을 인정하는 것을 꺼려했다. 이 점은 제프가 판단하는 행위보다 어떤 종류이든 성과 만들기를 더 선호한다는 점을 보여주는데 이 부분은 피터가 코치로서 더 자세히 다룰 수 있었을 것이다. 코치는 다음과 같은 질문을 할 수 있었다: "당신이 'No'라고 말하고 당신의 주장을 입증할 때 발생할 수 있는 최악의 시나리오는 무엇인가?"

제프에게는 그의 '성과'가 하나의 쇼이며 그것이 굉장히 스펙터클해야 한다는 환상이 있는 것 같다. 아마도 그는 자신이 창의적인 프로그램 기획자이며 여러 다양한 팀과 일하는 중요한 전문가 멤버라는 말을 코치에게서 듣고자 했을지도 모른다.

피터는 제프가 스스로를 그저 단순히 보여주기만 하는 기획자가 아닌 임원 역량을 가진 개발자로 여기게끔 도와줄 수 있었을 것이다. 바라건대 이것은 제프로 하여금 스스로를 괴롭히는 의심을 떨쳐버릴 수 있도록 도와줄 것이고 그가 회사에 가치를 제공하고 있다는 사실을 스스로 인식하도록 도와줄 것이다.

나는 피터가 다음과 같은 중요한 문제를 인식하고 있기 때문에 이미 이 사례의 까다로움은 해체되었다고 본다.

1. 피터는 고객과 적당한 거리를 유지하려고 분투하면서도 고객에게 감정적으로 계속 연결된 상태로 남기를 원한다.
2. 고객이 피터에게 "내가 해낼 수 있다고 믿게끔 도와달라."라고 부탁할 때, 피터는 고객에게 나쁜 조언을 주려는 유혹에 저항한다. 코치로서 흔들린다면 그것은 결정을 최종적으로 고객의 손에 넘겨주게 된다는 점에서 좋은 일로 볼 수 있다.
3. 제프는 피터가 자신을 안내해주기를 원했지만 이 사례는 좋고 나쁜 결정을 하는 것에 관한 것이 아니라 결정에 관련된 모든 요소를 이해하고 고객이 스스로 판단 내리는 것에 관한 것이라는 사실을 피터는 알고 있다.

사례 후 노트

_ **피터 보박** Peter Boback

'충분히 괜찮은' 상태에 제프가 회의를 느끼는 것은 그가 일하는 회사 문화에서 비롯된 것이라고 그는 이해한다. 제프 스스로 '능력없는 사람'으로 생각하기를 그만두겠다는 결심은 심리적으로 큰 변화를 요구한다. 나는 그의 결정이 긍정적인 결과라고 생각하지만 이 '결정'이 얼마만큼 강력하고 지속 가능한지에 대해서는 의문이 든다. 다음에 비슷한 요청이나 '기회'가 발생한다면 그가 과연 똑같은 함정에 빠지지 않을지 나는 전적으로 확신하지 못하겠다.

마찬가지로, 똑똑하고 최고의 성과를 내는 사람으로 인정받고 싶은 열망을 그가 완전히 포기할 준비가 된 것은 아니라고 나는 생각한다. 그에게 통찰력과 자기 분석 능력이 있는데도 제프의 행동들은 그가 아직도 높은 성과에 대한 기대에 노출되는 상황을 매력적으로 여긴다는 사실을 보여준다. 또 모호하고 불확실한 요소가 있더라도 매우 눈에 띄는 업무가 가져오는 흥분을 사실상 즐긴다는 사실도 알 수 있다.

9

고객 화나게 하기
상사 화나게 하기

_ 비잇 헬러Beate Heller

사례 요약

비잇 헬러는 경영팀의 성과 개선을 도와주는 업무를 맡았다. 그 과정에서 코치는 팀원들이 그들의 상사와 팀원 한 명 사이의 불륜 관계가 갈등의 핵심 요소라고 여긴다는 사실을 깨달았다. 코치는 의도치 않게 어떤 예상 밖의 사실을 발견하게 되고, 그녀의 고객과 이 문제에 대면해야 할지 고민한다. 코치의 상사는 코치와 다른 입장을 취한다.

맥락: 이 사례는 프랑스에서 일어났다.

배경

내가 겪은 가장 까다로운 코칭 프로젝트 가운데 하나는 몇 년 전 글로벌 컨설팅 회사에 고용되었을 때 발생했다. 나는 임원 팀을 코칭하기 위해서 프랑스로 파견되었는데 그 팀은 숨겨진 갈등과 잘못된 의사소통, 그리고 상호 불신으로 말미암아 제대로 작동하지 못했다.

그때 나는 그 팀에 대해서도, 그들이 일하는 회사에 대해서도 아무런 지식이 없었다. 내 생각에 내가 프랑스에 파견된 이유는 무엇보다도 내가 프랑스어를 할줄 알기 때문이고, 프랑스 문화와 고용 관행에 대한 지식이 있었고 과거에 프랑스에 살면서 일을 해본 경험이 있기 때문이었다. 내가 맡은 팀은 7명의 임원으로 구성되었는데 모두 30대였고 그 가운데 다섯 명은 여성이고 나머지 두 명은 남성이었다. 그들의 상사 삐에르는 성격이 강하고 눈에 띄는 50대의 인물로 평생 같은 회사에서 일해왔다. 그는 회사의 붙박이 같은 존재로, 인기도 많고 많은 영향력을 행사했다. 그는 삶을 즐기고자 하는 사람으로 먹고 마시는 것을 낙으로 사는 인물이었다. 삐에르는 확실히 코칭에는 관심이 없어 보였는데 딱히 나에게 적대적이지는 않았지만 코칭에 참여하고자 하는 욕구는 보이지 않았다. 그는 뒤로 물러서서 그의 팀원들이, 그의 말을 빌리자면, '코치랑 놀기를' 희망했다.

코치로서 내 역할

나는 이 팀에 대해 아무것도 알지 못했지만 삐에르가 아닌 팀원들이 코칭을 요청했다는 사실은 내게 흥미를 불러 일으켰다. 고위 간부들이 그들이 관리하는 팀 내에 있는 문화나 행동 문제를 해결하는 데 도움을 요청할 목적으로 코치를 고용하는 경우는 흔한 일이다. 당연하지만 역기능적인 팀이 코칭을 요청하는 것은 사실 드문 일이다. 그러므로 이 특별한 사례가 내게 아주 매력적으로 여겨졌는데 인터벤션에 대해 수용적인 팀을 맡게 된 것은 코치에게는 상당한 이점이었다. 코치로서의 내 역할 또한 분명한 윤곽을 드러내고 있었다. 그것은 중립적인 전문가로서 그들의 팀 내 역동을 진단하는 일과 팀 내의 수평적 의사소통과 경영층과의 수직적 의사소통의 개선을 돕는 일이었다.

도전

우리의 첫 그룹 세션에서 나는 고성과 팀과 보통 팀의 특성과 역동에 대해서 상당히 직설적으로 설명했다. 그리고 나는 그들 팀이 이상적인 상태에 얼마나 가까이 있다고 생각하는지 질문했다. 그들의 대답은 놀랍게도 매우 모호하고 회피적이었으며 서로의 앞에서 발표하는 것을 상당히 불안해 했다. 그 가운데 세 명만이 말을 했는데 가장 먼저 해야 할 일이 일대일 면담이란 것이 확실해졌다.

일대일 면담을 통해 들은 내용은 팀 전체에 걸쳐서 일관성이 있었지만 동료들이 없는 곳에서도 팀원들은 신중함을 유지했다. 그들이 하는 말은 미리 준비된 말처럼 들렸고 일반적으로 부정적이었다. '우리는 정보를 공유하지 않는다', '아무개는 이메일에 답을 하지 않는다', '모든 것이 점점 정치적으로 되어간다', '기밀 사안은 몇몇 사람들끼리만 토론한다' 등과 같은 대답이 나왔다. 뭔가가 확실히 옳지는 않았지만 그게 무엇인지 정확히 꼬집어 말할 수는 없었다. 이런 모호하면서도 서로를 불신하는 발언 뒤에는 말로 표현되지 않은 무엇인가가 있다는 확신이 들었다. 그래서 나는 이 감추어진 진실을 파헤쳐야겠다는 결심을 했다.

나는 곧 그 팀의 특정 인물인 삐에르의 개인 비서, 데니스를 주목했는데 그녀는 아무말도 하지 않았지만 뭔가 감추고 있는 것처럼 보였다. 그녀는 나와 어떤 것도 토론하려는 관심을 보이지 않았다. 내가 그녀와 면담 시간을 조정하려고 할 때마다 그녀는 매번 핑곗거리를 만들어 재빨리 넘어갔다. 그녀가 거리를 두는 사람은 나만이 아니었다. 그녀가 다른 동료들과도 말 한마디 안 한다는 사실을 나는 곧 알게 되었다. 그들의 상사 삐에르는 나에게 거리감을 계속 유지했다.

내가 팀에 소개된 지 열흘이 지났을 때, 팀에서 가장 오래 근무했고 내가 속해 있는 회사에 처음 연락을 했던 프랑스와즈가 나에게 외부에서 만나자고 요청했다. 그녀는 그곳을 '안전한' 장소라고 불렀다. 우리는 한 커피숍에서 만났다. 그녀의 말을 들어보니 결혼해서 자녀가 넷이나 있는 삐에르가 데니스와 비밀스러운 관계를 유지하고 있으며, 삐에르와 데니스는 이것이 비밀이라고 믿고 있지만 이런 둘의 은밀한 관계가 전체 팀원들에게 엄청난 불안감을 야기한다고 했다. 그녀의 말에 따르면 팀의 어느 누구도 이 문제를 어떻게 해결해야 할지 모르고 있는 상태이며 전문 코치인 내가 그들에게 더는 '견딜 수 없는' 문제가 되어버린 이 이슈의 해결점을 찾아주기를 바라고 있었다.

내 접근법

상황 분석하기

처음에는 매력적이고 또 상대적으로 쉽게 보였던 프로젝트가 갑자기 고도로 복잡하고 잠재적인 폭발성을 지닌 상황임이 밝혀졌다. 프랑스와즈가 그들의 비밀 연애 사실을 말해주었을 때 내가 처음 질문한 것은 그 상황이 얼마나 '견딜 수 없는 것'인지였다. 그녀의 설명에 따르면, 팀원 모두가 데니스와 삐에르의 비밀스러운 관계를 알고 있었지만 개인적으로나 팀으로나 그들은 아무것도 모르는 척해야만 했다. 이렇게 지속되는 속임수와 가식은 팀 전체에 검은 구름처럼 드리워져서 엄청난 중압감을 준다고 설명했다. 그 누구도 데니스와 삐에르의 비밀을 공개적으로 아는 척할 수 없었다. 그렇게 하면 삐에르와 직접적인 갈등 관계에 놓이게 될 것이고 회사 내에서 자기 커리어 전망에 심각한 해를 끼치게 될 것이기 때문이다. 그래서 그들은 자신들을 위해 이 어려운 일을 대신해 줄 중립적인 충고자가 필요했던 것이다.

이것이 내가 요청받은 일이긴 하지만, 나는 삐에르와 그의 불륜 관계에 대면하는 것에 극도의 긴장감을 느끼고 있었다. 냉철한 비즈니스 환경 맥락에서 도덕적 부정을 저지르고 있는 제3의 인물을 내가 어떻게 대면할 수 있는가? 나는 고백을 듣는 성직자도 아니고 남편으로서의 충실성을 요구하는 부인도 아니고 그의 직업적인 행동에 의문을 갖는 상사도 아닌데 앞으로 불가피하게 발생할 죄책감과 수치스러움을 그에게 어떻게 마주하게 할 수 있단 말인가? 그렇다면 실제로 나는 누구였는가? 내 역할이란 과연 무엇이었는가? 내가 이 상황을 생각하면 할수록 나에게 기대되는 역할이란 그저 모두가 알고 있지만 모른 척하는 방 안의 코끼리를 밝혀내 삐에르의 사무실 밖으로 쫓아내는 것이 아닌가 싶었다. 이것으로 혜택을 볼 사람은 아무도 없는 것으로 보였기 때문에 (나는 절대로 아니다), 나는 프랑스와즈를 역심문함으로써 팀원들이 가지고 있는 추정들을 시험해보기로 결심했다.

나는 둘 사이의 관계를 의심할 여지가 있는지 살피고 조사했다. 흔히 사람들은 완전히 결백한 설명이 있는데도 부적절한 관계를 속단하고 상상하기 때문이다. 그렇다면 프랑스와즈는 어떤 증거를 갖고 있는가? 그녀처럼 의심하는 사람들은 누가 있는가? 그녀의 대답은 명백했다. 팀 전체가 그 사실을 알고 있고 계속해서 이야기하고 있다고 했다. 그녀는 동료가 휴대폰으로 찍은 사진을 내게 보여주었다. 그 사진에서는 삐에르와 데니스가 영화관 밖에서 자신들이 관찰당하고 있는지 모른 채 열정적인 포옹을 나누고 있었다. 그렇다면 그들의 밀애는 부정할 수 없는 사실이었다. 그러나 나는 이 문제를 해결하기 위해 어떻게 접근할지 막막했다. 계속해서 프랑스와즈와 만나면서 앞으로 어떻게 해야할지 자연스럽게 답을 찾을 수 있기를 바랄 뿐이었다. 프랑스와즈는 이 상황을 어떻게 느꼈는가? 왜 다른 이들의 밀애가 그녀와 상관있다고 여겼을까? 왜 다른 사람의 사생활을 걱정해야 하는가? 그녀는 그녀와 (그녀의 동료들이) 배신감을 느꼈다고 대답했다. 그들은 데니스가 그들이 접근할 수 없는 일과 관련된 중요한 정보에 접근할 때 어떤 특권을 누렸을 것이라는 데에 질투를 느끼고 있었다. 프랑스와즈가 지적한 것처럼, 삐에르와 데니스는 아마도 잠자리에서 팀원들 이야기를 많이 나누었을 것이고 바로 그런 이유에서 팀원들은 데니스 앞에서 공개적으로 말하는 것을 안전하다고 느끼지 않았다. 프랑스와즈는 내 질문에 삐에르와 데니스의 사생활이 그들의 근무환경과 분리될 수 없는 문제라고 직접적으로 말했다. 그것은 엄연히 팀 상황에 직접 영향을 미치고 있었다.

나는 좀 더 광범위하게 맥락을 물어보았다. 삐에르의 상사는 이 밀애를 알고 있는가? 프랑스와즈가 삐에르의 상사에게 말할 수 있는가? 이런 비슷한 일이 전에도 발생한 적이 있는가? 현 상황에 적용되는 회사의 윤리규범 같은 것이 따로 있는가? 그녀의 대답은 모두 부정적이었다. 팀원들은 삐에르의 상사가 이 상황을 알고 있는지, 또는 그들이 이 문제를 상사에게 말해주어야 하는지 확신이 없었다. 이러한 화제를 다루는 윤리규범이란 것도 없었다. 프랑스와즈와 그녀의 동료들을 그토록 짜증나게 하는 것은 불륜 관계의 도덕적 또는 윤리적 측면이 아니었다. 그들의 상사가 사무실 밖에서 불륜 관계를 맺고 있다면 전혀 신경쓸 일이 아닐 것이다. 그렇지만 불륜 관계의 대상은 그들 동료 가운데 하나였고 이것은 그들의 평등권 개념을 침해하는 것이었다.

이제는 내가 이 팀과 계속 일을 진행할지 말지를 결정해야만 하는 시점이었다. 나로서는 그 상황이 다루기에 너무 어려웠기 때문에 그들 스스로 해결해야만 한다고 말할 수도 있었다. 그러나 그렇게 되면 그들은 계속 수수방관하면서 문제가 곪아터질 때까지 아무 행동도 하지 않을 것이 분명했다. 원망, 비난과 역비난이라는 비극적인 폭발이 일어나야만 해결 가능성이 있었다. 그 결과는 다분히 처참할 것이고 일부 팀원들의 커리어는 심하게 피해를 입을 것이다.

다른 방법으로는, 내가 삐에르에게 따로 면담을 신청해서 그의 밀애가 드러났으며 팀원들에게 큰 영향을 미치고 있다는 사실을 최대한 침착하고 외교적인 방법으로 말해줄 수도 있다. 그렇지만 그는 단순히 모든 것을 부인할 수도 있고, 나를 그의 사무실에서 쫓아낼 수도 있고, 똑같은 상황을 지속할 수도 있을 것이다. 그렇게 되면 모든 사람들 사이에 불신과 분노만이 남을 것이다. 물론 그가 사실을 부정한다면 나는 그의 유죄를 입증하기 위해 영화관에서 찍힌 그의 사진을 언제라도 보여줄 수 있을 것이다. 그렇지만 내가 고객에게 그런 식으로 굴욕감을 주는 것이 옳은가? 과연 내가 그렇게 할 수 있을까? 나는 사설 탐정이 아니다. 임원코치가 하는 역할이란 고객이 직장에서 더 높은 성과를 얻을 수 있도록 힘을 보태는 방식으로 고객을 가르치고, 멘토링하고 알려주는 것이다. 고객의 행동 변화를 강요하기 위해서 이런 불륜 증거를 제시하면서 대적하는 것은 코치가 할 일이 아니다.

또 내가 삐에르를 대적한다면 그가 그의 팀원들에게 배신감을 느낄 수도 있다는 사실을 고려해야 했다. 또 그의 팀원들이 코치라는 제3자에게 그와 같이 지극히 사적인 영역의 정보를 공유했다는 사실을 결국 알게 될 것이다. 그는 정당하게 이 상황이 신뢰를 위반한 것이라고 여길 수 있고 팀원들에게 왜 직접 그와 대면할 용기가 없었는지 캐물을 수도 있다. 게다가 그는 이 일이 그와 그의 팀 사이의 문제이기 때문에 코치인 내가 관여할 일이 아니라고 말할 수도 있었다.

행동 방침 정하기

프랑스와즈와 토의가 끝나고 나는 다른 팀원들과도 대화를 하고 싶었다. 그들은 모두 데니스와 삐에르의 행동에 불안감을 드러냈고 상황이 빨리 개선되어서 다시 정상적으로 일에 복귀하기를 원했다. 나는 데니스와도 대화하고 싶었지만 그녀는 늘 그랬듯이 도무지 시간을 내주지 않았다. 그렇지만 나는 이 일이 프랑스와즈 한 개인만을 심란하게 하는 문제가 아니고 팀 전체와 공유되는 문제라는 것을 확신했다.

나만의 방식대로 문제를 해결하기 위해 뛰어들기 전에, 나는 내 직속 상사에게 그는 이 상황에서 어떻게 할 것인지 물어보기로 결심했다. 그의 즉각적인 반응은 내가 일을 바로 그만두고 팀원들로 하여금 그들의 더러운 세탁물을 스스로 알아서 빨도록 해야한다는 것이었다. 내가 듣고 싶었던 대답은 그게 아니었기에 나는 그 충고를 받아들이지 않았다. 나는 이미 깊이 이 일에 빠져들었고 끝까지 해내기로 결심했다. 나는 결국 내 입장을 내 상사에게 납득시켰고 삐에르와의 면담을 준비하기 위해 모의 면담 역할극에 참여해 달라고 설득했다. 삐에르와의 면담 목적은 팀원들이 갖고 있는 우려를 그가 경청하고 수용하게 하며 우호적이며 건설적인 방법으로 그들과 함께 해결책을 찾도록 하는 것이었다.

내 상사와의 연습을 통해서 여러 다양한 시나리오를 미리 생각해볼 수 있었고 잘 준비된 상태로 이 어려운 만남에 들어갈 자신감을 얻었다. 이론적으로는 이 모든 것이 다 좋아 보였지만 내 이론이 현실과 얼마나 맞아들어갈지는 면담 당일 두고봐야 할 일이었다. 면담 당일 삐에르는 그의 사무실 문을 열어주며 나를 안으로 안내했다. 그가 지배적인 성향의 남성이라는 것이 즉시 느껴졌는데 뭔가 과장된 듯하면서도 거만하고 통제하는 듯한 태도가 느껴졌다. 흡연자인 그는 내가 비흡연자라는 것을 알면서도 내게 담배를 권했다. 그는 세심하게 계획된 태연을 가장했지만 그가 상당히 긴장하고 있음을 알 수 있었다. 처음부터 그는 목소리 톤을 경쾌하고 가볍게 유지하면서 대화를 이끌려고 했다. 이런 그의 태도는 나로 하여금 (의도적이든 아니든) 더욱 긴장하게 만들었고 특히 내가 앞으로 꺼내려고 하는 심각한 주제를 고려해볼 때 더욱 그러했다. 나는 삐에르와의 한가로운 잡담에 빠져들면 안 된다는 것을 알고 있었고 내 중심 메시지에만 완고하게 초점을 맞추고 있었다.

나는 삐에르의 잡담을 피하여 바로 본론으로 들어갔다. 나는 그의 팀원들이 팀 내에서 의사소통이 잘 안 되고 심각한 기류의 긴장감을 느끼고 있었기 때문에 내가 그들과 2주 내내 시간을 보내왔다는 사실을 일

깨워주었다. 삐에르의 반응은 그 특유의 대수롭지 않다는 태도로 문제를 심각하게 받아들이지 않는 것 같았다. 이런 종류의 일이 자주 벌어진다는 것을 그도 잘 알고 있었다. 거들먹거리는 미소를 띠며 그는 여자들은 원래 뒷담화하기를 좋아한다고 말하면서 (그 팀에 남자 두 명이 있기는 하나) 그들에게 일을 더 많이 줘서 다른 일보다도 비즈니스에 정신을 더 집중하게 해야할 것 같다고 덧붙였다.

지금이 바로 본론으로 들어가야 할 때였다. 나는 삐에르에게 이렇게 말했다. 그가 데니스에게 '특별한 감정'이 있다는 것을 팀원들이 이미 알고 있으며 바로 이 점이 그들이 자유롭게 대화하고 효율적으로 일하는 것을 어렵게 만들고 있다고 말해주었다. 나는 이보다 더 강하게 말할 수는 없었고 잠시 삐에르의 반응을 지켜보았다. 말할 필요도 없이 그는 내게 도대체 무슨 말을 하는 것이냐고 물었다. 그래서 나는 그와 데니스가 영화관 밖에서 목격되었고 둘이 사귀는 것이 확실해졌다고 설명해주었다. 내가 말을 끝내기도 전에 (이제는 확연하게 동요하며 분개하는 모습으로) 삐에르는 내 말을 끊고 말했다. 그의 팀원들이 얼마나 조신한지를 알려주기 위해 온거냐고 내게 물었고 또 그의 사생활은 나와 아무런 관계가 없다고 아주 직설적으로 말했다.

나는 너무 긴장했지만 침착성을 유지하고 삐에르에게 이렇게 말했다. "불행하게도 당신의 사생활은 당신의 업무와 혼합이 되었고 바로 이 점이 당신과 당신 직원들 사이에, 그리고 팀원들 사이에 균열을 초래하고 있다." 다소 놀랍게도 삐에르는 그가 모든 팀원들을 차별없이 동등하게 대하고 있다고 주장했다(데니스가 특혜를 누리는 것이 명백했음에도). 내가 두려워했던 대로 그의 분노는 나를 향해 쏟아졌다. 그는 코치란 아무 짝에도 쓸모 없고 일을 악화시키기만 한다는 사실을 이전부터 알고 있었다고 말했다. 내가 그를 이런 식으로 대면하는 것은 무례하다고 말하면서 당장 내게 사라지라고 하면서 어떤 상황에서든 그의 팀원들에게 더는 한 마디도 하지 말라고 경고했다.

도전에 대처하기

　나는 삐에르의 사무실에서 쫓겨나는 상황에 대처할 수 있었다. 사실상 나는 그 면담 뒤에 상당히 기뻤다. 왜냐하면 나는 적어도 그 팀이 내게서 기대했던 바를 이루었고 불가능해보였던 일을 해냈기 때문이다. 이번 사례에 개입하기로 결정한 것에 대해서 상사에게서 질책받는 상황조차도 견딜 수 있었다. 그렇지만 그 상황이 아직 해결되지 못했다는 사실은 나에게 좌절감을 주었다. 내가 불륜 관계를 공식적으로 인정한 것이 상황을 개선하기보다는 더 악화시킨 건 아닌지 걱정 되었다. 삐에르가 경고했음에도 나는 프랑스와즈에게 연락해서 무슨 일이 일어났는지 말해 주었다.

　그녀의 반응은 내 두려움을 하나도 가라앉히지 못했다. 그녀는 당연히 심란해했고 이제 팀에 안 좋은 영향이 있을 것이 확실하다고 말했다. 나는 비참해졌다. 이런 섬세한 문제를 너무 서툴게 다루었던 것이다. 나는 비전문가처럼 행동했고 내 과제 수행에 완전히 실패한 것이다. 삐에르의 도덕적 결함은 부정할 수 없는 사실이었지만 나는 쓸모가 없었고 상황을 더 악화시켰을 뿐이다. 거의 일주일을 의기소침해져서 사무실에서 멍하게 앉아 있는데 예상치도 않은 일이 발생했다. 삐에르가 내게 전화를 해서는 그동안 심각하게 고민한 끝에 나와 대화를 나누고 싶다고 했다.

　그는 그가 개인적으로 처한 환경을 설명해 주었는데 그가 이렇게 공정한 제3자에게 믿음을 갖고 말하는 것은 처음이 아닌가 싶었다. 요약하자면, 그는 지금 이 복잡한 상황을 어떻게 해야할지 모르겠고 그래도 어떤 조치가 필요하다는 사실은 알고 있다고 덧붙였다. 우리의 이전 면담 때와는 다르게 이번에는 삐에르가 대화의 대부분을 말했다. 내가 조언을 하거나 어떤 행동 방침을 제안할 필요도 없었다. 삐에르 혼자서 문제를 해결하기 위해 다가가고 있었고 나는 그저 듣고 있는 공명판 sounding board이었다. 그는 어떤 방법으로든 데니스를 자기 업무 환경에서 제외해야 할 필요가 있다고 믿는 것 같았다

고객 화나게 하기, 상사 화나게 하기: 해설
_ 마르시아 레이놀즈Marcia Reynolds

이 사례에 대한 내 첫 반응은 도대체 리더인 삐에르가 코칭을 통해 얻으려 했던 것이 무엇인지에 대한 질문이었다. 왜냐하면 그가 최초 요청자가 아니었다고 해도 결국 코칭 예산을 승인한 사람은 그 자신이었기 때문이다. 그가 피하고 싶은 문제를 코치가 해결해주기를 바랐던 것일까? 내 경험에 비추어 보면 코칭 대상자가 개인이든 그룹이든, 리더는 코칭 관계에서 매우 적극적인 역할을 해야 한다. 그가 맨 처음 코칭을 요청하지 않은 경우에도 마찬가지이다. 코치와 함께 리더가 해야 할 일은 목표 정하기, 조직의 역사와 문화에 대한 관점 공유하기, 코치가 마주칠 수 있는 성공의 걸림돌을 찾아내기 등이 있다. 리더의 적극적인 지원 없이 코칭을 진행할 때 성공 가능성은 희박하다. 리더가 그 과정에 관여하지 않는다면 팀원들은 계속해서 그들의 모든 문제를 무관심하고 비밀스러운 리더의 탓으로 돌릴 것이다.

그러므로 코치가 이 프로젝트의 진도를 더 나가지 않겠다고 하더라도 나는 이것을 도망치는 것으로 보지 않고 도덕적으로 결함이 없는 행동이라고 간주한다. 코치는 리더가 책임지고 싶어하지 않는 건강하지 않은 상황의 한 부분이 되는 것을 거부할 수 있다. 리더의 적극적인 참여와 같은, 코칭 관계에서 요구되는 사항을 코치가 명백하게 언급하지 않는다면 코치는 부서 내에 팽배한 불신이라는 덫에 걸릴 것이다.

그렇지만 코치가 프로젝트를 계속 진행하기로 결정했다면 코치는 그 팀을 희생양이라고 선언하는 대신에 팀원들이 용감해질 수 있도록 도와야 한다. 배신감과 분노를 느끼는 것은 포기에 대한 변명이 될 수 없다. 내가 취하고 싶은 코칭 접근 방법은 이 상황에서 팀원들이 통제할 수 있다고 느끼는 요소는 무엇인지 알아내고 그것에 초점을 맞추는 것이다. 일의 일부를 해낼 수 있다고 느끼는 것은 무력하다고 느끼는 것보다 언제나 더 낫다. 내가 던지고 싶은 질문은 다음과 같다:

- 당신이 통제할 수 있는 일의 일부분을 기꺼이 탐색할 용의가 있는가?
- 당신 리더의 지지 없이도 당신이 혼자 성취할 수 있는 일은 무엇인가?
- 당신이 용감하다면 당신의 리더에게 어떤 요청을 하고 싶은가? 이런 요청을 했을 경우에 발생할 수 있는 최악의 상황은 무엇인가? 다른 어떤 일이 발생할 수 있는가?
- 이 상황에서 당신에게 진실이라고 여겨지는 것은 무엇인가? (팀 구성원이 믿는 대부분은 증거에 기반한 것이 아니고 험담이나 감정에서 나온 것이다.) 당신이 진실이라고 알고 있는 사실에 근거했을 때 지금 당장 당신이 더 강하게 느끼게 하기 위해서 또 당신의 목표를 달성하기 위해서 할 수 있는 일은 무엇인가?

이 점을 지적하는 것은 유쾌하지 않을 수 있지만 여성 팀원들 가운데 몇몇이 그들의 상사가 데니스와 밀애를 하고 있기 때문에 데니스를 질투할 가능성도 제기해야 한다. 데니스가 그들 등 뒤에서 그들을 비방하는 것이 확실한가? 데니스가 그들의 상사에게서 총애를 받는 것이 틀림없는 사실인가? 코치로서 할 수 있는 일은 팀원들의 걱정거리를 들어주고 그들이 감정을 터뜨리도록 하고 비난보다는 힘의 위치로 그들이 옮겨갈 수 있도록 도와주는 것이다. 아마도 상사가 뭔가 아주 잘못하고 있을 수도 있다. 그렇지만 팀원들은 그들이 원한다면 일을 더 잘하기 위한 선택을 할 수 있다. 어디에 초점을 맞추어야 할지는 그들 스스로에게 달려 있다. 그들이 이런 대화를 원한다면 코치가 그들이 이런 책임을 지도록 도와줄 수 있다.

그러므로 코치가 이 팀의 코칭을 성공하려면 한쪽 편을 들면 안 되고 팀원들만 동정해서도 안 된다. 코치는 중립을 지켜야 한다. 달성 가능한 목표가 명확하게 설정되어야 한다. 모종의 불륜 관계가 진행되고 있는 것과는 별도로 모든 팀원들은 목표와 앞으로 전진하려는 열망에 모두 동의해야 한다. 그런 뒤 코치는 팀이 현재 상황에 대해 꼼짝 못하는 감정에 갇혀 있기보다는 앞으로 전진할 수 있도록 집중해야 한다. 팀원들이 앞으로 나아가고자 한다면, 부정적인 감정에 휩싸여 있는 그들에게 코치가 큰 도움이 될 것이다.

사례 후 노트

_ 비잇 헬러Beate Heller

예상했던 대로 우리의 전화 통화가 끝난 지 며칠 뒤에 데니스가 회사를 떠났고 삐에르와의 관계를 끝냈다는 소식을 들었다. 그것이 이야기의 끝으로 보이지만 사실 여기서 끝나지 않는다. 팀원들은 상당히 안심했지만 삐에르에 대한 존경심은 확실히 돌이킬 수 없이 손상되었다. 그 이후에 같은 해에 그도 회사를 떠났고 컨설턴트로서 따로 자기 회사를 세웠다.

이 사례는 임원코치에게 흔하게 일어나는 상황은 아니지만 나에게는 아주 유용한 교훈을 제공했다. 첫째, 코칭은 세션 사이에 일어나는 것이지, 대화 도중에 일어나는 것이 아니라는 점이다. 고객에게는 자신을 되돌아볼 시간과 앞으로 무엇을 해야 하는지 결정하는 시간이 필요하다. 둘째, 코치로서 스스로의 가치관과 행동 방침에 확신이 있다면 고객과 어려운 대면을 하거나 상사의 반대마저도 감수할 가치가 있다는 사실이다.

10

군림하는 고객

_ **뷜런트 곡던** Bülent Gógdün

사례 요약

뷜런트 곡던은 그룹 코칭 과정을 운영하고 있는데 토론을 지배하는 한 고객으로 인해 도전받는다. 동시에 그 고객은 경영 평가와 심리 진단에 나타난 자기 문제를 스스로 다루는 것을 회피한다. 또 그는 코치가 더 '적극적으로' 관여해주기를 기대한다. 코치는 그 사람은 물론 그룹 코칭 훈련에 참여한 전체 그룹의 니즈를 자신이 충분히 충족시키고 있는지 염려하고 있다.

맥락: 이 사례는 다국적 편의품 회사의 리더십 개발 프로그램에서 발생한다.

배경

일대일 코칭을 할 때 지배적이고 군림하는 성격을 가진 고객을 상대하기란 참으로 어렵다. 그런데 그 사람을 그룹 안에서 코칭하려고 할 때는 더욱 어려워진다. 위와 같은 상황은 5일 동안 열렸던 어느 대형 편의제품 회사를 위한 경영 및 리더십 프로그램 중 내가 대면했던 일이다.

두 번째 날 오후는 소그룹으로 이루어진 참여자들이 현재 맞닥뜨린 리더십 도전 과제를 토론하고 아이디어를 교환하면서 잠재적인 해결책을 찾기 위해 마련된 코칭 세션이었다. 특히 참가자들은 경영감사 결과와 더불어 다른 기관에 의해서 이루어진 MBTI II 진단 결과를 토론하기로 되어 있었다. 모든 코칭 대상자와 그들의 직속 관리자와 진행한 면담에 기초해서 진행된 경영 회계감사는 개인별 현재 성과를 세밀하게 평가하는 것은 물론 앞으로의 개발 포인트에 대해서 다루었다. 개인적인 회계감사와 MBTI II 보고서 결과는 리더십 프로그램 시작 전에 당연히 대상자와 코치에게만 전달되었다.

코치로서 내 역할

참가자들의 고용주는 아주 열렬히 코칭을 옹호하는 자로서 코칭 역량을 필수적인 리더십 기술로 여겼다. 그 회사는 리더들에게 GROW 모델을 표준적인 방법론으로 사용한 코칭 훈련 과정을 제공하기도 했다[1]. 고용된 코치 가운데 한 명으로서 나는 코칭 세션을 소개하는 시간에 내 그룹에게 이 모델을 설명했다(모든 참여자가 GROW 방법론을 알고 있지는 않았다). 또 나는 내 그룹원들에게 그 날 오후가 아주 도전적인 경험이 될 것이라고 말해 주었다

내 접근법

네 명의 리더로 이루어진 내 그룹은 모두 같은 회사를 위해 일했지만, 다른 지역에서 저마다 다른 역할을 수행하고 있었다. 나는 세션을 시작하면서 대상자 네 명에게 그들의 자화상을 그려보게 했는데, 지금 머리와 가슴에서 어떤 일이 일어나는지, 개인적인 삶과 직업적인 삶에서 어떤 일이 일어나는지, 그리고 과거에는 어떤 일이 일어났고 앞으로 어떤 일이 일어나리라고 기대하는지를 그리는 과제였다. 그들은 한 명

씩 자기 자화상을 다른 그룹원들에게 발표했고 그림을 통해 자신이 현재 가장 큰 리더십 도전 과제로 여기는 것이 무엇인지에 대해서도 발표했다. 나는 그들이 발표할 때 각자의 MBTI II 보고서에 대한 첫 느낌이 어땠는지 제일 먼저 발표하도록 했다. 나는 다음과 같은 질문을 덧붙였다. '무엇이 당신을 행복하게 하는가?', '당신의 마음을 불편하게 만드는 것은 무엇인가?', '당신을 실망시키는 것은 무엇인가?' 등과 같은 질문을 플립차트에 써서 세션이 진행되는 동안 계속 보이게 놓아두었다.

코칭 세션이 계속되는 동안 대상자 네 명은 그들에게 놓여 있는 근무 상황을 자세히 탐색하고 그들이 직면한 문제의 해결책을 발견하도록 적극적으로 도움을 주고받았다. 그들 모두는 GROW 모델에 깊은 관심이 있었고 그것과 관련 있는 질문을 지속적으로 했다. 그들의 인터벤션은 대체로 아주 의미 있고 유용하게 보였다. 그래서 그들에게 충분한 시간과 공간을 제공해서 서로에게 제기되는 이슈를 토론하도록 했다. 나는 기쁜 마음으로 그들이 스스로 대화를 이끌어가도록 맡겨두면서 가끔씩 나만의 질문, 논평, 제안 등을 제시하며 중간에 끼어들었다. 특히 좀 더 깊게 탐색해야 할 이슈가 있거나 피드백이 더 필요하다고 느껴질 때 내가 직접 개입하는 빈도가 높아졌다. 세션의 중반 정도 되었을 때 (즉 두 번째 대상자가 발표를 끝냈을 때) 나는 그룹원에게 이 세션이 그들의 기대치를 충족하는지 물었고 그들은 "그렇다."라고 대답했다.

도전

그들의 MBTI II 보고서가 보여주는 것처럼 세 명의 코칭 대상자들은 좀 더 사색적인 성격의 소유자인데 반해 네 번째 인물인 토마스는 아주 말이 많고 외향적인 성격으로 대화를 지배하려는 경향이 있었다. 다른 세 명은 서로 관계를 잘 이어가면서 토론 시간에 아이디어를 자유롭게 교환했지만 토마스는 다른 사람과 동일한 의견을 제시할 때에도 불확실하면서도 융통성 없는 발언만을 내놓았다. 그는 다른 사람들이 먼저 말하게 하고 그 다음에 자신의 생각을 말하곤 했는데 가끔씩 다른 사람이 했던 발언과 아무런 관계가 없는 말을 했다. 이것은 그가 경청하지 않는 문제가 아니었다. 그는 분명히 내 말을 듣고 있었지만 다른 동료의 말은 듣지 않는 것 같았다. 나는 곧 토마스가 주도권을 잡으려 하는 지배적인 성격의 소유자임을 깨달았다. 나는 코치로서 내 영토를 보호하기 위해서 무엇인가 조치를 취해야만 했다.

토마스가 고압적인 존재였지만 그 그룹은 대체로 잘해내고 있었고 그들에게 충분한 여유를 주는 것은 괜찮았다. 다른 코칭 대상자 세 명은 본질적으로 인간에 대한 이슈를 토론하기를 원했고 예를 들어서 직장에서의 대인 관계 등을 거리낌없이 이야기하고 싶어 했다. 반면에 토마스는 IT를 책임지는 리더로서 토론에 다소 추상적인 주제를 도입하는 경향이 있었다. 예를 들어, '다른 부서 사람들이 IT 서비스 기능이라고 여기는 것이란 과연 무엇인가?'와 같은 토론 주제를 끄집어 내고 싶어했다. 사실 이 점은 전적으로 놀라운 것만은 아니었다. 왜냐하면 토마스는 세션 처음 단계에서부터 그의 장기적인 목표는 회사의 CIO(최고정보책임자)가 되는 것이라고 밝힌 바 있기 때문이다. 그가 자신이 좋아하는 화제로 토론을 몰고 갈 때 나는 그가 자기 목적을 위해 대화를 사용하도록 기꺼이 허락했다.

나는 세션 마지막에 그룹에게 피드백을 요청했다. 참가자 가운데 세 명은 쉽고 순조로운 세션이었다고 말하면서 편안하고 제약이 없는 환경에서 개인적인 문제에 대해서 대화할 수 있었다고 대답했다. 그들은 이런 솔직한 토론에 고마움을 표시했고 세션이 그들의 기대를 충족시키고도 남았다고 말했다. 그러나 토마스는 칭찬에 인색했다. 그는 MBTI II 보고서에 대한 진정한 피드백을 내가 그에게 하나도 제공해 주지 않았다면서 그의 말을 빌리자면 "토론의 조력자보다는 코칭을 하는 코치"로서의 역할을 내가 더 적극적으로 해주었으면 좋았겠다고 말했다. 또 토마스는 이 세션이 지나치게 편안하게 느껴졌다고 했는데 내가 코칭 대상자들을 안전지대comfort zone에서 나오게 했어야 한다고 말했다. 이 점에 대해서는 다른 코칭 대상자 한 명도 동의했다. 토마스에 따르면 우리가 너무 많은 시간을 자화상 그리는 데에 사용했고 그건 별로 큰 가치가 있는 훈련이 아니었다고 했다. 그렇지만 다른 동료들은 이 관점에 동의하지 않았다.

이런 종합적인 비판 외에 토마스가 가장 비중있게 언급한 것은 우리가 세션 전날 저녁식사 때부터 대화를 했었으면 하는 바람이었다(참가자들과 코치들은 전날 같이 저녁을 먹고 도시 관광을 했다). 실제로 그 전날 나는 다른 코칭 대상자 세 명과 함께 이야기를 나눌 기회가 있었지만 토마스와는 그런 기회가 없었다.

코칭 세션이 끝날 무렵 나는 토마스와 이틀날 따로 만나서 그의 보고서에 대해 함께 이야기를 나누기로 했다. 그가 나에게 더 큰 도전을 요청했기 때문에 나는 그의 MBTI II 보고서를 좀 더 비판적인 시각으로 분석하고 그를 테스트할 몇 가지 아이디어 목록을 작성했다. 이것은 사실 내가 평소에 진행하는 일반적인 절차에서 벗어나는 내용이었는데 코치의 역할은 고객의 약점을 다루기보다는 강점에 집중하는 것이었다. 자신이 잘하는 것을 더욱 발전시키려 하기보다 자신이 못하는 것에 집착하는 사람들을 코칭하는 경우가 많기 때문이다. 내가 고객의 단점을 언급하는 유일한 경우는 그것이 개인의 효과성, 성장, 또는 행복이라는 문제에서 큰 비중을 차지할 때였다.

토마스에 대한 경영감사 보고서를 읽으면서 발견한 흥미로운 사실은 그가 요점을 말하지 않고 주제를 빙빙 돌려서 이야기하는 경향이 있다는 점이었다. 그는 직접적인 대답을 회피하고 때로는 다른 사람의 이야기를 제대로 경청하지 않았다. IT 전문가로서 그의 전문성이 인정받기는 했지만 보고서는 그가 자신감을 더 강화시키는 데 애써야 하고 동시에 지나치게 야망에 찬 커리어 목표를 다시 한번 검토해야 한다고 권고했다.

이튿날 아침 토마스와 다시 만났을 때, 나는 내 관찰 내용을 제시했다. 내 관찰 내용은 경영감사와 MBTI II 보고서 결과를 근거로 작성했다. 나는 그의 피드백을 기다렸다. 그는 경청하는 것처럼 보였지만 내가 물어본 것에 정확하게 반응하지 않았는데 그것은 적어도 건설적인 방식의 반응은 아니었다. 아이러니하게도 이것은 그의 회계감사와 MBTI II 보고서에 기록된 행동 양식과 정확하게 일치하는 것이었다. 우리 둘 사이에서 어떤 의미 있는 관계나 교류가 진행되고 있지 않았다. 전날 그룹 코칭 세션 때 내가 그를 좀 더 도전하게 시키지 못한 것을 불평했던 그였기에, 일대일 세션에서도 어떤 의미 있는 배움을 얻어가는 것 같아 보이진 않았다. 그는 전반적으로 별로 행복해보이지 않았는데 특히 경영감사 결과에 큰 불만이 있는 것 같았다.

도전에 대처하기

이 사례에는 세 가지 분명한 도전 과제가 존재한다:

1. 고객은 '진짜' 이슈에 대해 말하지 않는데 코치도 그렇게 하면 실망한다.

매번 코칭 세션을 시작할 때마다, 내가 고객에게 묻는 것이 두 가지 있다. 그들이 어떤 기대를 갖고 있는지, 또 어떤 주제를 탐색하고 싶어 하는지에 관한 것이다. 이런 질문을 통해서 세션을 어떤 방향으로 이끌어 가야할지 비로소 지도가 그려진다. 우리가 계속 주제에 초점을 맞추고 있는지를 명확히 하기 위해서는, 세션 중반이 지날 때쯤에 지금까지의 진행에 만족하는지, 또 특별히 말하고 싶은 주제는 없는지 묻는다. 여러 사람을 한 번에 코칭할 때 나는 한 명이나 일부 인원들에게 안 좋게 보이거나 곤혹스러울 수 있는 문제를 제기하는 것을 되도록 피하려고 한다. 불행하게도 이번 사례에서는 이 방법이 효과가 없었다. 심지어 일대일 코칭 세션도 효과가 없었는데 지금에 와서 생각해보니 이것은 내가 이미 고객의 신뢰를 잃었기 때문으로 보였다.

뒤늦게 깨달은 일이지만 그룹 세션에서 내가 좀 더 공격적으로 개입을 했어야 했고 토마스가 끝까지 앉아 있다가 마지막 순간에 뛰쳐나와서 결정적인 발언을 하게 내버려 두지 말았어야 한다고 생각한다. 그의 전략대로 그의 의견은 다른 그룹원들의 분석에 한 번도 노출되지 않았고 그 자체도 한 번도 시험대에 오른 적이 없었다. 그룹 세션에서 내가 토마스에게 더 도전했어야 한다고 생각한다. 예를 들어, 그의 경영감사 보고서에 대한 특정한 내용 대신 왜 IT 같은 일반적이고 추상적인 주제를 이야기하는지 물어보았어야 했다.

2. 그룹은 아주 멋지게 역할을 해내고 있다. 하지만 코치는 어디에 있는가?

코치에게 함께 잘 어울리고 코칭 과정에 완전히 몰입하는 코칭 대상자들과 교류하는 것보다 더 만족스러운 일은 없다. 이러한 그룹에 코치가 공헌할 수 있는 방법에는 두 가지가 있다. 첫 번째는 그룹 자체의 일부가 되어서 코칭하는 것이다. 즉 주도권을 잡거나 리더 역할을 하는 것은 피하면서도 질문을 던지고 다른 사람의 질문에 답하고 대화를 안내하고 다양한 분야를 탐색하도록 그룹을 격려하고 고무하는 것이다. 이것이 내가 이번 사례에서 선택했던 본질적인 접근법이었다. 다른 한 가지는 관찰자나 심판관 역할을 하는 것이다. 적절한 순간마다 그룹에 새로운 도전 과제를 제시하고, 중요한 순간에는 토론을 중단시키고 그들이 어떻게 상호작용하는지 알려줌으로써 자기를 돌아보게 하는 것이다. 이런 방식은 코칭 대상자들로 하여금 자기 성찰적인 태도를 취할 수 있게 해주고 그들의 생각과 행동을 깊이 있게 분석하게 만든다. 나는 아마도 이 두 번째 방법을 택했어야 했던 것 같다.

3. 코치가 아닌 한 사람이 코칭 과정을 지배한다.

군림하는 한 사람의 통제권을 빼앗는 방법으로는 다른 사람들이 자신의 생각과 의견을 자유롭게, 지속적으로 표현하도록 장려함으로써 그 문제의 '알파고객'을 위한 공간을 하나도 남겨놓지 않는 것이다. 그러나 이 그룹에서는 다른 코칭 대상자 세 명이 최선을 다했지만 토마스는 여전히 지배적인 태도를 보였다. 토마스의 작업 방식은 흥미로웠다. 그는 다른 사람들이 먼저 말하게 하고 나서 그 다음에 발언했다. 그렇게 함으로써 그는 항상 최종 결정권을 쥐는 것이었다. 그 효과는 기만적이었다: 처음에 토마스는 (확실히 외향적인 성격의 소유자처럼 보였지만) 사려 깊어 보였고 내성적인 참가자들에게 말할 기회를 주려고 잠자코 있는 것으로 보였다. 그렇지만 뒤늦게 깨달은 것은 그것이 상황을 회피하고 도전받기를 피하려는 전략의 하나였다는 점이다. 그의 이런 행동은 다른 사람들의 기여도를 약화시키는 결과를 불러왔다. 나는 때때로 토마스가 가장 먼저 발언하도록 만듦으로써 이 상황에 대처했어야 했다.

코치 입장에서 가끔은 이렇게 지배적인 멤버를 '파트너'로 이용할 수 있다. 토론 화제를 꺼낼 때 그들의 자신감과 열의를 활용하는 것이다. 불행하게도 토마스와는 이것이 불가능했다. 그는 어떤 의미 있는 방식으로 나와 관계를 맺는 데에 실패했다. 우리는 서로 경계하고 있었다. 나는 토마스가 코치로서의 내 위치를 빼앗는 것이 두려웠고 그는 나와 전체적인 코칭 과정을 신뢰하지 못했다.

군림하는 고객: 해설 1

_ 안토니오 가르반 루나 Antonio Calvan Lima

    이 사례는 코치가 코칭 세션에 적응하려면, 특히 그것이 그룹 세션이라면 준비가 필요하다는 사실을 확실히 보여준다. 또 세션 참가자가 코치에게 적응하기를 기대하지 말아야 한다는 점도 보여준다. 그룹 세션을 진행할 때 태도와 성격 면에서 비슷비슷한 사람들로 구성된 그룹을 찾는 것은 불가능하다. 이런 차이점이 있기 때문에 목표 달성을 위해 그룹의 역동을 활용할 수 있는 것이다.

    내 생각에 이 사례에서 코치에게 주어진 가장 큰 도전은 토마스와 같은 특정한 유형의 성격을 다루는 것이었다고 할 수 있다. 코치, 트레이너, 컨설턴트로서 내 경험에 비추어 볼 때 모든 종류의 조직에서 이런 경우는 아주 흔하게 관찰되는 일이다. 토마스가 그룹 세션 동안에 보인 행동은 내가 이전에 진행했던 트레이닝 세션 동안에 만났던 몇몇 사람들의 행동과 아주 흡사하다. 그때도 그들 때문에 세션을 진행하는 것이 엄청난 도전이었다. 예를 들어서, 스위스 은행의 고위급 투자 은행가를 꿈꾸는 경제학과를 막 졸업한 참가자가 한 명 있었다. 그 사람은 멕시코에 있는 프랑스 제조 회사를 위해 효과적인 작업 팀을 구축할 목적으로 세션에 참여하고 있었다. 그곳에서 그는 구매부의 수습 직원으로 일하고 있었는데 그의 태도는 이 사례에서 서술된 내용과 매우 흡사했다. 그는 세션에 계속 참여하는 것이 시간 낭비라는 것을 암시했다. 그의 현재 위치에서 맞닥뜨리는 도전 과제를 말하는 대신 그는 자기 미래 계획에 대해서만 말했다. 그는 계속 큰 기업의 채용에 대한 질문을 했다. 의심할 여지없이 그는 세션을 아주 낮은 점수로 평가했다. 나는 여러 회사에서 코칭 인터벤션을 진행하면서 이런 성격의 사람들을 꽤 자주 만나왔기 때문에 이런 사람들에게서 발견되는 특징을 목록으로 만들었다:

- 야심에 가득찬 커리어 목표, 또는 개인적인 목표
- 개인의 재능, 능력, 성공 사례, 계획을 보여주고자 하는 강한 열망
- 삶에서 얻은 긍정적인 결과를 자기 역량 덕분이라고 여기는 경향
- 팀워크보다는 개인적인 업무를 강력하게 선호함
- 소프트 스킬보다 전문 기술을 통달하고자 하는 강한 선호도
- 남의 말을 경청하지 못함
- 경쟁심이 강함
- 목표 달성에 유리하다고 여기는 새로운 정보나 기술을 늘 빈틈없이 살핌
- 카리스마 있음. 위에서 언급한 내용에 근거한 자신감
- 사람을 자원으로 봄
- 다른 사람들에게 매우 강한 사람으로 보이고 싶어함

    이 목록은 경험에 근거한 관찰 결과임을 밝히고 싶다. 또 이것은 어떤 특정 유형의 성격을 식별하려는 시도도 아니고 공식적인 연구 결과도 아니라는 점을 명백히 하고 싶다. 아울러 이런 특징들이 반드시 부정적이라는 뜻은 아니다. 그러나 이런 특징을 가진 사람들 사이에 그들의 태도, 기대치와 행동에서 많은 공통점이 발견되는 것은 매우 흥미롭다. 특히 그룹 코칭 세션에서 그들이 매우 유사한 방식으로 코칭을 어렵게 만든다는 사실은 더욱 흥미로웠다.

    그룹 세션에서 이런 특징의 인물이 확인되고 나면 그룹과 개인에게 모두 다른 접근법을 적용해야 한다는 것이 내 생각이다. 그룹 코칭을 할 때 나는 일반적으로 총회 스타일의 세션을 선호하지만 이런 환경에서 유용한 접근법은 두 명씩 짝을 지어 진행하는 방식이다. 코치는 문제가 있는 사람과 짝을 짓는다. 이렇게 하면 그 코칭 대상자는 자기가 필요한 관심을 받는다고 느끼면서 그 세션을 처음부터 보람있게 여길 것이다.

또 이런 개별적인 세션을 통해 고객의 문제 행동 뒤에 있는 동기 요인을 발견하고 겨냥할 수 있다. 예를 들어, 이런 특성을 지닌 또 다른 고객을 코칭했을 때 나는 창의적 리더십센터Center for Creative Leadership에서 나온 최근 연구 결과를 그녀에게 보여주었다. 이에 따르면, 경영자의 60%가 성공을 위해 가장 유용한 리더십 기술이 일에 대한 헌신을 고취시키고 사람들을 효과적으로 이끄는 능력이라고 생각한다는 것이다. 나는 또 그녀에게 경청 기술과 감정이입을 강조하는 몇 가지 협상 이론을 알려주었는데 이 점이 그녀의 주목을 끌었다. 그리고 나서 그녀가 이런 역량이 있는지를 성찰해보도록 하고 그것을 얻으려면 무엇을 해야 하는지도 물어보았다. 이번 코칭 세션은 이런 역량을 개발할 목적으로 마련되었다고 나는 정확하게 설명해주었다. 이후에 계속된 트레이닝 세션에서 그녀는 조금 더 적극적으로 참여했고 더 열린 태도로 그룹과 협력했다.

이런 성격 유형의 사람에게 대응하는 유용한 또 다른 접근법은 바로 그룹과 함께 경험적인 활동을 하는 것이다. 이 사례의 경우에는 역할극을 하는 것이 도움이 될 수 있는데, 역할극을 통해 참가자들을 현실적인 상황에 도전하게 할 수 있다. 예를 들어, 그들이 임원으로서 결정을 내리기 위해 필요한 것이 무엇인지를 단지 토론만 하는 것이 아니라 직접 경험할 때, 참가자들은 선택을 잘하기 위한 기술을 기르려는 절박함이 생길 것이다.

나는 그룹 코칭에 도전을 제기하는 또 다른 유형의 프로필을 알아냈는데 예를 들어 가족이 운영하는 기업의 창업자라든가 나이가 많은 임원들이 있을 수 있다. 이런 경우에도 위에서 언급한 접근법을 사용하면서 나는 많은 혜택을 보았다.

"코치는 어디에 있는가?"라는 질문과 관련해서 나는 사례에 등장하는 코치가 세션을 훌륭하게 진행했다고 생각하는데 회사에서 GROW

모델이 표준 코칭 기법으로 사용되고 있기 때문이다. GROW 모델은 코치가 조력자 역할을 수행하며 코치의 관점이나 방향을 제시하기보다는 친밀하게 토론하면서 고객이 스스로 학습하도록 돕는 것을 강조한다.

결론적으로, 코치는 그룹이 하는 말에 열심히 '경청'할 필요가 있고, 자신이 들은 내용에 적절하게 잘 적응해야 한다고 생각한다. 코칭 경험이 모든 참가자들에게 보람 있고, 목표를 달성할 수 있게 말이다.

군림하는 고객: 해설 2

_게르하르트 리스카 Gerhard Liska

뷜런트 코치가 이 사례에서 발견한 분명한 도전 과제 세가지를 살펴보면서 내 해설을 시작하고자 한다.

1. 고객은 '진짜' 이슈에 대해 말하지 않는데 코치도 그렇게 하면 실망한다.

여기서 가장 먼저 짚고 넘어가야 할 질문은 토마스에게 '진짜 이슈란 과연 무엇인가?'이다. IT 전문가로서 그에 대한 묘사는 그룹이라는 환경에서 다뤄지는 감정적인 접근법을 편안하게 느낄 수 있을 정도로 그가 익숙하고 준비되었으며 능숙한지(공감하는 경청, 감정을 느끼고 분별하는 능력 면에서) 의구심이 들게 한다. 이 사례의 세션에서 코치가 선택한 접근법은 감정을 자극하고 자기를 성찰하는 방향인 것으로 보인다. 예를 들어, 자화상으로 세션을 시작하고 줄곧 감정 상태를 다룬 점을 보면 그러하다. 토마스가 이런 상황에서 정서적 불안감과 압박감을 느꼈을 가능성이 크다. 사실과 숫자에 집착하는 것이 그만의 대처 방식일 수 있다. 그가 생각해왔던 코치 역할을 상기할 필요성을 느꼈을 수도 있다. 이 가설이 사실이라면 일대일 코칭이 토마스에게는 좀 더 적합한 환경이었을 것이다.

가능성 있는 또 다른 가설은 토마스가 명백한 경계선을 넘지 않는 범위에서 자신이 얼마나 멀리 도달할 수 있는지 시험했을 것이라는 것이다. 토마스는 '무익한' 이슈에 대해서만 이야기했다. 즉 안전지대에 머무르면서 후퇴하는 것이 허락되었다. 그를 안전지대 밖으로 나오게 하는 것은 즉시 다루어졌어야 할 이슈이다. 이 가설이 사실이라면, 토마스에게 보고서에 대한 피드백을 제공하는 것보다 (그는 보고서가 어떤 의미가 있다고 여기지 않았다) 안전지대에서 벗어나는 것에 대한 그의 거부감과 직면하게 하는 것이 훨씬 더 좋은 방법이었을 것이다.

2. 그룹은 아주 멋지게 역할을 해내고 있다. 그렇지만 코치는 어디에 있는가?

영미 전통에서 수퍼비전은 다른 의미를 가지고 있지만, 빌런트가 묘사하는 그룹 코칭은 오스트리아와 독일에서는 수퍼비전과 동일하게 여겨진다. 빌런트는 코칭 세션이 '아이디어를 교환하면서 현재의 리더십 도전 과제와 잠재적인 해결책을 찾아내기 위해서 참가자들에게 토론을 허용하는 것'이라고 말했다. 이것은 자기 성찰에 기반을 둔 접근법, 동료 사이의 피드백 교환을 포함한 토론 과정, 그리고 자기 주도적인 그룹 학습으로 특징 지어지는 환경을 가리킨다.

이러한 환경에서 코치의 역할은 체계를 제공하고 그룹의 과정을 지켜보는 조력자의 역할과 더욱 비슷하다고 할 수 있다. 자기 주도적인 그룹 학습 개념을 고려한다면 네 명의 참가자 가운데 세 명에게는 세션이 아주 잘 진행된 것으로 보인다. 이런 상황에서는 코칭 과제를 분명하게 하는 것이 중요하다. 만일 세션이 코치에게서 피드백을 받는 시간인지, 아니면 동료들에게서 피드백을 받는 시간인지 명확하게 통보되었다면 그 점은 큰 차이를 만들었을 것이다.

3. 코치가 아닌 한 사람이 코칭 과정을 지배한다.

이것은 특별히 그룹 코칭과 관련 있을 때 아주 어려운 문제이다. 자기 주도적인 그룹 과정에서 코치나 조력자의 역할을 방해하는 한 사람에게 그룹원의 주의를 집중시키거나 아니면 심지어 그를 멈추게 하는 것을 포함한다. 여기서 중요한 질문은 그룹원이 그런 행동을 방해로 인식하는지 아닌지에 대한 것이다. 그들이 그렇게 느낀다면, 조력자(감독자나 코치)는 그룹원에게 그런 상황을 다루는 기본 틀을 제공해줄 수 있다. 다시 한번 말하지만, 이것은 자기 주도적인 학습이라는 개념의 연장선에 있는 것이고, 코치의 후선 역할에 대한 이해와 그룹 내에서 서로 지원하며 상호 촉진하는 과정을 도모하는 차원이다. 토마스의 군림하는 태도는 부분적으로는 다른 사람과 다르게 행동하는 것이 허락된 상황에서 비롯되었다고 볼 수 있는데, 예를 들어 '무익한sterile' 이슈를 제기하는 것을 들 수 있다. 바로 이 점 때문에 다른 사람들과 비교했을 때 그가 자동적으로 돋보이는 것이다. 이것을 군림하는 태도로 인식하느냐의 문제는 여러 요소에 달려 있다고 본다.

그 가운데 하나는 그가 그룹의 리더를 자처하는 건지 아니면 단지 그의 이슈와 관점을 말할 때 다른 사람들에게 지나친 관심과 시간을 요구하는지에 달려 있다. 물론 두 가지 측면의 지배성을 효과적으로 다루기 위해서는 각각 다른 접근법이 요구된다. 이번 사례에서 어떤 측면의 지배성이 더 우세하고 더 중요한지 판단하기 어렵다.

여기에는 더 깊게 탐구할 가치가 있는 또 다른 문제가 존재한다: 이와 같은 코칭 세션에서, 코칭 과정을 지원하고 코칭 대상자들의 발전을 촉진시키기 위해서 얼마나 많은 시간, (말로 하는 인터벤션의 측면에서) 또는 얼마나 많은 지배력을 코치가 행사해야만 하는가?

사례 후 노트

_ **뷜런트 곡던**Bülent Gógdün

 코칭 세션 이후 참가자들의 피드백에서 토마스는 매우 낮은 점수를 주었다. 토마스가 내 코칭 기술에 만족하지 않았던 것은 확실했고, 내가 좀 더 자세히 서술해 달라고 요구하자 그는 내가 너무 뒤에만 머물러 있었고 적극적으로 나서서 역할을 하거나 조언해주지 않았다고 했다. 그는 진심으로 실망했고 나 또한 마찬가지였다. 코치로서 당연하게도 나는 내 코칭 대상자들이 내 일을 가치있게 여기기를 원하고 또 코칭 세션을 통해서 뭔가 유용한 것을 얻기를 기대한다. 그러나 이번 경우에 나는 토마스가 배울 수 있는 절호의 기회를 놓쳐버렸다는 생각에 마음이 불편했다.
 다른 한편으로 나는 아주 소중한 교훈을 얻었다.
 뒤돌아보며, 나는 내 코칭 기술에 좀 더 폭넓고 융통성 있는 접근법을 개발할 필요를 느꼈다. 이번 사례의 경우, 내가 지원을 아끼지 않으며 고무적인 태도를 유지하면서도 필요한 순간에 개개인의 코칭 대상자를 도전시킬 준비를 동시에 하고 있었더라면 좋았을 것이다. 대부분의 코치들은 저마다 다른 스타일을 갖고 있고 모든 코칭 프로젝트에 자신이 선호하는 기술과 절차를 적용하려는 경향이 있다. 그러나 프로젝트의 특별한 요구사항에 맞추기 위해서 다른 레퍼토리 방법을 개발하면서 다양한 스타일에 적응하는 능력을 요구하는 강력한 사례가 존재한다.

주석

1. GROW(Goal목표, Reality현실, Obstacles장애물/Options선택권, Way forward전진) 모델은 코칭에서 자주 사용되는 구조적인 문제 해결 방법론이다.

11

"자신을 한번 보세요! 누가 당신에게 리드받고 싶겠습니까?"

_ 스베틀라나 카포바 & 유발 엥겔 Svetlana Khapova and Yuval Engel

사례 요약

이 사례는 코칭 프로그램에 참가한 사람의 입장에서 기술되었다. 그는 피드백을 소화하기 어려웠고 인터벤션 결과, 모욕감을 느꼈다고 했다. 코칭 대상자는 코칭 과정 중 코치가 한 역할을 혼란스러워했고 심리적 안전감이 부족한 환경을 당혹스러워했다.

맥락: 이 사례는 네덜란드에 있는 한 공립 대학교에서 열린 내부 리더십 개발 프로그램에서 발생했다.

배경

세계의 여러 대학교처럼 네덜란드의 한 대학도 최근에 교수진과 행정직 직원들을 위한 리더십 개발 프로그램을 도입했다. 그 취지는 숨겨진 잠재력을 발견하고 리더십 직위에 알맞은 후보자 개발에 투자하기 위함이었다. 학장들과 대학 관리자들은 '리더십 프로그램 담당자'에게서 몇 명의 후보자를 선발해 달라는 요청을 받았고 선발된 후보자 15명은 앞으로 6개월 동안 리더십 개발 프로그램에 투입될 예정이었다.

후보자 가운데 소냐가 있었는데, 그녀는 이문화 경영학과의 부교수이자 그 무렵 아직 서류상으로만 존재하던 새로운 연구소에 새롭게 임명된 소장이었다. 소냐의 임무는 8개월 안에 그 연구소를 일으켜 세우고 잘 운영되도록 만드는 것이었다. 그녀는 리더십 프로그램에 참가할 수 있는 시간을 내기가 도저히 어렵다는 사실을 너무도 잘 알고 있었다. 그러나 서른두 살의 젊고 새로 임명된 외국인(러시아인)인 그녀는 대학위원회가 그 프로그램에 자신을 지명한 사실을 영광스럽게 느끼고 있었다. 그래서 지극히 바쁜 일정인데도 그녀는 추천을 받아들였다.

내 접근법

그 프로그램은 매달 대학과 참가자들의 집에서 조금 떨어져 있는 장소에서 진행하되 이틀간의 6차시 회의로 구성되었다. 이것은 중립적인 환경에서 학습, 토론, 성찰하는 시간을 확보하자는 취지였다. 처음부터 조짐이 좋았고 소냐는 설렘과 열의를 갖고 첫 번째 세션에 참가했다.

첫 세션에서는 실망할 일이 없었다. 소냐는 그녀 자신의 모습을 있는 그대로 보여주었다. 에너지가 넘쳤고 적극적으로 토론에 참여했다. 한 가지 작은 단점이라면 그녀의 네덜란드어는 다른 참가자들처럼 모국어가 아니어서 의사소통이 효과적으로 이루어지지 못한다는 점이었다. 그렇지만 소냐와 그녀의 동료들이 영어를 잘했기 때문에 이 점도 쉽게 극복되었다. 일터에서 흔히 그랬듯이 소냐는 그들의 대화를 네덜란드어로 따라가면서 대답은 영어로 했다. 이런 방식으로 진행하면 문제될 게 별로 없어 보였다.

확실히 언어 문제는 소냐의 자신감을 훼손할 일이 아니었다. 그녀는 이제 막 승진을 했기 때문에 자신감을 가질 만한 충분한 이유가 있었다. 그녀는 새로운 역할을 너무나 잘 해내었고 커리어 진전 면에서도 그녀의 동료들보다 훨씬 앞서 있었다. 그녀는 젊고 매력적이었다. 코칭 세션을 위해서 특별히 구입한 새 옷을 입고 있었으며 에너지 넘치고 그녀 자신에게 아주 긍정적인 태도를 보였다.

두 번째 날의 마지막 시간에 일련의 그룹 상호작용 세션이 끝난 뒤 15명의 참가자 그룹이 더 작은 세 개의 동료 코칭 그룹으로 나뉠 시간이었다. 참가자 다섯 명으로 구성된 소냐의 그룹에는 다른 외국인 마리나가 포함되었다. 둘은 그 프로그램에서 유일한 외국인이었다. 그러나 소냐는 어리고 네덜란드어를 어려워하고 있는 반면에, 마리나는 소냐보다 열 살이 많았고 네덜란드어를 유창하게 했다.

간단한 소개를 마치고 참가자 다섯 명이 각자의 리더십 사례를 차례로 소개하는 시간이 주어졌다(이 사례는 이후 6개월 동안 자기 개발 프로젝트가 된다). 저마다 약 10분 동안 발표했고 그 뒤에는 다른 참가자 네 명이 곧바로 피드백을 하게 되어 있었다. '안전한' 코칭 환경을 위해 특별히 규정된 규칙은 없었다. 발표자들은 자기 발표가 끝난 뒤 피드백 토론에는 참여하지 않은 채 개인적으로 메모만 하도록 요청받았다.

도전

소냐는 동료들이 사례를 먼저 발표하기를 망설이자 가장 먼저 자진해서 앞으로 나섰다. 그녀가 발표한 리더십 사례는 연구소 소장으로 새롭게 임명된 것에 관한 내용이었다. 그러나 연구소에서 아직 어떤 도전 과제라고 할 만한 것에 직면하지 않은 상태였기 때문에 그녀는 이전에 겪은 리더십 경험을 언급하기로 결심했다. 그녀는 직원들이 최선을 다해서 업무를 수행하도록 동기부여 하는 데 실패했던 경험을 이야기했다. 그녀의 중심 주제는 '어떻게 하면 당신의 팀이 일을 잘 수행하도록 만들 수 있는가?'였다.

소냐가 발표를 끝내자마자 마리나가 소냐를 위축시키는 공격을 했다. "당신 자신을 한번 보세요! 그 누가 당신에게 리드받고 싶어할까요? 당신이 옷 입는 법과 행동하는 법을 한번 살펴보시죠!" 다른 참가자들과 그들의 코치는 큰 충격에 휩싸여서 말문이 막혔고 소냐는 아무 말도 할 수 없었지만 그 누구도 이야기를 꺼내지 않았다. 마리나가 계속 말했다. "당신은 지나치게 주의를 끌어요. 당신은 네덜란드어도 할 줄 몰라요. 네덜란드 직원을 리드하려면 그들이 하는 대로 행동할 필요가 있어요. 당신은 너무도 전형적인 러시아인이거든요! 당신은 너무 무지해서 네덜란드 문화를 이해하려고 시간을 할애하지도 않지요. 여기서는 사람들이 군중 속에서 눈에 띄는 것을 좋아하지 않아요. 당신은 이 사람들의 문화를 도무지 이해하지 못하는 것 같아요."

소냐는 말문이 막혀 버렸다. 발표자는 피드백 토론에서 대답하지 말라는 코치의 요청과는 무관한 것이었다. 소냐는 이문화 경영의 전문가인 그녀에게 이런 일이 벌어지고 있다는 사실을 도무지 믿을 수 없었다. '안전한' 코칭 세션이라는 환경에서 이런 일이 벌어지고 있다는 사실 또한 믿어지지가 않았다. 그녀는 잠자코 앉아서 그야말로 모욕을 당했다. 그 누구도, 심지어 코치조차도 중재하지 않았다. 모두가 망연자실하여 침묵하면서 두 외국인을 지켜보았다. 어색한 순간이 흐른 뒤에 결국 세션은 다른 발표로 계속 이어졌다.

이 사건이 지난 뒤에 소냐는 자신에게 질문을 하며 그녀가 했던 반응을 분석하려고 노력했다. 그 상황에서 다른 방식으로 반응할 수 있었을지 곰곰이 생각해보았다. 그녀의 자신감은 엄청나게 흔들렸고 그녀는 동료들, 상사들, 친구들, 파트너와 부모를 통해서 흔들리는 자신감을 되찾으려 노력했다. 마리나가 소냐에게 가한 공격은 지극히 개인적인 것이었다. 소냐의 외모와 의상 선택에 초점을 맞춘 것으로, 전문가로서 그녀의 행동과 능력에 합당한 비평을 한참 벗어난 사안이었다.

커리어에 어떤 결점이라도 있다면 바로잡으려는 절박한 심정으로 그녀는 어디서부터 잘못되었는지 찾기 위해 리더십에 관련된 책을 읽기 시작했다. 그러나 그녀는 책을 읽으면 읽을수록 마리나의 행동이 잘못되었다는 확신이 들었고 또 배경의 일부로 녹아들어 다른 사람들과 똑같아지는 것은 올바르게 리드하는 방법이 아니라는 생각이 들었다. 소냐는 독서를 통해서 그녀가 찾고 있던 모든 것을 발견했다. 전문가들이 공통적으로 동의하는 것은 많은 리더들이 의상, 화법, 행동하는 방식에서 자신만의 스타일을 보여주는 독특한 정체성을 가지고 있다는 점이었다. 곧 소냐는 그녀의 친구들과 동료들의 지지를 발판삼아 자기 자신에 대한 기분이 많이 나아졌다.

그렇지만 마리나의 공격 이후 소냐가 직면하게 된 가장 큰 고민은 리더십 프로그램을 계속하느냐 그만두느냐 하는 문제였다. 소냐가 이 건에 대해서 그 누구와도 나누지 않았지만 모든 사람들이 무슨 일이 일어났는지 다 아는 것처럼 보였다. 그녀는 비록 자신감이 증발해 버리긴 했지만, 프로그램을 이대로 그만 둔다면 자기 명성에 해를 끼칠 것이라 생각했다. 그녀의 논리에 따르면 그녀가 잠재적으로 리더십 자질이 있다는 것을 보여주기 위해서는 적대적인 동료가 언어적 공격을 가하는 상황에서도 쓰러지지 않고 혹독한 비판을 다룰 수 있다는 것을 보여주어야 한다. 이런 이유에서 소냐는 프로그램에 계속 참가하고 아무 일도 없던 것처럼 행동하기로 결심했다.

소냐는 새로운 자신감을 갖고 다음 세션에 참석했다. 그녀는 의상 스타일도 바꾸지 않고 좀 더 내성적으로 행동을 바꾸지도 않았다. 그녀는 늘 그랬듯이 열정적인 자기 모습을 보여주었다. 심지어 그녀는 빈 자리에 앉기 위해 방을 가로질러 가는 대신에 마리나 바로 옆에 비어 있던 자리에 앉았다. 소냐가 그녀의 마지막 사례를 발표할 차례가 왔을 때 그 기회를 이용해 그녀의 리더십 스타일이 어떻게 발전되어 왔는지 발표하기로 결심했다. 그녀가 읽었던 리더십 전문가의 책을 인용하면서(그

가운데에는 고피Goffee와 존즈Jones의 저서 『왜 꼭 당신에게 사람들이 리드되어야 하는가Why Should Anyone Be Led by You?』[1] 도 포함되어 있었다) 마리나가 그녀를 비난했던 내용에 대해서도 언급했다.

  소냐는 자신감 있고 설득력 있게 발표했다. 그녀의 발표는 그룹의 나머지 사람들에게서 좋은 평가를 받았다. 그리고 첫 번째 세션 때 마리나가 충격적으로 제시했던 비판을 소냐가 자발적으로 다루었기 때문에 불쾌한 대립이 다시 일어날까 하는 두려움 때문에 이전에는 피했던 주제에 대해 그룹 전체 토론이 가능해졌다. 일부 참가자들은 소냐에게 동조를 표시한 반면 일부 사람들은 마리나의 비판을 이해할 수 있었다고 고백했다. 한 참가자는 소냐가 소유한 강렬한 개인 정체성이 리더로서 바람직한 자질이라고 확신했음에도 처음에는 소냐의 에너지와 자신감에 위협을 느꼈다고 고백했다.

  소냐의 발표를 들은 사람 가운데 리더십 프로그램 담당자도 있었다. 그룹 토론이 끝났을 때 그는 소냐에게 감사하다고 말한 뒤 질문을 던졌다: "당신의 사례에서 진짜 이슈가 무엇이라고 생각하나요? 당신의 리더십 스타일은 젖혀두고 대학에서 왜 당신을 연구소의 책임자로 선택했다고 생각하나요?" 또 다른 토론이 시작되었는데 이번에는 다른 방향으로 토론이 전개되었다. 프로그램 담당자는 대학 내의 자세한 내부 사정을 다 알고 있을 뿐만 아니라 그 자신도 전문 코치였다. 그는 새로운 연구소를 세우는데 소냐가 최고의 적임자로 선택된 것은 매우 신중한 과정을 거쳤다는 말을 내비쳤다. 대학 측에서는 소냐의 독특한 정체성과 태도가 기존 조직 문화의 틀에서 벗어나 새로운 일을 진행하는 데에 필요한 새로운 관점과 스타일을 가져다줄 것이라고 판단했다.

  코칭 세션은 긍정적인 분위기로 끝났다. 소냐는 오명을 벗게 되어서 큰 만족감을 느꼈다. 마리나가 소냐의 한계점이라고 인식한 것이 가치 있는 자산으로 재해석되면서 소냐는 다른 사람들과 다르다는 점에 수

치스러움을 느끼는 대신 자신감을 회복했다. 첫 세션에서 그녀가 느꼈던 굴욕감은 사라졌고 이제 소냐는 새롭게 출발할 준비가 되었다.

"자신을 한번 보세요! 그 누가 당신에게 리드받고 싶겠습니까?" : 해설

_ 샌디 스타델만Sandy Stadelmann

주요 프레임워크에 대한 내 이해

1. 32세의 소냐는 이문화 경영학과의 부교수 겸 새로운 연구소에 임명된 소장이다. 그녀의 현재 임무는 다가오는 8개월 안에 연구소를 세우는 것이다. 그녀는 잠재성이 크며 리더십 지위에 적합한 후보자 가운데 한 명으로 인정받았다. 그녀는 6개월 동안 지속되는 한 권위 있는 리더십 개발 프로그램 참가자로 선발되었다. 업무 성과에 힘입어 그녀는 자신감 있게 행동하며 리더십 프로그램에 적극적으로 참여하는 인물로 묘사된다. 커리어 측면에서 그녀는 다른 동료들에 비해서 상당히 앞서 있다. 이런 프레임워크를 보면 소냐는 전문성과 강한 성취욕을 가진 능력있는 여성이라는 것을 알 수 있다. 그녀는 새로운 연구소를 세우는 데 가장 적합한 책임자이며 리더로서 인정받는다.

2. 소냐는 네덜란드인이 아니다. 네덜란드어를 잘 이해하긴 하지만 영어로 대답할 때 더 편안함을 느낀다. 그녀가 네덜란드에서 얼마나 살았고 일했는지는 확실히 알 수 없다.

3. 동료 코칭은 리더십 개발 프로그램의 한 부분이다. 5명으로 구성된 그룹에서 동료 코칭 참가자들은 개개인이 겪었던 리더십 사례를 발표하고 이 내용을 함께 검토한다. 그룹에는 외부 코치가 동반한다. 동료 코칭에는 특별한 규칙도 없고 안전한 코칭 환경을 위한 규칙도 없다.

게다가 발표자들은 발표 뒤 피드백 토론에 참여하지 말라는 요청을 받는다. 그렇지만 피드백에 대한 메모는 할 수 있다. 소냐는 첫 번째 발표자가 되겠다고 자원했다. 그녀는 자기 부하 직원들과 팀원들이 프로젝트에 최대한의 노력을 다하도록 '충분히' 동기부여하지 못했다고 느꼈던 자기 과거의 경험을 언급했다. 그녀의 발표 내용은 '어떻게 하면 고성과 팀을 만들 수 있을까'였다. 그녀가 선택한 '충분히'라는 단어가 정확히 어떤 의미인지, 외부인(예를 들어, 소냐의 전 상사)이 그 상황을 어떻게 평가했을지, 또 자기 자신에 대한 소냐의 기대치가 얼마나 높았는지 하는 점은 분명히 알 수 없다. 간략한 서술만으로는 그녀의 리더십이 참말로 형편없었는지 알 수 없다. 그녀의 동기부여 기술을 향상할 여지가 있다는 것을 그녀도 알고 있고 '고성과 팀을 만드는 것'이 주요 리더십 주제라는 것도 알고 있다. 사람들에게 동기부여하고 높은 성과를 이루는 팀을 만드는 것은 (매니저가 아닌) 리더에게 핵심적인 역량이고 이것은 숙련된 리더 훈련 과정의 한 부분이다. 동료 코칭을 하기에 그녀의 주제는 너무 어려운 것이었다.

4. 소냐는 자기 발표 차례가 끝난 뒤 동료인 마리나 한 명에게 즉시 공격당했다. 마리나는 소냐보다 열 살이 많고 그녀처럼 네덜란드인이 아니지만 네덜란드어를 유창하게 한다. 마리나는 비판을 하면서 피드백 규칙을 전부 깨버렸다. 그녀는 있는 그대로의 사실을 언급하지 않았다. 마리나는 자신만의 통찰을 말하기보다는 그녀의 외모, 옷 입는 스타일과 이문화 행동을 다루면서 지극히 개인적인 영역을 비판했다. 마리나는 향상할 여지가 있는 구체적인 측면을 지적한 것이 아니라 이를 일반화했다. 코치도, 그룹 구성원 누구도 중재하지 않았다. 반면 소냐는 예의바르고 규칙을 존중하는 사람으로 행동했다. 그녀는 다른 참가자들의 말을 들어야 하는 규칙을 지켰다. 그녀가 진정한 '피드백'으로 들

은 내용을 온전히 받아들였다. 소냐는 비평적인 자기 성찰을 보여주었고 나머지 세션 동안에는 그녀가 겪었던 과거의 리더십 사례에 계속 집중하는 대신 자신이 들은 피드백 내용에 집중했다. 사건 이후 그녀는 마리나를 피하지 않음으로써 자신의 강한 면을 보여주었지만 마리나 다른 참가자들과 그 사건에 대해서 토론하지는 않았다. 그 사건은 곧 프로그램 내에서 널리 알려졌다. 이것은 아마도 마리나와 다른 동료 참가자들이 이를 소문내거나 촌평을 했기 때문이다. 동료 그룹이 안전한 환경이 결코 아님이 밝혀진 셈이다.

핵심적인 발견: 결여된 규칙

1. 소냐가 그 상황에 올바르게 대처했는가?

소냐는 공개적이면서도 개인적인 방법으로 공격을 당했는데도 동료 그룹의 규칙을 적용했다. 피드백에 대한 수용, 자기 성찰 능력, 그리고 개선하고자 하는 그녀의 의지는 그녀로 하여금 새로운 리더십 주제를 다루게 했다. 결국에는, 다행히도 이런 투자로 말미암아 그녀는 새로운 자신감과 리더로서 더욱 강화된 정체성을 갖게 되었다. 그러나 그녀의 원래 주제를 다루는 것은 포기해야만 했다.

소냐는 몇 가지 방법으로 다르게 행동할 수도 있었다. 그녀는 '듣고 있어야만 하는' 규칙을 깰 수 있었다. 아니면 그것보다 더 나은 방법으로 피드백을 듣고 불편한 마음이 들 경우 전문적인 피드백의 개입을 받을 수 있는 메타 차원의 중립적 공간을 만드는 것을 규칙으로 만들자고 제안할 수 있었을 것이다. 프로그램이 진행되는 동안 소문이 계속 퍼진 것이 확실하다면, 소냐는 이 문제를 코치나 그룹에서 함께 이야기를 나누고 '보호 구역/비밀보장' 규칙을 제안할 수도 있었다. 또는 지금까지의 성취들을 기억하며 자기 자신을 지키기로 결심하여 마리나의 '피드백'(피드백을 받아야 하는 규칙)을 수용하지 않고 그녀의 사례 발표를 계속 진행할 수도 있었다.

2. 동료 코칭 그룹이 이와 같은 사건을 미연에 방지하기 위해 할 수 있었던 일은 무엇이 있을까?

여기서 확실한 점은 비밀보장 규칙, 피드백을 주고받는 방법에 대한 규칙, 그리고 '메타 차원'의 규칙이 도입되었어야 한다는 것이다. 코치가 그런 규칙을 처음부터 도입하지 않았지만 그룹원들이 사후에라도 그 이슈를 제기할 수도 있었을 것이다.

3. 그렇다면 외부 코치가 이 상황을 방지하거나 적절히 중재할 수 있는 방법은 무엇이었을까?

코치는 비밀보장 규칙, 피드백을 주고받는 방법에 대한 규칙, 그리고 '메타 차원'의 규칙을 도입했어야만 했다. 처음부터 그렇게 하지는 못했지만 뒤늦게라도 코치가 개입하여 규칙을 소개해야만 했다.

4. 이와 같은 상황에서 그룹이 어떤 방식으로 소냐를 도울 수 있었을까?

그룹의 다른 참가자들은 마리나의 부적절한 발언에 피드백을 줄 수 있었고 또는 규칙을 만들어 적용하도록 결정할 수 있었다. 그들은 소냐의 발표 사례에 적절하게 피드백하여 소냐가 그녀의 원래 사례를 계속해서 발표할 수 있도록 격려할 수 있었다. 그들은 소냐를 충격에 몰아넣은 마리나가 제기한 이슈에 대해서도 피드백을 줄 수 있었다. 또 이후의 세션에서는 동료 그룹이 심리적으로 보호받는 환경이 되도록 토론했다면 좋았을 것이다.

사례 후 노트

_ 스베틀라나 카포바 & 유발 엥겔 Svetlana Khapova and Yuval Engel

소냐에게 모든 일이 잘 마무리되었지만 몇 달이 지난 뒤에도 그녀는 여전히 그 사건을 생각하고 있었다. 과연 그녀는 그 상황에 올바르게 대처한 것일까? 그녀는 자신이 가진 역량을 돌아보고 리더십 역할을 공부하고 나서 마침내 그녀의 스타일대로 밀고 나가기로 결심했다. 그렇다면 마리나는 어떠한가? 마리나는 그녀의 의견을 바꾸었는가? 소냐가 마리나에게 직접적으로 도전했어야 하는가?

소냐는 그 문제에서 벗어났다는 사실이 기뻤지만 마리나가 그녀만의 주장을 펼치고 있는 동안 그녀의 동료 참가자들 마음에서는 어떤 일이 벌어지고 있었을지 호기심이 생겼다. 그들은 당황스러웠을까? 마리나의 공격성이 그들에게 화살이 돌아올까봐 두려웠을까? 그들이 침묵했던 것은 옳은 행동이었을까? 그들이 반대 의견을 내놓았더라면 그런 충돌 이후에 그룹은 어떻게 긍정적으로 반응할 수 있었을까?

또 소냐는 이런 모든 상황 속에서 코치 역할을 궁금하게 여겼다. 코치는 마리나가 맹렬하게 공격하는 동안 아무런 중재도 하지 않았다. 그때 코칭 환경은 결코 '안전하지' 못했다. 만약 그녀가 회복탄력성이 조금이라도 더 부족한 성격이었다면 그런 굴욕과 충격이 주는 심리적인 영향력은 그녀의 커리어 전반에 큰 손상을 주었을 것이라는 생각을 소냐는 떨쳐낼 수 없었다.

주석

1. R. Goffee and G. Jones(2006). Why Should Anyone Be Led by YOU? Harvard Business School Press, Cambridge, MA.

12

도전은 어디에 있는가?

_ 롤프 파이퍼 Rolf Pfeiffer

사례 요약

롤프 파이퍼 사례에서는 파견 근무를 끝내고 유럽으로 돌아온 한 매니저가 특정한 동료와의 관계를 위해 노력할 필요가 있음을 발견한다. 그러나 사례에 깊이 들어갈수록 둘 사이 관계의 성격이 바뀌고 코치의 과제도 바뀌게 된다. 코치는 고객으로 하여금 전략적인 이슈에 초점을 맞추도록 노력하지만 고객은 그의 동료와의 라이벌 관계에만 계속 집중한다. 고객이 코치에게서 기대하는 것이 의미 있는 질문을 던지는 코치의 역할이 아닌 의미 있는 대답을 제공하는 컨설턴트의 역할이 아닌지 코치는 고민한다.

맥락: 이 사례는 매트릭스 경영을 하는 한 다국적 기업의 유럽 본부에서 발생한다.

배경

스티브는 동남 아시아에서 몇 년을 일한 뒤에 유럽으로 다시 돌아왔다. 그는 연구를 중점으로 하는 한 다국적 제조회사에서 크게 인정받는 기술 전문가로서 유럽에 돌아와 새로운 제조 공장의 기술 책임자를 맡아달라는 회사의 요청을 받았다. 이것은 누구의 기준에서 보더라도 대단한 일임에 틀림없었다. 스티브의 고용주는 연간 수익이 50억 달러에 이르며 전 세계 150여 개 나라에 퍼져있는 고객을 보유한 세계적인 회사였기 때문이다. 새로 짓는 공장은 최신 제조 기술만을 사용할 뿐 아니라 수년 동안 회사에서 지원한 가장 큰 투자이자 전 세계적으로 보았을 때도 동종 업계에서 이루어진 가장 큰 단일 투자였다. 스티브는 그에게 주어진 임무가 회사 CEO와 나머지 이사회가 개인적으로 매우 주목하는 일이라는 사실을 잘 알고 있었다. 그에게는 이 일로 말미암아 앞으로 큰 성공을 얻을 수도 있고 큰 실패가 될 수도 있었다.

스티브는 그의 역할을 잘 이해하고 있었고 어떤 일을 진행해야 하는지 정확하게 알고 있었기 때문에 이 새로운 직책을 자신감 있게 받아들였다. 그러나 몇 달이 지난 후 그는 새로운 사실을 깨닫게 되는데 그것은 그가 앞으로 자기가 생각하는 대로 이 사업을 성공적으로 이끌고 가려면 프로젝트 총괄 책임자인 프로젝트 소장과 부딪치게 될 것이란 점이다. 이것은 잠재적으로 굉장히 끔찍한 일이었는데, 왜냐하면 그 소장은 스티브와 10년 이상 알고 지내며 함께 일해온 동료이자 그의 오랜 친구였기 때문이다. 스티브는 새로운 임무를 맡은 지 8개월쯤 지나자 소장의 리더십 스타일에 큰 좌절감을 느끼고 새로운 일을 찾기 시작했다. 동시에 스티브는 회사의 L&D learning and development 부서에 그를 도와줄 임원코치를 배정해달라고 요청했다.

코치로서 내 역할

L&D 부서는 내게 이러한 배경을 설명해준 다음 스티브가 새로운 직무의 요구사항을 잘 이행하고 그의 동료들, 특히 프로젝트 소장과 조화롭게 일하는 방법을 찾도록 도와달라는 요청을 했다. 스티브가 도움을

요청한 것 가운데에는 소장과의 문제에 관련되지 않은 다른 이슈들도 있었다.

한 가지 이슈는 새로 지은 플래그십 공장의 위치와 관련이 있었다. 원래는 본사가 있는 곳에 세워질 예정이었는데 다른 회사와 합병하면서 이사회에서는 정치적인 이유로 공장을 이웃 나라에 짓기로 결정하였다. 이것은 스티브에게는 나쁜 소식이었다. 그는 그 나라 말을 하지 못했기 때문이다. 새로운 공장 위치에 관해서는 그 프로젝트의 성공에 결정적인 기여를 하는 다른 부서들의 상당한 반대를 불러 일으켰다.

그 프로젝트가 완성되고 나면 스티브와 소장과의 관계에도 변화가 생길 가능성이 컸다. 프로젝트가 끝나기로 예정된 시기에 그 공장 부지에 재임중인 지역 소장이 은퇴하기로 예정되어 있었는데 그를 대체할 사람은 누가 되었든 그 나라 언어를 할 줄 아는 사람일 것이라는 추측이 널리 받아들여졌다. 이런 상황에서 스티브가 아닌 그 나라 언어를 할 줄 아는 프로젝트 소장에게 기회가 주어질 것으로 보였다.

자원 또한 문제였다. 내가 스티브의 코치로 임명되었던 시기에 이미 프로젝트는 일정에서 뒤처져 있었고 전체 시간과 재정도 예정된 완성 날짜보다 3년이나 앞당겨서 쓴 상태였다.

스티브를 코칭하기 몇 주 전 우리는 통화를 했고 그는 자기 딜레마를 간략하게 설명했다. 또 나는 L&D 부서에게서 내 역할에 대한 서면 브리핑을 받았다. 그렇지만 스티브와의 첫 번째 일대일 만남에서 그는 내가 전해받은 브리핑 내용이 크게 변경되었다는 점을 알려줬다: 기존의 프로젝트 소장이 다른 직책을 위해 옆으로 물러났고 스티브가 그 자리를 대신해서 프로젝트 소장으로 임명되었던 것이다. 나는 앞으로 스티브가 맡은 이 새로운 직책의 역할을 잘 수행할 수 있도록 코칭해야만 했다.

도전

코치인 나에게 놓인 도전 과제는 내가 브리핑에서 처음 들었던 내용과 상당히 달라졌다. 스티브는 여전히 동료와의 관계에 도움이 필요했지만 그 이유는 달라졌다: 자기 자리를 빼앗기고 스티브에게 적대적이 된 동료를 상대해야만 했다. 동시에 이전 프로젝트 소장은 프로젝트 완성과 관련해 여전히 지역 소장으로 승진될 가능성이 있었다. 그렇게 된다면 그 프로젝트의 성공적인 완성을 최종 서명하는 사람이 그가 된다는 뜻이고 스티브에게 아주 강력한 영향력을 행사할 수 있는 위치에 서게 된다. 게다가 스티브는 이제 심각한 재정 문제를 다루는 일을 책임져야 한다. 재정 문제의 대부분은 그의 전임자가 프로젝트의 진행 상황을 본사에 적절하게 보고하지 않기 때문에 발생한 것이었다. 이런 상황은 스티브로 하여금 회사 CEO에게서 좀 더 깐깐하게 검토당하는 기회에 노출되는 것인데 그가 프로젝트 진행에 관한 온갖 나쁜 소식을 다 공유해야만 했기 때문이다. 이와 더불어 스티브는 여러 다른 나라 출신인 직원들과 다양한 조직 배경을 가진 50명의 직원들을 이끄는 부차적인 책임도 맡았다. 이 구성원 가운데 절반 정도는 프로젝트가 끝난 뒤에 뚜렷한 미래가 없는 외국인들이었다. 프로젝트 부지에 있는 영구 직책 전부는 이미 이전 프로젝트 소장이 지명한 사람들로 채워져 있었다.

나는 코치로서 몇 가지 특정한 도전 과제를 다루어야만 했다. 그 첫 번째는 스티브의 오랜 친구이자 동료인 전직 프로젝트 소장 사이에 근본적으로 깔린 라이벌 관계에 대한 것이었다. 스티브가 프로젝트 소장으로 임명되면서 다음 지역 소장의 직책으로 승진하는 것에 이제는 둘 다 경쟁자의 위치에 놓이게 된 것이다. 이 이슈는 우리 코칭 세션에서 지배적인 주제가 되었고, 스티브가 새로운 직책에서 성과 내는 것을 돕기 위해 할애한 시간만큼 많은 시간을 할애했다.

곧 은퇴하는 지역 소장을 계승하는 주요 후보자들을 평가하기 위해서 다른 컨설턴트 한 명이 투입되어 리더십 피드백 보고서를 작성했다. 이 보고서는 누가 더 강력한 후보자인지에 대해 어떠한 암시도 주지 않게끔 작성되었다. 더욱 도움이 안 되었던 것이 이 보고서는 스티브가 그의 지위를 강화하기 위해서 무엇을 해야하는지에 대해서 아무런 암시도 없었다는 점이었다. 고위 경영진 임명을 결정하는 데 리더십 피드백 과정이 중요한 역할을 한다는 사실을 누구나 알고 있었다. 그러나 내가 이 보고서를 작성한 컨설턴트와 비공식적인 대화를 통해 알게 된 사실은 이와 같은 보고서를 작성하기 위해 정보를 얻어내는 방법이 회사에서 정한 표준 절차에서 벗어나는 경우가 많고 또 피드백 과정의 결과가 때때로 완전히 무시된다는 점이다.

내 접근법

우연하게도 나는 리더십 피드백 보고서를 작성했던 컨설턴트와 좋은 관계를 맺게 되었다. 그는 컨설턴트가 되기 전에 그 회사의 L&D 부서에서도 실제 일을 했었다. 그러므로 그는 스티브가 직면하고 있는 대부분의 도전 과제를 잘 알고 있었다. 이것은 나에게 유용하면서도 잠재적으로 어려운 과제인데 왜냐하면 우리 둘 다 각자의 직업적인 영역 사이에 있는 경계선을 존중해야 하기 때문이다. 우리는 서로에게 잠재적으로 유용한 정보를 가지고 있었다. 그러나 우리는 우리의 직업 윤리 기준을 지키기 위해 예민하거나 기밀에 속하는 정보를 서로 나누지 않기 위해서 신중하게 행동했다.

이번 프로젝트를 진행하면서 나는 스티브의 사례에 대한 추가적인 관점을 얻고 그 사례가 제기한 핵심적인 질문에 답하기 위해서 동료 수퍼비전 방법을 사용했다. 나는 또 스티브와의 만남을 되돌아보기 위해서 코칭 노트를 매일 적고 있었다. 이런 노트는 그와 함께 다른 커리어 기회를 탐색하는 데에 아주 유용하게 쓰였다.

초창기 코칭 프로젝트가 끝날 무렵에 스티브는 후속 코칭 과정을 위한 새로운 목표를 설정해달라고 부탁했다. 나는 우리가 이미 성취한 것들을 기반으로 그것을 더 발전시키기 위한 목표라면 동의하겠다고 그에게 명백히 밝혔다. 그러나 후속 코칭 과정 중 멘토링이나 컨설팅 과제로 방향을 틀지 않고 코칭 과정으로만 유지하는 것은 매우 어려운 일이라는 사실이 점점 분명해졌다.

도전에 대처하기

스티브와 그의 동료 (전직 프로젝트 소장) 사이의 어려운 관계는 이 코칭 과정에서 가장 큰 이슈였다. 우리는 스티브가 경쟁자의 관점과 행동을 어떻게 생각하는지 탐색했다. 내가 스티브에게 그를 동기부여하는 요소와 그의 동료, 또는 라이벌 관계에 대해 좀 더 폭넓은 관점을 가져보라고 여러 번 강조한 것이 상당히 도움이 되었다.

다른 한편으로는 리더십 피드백 과정이 자신의 직업적인 발전에 얼마나 큰 영향을 미칠지 스티브가 판단하도록 돕는 데 있어서 리더십 피드백 과정에 대한 내부자로서의 내 지식을 어떻게 활용할지 결정하는 것이 매우 어려웠다. 일 년 반 동안 스티브를 코칭한 뒤, 나는 우리의 과제가 의미 있는 질문을 던지는 코칭 과제에서 의미 있는 답변을 제공하는 컨설팅 과제로 변질되지 않았는지, 그 점을 확실히 보장하기 위해서는 어떻게 해야하는지 스스로 질문하게 되었다.

도전은 어디에 있는가?: 해설

_ 거드런 베커Gudrun Becker

다음에 열거하는 질문은 코치가 어떤 행동을 할 수 있을지 생각해보는 데 유용할 것이다:

- 전직 프로젝트 소장이 대체된 이유는 무엇인가? 그의 새로운 지위는 무엇인가? 팀 구성원들은 그의 리더십을 어떻게 서술할 것인가?
- 리더십 피드백 과정의 이유와 목적은 무엇인가? 조직의 피드백 과정을 조직하고, 수행하고, 평가하는 사람은 누구인가? 이와 같은 과정들이 한 부서에서 이루어지는가?
- 외부 컨설턴트가 쓴 보고서를 모호하다고 다른 누군가가 불평한 적 있는가? 이런 비판을 계약 담당 부서에서 알고 있는가? 만약 알고 있다면, 어떤 조치를 하고 있는가? 이 조직 내에서 프리랜서와 컨설턴트의 전반적인 역할은 무엇인가?

만약 내가 이번 사례에 등장하는 코치라면 나는 몇 개의 가설을 탐구해볼 것이다. 인사 결정을 통해서 드러난 바에 따르면 이 회사 내에는 두 가지 다른 비즈니스 이해관계가 있는 것으로 보인다. 회사의 CEO는 코칭 대상자인 스티브를 승진시켰고 그 과정에서 프로젝트 소장을 교체했다. 그렇지만 동시에, 스티브는 지역 소장이라는 직책의 잠재적 후보자에서 멀어진 듯 보인다(이 사실은 외부 컨설턴트의 보고서에 나타났으며, 회사의 표준 절차에서 벗어난 리더십 피드백 과정에서도 드러난다).

아마도 전 프로젝트 소장은 회사에서 튼튼한 인맥을 형성하고 있고 그와 대조적으로 이제 막 해외에서 돌아온 스티브는 그렇지 않을 가능성이 있다. 이점은 스티브가 효과적으로 일을 수행하는 데에 어떤 영향을 미치는가? 또 그가 앞으로 밟아 나아가야 할 단계에 어떤 영향을 미치는가? 전임자가 이미 구성한 그의 팀원 절반이 그의 리더십을 받아들이기를 꺼려할지 모른다는 두려움이 있다면 이 이슈는 더욱 탐구해 볼 만한 가치가 있다. 살펴볼 수 있는 또 다른 가설은, 스티브가 가진 기술적인 전문성과 임원, 또는 리더로서의 역량 사이에 큰 공백이 있을 수 있다는 점이다. 이와 같은 가설을 탐색하는 것은 코치 롤프와 고객 스티브가 이후의 코칭 관계를 위해 활동 계획working plan을 세우는 데에 도움이 될 것이다.

사례 후 노트

_ 롤프 파이퍼 Rolf Pfeiffer

먼저 이 사례 후기를 작성하기 위해 나는 이 사례와 내 역할과 내가 코치로서 어떻게 하면 좀 더 효과적이었을지를 한 걸음 물러서서 성찰하며 철저하게 생각해 보았다. 두 번째로, 내 동료들에게서 받은 의견들은 상당히 흥미로웠으며 의미 있는 통찰력을 가져다 주었다. 왜냐하면 관찰자로서 그들은 회사 상황을 자세히 알지 못했고 이것은 그들의 의견이 고객의 조직 내에서 코칭을 진행하며 내가 기반으로 삼았던 다른 추가적인 통찰에 영향을 받지 않았음을 의미하기 때문이다. 세 번째로 ESMT 콜로키엄에서 내 사례를 토론하면서 더 많은 통찰력을 얻을 수 있었는데 코칭 세션에서도 흔히 그러하듯이, 제기된 아이디어들에 반응하기 위해 순간적으로 빠른 판단을 해야만 했다. 이 토론에 참여한 우리 그룹 사람들 대부분이 아주 흥미롭고 때로는 독특한 통찰을 제공해 주었다. 심지어 이번 사례를 분석하고 딜레마를 찾는 그들만의 과정을 묘사하는 사람도 있었고 또 어떤 이들은 그들만의 견해를 발전시켜 내가 겪었던 딜레마와 비슷하게 상황을 분석하기도 했다.

13

가족의 난제를 만난 코칭

_카타리나 발라츠Katharina Balazs

사례 요약

    카타리나 발라츠는 과거 역사와 현재 감정에 사로잡혀 있는 한 가족 기업을 코칭하게 된다. 재정적인 니즈, 커리어 전망, 기대 수명과 가족 구성원 사이의 관계 등이 코치에게 여러 층의 도전이 된다. 제한된 수의 코칭 세션이 제공되며 제시된 문제를 해결하기 위해서는 아마도 수년간의 심리치료가 필요함 직하다. 또 코치는 그녀가 충성해야 할 사람이 코칭 대상자인지 아니면 비용을 지불하는 사람인지 혼돈스럽다.

    맥락: 이 사례는 호주에서 일어난다.

배경

    가족기업은 코치가 일할 때 가장 복잡한 환경 가운데 하나이다. 보통의 비즈니스 관계에서 겪는 일상적인 스트레스와 압박감 외에 가족 사이에 깊이 뿌리내린 복잡한 심리적 요소들과 싸워야 한다. 대부분의 업무 환경에서 고객은 적어도 직장생활과 가정생활을 구분할 수 있지만 가족기업에서는 불가능하다. 비즈니스 맥락에서 특이하게도 어린 시절의 경험과 유아 형성기의 초기 관계가 업무 환경으로까지 스며든다. 코치는 수십 년간 해결되지 않은 이슈와 씨름하는 자신을 발견한다.

고객

다그마는 선도적인 전자제품 제조회사에서 높은 위치까지 올라간 아주 야심차고 성공한 임원이었다. 그녀의 커리어 여정은 면밀히 계획되었다. 그녀는 이학 석사 학위를 받고나서 그녀의 가족이 운영하는 중간 규모의 보안기기 회사에 들어가볼까 잠시 고려했지만 즉시 그 생각을 접었다. 다그마처럼 야망과 모험심 가득한 사람에게 가족기업이란 지루한 선택으로 여겨졌다. 그녀는 자신만의 커리어를 만들어가는 자유를 원했고, 가족기업의 창립자인 아버지와 그 회사에서 현재 최고 중역으로 있는 언니에게 계속 감시당하는 상황을 원치 않았다.

그래서 다그마는 잘 나가는 한 유럽 전자회사에 들어갔는데 그곳에서 승승장구하여 재무 담당 이사의 지위까지 올라갔다. 그녀는 그녀의 직업 타이틀이 가져다주는 영광을 즐겼다(이것은 그녀가 매우 중요하게 여기는 가치였다). 또 넉넉한 연봉을 비롯해서 그녀의 관리 아래에 있는 여러 지역에 빈번하게 출장 가는 기쁨 또한 컸다. 그녀의 삶은 바쁘고 분주하고 자극적이었다.

그러나 그녀가 최고 중역으로서 짜릿한 삶을 누리는 것만큼이나 30대 중반쯤에 이르자 그녀는 자기 사생활을 잃고 있다는 느낌을 받기 시작했다. 그녀는 결혼을 한 적이 없고 자녀도 없었는데 자기 삶이 더는 자신의 것이 아니라는 생각이 들었다. 아직도 그녀의 분야에서 성공을 열망하긴 했지만 시간이 얼마 없었다. 그녀 또래의 많은 여성 임원들이 그러하듯이 그녀는 극도의 불안을 느끼기 시작했다. 지금 곧 가정을 이루지 않는다면 그 기회는 사라져서 영원히 오지 않을 것 같았다. 다그마는 자기 언니 안나와 상황을 비교하지 않을 수 없었다. 언니는 아버지

회사에서 상대적으로 시시한 커리어를 갖고 있었지만 적어도 그녀는 행복하게 결혼한 여자였다. 게다가 안나는 최근에 아들을 낳았는데 이것이 다그마를 더욱 불안하고 초조하게 만들었다.

모든 것을 비즈니스처럼 결정하는 그녀 특유의 성격처럼 그녀는 자기 사생활에 더욱 집중하기로 마음 먹었다. 그녀는 온라인 데이트 업체에 등록하고 곧 남자 친구 알렉스를 만났다. 그는 성격과 사회적인 배경면에서 그녀와 완벽하게 맞는 상대는 아니었지만 그래도 어느 정도 괜찮은 사람이었다. 알렉스는 다그마가 항상 만나기를 원해왔던 기업에서 잘 나가는 인물은 아니었지만 지역의 한 보건당국에서 매니저였고 자기 나름대로 성공을 이루고 있었다. 그러나 둘의 관계는 굴곡이 심했다. 임신을 원하는 다그마의 고집스러운 결심은 여러 번 큰 말다툼의 원인이 되었다. 가정을 이루는 것이 다그마의 사명이 되었고 반복되는 임신 실패는 점점 견딜 수 없는 상황이 되었다. 비즈니스에서 다그마는 목표를 달성하기 위해서 그녀가 가진 지식과 전략적 기술을 사용했다. 인간의 통제를 벗어난 자연의 힘에 좌절할 수밖에 없는 상황에 그녀는 익숙하지가 않았다. 결국 그녀는 스트레스에 더는 견딜 수 없는 상황에 이르렀다. 그녀는 자기 직책에서 내려와서 (상당한 퇴직금과 함께) 알렉스와 몰디브로 수년 만에 진정한 최초의 휴가를 떠났다.

더는 일에 대한 압박 없이 다그마는 충분하게 휴식했고 휴가에서 돌아온 지 얼마 안 되어 그녀가 임신했다는 사실을 깨달았다. 아들이 태어나고 모든 것이 바뀌었다. 다그마는 아파트를 팔고 빚을 청산하고 더 큰 아파트를 빌려 아이를 돌보기 위해 그곳에 정착했다. 삶이 갑자기 흥미진진해졌지만 동시에 다소 위태롭기도 했다. 알렉스는 자기 사업을 하려고 직장을 그만두었지만 초창기에 별다른 성공을 거두지 못했고 곧 이 커플은 다그마가 저축해 놓은 돈에 의지해서 살아가게 되었다.

얼마 지나지 않아 다그마는 자신들이 곧 경제적인 문제에 맞닥뜨리게 될 것임을 분명하게 깨달았다. 저축한 돈은 순식간에 줄어들었고 경제는 전 세계적인 침체기에 있었으며 알렉스의 비즈니스는 어려움을 겪고 있었다. 다그마는 자신이 다시 돈벌이를 시작해야 할 필요를 절실하게 느꼈다. 그렇다면 가족이 운영하는 회사에 취직하는 것보다 더 빠르게 직장으로 복귀할 수 있는 방법은 없을 것이다(경제 침체와 그녀 이력서의 공백기를 고려한다면). 불행하게도 그녀의 가족은 그 생각을 별로 좋아하지 않았다. 적어도 언니 안나는 시큰둥했다. 안나와 그녀의 남편 칼은 회사 창립자인 아버지가 5년 전에 사망한 뒤 그 비즈니스를 물려 받았는데 그들의 경영 아래 비즈니스(보안산업 분야)는 고비를 넘겨 활기를 되찾았다. 세계적인 경기 침체에도 그들의 회사는 크게 성장하고 있었다. 사실 안나는 다그마 같은 경력이 많은 유능한 재정 책임자를 필요로 했다. 문제는 안나가 다그마를 원하지 않는다는 사실이다.

두 자매는 한 번도 가깝게 지낸 적이 없었고 그 둘의 관계는 그들의 아버지가 사망하고 안나가 칼과 결혼할 즈음부터 틀어지기 시작했다. 사실상 그 둘은 서로가 밤과 낮의 차이만큼이나 달랐다. 둘은 한 번도 같은 관심거리를 공유한 적이 없고 그들이 삶을 대하는 자세 또한 완전히 달랐다. 결과적으로 둘은 서로의 동기와 행동을 이해하는 데 어려움을 겪었다.

다그마는 마침내 가족기업에 동참하기로 결심했고 그동안 그녀가 임원으로서 결정을 내릴 때마다 그랬던 것처럼 전략을 세우기 시작했다. 다그마는 언니 안나가 그녀를 쉽게 받아들이지 않을 것을 잘 알기에 그녀의 어머니 빅토리아의 지원을 가장 먼저 요청했다. 어머니 빅토리아가 비즈니스의 삼분의 일을 통제하고 있던 점을 고려하면 다그마가 취한 행동은 현명한 것이었다. 이렇게 어머니의 지원을 받아 다그마는 안나와 칼에게 그녀의 의도가 이미 기정사실인 것처럼 통보했다. 언니 안나는 당연히 기뻐하지 않았다. 둘의 논쟁은 뜨거웠는데 결국에는 다그마가 리더십 개발을 위한 임원 프로그램에 참가해서 전문적인 코칭을 받겠다고 동의하고 나서야 논쟁이 가라앉았다. 다그마의 고용 여부는 그 이후에 안나가 최종적으로 결정하기로 했다.

도전

바로 이 시점에서 내가 투입된 것이다. 나는 내가 가르치던 리더십 개발 세미나에 다그마가 등록한 다음 그곳에서 그녀를 처음 만났다. 그녀는 긍정적인 사람이라는 인상을 풍겼다. 그녀는 아주 영리했고 비즈니스 경험이 많았으며 (비록 비즈니스 리더십에 관한 경험은 없었지만), 날카롭고 분석적인 마인드를 갖고 있었다. 그녀는 '좌뇌가 발달한 사람', 즉 논리적이고 지성적인 불도저와 같은 사람임이 틀림없었다. 절대 반신반의하는 법이 없이 가고자 하는 방향에 대해 확신에 차 있고 어떻게 가야 하는지도 알고 있으며 성공을 위한 결심에 매우 단호했다.

아마도 내가 그녀에게 어떤 깊은 인상을 주었는지 세미나가 끝난 뒤 그녀는 내게 다가와서 그녀의 코치가 되어달라고 요청했다. 그녀가 자기 상황에 대한 개요를 설명하고 나서 나는 그녀의 요청에 동의했다. 단, 한 가지 조건이 있었다. 내가 그녀의 가족, 즉 언니, 형부와 어머니를 개별적으로 만날 수 있어야 한다는 조건이었다. 그녀는 동의했고 우리는 한번 시작해보기로 했다.

내가 안나를 만났을 때 그녀는 상당히 개방적이었고 그녀의 상황을 기꺼이 말하고 싶어 했다. 칼은 좀 더 거리를 두는 입장을 취했다. 그는 자기 아내를 확실히 지지하는 입장이었고 처제를 다소 낮게 평가하는 것 같았다. 그러나 그는 어떤 갈등도 만들고 싶지 않은 결연함을 보였고 나에게 솔직한 의견을 주고 나서는 실질적으로 그 상황에서 물러났다. 그녀의 어머니는 더욱 말수가 적었다. 어머니 빅토리아는 남편을 그리워하면서 그와 함께 보낸 지난 좋은 시간을 그리워하는 서글픈 미망인의 인상을 주었다. 이제 그녀는 그녀의 모든 에너지와 주의를 막내딸과 새로 태어난 손주에게 쏟아붓는 것처럼 보였다. 등장인물과의 면담을 진행하고 나서야 분명한 그림이 그려졌다.

이 이야기는 고전적인 가족 사이의 갈등 이야기 가운데 하나이다. 다그마의 아버지는 결혼을 두 번 했다. 그의 첫 번째 부인은 비극적이게도 너무 어린 나이에 세상을 떠났는데 그들의 첫째 딸 안나가 태어난 지 일년도 채 안 되어서 세상을 떠난 것이다. 그는 2년 후에 다시 결혼해서 안나가 네 살이 되던 해에 둘째 딸 다그마가 태어났다. 처음부터 새어머니 빅토리아는 거의 강박신경증적인 방식으로 어린 안나를 돌보았다. 어린 안나에게는 유일한 어머니였지만 빅토리아는 안나를 그녀의 딸로 받아들이는 데 힘들어했다. 빅토리아는 자기 의붓딸 안나에게 감정적으로 어떤 연결고리가 있는 것처럼 느끼진 않았지만 안나를 올바르게 키우는 것이 그녀의 의무라고 강하게 느끼고 있었다. 물론 그녀의 친딸 다그마와의 관계는 상당히 달랐다. 다그마는 그녀 눈에 넣어도 아프지 않은 존재였고 모든 모성애를 쏟아붓는 대상이었다.

그러는 동안 빅토리아의 시어머니는 빅토리아를 일종의 침입자, 또는 자기 첫째 며느리를 도저히 대체할 수 없는 존재로 대우했다. 빅토리아가 안나에게 진심어린 애정을 주지 않는 것을 알아챘는지, 시어머니는 어린 안나와 강력한 유대관계를 형성했다. 시간이 흐르면서 이와 같은 상황은 새어머니와 의붓딸 사이의 감정적인 공백만 넓히는데 기여했다.

자유롭고 창의적이고 모험심이 가득한 안나에게 자신과 완전 반대 성향인 새어머니의 통제를 받는 것은 고역이었다. 새어머니는 늘 티끌 하나 없이 깨끗한 옷과 완벽하게 정돈된 방과 흠 한 점 없는 행동거지를 쉴새 없이 요구했지만 안나는 도무지 그런 요구를 맞출 수가 없었다. 아버지는 대부분 시간에 집에 없었기 때문에 안나의 눈에 잘 비치지 않았다. 그는 친절하고 다정하고 겸손한 성격을 지녔고 출장을 자주 다니면서 새 부인이 집안의 모든 것을 돌보며 비즈니스에만 집중할 수 있도록 시간과 공간을 허락해 주는 상황에 행복해했다.

처음에 두 자매는 강력한 공모complicity 관계를 형성하면서 자랐다. 둘의 라이벌 관계는 다그마가 사춘기에 이르러서 그녀만의 취향과 생각을 발전해 나가기 전까지는 그다지 드러나지 않았다. 그녀의 취향과 성향은 언니 안나의 그것과 확실히 달랐다. 곧 둘 사이의 거리(감정적인 거리와 물리적인 거리 모두)는 빠르게 벌어졌다. 다그마가 10대 후반이 되었을 때 안나는 칼을 만나서 결혼하고 집을 떠났다. 그리고 얼마 지나지 않아서 다그마는 외국으로 공부하러 떠났고 그 이후에 외국에서 일을 했다.

그때부터 두 자매는 가끔씩 만났고 둘 사이의 어린 시절 유대는 점차 약해졌다. 안나의 아들이 태어났을 때 그들의 관계는 새로운 국면에 접어 들었다. 다그마는 갑자기 언니 안나가 부러워졌다. 늘 어머니의 사랑을 받던 다그마에게 이것은 한 번도 느껴보지 않은 낯선 감정이었다. 그때부터 아이를 갖고 싶어하는 다그마의 열망이 수면 위로 올라왔다. 다그마가 아들을 낳자마자 이미 뜸했던 자매 사이의 상호 관계는 점점 라이벌 관계로 치달았다. 그동안 전자 회사에서 위로 올라가며 남자들의 세계에서 강해진 그녀의 경쟁적인 성향이 이제는 그녀의 언니에게로 화살이 돌아갔다. 언니의 성공과 가정생활이 다그마에게 짜증나고 거슬리는 일이 되었다. 다그마의 삶에서 처음으로 자신이 언니보다 운이 더 없다고 느꼈다.

아무도 입 밖으로 내지 않지만 가족 사이의 갈등을 더욱 악화시킨 요인은 다른 가족들이 알렉스를 탐탁지 않게 여긴다는 사실이었다. 가족들은 알렉스가 사회적 지위가 부족하고 다그마에게 훨씬 못 미치며 가족 전체의 수치라고 느꼈다. 아주 당연히 다그마는 이런 가족들의 거만한 태도에 분개했고 자신이 선택한 남편감에 대해서 매우 방어적이었다. 이것은 가족기업을 세우는 데 큰 역할을 했으며 훌륭한 부양자이기도 했던 역동적인 수완가인 안나의 남편과 비교되는 것이었다. 알렉스를 방어하기 위해 다그마가 주장할 수 있던 것은 그가 아들에게 인내심이 많은 좋은 아버지라는 점과 또 육아를 적극적으로 도와주는 남편이라는 사실뿐이었다.

도전에 대처하기

이런 파란만장한 배경을 자세히 듣고 나는 내가 해야 할 일을 점검했다. 다그마는 항상 부모에게서 총애를 받아왔다는 사실 때문에 권한의식을 가진 자아도취적인 성격으로 자라왔다. 이제 그녀 삶에서 처음으로 자신이 무엇인가를 부탁해야만 하는 위치가 되었고 그녀의 언니가 우세한 위치에 있었다.

다그마는 언니를 아주 부러워하는 것처럼 보였다. 언니에게는 아버지 회사를 일으키는 데 큰 도움을 준 강하고 조력적인 남편이 있었다. 겉으로 보기에 안나가 다그마보다 더 큰 성공을 이룬 위치에 있었고 다그마는 안나에게 겸손한 태도로 회사에 들어갈 수 있게 해달라고 간청해야 하는 상황을 견디기 힘들었다. 수년 동안 가업에 등을 돌리고 있던 다그마는 이제 180도 변화된 행동을 보여주어야만 하는 절박한 상황에 놓였다. 그렇게 해야만 하는 상황이 수치스럽지는 않았는데 그녀가 가족 구성원으로서 회사에 들어가는 것은 그녀에게 주어진 당연한 권리라고 생각했으며 안나의 침묵에 매우 화가 나 있었다.

한편 안나는 아주 어린 시절부터 좋은 것은 모두 어린 여동생에게 주어야만 했던 상황이 부당하다는 느낌을 늘 품어왔다. 또 안나는 열등감을 느꼈을 뿐만 아니라 자신이 가족에게 충분히 쓸 만한 사람이라는 느낌을 가져보지 못했다. 이런 상황이었음에도 그녀는 자신이 유능하다는 것을 증명했으며 열심히 헌신함으로써 자신이 가족회사를 일으켜 세우는 것을 보여주었다. 자신이 부모에게서 비교적 덜 예쁨받는 불리한 상황속에서 말이다. 그런데 이제 여동생이 자기 세계를 침범하려 하고 그녀가 영원히 묻어두었다고 여긴 어린 시절의 고통스러운 불안감이 다시 떠올라 그녀를 괴롭히고 있었다.

다그마가 안나의 비즈니스와 가정생활을 침해할 뿐 아니라 그녀의 새어머니까지도 다그마가 원하는 것을 주도록 압력을 행사하고 있었다. 이 상황은 마치 그녀의 어린 시절을 그대로 재연하는 것 같았다. 새어머니가 총애하는 막내딸의 이익을 위해 그녀 자신의 이익이 타협되는 상황에 놓인 것이다. 가족의 중심축으로서, 또 가업의 우두머리로서 안나의 지위가 지금 위협받고 있다. 여러 문제를 무릅쓰고 그동안 열심과 헌신을 다해 얻은 것이기에 그것을 포기할 마음의 준비가 전혀 되어 있지 않았다.

안나는 자기 마음 상태를 보여주지 않으려고 노력했지만, 여동생이 머리를 조아리면서 일자리를 달라고 다가오는 전례없는 그런 장면 앞에서 그녀는 일종의 만족감을 느꼈으리라고 나는 확신한다. 그러나 여동생이 자기 커리어와 가정생활을 망칠 수도 있다는 두려움 때문에 그녀와 거리를 두고 싶어 하는 안나의 마음은 의심할 여지가 없었다.

어머니 빅토리아도 불편한 위치에 있기는 마찬가지다. 한편으로는 안나와 칼이 사망한 남편의 비즈니스를 확장하고 발전시킴으로써 빅토리아도 상당한 혜택을 얻었다. 그러나 다른 한편으로는 자신의 의붓딸이 친딸보다 커리어 면에서 더 성공했을 뿐 아니라 사생활 면에서도 더 잘 지내고 있는 모습을 보는 것은 확실히 불행한 일이었다.

코칭 딜레마

내게 주어진 코칭 프로젝트는 극도로 까다로웠다. 모든 것 뒤에 복잡한 가족 역동이 자리잡고 있었고 그것은 주인공들의 행동에 아주 감정적인 방식으로 영향을 미쳤기 때문이다. 일반적인 코칭 상황에서는 골치 아픈 동료에게서 거리를 두게 함으로써 성격 때문에 발생하는 문제를 누그러뜨릴 수 있고, 이렇게 해서 상황의 균형을 찾을 수 있다. 그러나 이 사례에서는 이러한 방법이 불가능하다.

수년에 걸친 심리치료가 필요해 보이는 이런 갈등과 라이벌 관계가 얽혀 있는 매우 복잡한 문제를 어떻게 코칭 세션 몇 번으로 해결할 수 있다는 희망을 가질 수 있단 말인가? 어떤 경우이든, 그들의 행동을 강렬하게 지배하는 어떤 비이성적인 힘을 다루지 않는 상태에서 어떻게 각 개인 모두를 만족시키는 해결책을 찾을 수 있겠는가? 그렇다면 나는 누구에게 충실해야 하는가? 처음에 나에게 먼저 다가왔고, 시간이 갈수록 양면적인 감정을 갖게 되는 다그마인가? 아니면 나에게 코칭비를 지불해주는, 내 동정심과 공감을 이끌어낸 안나인가? 나는 '불가능한 미션'을 맡은 것인가?

가족의 난제를 만난 코칭: 해설 1

_ 거드런 베커 Gudrun Becker

1. 분석

이 사례는 시작부터 코칭을 어렵게 하는 장애물이 있었다. 이미 언급된 것처럼 코칭 대상자가 리더십 훈련과 코칭 프로그램에 참여한 동기가 가족을 대표하는 그녀 언니의 압력에서 비롯된 것이었다. 고객은 특별히 코칭에 관심이 없어 보였지만 가족회사에 들어가기 위한 전제조건으로 받아들였다.

이 사례는 코칭 목적이나 코칭 대상자의 우려 사항을 그다지 고려하지 않은 채 가족 사이의 역학 관계에만 초점을 둔다. 분명히 두 자매의 관계는 어린 시절부터 내려온 짐이다. 코칭 대상자가 가족회사에 참여할 목적으로 영향력 있는 그녀의 어머니를 이용하여 CEO인 그녀의 언니와 형부를 움직이고자 했던 '불공정한' 전략 때문에 예민한 상황은 더욱 악화된다.

이런 맥락에서 가족 구성원의 각기 다른 성격을 서술하기 위해서 코치가 사용한 심리치료에서 쓰이는 용어(예를 들어, 빅토리아는 '강박신경증적'이고 다그마는 '자아도취적')는 나에게 큰 충격을 주었다. 어떤 경우든 가족의 배경에 대해서 아는 것은 좋으며 물론 코칭 과정에 영향을 끼친다.

코치는 자기 역할을 '문제해결사'로 인지하고 있는 듯하다. 코치 역할에 대한 전문적인 이해에 따르면 코치는 고객과 파트너를 맺어 생각을 고무시키는 창의적인 과정을 통해 단순히 해결책을 찾기보다는 고객의 개인적이고 직업적인 잠재력을 최대화할 수 있도록 돕는 사람이다. 코치가 충성해야 할 대상에 관해 말하자면 코치는 전체 과정에 연루된 모든 관련자에게 공정하고 중립적이어야 한다.

코치가 간단하게 서술한 코칭 대상자의 성격은 다음과 같다. 그녀는 직업 면에서 성공적이고 바쁘지만 외로움을 느끼고 커리어 지향적이고 충동적이며(직장을 하루만에 그만 두었다) 경제적인 독립에서 불확실한 상황으로 전환한 사람으로 묘사된다. 코치는 그녀를 한마디로 표현하기 위해 불도저라는 은유를 사용한다. 그녀의 이미지는 다면적이고 때로 일관성이 없다. 그녀는 아주 계산적이고 미리 철저히 계획하는 사람이라는 인상을 준다. 그러나 때로 그녀는 좀 더 부드러우며 상처받기 쉬운 사람으로 보인다.

이 사례를 읽고 나는 다음과 같은 가설을 떠올렸다:

- 코칭 대상자는 자기 '꿈' 생각이나 미래 전망을 고려하지 않은 채 언니의 인생 계획을 따라 하려고만 한다.

- 그녀는 가족회사에 참여하고 싶어한다. 왜냐하면 그것이 현재 그녀의 상황에서 가장 손쉬운 해결책으로 보이기 때문이다
- 그녀는 자기 삶과는 대조적으로 언니가 개인적인 삶에서 진정 행복해 보이고 직업 면에서도 성공했기 때문에 언니의 삶을 '역할 모형'으로 삼고 있다.

2. 제안 사항

몇 가지 부분을 더욱 명확히 하는 것이 필요해 보이기 때문에 전체 코칭 과정을 되돌아보는 것이 의미 있을 것이다. 분명한 것은, 코치가 가족 사이의 문제에 지나치게 연루되는 경향이 있다는 점이다.

(i) (재)계약하기 — 고객, 코치, 코칭 대상자의 삼각관계 고려하기: 코칭 목적, 기간과 조건에 대해서 공통적인 합의를 찾기 위해서 관련된 모든 사람을 다 만나볼 필요가 있다. 이것은 또 전체 과정 속에서 저마다의 역할과 책임을 명백히 하기 위해서도 필요하다.

(ii) 코칭 대상자의 관심사

- 코칭 대상자의 의도, 의향과 생각을 명백히 하라.
- 코칭 대상자의 동기를 확인하라: 그녀는 자발적으로 코칭에 온 것이 아니다. 그녀의 가족이 압력을 주었다. 코칭 기회에 대해 그녀에게 설명하여 열의를 갖도록 고무시켜라. 그녀가 다양한 미래의 시나리오를 쓰도록 격려하고 그것을 함께 발전시켜라. 그녀가 다음 몇 년 동안 성취하고 싶은 일은 무엇인가? (예를 들어, 남편이 아이를 돌보게 하고 그녀는 다시 정규 직장을 갖는 선택이 있을 수 있다). 2~3년 뒤에 그녀가 그리는 자기 모습은 무엇인가? 일과 삶의 균형은 어떠한가?
- 가족회사에 참여하려는 그녀의 의도가 무엇인지 다시 질문해보라. 참여하려는 그녀의 진짜 이유는 무엇인가? 참여할 경우 얻게 될 이익, 불이익과 리스크는 무엇인가? 도전 과제와 부가가치는 무엇인가?

3. 코치 역할에 대한 성찰

- 코치는 모든 사람을 만족시키는 해결책을 찾는 방법에 대해 스스로 질문한다. 내 관점에서는, 그녀가 가족 전체에게 책임이 있는 것은 아니다. 코치로서 자기 역할을 되돌아보고, 자기 책임self-responsibility과 자기 안내self-guidance라는 개념을 다시 생각해보는 것이 도움이 될 것이다.

- 코치는 비용을 지불하는 고객과 코칭 대상자 가운데 누구에게 충실해야 하는지 고민하고 있다. 확실히 그녀는 한쪽으로 쏠려 있는데 그녀는 코칭 대상자에게 더 많은 동정심과 공감을 느끼고 있다. 이전에도 언급했지만 코치는 공정해야 한다. 그러므로 자신의 자가조종장치self-steering mechanism를 다시 확인해보고, 그녀가 알고 있는 다른 유사한 코칭 사례와 비교해보면 도움이 될 것이다.

4. 코칭과 심리치료 사이의 균형을 평가하라.

- 코칭 가능성과 한계를 토론하고 관련된 모든 사람들과 그 다음 단계를 협의하라. 코칭 내용은 코치와 코칭 대상자 둘만 알고 있어야 하지만 코칭 절차에 관해서는 코치가 투명해야 한다.

- 심리치료는 가족 구성원들이 그동안 쌓아온 오래된 가족 갈등을 해결하고 싶다는 의사를 표현할 때만 등장할 수 있다. 이번 사례에서는 가족 전체가 갈등 해결을 위해 마음을 열 필요가 있다. 가족 전체를 위한 방법을 찾거나 또는 가족 구성원 개인을 위한 방법을 찾아볼 수 있다.

가족의 난제를 만난 코칭: 해설 2

_ 피터 보박Peter Boback

나는 이 사례가 일대일 코칭 상황을 벗어난 경우라고 생각한다. 코치는 한 가족회사의 컨설팅 과정에 연루되어 그와 관련된 모든 우여곡절과 복잡한 사정을 다루게 되었다. 실제 무슨 일이 일어나고 있는지 파악하는 것이 쉽지 않지만 컨설턴트의 가장 까다로운 업무는 아마도 한 사람에게만 도움이 되는 것이 아닌 전체 (가족 비즈니스) 시스템을 공평하게 다루는 적절한 인터벤션 초점을 찾는 일일 것이다.

이 사례를 읽으면서 다음과 같은 질문이 떠올랐다:

1. 문제는 무엇인가? 다시 말하면, 코치가 어떤 문제에 초점을 맞추기로 선택해야 하는가? 어떤 인물이 어떤 문제를 갖고 있는가? (세 명의 주인공이 등장한다: 여동생, 언니와 어머니)
2. 과연 '고객'은 누구인가?
3. 계약 조건은 무엇이고 코치/컨설턴트가 누구와 계약을 맺었는가?
4. 가능성 있는 가설은 무엇인가?
5. 코치나 '가족 컨설턴트'가 어떤 식으로 인터벤션을 계획해야 하는가? (이 점은 결정하기 가장 어려운 부분일 것이다.)

코칭 대상자(여동생)는 2년간의 출산 휴가가 끝난 뒤 가업에 참여하기 위한 일종의 전제조건으로 가족의 압력을 받아 리더십 프로그램에 참가하게 된다. 이 프로그램에 참가하는 것은 가족회사에 참여하기로 한 코칭 대상자의 결정(어머니가 지지해준 결정)을 일방적으로 통보함으로써 발생한 갈등을 완화하기 위한 가족회사의 주요 인물 사이의 타협점으로 보인다. 이 가족회사는 회사의 주인이자 창립자였던 아버지가 사망한 뒤로 언니와 형부가 책임지고 운영해왔다. 주요 인물 세 명의 관점에서 볼 때 '문제'는 다음과 같은 사항으로 여겨진다:

- 코칭 대상자(어머니가 총애하는 딸이자 여동생)는 외국에서 공부를 마치고 해외에서 2년간 일한 뒤에 아들을 낳았다. 새로운 삶의 방식을 선택하고 난 뒤 재정적인 어려움에 봉착하게 되어서 '집으로 돌아갈' 결심을 하고 가족회사에 참여하고자 한다. 그녀의 어머니가 그녀를 지원

하고 이런 변화를 지지하지만 그녀의 언니는 반대하는 입장을 취한다.

- 언니는 여동생이 가업에 가담하려는 '결심'을 침입이라고 받아들인다. 수년 전 그녀의 여동생이 외국에서 공부하고 또 그곳에 있는 매우 흥미진진한 첨단 기술 회사에서 일하기 위해서 지루한 가족회사를 떠나기로 결심했을 때 그녀와 그녀의 남편은 아버지의 죽음 이후 가업을 이어 받았고 그것을 성공적으로 발전시켰다.

- 어머니는 자신이 사랑하는 막내딸을 위해서 책임을 떠맡는 것으로 보인다. 그녀는 딸이 다시 집으로 돌아와 가업에 참여하면 이 기회에 그녀와 더 가까이 지낼 수 있다는 기쁨에 차 있다. 마찬가지로 자기 손자를 직접 보살피고 교육시킬 수 있을 것이다.

체계적인 가족 치료systemic family therapy는 '지표 고객index clients'에 대해서 이야기한다. 시스템(가족, 조직 등) 내에서 지표 고객이 된다는 것은 어떤 개인의 행동이 문제가 되어 그 사람에게 어떤 '처치treatment'(치료, 리더십 프로그램, 코칭 등)가 필요하다고 여겨지는 경우 시스템에 따라 이러한 처치를 권유받게 된다. 내 질문은 다음과 같다: 가족 가운데 다른 인물들도 대안적인 '고객'(도움, 컨설팅, 또는 치료가 필요한 사람)이 될 수 있는가? 예를 들어, 어머니의 경우는 어떠한가? (아래 내 가설을 참고)

코칭 계약에는 적어도 세 명의 당사자가 연루되어 있다. 코칭 대상자(여동생), 언니와 어머니가 포함되어 있다. 누가 코칭을 요청하는가? 누가 비용을 지불하는가? 코칭을 통해 누가 어떤 결과를 기대하고 있는가? (이것은 앞으로 진행될 예정인 임원 리더십 프로그램에도 적용되는 질문이다) 앞의 서술에 의하면, 가족들이 나서서 전문 코치의 조언을 받는 것을 전제 조건으로 규정했다. 코칭 대상자는 그녀가 가족회사에 참여할 수 있는지 여부를 최종적으로 결정하기 전에 이 사안에 동의해야만 했다. 그렇다면 우리는 어떤 가설을 만들 수 있는가?

(1) 여동생을 가족회사에 들어오게 하기 위한 정당한 업무 차원의 이유가 있는가? 그녀에게 적합한 역할이 회사 내에 존재하는가? 그녀가 해외에서 얻은 특별한 기술과 경험을 고려한다면 그녀를 영입하는 것이 가업을 위해 옳은 선택인가? 또 그녀의 동기는 어떠한가? '지루한' 가업에 참여하기를 그녀가 진정으로 원하는가? 문제가 경제적으로 그녀를 돕는 것이라면 다른 방법으로 그녀를 지원할 수 있지 않을까? 돈을 지불해주는 것은 어떠한가?

(2) 만일 막내딸이 돌아오려는 결심을 하지 않았더라면 어머니에게는 어떤 일이 일어났을까? 그녀의 딸에게는 경제적인 지원이 필요한 반면, 어머니에게는 심리적인 어떤 도움이 필요한 것으로 보인다. 딸이 재정적인 어려움 때문에 집으로 돌아와서 가업에 참여하겠다는 계획은 어머니에게는 사실상 하나의 선물로 여겨질 수 있다. 그녀의 '잃어버린 딸'이 집에 돌아옴으로써 그녀는 의미 있는 과업, 즉 사랑하는 딸과 손자를 절박한 환경에서 도와주는 과업을 부여받은 셈이다. 또 의붓딸과 사위와 함께 있으며 느꼈던 외로움과 소외감에서 벗어날 수 있을 것이다.

(3) 막내딸은 자녀를 갖겠다고 결심하고 남자 친구와 파트너 관계로 살겠다고 결심한 순간부터 그녀의 재정적인 면과 직업적인 면에서 자율성을 잃었다(또는 '희생했다'). 두 자매가 모두 아들을 낳았다는 사실이 '누가 가업의 합법적인 후계자인가'라는 (실제적이며 상징적인) 질문을 제기하는가?

가설(1)이 이성적인 토론으로 접근 가능한 동기와 계약에 관한 질문을 다루고 있는 반면, 가설 (2)와 (3)은 '숨겨진' 계약, 충성심 그리고 갈등을 다룬다. 코칭 인터벤션은 '절대 해를 끼쳐서는 안 된다'라는 규칙을 준수해서 이성적으로 접근 가능한 주제로 시작해야 한다. 코치가 할 수 있는 일은 다음과 같다

- 여동생이 가업에 참여하려는 동기를 명확히 하도록 돕는다. 그녀가

원하는 것이 과연 가업을 위해 도움이 되는 일인가? 그녀는 자신이 부가가치를 만들어낼 수 있다고 여기는가? 가업에 참여하려는 가장 큰 이유가 돈이라면 그녀를 도울 수 있는 다른 방법은 없는가?

- 위의 질문에 대한 대답이 'Yes'라면, 여동생의 영입과 관련해서 합리적인 계약을 담당하는 당사자들과 일을 진행하라. 회사를 위해 가장 적합한 그녀의 역할은 무엇일까? 이 역할을 위해 요구되는 기술과 역량은 무엇인가? 그녀와 연루된 당사자들(언니, 형부, 어머니 등)을 위한 고용 규칙은 무엇인가?

- 여동생이 집에 돌아오려는 결정이 비즈니스적인 결정이라기보다는 어머니에 대한 충성심에 더 가까운 것이라는 증거가 있다면 앞서 언급한 그녀의 '자율성 희생'은 좀 더 긍정적으로 프레임되어야 할 필요가 있다.

- 이 사례는 신데렐라 이야기와 회개한 탕아(이번 사례에서는 회개한 딸)라는 성서 이야기처럼 다른 '고전적인' 가족 드라마를 떠올리게 한다. 그렇다면 이런 문화적인 이야기의 언급이 가족 전체가 그들이 다루는 문제를 이해하고 느끼고 인정하게 만드는 데 도움이 될까?

나는 이 사례를 매우 흥미롭게 여긴다. 이 이야기는 독자의 지성과 감성을 모두 자극한다. 여기서 어려운 문제는 알맞은 수준의 인터벤션을 선택하는 것이고, 양파 껍질을 바깥에서부터 벗기는 것이다.

사례 후 노트

_카타리나 발라츠 Katharina Balazs

다그마와 나는 넉 달 동안 여덟 번의 코칭 세션을 진행하기로 동의했다. 우리 둘 다 압력을 느끼고 있었는데 그 이유는 코칭 기간이 끝날 무렵까지는 그녀가 정기적인 수입을 확보해야 했기 때문이었다. 두 번의 세션이 끝난 뒤에 나는 문제의 뿌리가 아주 깊게 드리워져 있다는 사실을 깨달았고 석 달이 끝나갈 즈음에는 내 스스로가 심각한 스트레스 증세를 보이기 시작했다. 나는 다그마를 도와 해결책을 찾을 수 있으리라는 확신이 없었다.

다행히도 해결책이 우리를 찾아왔다. 다그마의 남편 알렉스가 시작한 의약 용품 비즈니스가 마침내 처음으로 제대로 된 고객을 얻기 시작할 즈음이었다. 그러나 고객은 그들이 살고 있는 오스트리아가 아닌, 다그마 가족의 뿌리인 폴란드에 살고 있었다. 그 당시 폴란드 경제는 활기를 띠고 있었으며 다양한 종류의 새로운 사업체들이 많이 생겨나서 번창하고 있었다. 알렉스가 이제 막 성장하기 시작한 자기 사업에 완전히 몰두하기 위해서는 폴란드로 이주해야만 했다. 다그마도 이전 직장에서 동유럽 마켓의 재정 담당 이사로 있었기 때문에 폴란드를 잘 알고 있었고 그 나라를 좋아했기 때문에 가족과 함께 폴란드로 이주하는 것은 준비된 상태라고 볼 수 있었다.

그런데도 그녀는 여전히 가업에 참여하기를 원했다. 사실 알렉스의 비즈니스가 제대로 정착할 때까지 그의 얼마되지 않은 소득을 다그마가 보충해야만 했다. 그러는 사이에 우리의 코칭 세션이 진행되는 동안 하나의 해결책이 떠올랐는데 그것은 폴란드에 가족회사의 지사를 세우는 것이었다. 그것은 완벽한 솔루션이었다. 보안산업, 특히 개인 주택의 보안이 폴란드에서 잠재성이 매우 컸는데 국내 공급회사가 많이 부족한 상태였다. 다그마는 그 아이디어를 안나와 칼에게 가져갔고, 그들은 즉시 매료되었다. 양측에서 충분히 고려를 한 뒤에 다음과 같은 생각에 모두 동의했다: '다그마는 가족회사의 폴란드 지사를 세우고 그녀가 직접 경영한다'.

내가 마지막에 들은 소식에 따르면 다그마는 폴란드 지사를 세우는 일을 아주 잘 해내고 있었고 오스트리아에 있는 가족회사 역시 안나와 칼의 공동 리더십 아래에서 계속 번창하고 있었다. 결국에는 모든 사람들이 원하는대로 일이 순조롭게 이루어진 셈이다. 다그마는 가업을 위해 일하지만, 자신이 스스로 결정권을 갖는 역할을 수행하게 되었다. 안나는 여전히 오스트리아 회사에 대한 통제권을 갖고 있으면서도 야망에 찬 여동생과 매일 부딪치게 되는 라이벌 관계에서 자유롭게 되었다. 이 그림에서 결코 행복하지 않은 사람은 어머니 빅토리아뿐이다. 그녀가 사랑하는 손자는 이제는 너무 멀리 살아서 정기적으로 볼 수 없었다. 그러나 그것은 아마도 행복한 가족과 성공적인 비즈니스를 위한 작은 대가일 것이다.

14

막다른 길에서도
코칭이 가능한가?

_ 마르시아 레이놀즈 Marcia Reynolds

사례 요약

마르시아 레이놀즈는 승진 기회를 위해서 최선을 다하는 잠재력이 높은 여성 임원을 코칭하게 되는데, 그 임원은 자신이 더욱 집중하여 개발해야 할 분야를 찾기 위해 코치의 도움을 요청한다. 그러나 코치는 코칭 대상자인 그녀의 상사에게서 코칭은 단순히 그녀를 잠시 달래기 위해서 이용된다는 말을 듣는다. 즉 그녀는 내부적으로 승진 대상자로 여겨지지 않고 있었다. 불행하게도 경영진은 그녀와 툭 터놓고 그녀의 커리어 기회에 대해 대화하는 것을 꺼리고 있다. 최종 목표가 달성될 수 없는 어떤 사람과 계속해서 코칭을 해야 하는지 코치는 의문을 품고 있다.

맥락: 이 사례는 미국에 있는 바이오테크 대기업에서 발생한다.

배경

내가 지금까지 경험했던 가장 까다로운 프로젝트 가운데 하나는 한 바이오테크 선도 기업에서 여성 매니저를 위한 리더십 개발 프로그램을 돕는 일을 맡았을 때 일어났다. 회사 내 최고의 여성 직원들을 고위 경영자 직책에 맞게 준비시키는 것을 목적으로, 프로그램은 멘토링, 훈련, 성과 평가와 회사가 선택한 외부 전문가들이 제공하는 9개월 동안의 코칭을 포함하고 있었다.

나는 수니타라는 여성을 코칭하게 되었는데 그녀는 영업부서에서 일하고 있었고 그 회사의 가장 강력한 고객 가운데 하나의 회계 매니저였다. 수니타는 모든 자격을 갖춘 의학박사로서 바이오테크 회사에서 첫 직책을 얻기 전까지는 대형 병원을 운영하는 의학 책임자로 일했다. 그녀는 승진을 강하게 열망하고 있었다. 자녀 두 명과 집에서 돌보아야 할 연로한 부모님이 계셨지만 그녀는 좀 더 많은 책임이 있는 리더십 직책을 맡을 능력과 에너지를 자신이 충분히 가지고 있다고 믿었다. 그녀는 아직 30대였기 때문에 앞으로 다가올 미래에 좀 더 비중있는 경력 개발을 기대하는 것이 비현실적이지는 않았다.

내 접근법

나는 먼저 수니타와 전화 통화를 해서 최근 그녀의 성과 평가 결과를 함께 검토해본 다음, 코칭 목표를 정하기 위해 그녀의 사무실에서 회합을 가졌다. 이 회합에서 수니타는 몇몇 사람들이 자신이 타인에게 공격적이라고 생각한다는 점을 자신도 잘 알고 있다고 말했다. 그녀는 자기가 일에 열정을 갖고 있으며 그녀의 열의가 가끔씩 동료들에게 오해를 빚는다는 정도로만 알고 있었다. 그녀는 또 문화적인 차이가 그녀를 바라보는 사람들의 시각에 영향을 미칠 것이라고 의심했다. 그녀는 원래 동양에서 태어났지만 현재 미국 시민으로 귀화했다.

이 맥락에서 수니타의 장단점을 고려해보기 위해서 우리는 높은 성취를 이룬 여성들의 전형적인 행동 특징을 조사해 보았다. 이렇게 함으로써 수니타가 다루어야 할 몇 가지 이슈를 발견하는 데 도움이 되었다.

예를 들어, 그녀가 늘 옳아야 한다는 강박, 자신이 할 수 있는 만큼 다른 사람은 못 할 것이라고 여기는 일을 타인에게 위임하지 않는 성향, 비판적인 피드백을 너무나 개인적으로 받아들이는 경향 등을 들 수 있다. 나는 빠른 시일 안에 우리의 우선적인 코칭 목표를 설정할 수 있었다.

그 첫 번째는 수니타의 자기 인식self-awarness을 향상하는 법과 동료에 대한 감정적인 반응을 통제하는 법을 도와주는 것이었다. 나는 그녀 스스로 가진 자기 인식과 다른 사람들에게서 받는 피드백의 차이를 함께 탐구하고자 했다. 또 이것을 그녀의 언어적이고 비언어적인 의사소통 방식을 향상시키는 데 사용하고자 했다. 이를 통해 나는 그녀가 동료들과 모든 종류의 관계에서 좀 더 효과적이 되고 영향력이 커지기를 희망했다. 또 나는 수니타가 반대되는 아이디어를 다루는 방법을 개발시키도록 돕고 싶었다. 나는 그녀가 다른 사람들, 특히 자신과 다른 동기와 스타일을 가진 사람들의 행동을 읽고 해석하는 법을 연습하기를 원했다. 이렇게 하면 과대 포장하거나 강요하는 것처럼 보이지 않고서도 그녀의 생각을 설득력 있게 말하는 데 도움이 될 수 있을 것이다. 세 번째로는, 그녀만의 리더십 스타일을 발전시키도록 도와 다른 사람들이 그녀를 똑똑한 의사, 연구자, 마케터로서만 보는 것이 아니라 모범적인 리더로서 보게끔 만들고 싶었다.

초반에 나는 수니타의 직속 상사와 그의 상사인 부사장, 그리고 그녀의 부하 직원 두 명을 면담해서 그녀의 현재 위치를 정확하게 평가했다. 그 결과 나는 그녀가 승진하는 길에는 매우 중대한 (아마도 극복할 수 없는) 장애물이 존재한다는 사실을 확신하게 되었다. 더군다나 수니타의 직속 상사가 내게 비공식적으로 말해 준 내용에 따르면 그녀를 프로그램에 참여시킨 것은 단순히 그녀를 잠시 행복하게 해주기 위함이었다. 그가 진정 원했던 것은 내가 그녀에게 현재 상황에 만족해야 한다고 대신 말해주는 것이었다. 고위 경영진들은 그녀가 비즈니스 부서를 운영하는 것을 고려하고 있지 않았다. 그들은 그녀가 의학 책임자의 위치보다 높게 올라가는 일은 절대 있을 수 없다고 여겼다.

그녀의 상사는 수니타가 중요한 업무를 맡지 못하기 때문에 적합한 리더십 역량이 부족하다고 확신하고 있었다. 그녀는 그녀의 고객에 관한 중요한 정보에 대해서 다른 사람들을 신뢰하지 않았고 어떤 사람도 고객에게 가까이 다가가지 못하게 할 정도로 철저히 자기가 고객을 직접 관리하고 있었다. 부서의 부사장도 수니타가 리더십 기술이 부족하다고 느꼈다. 승진을 노리는 경쟁자가 아주 많은 상황에서 그녀는 승진할 만큼 자격이 되지 않는다고 그가 말했다. 그렇다면 언젠가 그녀가 승진을 하기 위해서 어떤 면을 개발해야 하는지 구체적으로 알려달라고 내가 그에게 요구했지만 그는 나중에 다시 말해 주겠다고 했다. 그리고 그런 일은 일어나지 않았다.

수니타의 상사와 부사장은 수니타를 향한 이런 비판을 내가 그녀에게 전달해줄 것이라는 사실에 기뻐했다. 그렇지만 그들이 직접 이런 내용을 그녀에게 전달한 적이 있는지 또는 그럴 계획이었는지 묻자 그들은 그렇게 직접적인 피드백을 준다는 사실이 불편하다고 말했다. 그들은 수니타가 늘 비판적인 피드백을 나쁘게 받아들였고 방어적이 되었으며 다른 사람들의 관점을 받아들이길 거절했다고 불평했다. 이 시점에서 나는 더 나은 리더십 기술을 개발해야 할 필요가 있는 사람은 수니타만은 아니라는 생각이 들었다. 수니타의 부하 직원들 대답은 극적으로 달랐는데 그들은 그녀를 열정적으로 칭찬했다. 그녀가 훌륭한 팀 구성원일 뿐만 아니라 그녀에게서 배울 점이 많다고 그들은 말했다.

도전

면담이 끝나자 내가 수니타의 감성지능과 의사소통 기술을 향상하게 도와줄 수는 있지만 승진할 기회를 향상시키는 데에 내가 할 수 있는 일은 아무것도 없다는 사실이 명백해졌다. 애초부터 그녀가 리더의 위치에 오를 가능성은 존재하지 않았다. 그런데도 나는 그녀를 코치하기 위해 회사에 고용되었으며 그녀는 중요한 직원이었다. 그렇다면 나는 어떻게 해야 하는가? 수니타가 그토록 열망하는 승진 기회에서 방향을 틀어 현재 위치에서 최대한 만족하라고 말해주어야 하는가? 수니타처럼 야망있는 성취주의자에게는 이 방법이 현실적인 선택이 아닌 것으로 보였다. 그 대신 그녀의 선택에는 한계가 있다는 것을 그녀에게 단도직입적으로 말해야 하는 것일까? 그녀가 조직을 떠날지도 모르는 위험을 감수하면서까지? 코치로서 내 임무는 수니타의 커리어 여정을 안내하도록 돕는 것이라는 것을 나는 알고 있었다. 나에게 어려웠던 부분은, 코칭 과정을 서로 편하게 느끼도록 만들면서 그 과정이 신뢰, 정직, 그리고 진정으로 성취 가능한 목표에 기반하도록 만들어가야 한다는 점이었다.

이 모든 일은 전 세계적인 경기 침체 뒤에 일어난 일이었고 리더십 역할로의 승진 기회는 2000년도 중반에 여성 리더십 프로그램이 처음 시작되었을 때보다도 훨씬 줄어든 상황이었다. 그 회사는 그 해에 적어도 두 차례의 구조조정을 계획하고 있었다. 그 프로그램에 참여하는 많은 여성들은 프로그램이 끝난 다음 자신이 승진하지 못할 수도 있다는 것을 알고 있었다. 그렇지만 비즈니스가 다시 궤도를 찾으면 더 좋은 기회가 생길 수도 있다는 사실을 알고 있었기 때문에 그들은 기쁜 마음으로 프로그램에 참여했다. 이렇게 함으로써 나중에 고위 간부직 자리가 생길 때 경쟁에 참여할 잘 훈련된 인력을 미리 준비해 놓는다는 효과가 있었다. 수니타는 다른 대부분의 동료보다 판매와 마케팅 경험이 적었다. 그러므로 그녀 스스로는 그러한 도전이 있는데도 올라갈 수 있을거라고 자신하긴 했지만 사실은 자동적으로 불리한 상황이었던 것이다.

수니타는 비즈니스 경험을 더 쌓을 필요가 있었고 경험을 얻기 위해 그녀는 수평적으로 이동하여 제품 출시팀에서 일해 볼 의향이 있었다. (이것은 경영 간부직을 위한 전형적인 경로이기도 했다.) 그러나 그녀는 여전히 자기 자신을 영업하는 기술이 부족했다. 우리가 코칭을 시작했을 때부터 나는 그녀에게 승진 후보자가 되려면 그녀가 무엇을 더 개발해야 하는지 알려달라고 상사에게 질문할 것을 제안했다. 만약 그녀가 상사와 함께 목표 리스트를 정한다면 적어도 그녀를 계속해서 동기부여해줄 경로를 얻을 수 있었을 것이다.

안타깝게도 수니타의 상사는 수니타가 '공격성'을 줄이고 고위 경영진에게 '더 가시적인' 리더십 자질을 보여주라는 제안 말고는 다른 구체적인 목표를 줄 수 없었다 (또는 주려고 하지 않았다). 그의 모호한 태도는 그녀의 좌절감을 더 악화시켰을 뿐이다. 다른 부서의 부사장으로 있는 그녀의 멘토조차도 그녀에게 유용한 조언을 주지 못했다. 그가 해준 최고의 조언은 경제가 좋아질 때까지 낮은 자세로 기다리라는 말뿐이었다.

상사들에게서 어떤 의미 있는 지원을 받지 못한 채, 수니타는 막다른 길에 다다른 것처럼 보였다. 나는 그녀의 코치로서 나 자신에게 몇 가지 면밀한 질문을 던져보았다. 첫째, 그녀의 최종 목표가 성취되지 않을 것이라는 사실을 알면서 내가 그녀를 계속 코칭해야 하는가? 둘째, 이런 상황에서 수니타가 회사에 더 남지 않기로 결심한다면 내가 계속 그녀를 코칭하는 것이 윤리적으로 옳은가? 결국 그렇게 된다면 회사는 내가 수니타가 그녀의 기술과 지식과 주요 고객을 다른 곳에서 사용 하도록 돈을 지불하는 것이나 다름이 없었다. 또 그녀가 현재 직책에 계속 남는다면 그녀가 무엇을 얻을 수 있는지도 고려해야 했다. 모든 상황이 이러한데도, 내 코칭의 도움으로 그녀가 자신을 개발하고 현재 위치에서 성과를 강화시킬 수 있는 혜택을 받을 수도 있었다. 그렇다면 그녀의 상사들은 어떠한가? 그들이 전달할 용기가 없던 소식을 나를 통해 전달하고자 했던 그들의 행동은 과연 옳았는가? 물론 그녀는 진실을 알 필요가 있었고 나도 이 점에 대해서 그녀가 매듭짓는 것을 도와줄 수도 있었다. 이런 모순되는 모든 고려 사항은 결국 한 가지 근본적 인 질문으로 요약되었다: 누가 내 고객인가? 나를 고용한 회사인가, 아니면 내 코칭 대상자인가?

막다른 길에서도 코칭이 가능한가?: 해설

_ 비트 헬러Beate Heller

이 까다로운 사례는 많은 코치들이 그들 가슴 깊숙한 곳에 품고 있는 주제를 다룬다. 당신의 충성심은 누구를 향해 있는가? 코칭 대상자인가? 아니면 당신에게 비용을 지불하는 회사인가? 충성의 대상과 객관성에 관한 문제는 처음부터 의뢰하는 고객과 함께 다루어야 한다.

나도 이런 상황에 자주 직면하는데 그럴 때마다 내 책임과 충성심과 특권 모두는 회사를 위한 것이 아니고 코칭 대상자를 위한 것이라고 고객에게 설명한다. 또 나는 내 코칭 대상자에 대한 정보를 회사와 나누지 않을 것이라는 사실을 분명히 한다. 그러나 때때로 직원을 위해 상급자가 개입하면 좋을 것 같은 주제가 전개될 때는 그들에게 보고할 것이라고 말한다. 지금까지 이 원칙은 항상 존중되었다. 그렇지 않을 경우에는 견딜 수 없는 상황이 되는데, 왜냐하면 누군가를 코칭한다는 것은 일정 기간 동안 그 사람의 내면 세계, 희망, 공포, 환상, 그리고 꿈을 공유하는 것을 의미하기 때문이다. 코치로서 우리는 결코 남용되어서는 안 되는 강력한 직책을 짊어지고 있다. 그렇기 때문에 만일 코치가 이중으로 끼인 상황에 놓이게 된다면 자세한 기록이 남겨져야 한다. 고객이 이런 일이 일어나고 있다는 사실을 알아야 하기도 하지만 이것은 코치인 당신 스스로를 보호하는 방법이기도 하다.

이중으로 끼이게 되는 상황에 직면한다면 고객에게 어떤 조치를 취할 필요가 있다고 부드럽게 납득시키는 일은 코치의 역할이다. 그렇지 않으면 당신은 시한폭탄 위에 앉아 있는 셈이다.

내가 지금까지 깨달은 사실은 이야기의 주인공에게는 반드시 적대자가 있다는 점이다. 또 그 적대자가 바로 당신 앞에 앉아 있는 사람이 될 수도 있다는 사실이다. 둘의 공통점은 그들 모두 이것저것을 불평하지만 누구도 현재 상황을 책임지지 않는다는 사실이다.

마르시아는 다음과 같은 몇 가지 질문을 던진다:

1. 고객의 최종 목표가 달성될 수 없다는 사실을 알면서도 코칭을 계속해야 하는가?

그렇다. 코치로서 당신은 일정 기간 동안 여행 파트너가 된 것이다. 그 과정에서 고객이 변화함에 따라 목적지가 바뀌는 경우가 있는데 이것은 좋은 신호라고 할 수 있다. 그렇다면 코칭 대상자의 진정한 목표는 결국 무엇인가? 승진하는 것인가 아니면 자기 인식을 개발하는 것인가? 때때로 기능적인 목표(승진)와 행동적인 목표는 코칭 과정을 통해서 그 간격이 멀어지는 경우가 있다. 고객이 점점 자기 성찰에 능숙해지면서 내면 세계를 파헤치기 시작하면 그들이 최초에 세웠던 (피상적인) 커리어 목표에 의문을 품을 수도 있다. 마르시아가 이 사례에서 아주 잘 보여주고 있는 정글을 뚫고 가는 일을 안내하는 것이 코치의 일이라고 나는 생각한다.

2. 내가 이 관계를 지속하는 것이 윤리적으로 옳은가? 누가 내 고객인가? 나를 고용한 회사인가 아니면 내가 코칭하는 사람인가?

만약 코칭 대상자의 눈을 뜨게 해서 그녀가 회사를 떠나고 다른 곳에서 그녀의 기술과 지식을 사용한다면 그 관계를 지속하는 것이 왜 비윤리적이란 말인가? 직원의 불가능한 승진을 솔직하게 말하지 않는 상사가 있는 회사야말로 그녀가 회사를 떠나는 위험을 떠맡게 되고(또는 심지어 그녀가 떠나기를 기대한다), 이것은 고객이 진실을 보도록 돕고자 하는 코치보다 훨씬 더 비윤리적인 것이다.

3. 수니타가 회사에 계속 남는 것에서 가치를 발견하고 편안한 라이프 스타일을 유지하는 것이 과연 가능할까?

이 질문은 대답하기가 어렵다. 왜냐하면 자신에게 좋은 것이 어떤 것인지는 고객 자신이 가장 잘 알기 때문이다.

이번 사례를 보면 코칭 대상자가 단지 편안한 삶의 방식을 유지하기 위해서 회사에 계속 남는 것을 상상하기는 어렵다. 이것은 그녀의 삶에 대한 열망, 야망, 즐거움을 고려하지 않는 것이다. 많은 부분이 그녀가 편안한 라이프 스타일을 어떻게 이해하는지에 달려있다. 편안한 삶이란 그녀의 발전을 정직하게 지원하지 않는 직장만큼이나 그녀를 쉽게 좌절시키고 지루하게 만들 수 있다.

4. 수니타의 상사들이 진실을 말하기 위해 나를 이용했던 방법은 옳은 것이었나?

아니다. 그것은 경영자의 무능과 무례함의 표시였다. 상사들에게도 코칭이 필요해 보이는데 이것은 자신들의 생각을 직원들에게 직접 표현함으로써 더 많은 책임을 지는 리더가 되기 위함이다. 불행하게도 코칭을 남용하는 것은 리더십이 약하다는 증거가 된다. 일반적으로 이런 유형의 리더들은 자기 부하 직원들을 크게 신경쓰지 않고 그들과 강한 유대 관계를 형성하지 않는다. 이것은 자신이 직접 말하지 않고 다른 사람으로 하여금 소통하게 하는 것을 더 용이하게 만든다. 만약 코칭이 고객으로 하여금 무대 뒤에서 일어나는 일을 보게 하고 그 결과를 감수하게 돕는다면, 그것은 성공적인 코칭이다.

사례 후 노트

_ 마르시아 레이놀즈 Marcia Reynolds

신뢰를 유지하기 위해서는 나에게 비용을 지불하는 회사보다는 내가 코칭하는 사람이 우선되어야 한다고 나는 생각한다. 만일 고용주가 고객에게 최선의 관심사가 아닌 사안을 내가 처리하기를 원한다면 나는 계약을 취소할 것이다. 이번 사례에서는 내가 수니타의 감성지능과 미래를 위해 최선이 되는 결정을 내리는 것, 이 두 가지 측면에서 내가 충분히 도움을 줄 수 있다고 여겼기 때문에 프로젝트를 계속 진행했다.

그러나 나는 그 관계를 너무 개인적으로 받아들이지 않으려고 조심했고, 내가 그녀의 입장이었다면 어떻게 했을지 대답해야 하는 상황을 피하려고 노력했다. 수니타는 고위 경영진이 자신을 바라보는 시각 때문에 심한 상처를 받았고 미래를 위해 어떤 선택을 해야 하는지도 혼란스러워했다. 나는 그녀를 어떤 특정한 방향으로 이끌지 않도록 신중해야만 했다. 그녀가 회사에 남느냐 떠나느냐는 그녀 스스로 결정할 문제였다.

코칭을 시작한 첫 달이 끝날 무렵, 수니타는 남은 6개월 동안 최선을 다하기로 결심했다. 그 기간이 지나고 우리는 그녀의 위치를 다시 평가하기로 했다. 그 6개월 동안 우리가 진행했던 사항은 다음과 같다: 회의에서 그녀의 행동 방식, 까다로운 동료를 다루는 방법, 고객의 문제를 해결하기 위해 그녀의 팀이 더 적극적으로 참여하도록 고무시킬 수 있는 방법, 그녀의 프로젝트를 고위 경영진에게서 더 많이 인정받는 방법 등. 나는 그녀가 현재 직책에 계속 남겠다는 결심을 받아들일 가능성을 염두에 두었지만 이것이 그녀의 야망을 결코 만족시킬 수 없다는 사실은 상당히 명백했다.

6개월 동안의 코칭이 끝나고 수니타는 상사와 그녀의 미래에 대해서 대화를 나누었다. 그녀가 많이 발전했지만 상사는 완강한 태도를 보였다. 그의 기준에서 수니타가 승진할 수 있는 가능성은 그녀가 처음 리더십 프로그램에 참가했을 때와 달라지지 않았다. 수니타가 사직하겠다는 선택을 했을 때 나는 결코 놀라지 않았다. 그러나 그녀가 자기 결심을 내게 통보했을 때 나는 그녀가 진정 최선을 다했는지 솔직하게 질문했다. 그녀의 대답은 즉각적이고 단호했다. '한 치의 의심도 없이, 물론입니다'라고.

그것은 나에게 필요했던 확언이었다. 나는 그녀가 그 상황을 감정적인 반응이 아닌 논리적으로 결정하고 있다고 생각했다. 나는 그녀가 다른 직장을 찾도록 코칭하지는 않았다. 그러나 나는 그녀의 결정을 사람들에게 통보하고 퇴사를 하는 과정에서 각각의 단계를 신중하게 생각하라고 코칭했다. 운이 좋게도 회사는 곧 또 다른 구조조정을 통보했고, 그녀는 새로운 직장을 찾을 때까지 충분한 시간을 허락해줄 만한 퇴직금을 받았다.

수니타의 상사들은 진실성과 리더십이 부족하긴 했지만 그녀를 코칭하는 것은 즐거웠다. 나는 처음부터 그들이 그녀에게 정직하고 직접적으로 말했더라면 그녀가 회사에 좀 더 오래 머무르며 자기 기술을 개발했을 것이라고 생각한다. 그녀가 승진할 기회는 희박했지만 그녀가 리더로 보이기 위해서 할 수 있는 일을 기꺼이 하려고 했기 때문에 나는 우리의 관계에 잘 대처할 수 있었다.

그러나 고위 경영진이 그녀를 버렸다고 느껴지는 상황에 직면하는 것은 나로서는 힘이 들었다. 그들이 나를 통해서 어려운 결정을 '아웃소싱'하려고 했다는 사실이 내 마음을 계속 불편하게 했다. 수니타는 리더십 개발 과정이라고 믿었던 프로그램에 참가했지만 결국은 고의적으로 계획된 막다른 길임이 드러났다. 세계적인 바이오테크 기업에서 HR 부서마저도 그녀의 커리어 진로를 계획하는 데 도움이 되는 어떤 지원도 제공해주지 못했다.

나는 그 기업이 우수한 직원을 잃었다고 믿었지만 그 상황을 바꾸기 위해서 내가 할 수 있는 일은 아무것도 없었다. 면전에서 문이 계속해서 닫히는 걸 알면서도 고객에게 계속 희망을 불어넣는 일은 참으로 어려운 일이다. 나는 결국에는 수니타가 자신에게 최선이 되는 결정을 내렸다고 느낀다. 그리고 수니타를 코치하도록 나를 고용한 회사는 결국 손해를 보았는데도 나는 그들에 대한 의무를 다했다고 확신한다. 수니타를 떠나게 하려고 작전을 짠 결정은 온전히 그들의 것이었고 내가 중립을 지켰다는 사실에 나는 스스로 자랑스러웠다.

15

그룹의 필요 vs. 개인의 필요

_ 토마스 헬위그Thomas Hellwig

사례 요약

　토마스 헬위그의 사례에서는 그룹 코칭 참가자 가운데 한 명이 코칭 세션에 개인적인 감정의 짐을 가져온다. 다른 참가자들은 그 동료가 밝히는 개인적인 이야기 내용의 수준과 감정적인 개입 정도에 대해서 매우 놀라워한다. 이 참가자의 행동이 코칭 그룹의 다른 구성원에게 미칠 영향에 대해서 코치는 우려한다. 그는 이런 코칭 상황에서 전이와 역전이의 가능성으로 인해 제기되는 도전을 언급한다.

　맥락: 이 사례는 참가자들에게 그룹 코칭 기회를 제공하는 프랑스에 본부를 둔 국제 경영대학에서 운영하는 임원 MBA(EMBA) 프로그램에서 발생한다.

배경

　임원 MBA(EMBA) 프로그램의 코칭 기간은 약 10개월로 그 기간에 네 번의 코칭 세션을 진행한다. 코칭에는 EMBA 프로그램 시작 후 석 달

뒤부터 진행되는 그룹 세션이 포함되는데 이 때 참가자들은 그들의 360도 피드백 결과를 읽어보고 코치에게서 설명을 듣는다. 그러고 난 다음 코치와 함께 적어도 두 번의 팔로우업 전화 통화를 갖는다. 프로그램이 끝나기 두 달 전에 다시 모여 그룹 코칭과 일대일 코칭 세션을 갖는다.

이 특정 그룹은 다양한 직업과 국적이 섞여 있었다. 나는 이 그룹을 담당하는 것으로 계약 되었기 때문에 그룹 세션과 일대일 세션을 모두 수행하는 책임을 지게 되었다. 이것은 이 프로그램을 지휘하는 교수의 감독 아래서 이루어졌다.

도전

그룹에서 유일한 프랑스 남자인 삐에르는 29세의 마케팅 임원으로 그는 커리어와 개인 삶에서 모두 여러 문제 때문에 그간 힘들었으며, 첫 번째 학위를 따는 데도 실패했다고 인정했다. 사춘기 시절에 부모님이 이혼했고 바로 이 때문에 그가 지닌 대부분의 감정적인 문제가 초래되었다. 그는 부모님의 이혼과 아버지가 떠나간 사건으로 말미암아 심지어 자살을 생각했을 정도였다고 고백했다. 삐에르의 어머니는 사회적인 기대가 높았는데 이것이 그에게 실패에 대한 두려움을 주입시켰다고 그는 믿고 있었다(이 두려움은 이번 임원 프로그램에서까지 그를 괴롭힌다고 인정했다). 그는 젊었을 때 감정적, 사회적, 성적인 관계를 다루는 데에 어려움을 극복하기 위해서 정신분석을 받았다고 말했다. 얼마 뒤 삐에르는 자신의 심리적인 문제를 극복했다고 생각하여 정신분석을 그만두었는데 나중에 근본적인 원인들이 여전히 남아 있다는 사실을 발견했다.

이 모든 개인사는 첫 세션에서부터 그가 나와서 그룹원들에게 공개했는데 삐에르는 자신이 자기 인식이 강한 사람이며 다른 사람들이 그에게 모두 마음을 열기를 기대한다고 말했다. 그러나 이상하게도 삐에르는 그 날 남은 시간에 대부분 조용히 있었다. 다른 사람의 발표에 토론을 거의 하지 않았고 자기 발표는 맨 마지막으로 했다.

EMBA 그룹 코칭 세션은 처음에 아이스 브레이킹으로써 참가자가 스스로 자신을 어떻게 바라보는지 자화상을 그리는 것으로 시작하여 360도 피드백 설문에 대한 토론으로 이어진다. 삐에르가 발표할 차례가 왔을 때 자신이 그린 자화상과 사용한 이미지를 설명했다. 그의 설명에 따르면, 망가진 집은 자기 머리를 상징하고 권총은 그의 일을 대표하고 그의 심장은 성城으로 묘사되었다. 심장은 하나의 요새이며 동시에 갈등 장소라고 표현했다.

이 세션 동안 삐에르는 그의 부모님과 어린 시절, 그리고 결혼생활 (이미 파산 직전이라고 설명하면서)을 이야기하면서 여러 번 감정을 주체하지 못하고 무너졌다. 또 그는 일을 이야기할 때에도 매우 흥분했는데 특히 그가 역할에 적합하지 않다고 생각하는 최근에 임명된 자기 상사와의 관계를 말할 때 그러했다.

내 접근법

이런 종류의 일은 EMBA에서는 잘 일어나지 않는 법인데 삐에르가 보여주는 이런 예상치 않은 감정적 폭발 앞에서 그의 그룹원들은 모두 충격에 빠졌다. 그러나 그들은 삐에르에게 지지와 격려를 표현하면서 동조하는 태도를 보였다. 삐에르는 자기 발표를 마치기 위해서 끝까지 용기를 내며 애썼다. 그러는 동안 우리 모두는 그가 얼마나 자기 인식을 잘하고, 또 그룹에서 오직 그만이 자기 방어를 내리고 '발가벗었다'는 사실을 깨달았다.

삐에르의 긴장된 흥분의 강도는 그가 계속해서 보여주는 감정 폭발에서뿐 아니라 신체적인 행동에서도 분명히 드러났다. 담배를 아주 심하게 피웠고 담배를 피울 수 없는 상황에서는 손톱을 물어뜯고 플라스

틱 숟가락을 강박적으로 물어뜯었다. 그룹 세션이 끝날 때 나는 삐에르를 따로 불러 그가 코칭 과정을 계속 진행할 수 있는지 확실히 하기 위해서 그와 잠시 대화를 나누었다. 개인적인 실행 계획에 대해서도 아이디어를 나누었는데 우리의 첫 팔로우업 전화 통화를 위해 실행계획이 준비 되어야 한다는 것에 그도 동의했다.

첫 팔로우업 통화의 목적은 우선 개인의 실행 계획을 미세 조정하는 것이었다. 그러나 우리는 삐에르의 통화 세션을 두 번으로 연장해야 했는데 그 이유는 그가 자기 실행 계획 검토를 원할 뿐 아니라 나와 일종의 치료를 위한 상호작용을 원했기 때문이다. 그는 내가 코치인 동시에 심리치료 학위(MBA 학위와 더불어)를 받은 의사였다는 사실을 알고 있었고 그의 감정적인 문제를 다루는 데에 내가 도움을 줄 수 있으리라고 느낀 것이다.

마지막 코칭 날에 삐에르는 그룹 세션과 일대일 세션 모두에서 좀 더 느긋하면서도 단호했다. 그는 EMBA 프로그램이 많은 도움이 되었으며 리더십 개발에 대해서 많은 것을 배웠고 큰 자신감의 향상을 거두었다고 말했다. 또 부인과의 관계도 좋아졌고 그들의 결혼생활이 다시 정상으로 돌아왔다고 말했다. 그러나 줄담배를 피우고 계속해서 손톱을 물어뜯고 숟가락을 씹는 버릇은 여전히 억제되지 않고 있었다.

코칭 딜레마

코치로서 나는 삐에르를 잘 다루어서 그룹 전체의 니즈에 영향을 미치는 과장된 행동을 방지해야 할 의무가 있었다. 삐에르가 자기 인간관계와 성적인 문제를 매우 충격적으로 서술함으로써 다른 그룹 구성원들을 불편하거나 어색하게 만드는 상황을 나는 원하지 않았고 그가 무대의 중심에 서 있는 그런 상황을 방지하고 싶었다. 내 임무는 코칭 관계의 경계선을 정하고 그의 저변에 깔린 심리적 문제를 위해서 다른 대안으로써 전문적인 도움을 찾으라고 충고하는 것이었다. 그의 코치로서 나는 개인적으로 그의 감정이 나에게 그대로 전이되는 상황을 관리해야만 했다.

우리의 첫 그룹 코칭 세션 이전에도 나는 삐에르와의 관계에서 어려움이 있을 것을 예상하고 있었다. 사전에 그의 360도 피드백 설문과 그의 개인 평가를 읽었기 때문이다. 내가 미처 예상하지 못했던 것은 그가 첫 그룹 세션에서 우리 앞에서 보인 감정의 분출이었다. 나는 순간적인 판단으로 그에게 자기 이야기를 말할 수 있는 자유를 허락했다. 그렇지만 나는 필요 이상으로 그의 복잡한 심리를 노출시키는 상황은 절대 피하려고 노력했다. 왜냐하면 다른 참가자들이 있는 상황에서 코칭 세션이 경로를 벗어날까 두려웠기 때문이다.

그 대신 나는 삐에르의 주요 목표가 EMBA 프로그램을 성공적으로 완수하고 커리어나 개인 삶의 모든 면에서 자신감을 향상시키는 것임을 자연스럽게 강조하려고 노력했다. 우리의 일대일 세션에서는 삐에르가 자기 실행 계획을 위해 지나치게 야망 넘치는 행동 목표를 세우지 못하게 했다. 그 대신 내가 제안한 것은 그의 팀에 더 효과적으로 참여하고 상사와 의사소통하며 손톱 물어뜯기나 줄담배 같은 신경증적인 습관을 해결하는 것과 같은 더 현실적이고 실제적인 이슈에 집중하는 것이었다.

삐에르가 내게 전해주는 감정적 전이를 미연에 방지하고 감정적으로 그와 얽히는 위험을 피하기 위해서 나는 코칭 과정에 적합한 이슈와 상담과 심리치료 같은 다른 접근법에 더 적합한 개인적인 이슈를 엄격하게 구분하려 노력했다. 사실 나는 삐에르에게 다른 경로를 통해서 전문적인 심리치료의 도움을 받아보라고 여러 차례 권했지만 그것은 모두 무시되었다.

도전에 대처하기

지나고 나서 보니까 내가 좀 더 전문적인 방법으로 삐에르를 다룰 수 있었다고 생각한다. 즉 그가 경로에서 이탈하지 않고 EMBA 프로그램을 완수하도록 돕는 것이 가능했다고 생각한다. (그가 했던 자기 평가에 따르면) 그는 자신감을 많이 얻었고 관계에서 발생하는 문제도 향상된 것처럼 보였다. 나는 삐에르가 다른 전문가를 찾아서 상담을 받도록 설득하는 데는 실패했지만 역전이의 위험을 성공적으로 피할 수 있었고 그와 감정적으로 거리를 유지했다. 나는 이 곳에서 코칭 환경을 감독하는 프로그램 부장과 교수에게 상당 부분 도움을 얻었다. 게다가 그룹 전체는 삐에르의 감정적인 분출로 말미암아 해를 입지 않았다. 모든 참가자들이 만족스럽게 프로그램을 완수했고 그 과정에서 삐에르가 소외되지도 않았다.

그리고 도전에 대처하는 데 실패하다

나는 삐에르가 EMBA 프로그램을 성공적으로 마치도록 도와주었지만 그가 개인적인 실행 계획을 위해 좀 더 현실적인 목표를 선택하도록 설득하는 데는 실패했다. 삐에르는 자기 자신감이 높아졌다고 했지만 자신의 행동 목표, 즉 손톱 물어뜯기, 흡연과 숟가락 씹기 등은 결코 다루지 않았으며 프로그램 끝까지 이런 습관을 지속했다. 사실상 삐에르는 내가 초기에 세운 개선 목표 가운데 아무것도 그의 실행 계획에 포함시키지 않았다. 그 결과, 나쁜 습관을 고치려고 애쓰지도 않았고 어떤 진전도 이루지 못했다. 그래서 나는 내가 코치로서 실패했다고 느꼈다. 뒤돌아보니 삐에르의 불안한 심리 상태와 코칭 인터벤션의 성격을 고려해 보면 내가 욕심이 과했던 것 같으나, 그 당시에는 그가 개인적인 습관을 고치지 않았기 때문에 코치로서 실패했다고 생각했다. EMBA 계약의 범위에서든, 또는 개인적인 계약이든, 나는 그에게 일대일 코칭 형태로 더 많은 도움을 제공했어야 하는가? 진정으로 전이와 역전이 위험이 있었는가? 과연 내가 상황을 잘 처리했는가?

그룹의 필요 vs. 개인의 필요: 해설

_ 안토니오 가르반 루나 Antonio Galvan Luna

    코칭 인터벤션 동안 고객이 코치를 단지 비즈니스 외의 영역에서 여러 이슈를 다룰 수 있는 신뢰할 만한 사람으로 보는 것은 흔히 있는 일이다. 현재의 비즈니스 환경은 일과 개인 삶을 별개의 사안으로 다뤄야 하고, 또 그 둘이 서로 개입하지 않아야 한다고 가르치지만 나는 그것들이 전적으로 분리된 사안이 아니라고 본다. 그와는 반대로, 그 두 가지는 서로 복잡하게 섞여 있고 그 사이에서 올바른 균형을 유지하는 것이 성공을 좌우한다. 그런 이유에서 나는 삐에르가 코칭 세션에서 완전히 '발가벗고' 자기 자신을 코치에게 그런 수준까지 개방한 것은 이해할 만하다고 여긴다. 나에게도 비슷한 일이 두 번 정도 있었는데 심지어 학문적인 환경에서 발생했다. 예를 들어, 나는 스페인의 한 대학에서 기업가 정신 과정을 가르치고 있었는데 그 대학에서는 모든 교수가 5~10명으로 이루어진 그룹의 멘토 역할을 맡는다. 나는 고객이 난데없이 자신의 개인 문제를 나에게 고백했을 때 사실 깜짝 놀랐다. 또 그 문제들에 대한 내 의견을 그들이 진심으로 듣기 원한다는 것을 깨달았을 때 더욱 놀랐다. 나는 삐에르가 전문적인 도움을 받아야 한다고 진심으로 생각한다. 개인 문제를 극복하는 것이 임원으로서, 또 한 개인으로서 그의 성공을 크게 좌우할 것이기 때문이다.

    이 사례에서 코치에게 어려운 점은 삐에르가 그룹 세션을 자기 전문성을 발전시키는 기회로 본 것이 아니라 개인 문제를 해결하는 기회로 여겼다는 점이다. 최근에 하버드 의대 정신의학과의 비즈니스 코치인 스티븐 버글러스Seven Berglas가 쓴 글[1]에서 코치가 항상 기억해야 할 중요한 사항을 밝혔는데, 그 가운데 특히 아래 세 가지가 이 사례와 관련이 있다:

- 코치는 사람들을 기분 좋게 하려고 고용된 것이 아니다.
- 코치는 직장 영역과 개인 영역 사이의 경계를 존중한다.
- 코치는 삶의 지휘자가 아니다.

나는 코치가 개인 세션 때 삐에르에게 그에게 필요한 것이 무엇이고 그에게 어떤 일이 일어나고 있는지 솔직하게 말하는 것이 좋을 것이라고 생각한다. 물론 이것은 매우 신중하게 이루어져야 하는데, 코치로서의 객관성을 유지하면서도 삐에르의 상황을 더 악화시키지 않아야 한다. 이것이 이루어지지 않는다면, 그룹에 대한, 특히 삐에르에 대한 코치의 성과가 크게 타격을 입을 것이다.

사례 후 노트

_ 토마스 헬위그 Thomas Hellwig

나는 ESMT 코칭 콜로키엄에서 내 사례에 대한 동료들의 검토를 받고 더 깊은 통찰력을 얻을 수 있었다. 동료 두 명이 내가 간과했던 점을 지적해주었다. 삐에르가 가진 니즈와 나머지 그룹 구성원들의 니즈 사이에서 균형을 이루기 위해서 주의를 기울였는데도, 나는 그룹보다도 삐에르 한 사람을 코칭하는데 더 많은 노력을 쏟았다는 사실이다. EMBA에서 10개월 동안의 코칭 세션에 드러났던 증거를 내가 좀 더 냉정하게 바라보았다면 뒤늦게 깨달은 삐에르의 행동 패턴을 미리 알아차릴 수 있었을 것이다. 삐에르는 사람들이 질려서 그에게 거리를 두려고 할 정도까지 관계를 조종한다.

코칭 세미나에서 한 동료가 제대로 관찰한 대로 삐에르는 결국 나를 조종해서 나로 하여금 우리의 코칭 관계에 놓인 경계선을 무시하도록 만들었다. 다른 한 동료는 내게 이런 어려운 사례를 해결하게 되어서 내가 '신나고 뿌듯하게' 느꼈는지 물었다. 아마도 나는 그렇게 느꼈을 것이다. 다른 관계보다 특정한 한 관계에 더 많은 시간과 노력을 투자하려는 경향이 있는 코치에게 흥미롭고 도전적인 사례가 더 매력적일 수 있다는 건 의심할 여지가 없다.

주석

1. S. Berglas(2009). Six Tips on Hiring a Business Coach, http://www.forbes.com/2009/12/04/hiring-business-coach-entrepreneurs-management-berglas.html, April 12, 2011. Accessed on October 3, 2011.

16

4인조 코칭

_ **샤론 처번**Sharon Chirban

사례 요약

샤론 처번이 소개하는 사례에서는 한 사업가가 자기 개인의 성장과 개발에 도움을 달라며 코치에게 연락한다. 고객은 코치가 운동선수를 코칭했던 경험에 특히 끌리게 되는데 그녀 자신도 운동선수처럼 운동을 좋아하고 신체적인 성취를 높이 평가하기 때문이다. 비록 처음의 계약은 비즈니스에 관한 것이었지만 코치와 고객 사이에 신뢰가 쌓이면서 고객은 코치에게 자기 감정적인 면과 성생활에 관한 사적인 비밀을 털어놓는다. 코치는 경계 설정 문제를 다루어야 했고 비즈니스, 인간관계, 성생활, 감정 등이 복잡하게 혼합된 문제에 연루될 리스크를 만난다.

맥락: 이 사례는 미국에서 발생한다.

배경

미쉘은 그 누구의 기준으로 보아도 멋진 여성이다. 그녀는 몇 년 전에 시작한 작은 비즈니스를 운영하고 있는데 그녀의 사업체는 얼마 지나지 않아 더는 작은 규모가 아닌 수준으로 변했다. 그녀의 창의성, 열정, 그리고 예리한 비즈니스 마인드가 그녀의 비즈니스를 아주 신속하게 성장시켰다. 그녀는 야심차고 적극적인 사고방식의 소유자로 자기 사업체의 체인점을 낼 계획을 갖고 있는데 만일 이 계획이 성공적으로 이루어진다면 엄청난 수준으로 성장할 것으로 보였다.

다른 소규모 기업과 마찬가지로 그녀는 자원 봉사자들이 직원으로 있는 비영리 협회에게서 많은 혜택을 받았는데 비영리 협회는 창업가들을 교육시키고 그들이 비즈니스를 시작하고 성장시켜 성공할 수 있도록 도움을 준다. 그녀는 강한 자신감과 자신만의 뚜렷한 견해를 갖고 있었지만 특정 분야에서 자기 지식이나 경험이 부족하다고 느낄 때 다른 전문가에게 도움을 받는 것을 거부할 만큼 자만하지는 않았다.

바로 이런 이유에서 미쉘이 나에게 연락해 온 것이다. 그녀는 사업가로서 개인적인 성장과 개발을 도와줄 컨설턴트를 찾는 과정에서 내 이름을 어딘가에서 발견했다. 나는 최정상의 운동선수들을 여러 번 코칭한 경험이 있는데, 이 사실이 상당한 운동 실력이 있는 그녀와 나를 연결해준 것이 틀림없었다. 그녀는 그녀의 신체적 성취와 지적인 성취가 서로 떼어놓을 수 없는 관계라는 것을 진정으로 느끼고 있었다. 그녀는 올림픽 운동선수에게 통했던 방법이 아마 그녀에게도 통할 것이라고 생각했다. 내가 운동선수들과 함께 초점을 맞췄던 부분은 그들이 최상의 성과를 내지 못하도록 방해할 수 있는 감정적인 문제를 다루는 것이었다. 이 점은 바로 미쉘이 원하던 것이기도 했다. 그녀는 자기 감정을 좀 더 통제하기를 원했고 특히 사무실 안과 밖에서 모두 분노 관리법을 배우기를 간절히 원했다.

미쉘은 아주 남성적인 공격성을 지닌 강렬한 성격의 소유자였다. 그녀는 긴장을 풀고자 할 때는 예외없이 일종의 극단적인 신체 활동에 몰입한다. 그녀가 하는 스포츠는 일반적으로 여성들이 많이 참여하는 종목이 아니며 아주 극소수의 남성이 하는 스포츠이다. 그녀는 럭비를 했고 여러 종류의 무술과 펜싱, 그리고 한 번에 3시간까지 역기를 들었다. 그녀는 키가 180 센티미터가 넘는 금발로 몸은 매우 탄탄하고 각이 져 있었으며 주로 중성적인 옷차림을 입었다. 미셸의 취미 가운데 하나는 오토바이를 타는 것이었다. 작년에는 자기 용기를 시험해보기 위해서 노스캐롤라이나의 딜스갭에서 Tail of the Dragon 길을 오토바이를 타고 통과하기도 했다. 이 길은 미국에서 가장 위험하고 험준한 오토바이 길로, 17.7km의 길이에 무려 318개의 커브로 이루어져 있는 2차선 코스였다. 매년 뉴스에서는 많은 불운한 사람들이 사고로 목숨을 잃었다는 보도가 나오는 장소이다.

이것은 미셸이 즐기는 극한의 도전 가운데 하나였다. 그녀는 공포의 한계점까지 자기 자신을 밀어붙이면서 아드레날린의 분출을 찾았다. 그렇지만 그녀는 위험을 즐겼지만 무모하지는 않았다. 그녀는 자기 자신을 항상 통제할 줄 아는 '준비된 모험가'라고 서술했다. Tail of the Dragon 길을 성공적으로 달리고 나서 그녀는 형언할 수 없는 흥분을 느꼈지만 한 번 한 것은 다시 도전할 생각을 하지 않았다.

코치로서 내 역할

미셸은 나를 코치로서 고용했지만 그녀는 내가 임상심리와 심리치료도 제공하고 있음을 알고 있었고 그것을 좀 더 알고 싶어했다. 그녀는 예전에 이미 심리치료를 받아본 적이 있었고 그때의 경험은 특별히 좋은 것은 아니었다고 말했다. 그녀의 이전 심리치료사는 그녀가 표현한 대로 '경계선을 정하는데 형편없는' 여성으로, 미셸과 어떤 전문가적인 관계를 유지하기보다는 개인적인 유대감을 형성하려고 노력했다. 미셸은 이 상황을 매우 침범적이고 불안하게 여겼다. 미셸은 여자들을 신뢰하기 어렵다고 나에게 고백했는데 그것이 그 심리치료사를 만나기 전부터 그랬는지 아니면 그녀로 인해서 생긴 결과인지는 확실하지 않았다. 아무튼 이 점이 밝혀지자 우리 사이에 발생할 수 있는 잠재적 갈등을 나는 경계했다.

그녀의 가정생활을 말하자면, 그녀의 직장생활에 영향을 미칠만한 문제는 없어 보였다. 그녀는 18년간 행복한 결혼 생활을 지속하고 있었고 열두 살과 열여섯 살 된 딸을 두고 있었다. 그녀의 남편은 그녀의 비즈니스에 직접적으로 관여하지 않았지만 그녀와 많은 시간을 함께 보냈고 그녀의 비즈니스 의사결정에 긴밀히 관여했다.

우리의 코칭 세션은 모두 내 사무실에서 진행되었다. 주된 이유는 미셸의 일터 환경에서는 사생활이 극히 제한되었기 때문이다. 내가 하는 임상 심리치료에 그녀가 많은 관심이 있다는 점을 고려해서 우리는 매우 유동적이며 코칭과 임상 컨설팅 사이의 크로스오버를 허용하는 코칭 관계를 형성했다. 이것이 효과적인 방법이라는 것이 증명되었고 현재까지도 진행되고 있다.

우리 관계의 핵심 주제는 그녀의 '알파 성향'으로 집약된다. 코칭이 약 6개월 정도 진행되었을 때 그녀는 우리가 지금까지 토론해왔던 그녀의 이슈를 요약해 놓은 목록을 작성했다. 이것은 그녀의 주요 특징들을 잘 반영한다:

1. 신뢰에 관한 문제
2. 취약성 문제(신뢰와 연관된)
3. 진취적
4. 다른 사람들에 대한 보호 본능(때때로 지나치게 보호적임)
5. 행동 지향적(행동하는 것은 위안을 가져옴)
6. 경계 지향적
7. 회피하기보다 전투에 뛰어드는
8. 성장 지향적
9. 인내심이 없음

10. 경직된 시스템을 싫어함
11. 극단적으로 개인적인 책임감
12. 충성
13. 다른 여성들과의 관계 유지가 어려운 과거 역사(취약성과 관련이 있음)
14. 체계적
15. 고의적이지 않은 위협과 싸우기

　우리는 오직 그녀의 '순식간에 폭발하는' 스타일을 다루기 위해서 몇 달을 보냈다. 우리는 그녀의 감정과 행동 사이에 공간을 형성하려고 노력했다. 우리는 많은 진전을 이루었고 곧 미쉘은 그 전보다 자기 감정을 더 잘 통제할 수 있다고 느끼기 시작했다. 이제 그녀는 비즈니스 관계와 연관된 다른 이슈들을 탐색해보기를 원했다. 미쉘이 자라온 환경과 양육 등을 탐색하면서 우리는 코칭보다는 심리치료에 더 가까워졌다. 그녀와 그녀의 형제자매 네 명 모두 갓난 아이였을 때 입양되었고, 그 가운데 생물학적으로 혈연관계인 사람은 아무도 없다고 밝혔다. 어머니와의 관계는 격렬했고 때때로 폭력적이었다. 그녀의 어머니는 신체적으로, 언어적으로 폭력적이었다. 몇 차례의 세션을 통해서 나는 왜 미쉘이 여자들을 어려워하고 남자들과의 관계를 더 원하는지 알게 되었다. 미쉘의 부모님은 그녀가 열여섯 살이 되었을 때 이혼을 했고 이 사건은 그녀의 감정 발달 과정에서 중요한 계기가 된다. 그녀는 어머니와 모든 연락을 끊었고 이후 아버지와의 관계는 더 튼튼해졌다. 어머니와의 전쟁을 치르던 어린 시절이 지나고 난 뒤에야 미쉘의 가정은 마침내 평온을 찾았다. 우리의 코칭 세션이 약 8개월 쯤지났을 때 그녀가 고민하고 있는 몇 가지 감정적인 문제를 이메일로 업데이트 해주었는데 최근 소식 가운데에는 아버지가 뇌졸증을 겪었다는 소식도 포함되어 있었다.

메일 내용은 다음과 같다.

> 내 삶이 모두 비관적인 것만은 아닌 것 같아요. 탐(남편)과 존(경영 매니저)에게서 엄청난 지지를 받고 있어요. 존은 내가 가진 모든 비즈니스와 직원 관련 문제의 90%를 담당해 주고 있어요. 경제 침체기에도(2008년 10월) 우리 회사는 회원이 점점 늘고 있어요. 밤에 잠을 제대로 못 자는 것만 빼면 내 건강도 좋아요.
>
> 그리고 내 가슴 속에 항상 있었던 '답답함'을 이해하게 되었어요. 그건 당신과 만난 뒤에 찾아왔어요. 내가 우리 미팅이 끝나기 전에 말해준 꿈을 기억하시나요? 집으로 운전하며 오는 길에 나는 내가 당신에게 그 꿈에 대해서 말한 것에 왜 그렇게 스스로에게 화가 났는지 좀 혼란스러웠어요. 그래서 머리 속에서 그 절차를 다시 밟아 보았지요. 꿈에서 어머니의 모습을 한 사람이 나를 포옹하려고 했고 그때 내가 어떤 느낌이었는지를 말하려는 그 순간이었어요. 바로 그때 그 꽉 조이는 '답답함'이 튀어나왔어요.
>
> 그래서 그렇게 '당혹스러운' 느낌을 불러일으키는 꿈을 꾸게 된 것이지요. 당신이 나를 위로하는 모습으로 나타났던 얼마 전에 꿨던 꿈과 많이 다르지 않아요. 꿈 내용을 당신에게 말하는 게 얼마나 어려웠는지 몰라요. 특히 이번 꿈은, 내가 이 여자에게서 위로받는 것을 너무 '즐기고' 있었기 때문에, 더 힘들었어요(여기서 심각하게 당혹스러워함).

도전

약 일 년 반 동안의 코칭 기간이 지났을 무렵 미쉘은 나에게 의논할 주제가 있다고 했는데 그녀는 상당히 불안해하고 있었다. 그것이 '안전한' 일인지 확신이 없어 보였다. 삶과 일에 관련된 그녀의 내면 문제를 우리는 깊게 다루었고 코칭 관계에서 그녀는 잘 따라오고 있었다. 여성들의 공감, 지지와 온기(그녀를 '당혹스럽게' 만드는 경계선의 흐려짐)에 자신을 노출시키는 것에 대한 그녀의 두려움도 제어되었다. 그녀는 그녀가 느끼는 불편함을 말할 수 있었고 그것을 견더낼 수 있었다.

그렇지만 그녀는 새로운 이슈를 꺼내는 것에 매우 긴장하고 있었다. 먼저 그녀는 내 접근법에 대해서 다시 한번 질문했고 내가 그녀를 평가적 태도로 대하지 않을 것을 확실하게 하고 싶어했다. 그녀는 내가 개인적으로 공감할 수 없고 반감이 들 만한 이슈를 어떻게 다루는지 궁금해했다. 나는 미쉘이 안심하도록 대답해주었는데 전문가로서 내가 상대방을 판단하거나 내 선입견이 고객을 향한 내 행동에 영향을 미치는 일은 절대 없을 것이라고 말해주었다.

이렇게 조심스럽게 사전 작업을 했는데도 그녀가 예민한 새 주제를 마침내 꺼냈을 때 그것은 폭탄 선언과도 같았다. 그녀는 그녀의 관리 매니저인 존과 지난 10년 동안 비밀스러운 관계를 맺고 있다고 고백했다. 물론 이 고백으로 모든 것은 바뀌었고 나는 이것이 그동안 미쉘과 내가 이루어온 일을 흔들어 버리지는 않을지 순간 염려가 되었다. 그녀의 남편 탐은 그녀의 불륜 사실을 이미 수년 동안 알고 있었다고 말했다. 사실 남편은 이 문제에 상당히 느긋한 태도를 보였다. 미쉘이 두 남자에게 모두 감정적으로나 성적으로 강하게 끌릴 수 있다는 사실을 두 사람은 커플로서 동의한 상태였다.

이와 같은 폭로는 우리를 완전히 새로운 영토로 데려갔다. 우리의 관계는 더는 간단한 비즈니스 코칭 관계가 아니었다. 나는 이제 그녀의 감정적인 영역의 가장 사적인 부분을 상담하고 있었다. 어쨌거나 그녀는 이 상황을 잘 넘어갈 수 있도록 내가 도와주기를 원했고 이후의 코칭 세션에서 몇 가지 사항을 요청했다.

미쉘은 이런 3인조 애정관계를 감정적으로는 혼란스러워하지 않았지만 그것이 사회적으로나 일 측면에서 볼 때 상당히 파괴적일 수 있다고 느꼈는데 특히 다른 사람들의 선입견 때문에 그러했다. 그녀가 원하는 것은 그녀가 완전히 개방된 결혼 관계를 잘 유지할 수 있도록 최상의 균형잡힌 발판을 찾게끔 도움받는 것이었다. 나로서는 그녀의 결심을 둘러싼 다양한 이슈에 대해서 자문 역할을 마다할 이유가 없었다. 결국 미쉘은 계산된 위험을 감수하는 사람이었고, 철저한 준비성으로 개방된 결혼 관계를 위해 경계선 정하기를 원할 뿐이었다. 그녀는 기본 원칙을 충분히 고민한 뒤 그것을 탐에게 제시했다. 그녀는 그녀가 존을 만나면서 누리는 자유를 남편 탐 또한 누리기를 원했다. 두 사람이 합의한 기본 원칙 몇 가지는 다음과 같다.

1. 각각의 파트너는 완전히 개방된 관계를 유지할 필요가 있다. 또는 전적으로 다른 관계에 대해서 알고 있어야 할 필요가 있다.

2. 미쉘과 탐의 자녀들이 충분히 성숙해질 때까지 또는 질문하기 전에는 이 사실을 알지 못하도록 보호받아야 한다.

3. 자녀들을 보호하고 비즈니스의 명성을 지키기 위해서 결혼 울타리 밖에 있는 파트너는 가까운 공동체 구성원이 될 수 없다.

이와 같은 상황은 통상적인 관행에서 벗어나 있을 뿐 아니라 그녀의 회사에서 프리랜서 컨설턴트인 존에게 미쉘이 정규직 일자리를 주기 위해 애쓰고 있다는 사실 때문에 상황이 더욱 복잡해졌다. 존은 미쉘의 비즈니스에서 창의적인 일을 하고 싶어했다. 사실 둘은 같은 업종의 다른 회사에서 함께 일하면서 처음 만났는데 그는 관리 매니저의 평범한 일을 좋아하지 않았다.

미쉘은 존이 느끼는 좌절감에 공감했고 그가 가진 창조적인 재능이 그녀의 회사에 특별한 이득을 가져올 것이라고 생각했다. 이 말이 맞을 수도 있지만 나는 그녀가 존을 기쁘게 하고 그의 업무 불만족을 해소하고 그와 끈끈한 유대를 형성하기 위한 그녀 자신의 욕망을 얼마나 정당화하고 있는지 수차례 의문을 품었다. 미셸은 그들이 세운 기본 원칙에 대해 토론하고 개선할 목적으로 남편인 탐을 몇 차례 코칭 세션에 데려왔다. 또 어떤 때는 나를 만나기 위해서 존이 오기도 했는데 그는 그들의 비즈니스 관계를 이야기했고 자신이 정규 직원으로 일할 수 있도록 전환점을 만들고자 한다고 말했다.

몇 달 동안 언급되지 않았던 사실 하나만 빼면 모든 상황이 잘 돌아가는 것 같았다. 그 사실은 바로 존이 어린 자녀 두 명을 둔 유부남이라는 것과 그의 부인 신디는 남편 존의 비밀스러운 관계를 전혀 모르고 있다는 점이다. 처음부터 가장 근본적인 원칙을 위반한 것이다. 미셸은 오랫동안 이 주제에 대해 다루는 것을 피해왔다. 그녀의 비즈니스는 잘 돌아가고 있었고 그녀는 잘 감당하고 있었다. 남편 탐과 애인 존 둘 다 그녀가 필요한 사랑과 지지를 제공해주고 있었다. 한 번은 그녀 회사의 분기별 보고가 끝난 뒤 그녀가 탐과 존 두 사람과 함께 집에 돌아와 비즈니스 성공을 축하했다는 이야기도 전해주었다.

축하와 함께 술을 몇 잔 마시고 난 뒤 탐은 존에게 미셸을 이층으로 데리고 올라가 둘만의 시간을 보내라고 제안했다. 미셸과 존은 그렇게 했고 존은 침대를 떠나면서 탐이 들어올 수 있도록 침실 문을 열어 놓았다. 신디가 어떤 생각을 가지고 있는지는 이 삼인조의 행각에 영향을 미치지 않는 것 같았고 애초부터 깨져버린 황금률로 말미암아 전체적인 상황은 벼랑 끝에 놓여 있었다. 코칭 관계는 이제 위태로웠다.

코칭 딜레마

표면상으로 나는 미셸의 코치였지만 이 시점에서 나는 이 삼인조의 복잡한 애정 게임에 일종의 조력자로서 개입하도록 넘어간 듯한 느낌이었다. 내 역할은 그들 사이의 결혼, 비즈니스, 사회적인 상호작용을 중재하도록 도움을 주는 것이었다. 그날 밤 일어났 던 생생한 이야기를 전해주었을 때 내 머릿속에는 신디밖에 떠오르지 않았다. 나는 신디가 위반 당했다고 느껴졌고 세 사람이 집단적으로 행동했다는 사실이 그런 위반을 더욱 크게 만들었다.

  나는 미쉘의 규칙 위반에 대해 그녀가 직면하길 원했고, 그녀의 일관성 없음도 그녀가 책임지길 바랐다. 그것은 우리가 가졌던 세션 가운데서 가장 어려운 것이었다. 미쉘은 방어적인 태도를 취했고 그녀가 선호하는 방어 방법은 선제 공격이었다. 그러는 동안 나는 내 중립성이 한계에 이르도록 밀어붙이고 있고 소용돌이에 휘말리는 것을 피할 필요가 있다고 직감했다. 나는 선 밖에 머물러야 했고 만일 미쉘이 내 경계선을 받아들이지 못한다면 이제 우리의 코칭 관계에 선을 긋고 임무에서 물러설 준비를 해야 했다.

4인조 코칭: 해설

_ 사빈느 뎀코프스키 | Sabine Dembkowski

  이번 사례를 읽으면서 내 머릿속에 떠오른 주요 주제는 바로 '경계선'과 '계약'에 관한 것이었다.

  우리는 코칭할 때 비즈니스 코칭에 초점을 두고 첫 세션에서 이 점을 분명히 명시한다. 물론 우리는 사생활 문제를 함께 살펴보기도 하지만 그것이 일과 관련되어 있을 때만 그렇다. 이번 사례에 등장하는 코치가 임상적인 요소가 매우 강한 배경을 가지고 있기 때문에 코칭 대화가 고객의 개인사와 사생활, 그리고 애정 생활까지도 포함했다는 사실은 이해가 된다. 그렇지만 만약 내가 그의 입장이었다면 나는 처음부터 비즈니스와 개인적인 측면을 분리하여 개인적인 문제는 임상 전문가와 따로 탐색해보라고 제안했을 것이다. 그러나 이 사례와 같은 특수한 경우에는 고객과 두 가지 형태의 관계를 갖는 것이 가능했을 것이라는 것은 인정하는 바이다.

내가 궁금한 점은 코칭 프로그램의 사전 계약 과정에서 정확하게 무엇을 탐색하고 토의했는지, 그리고 첫 세션에서 무엇을 합의했는지 - 요약하면 어떤 주제와 이슈로 코칭을 계약했는지 - 이다. 코칭의 정확한 목표는 무엇이었는가? 미쉘은 자기 성격에서 어떤 부분을 개발하길 원했는가?

많은 이슈들이 토의된 것으로 보이지만 시간이 흐르면서 점점 사적으로 흐르면서 매우 은밀한 이슈를 탐색한 것으로 보인다. 그 과정에서 코치와 고객이 코칭 세션의 방향을 되돌아보는 시간이 과연 있었는지, 그리고 비즈니스 코칭을 위한 실제적인 출발점에 대해서 과연 탐색했는지 의문이 든다.

초기에는 고객이 동성인 여성들과 신뢰를 구축하는 데 문제가 있는 것이 명백히 드러났다. 코칭 관계가 지속되는 동안 코치가 이 주제를 어떻게 다루었는지 궁금하다.

놀라운 점은 시간이 지나면서 비즈니스와 사생활 영역 사이의 경계선이 흐려지는 현상이 코칭 관계에서 반복된다는 점이다. 코칭 대화가 이런 방향으로 전개되기 시작했을 시점에서 이 문제가 정식으로 다뤄졌는지 의문이다. 삼인조의 애정 행각을 위해서 전략을 짜는 것이 과연 코치의 역할인지 또한 의문이다. 뒤돌아서 생각해봤을 때, 코치가 좀 더 일찍 선을 긋고 비즈니스 성장과 관련된 초기 주제로 다시 돌아갔어야 하지 않을까?

이 사례는 코칭을 시작하기 전 계약 단계의 중요성과 초기에 계약된 이슈로 계속해서 돌아가기 위한 규칙적인 맥박 측정의 중요성을 보여준다.

사례 후 노트

_ **샤론 처번** Sharon Chirban

정말 힘들었지만 우리는 마침내 문제를 해결했다. 미쉘은 기본 원칙을 위반했다는 사실을 부인하지 않았고 자기 욕망을 다시 한번 생각해 보고 사생활 영역에서 새로운 목표를 설정해야 한다는 생각을 받아들였다. 그녀와 존은 더는 성관계를 갖지 않았다. 내 도움을 받아 그녀는 상실감을 이겨냈고 존을 도와 그들의 관계를 좀 더 지속 가능한 발판 위에 재정립할 필요에 대해서 합의하도록 했다. 더는 연인관계가 아니었지만 친한 친구로 남아 균형 잡힌 비즈니스 관계를 지속할 수 있었다. 이 어려운 과정 동안 나는 또 다른 선을 그어야만 했다. 존이 관계의 변화나 불행한 결혼생활에 대해 유일하게 터놓고 말할 수 있는 사람이 나밖에 없다는 점을 미쉘은 나에게 지속적으로 호소했다. 물론 미쉘의 회사에서 존을 포함한 직원들의 코칭을 위해 비용을 지불하긴 했지만 나는 그런 수준의 코칭을 그에게 제공하는 것을 계속해서 거절했다. 그 대신 나는 존을 도와 그가 결혼생활에서 느끼는 상실감과 양면적인 감정을 처리해줄 좋은 심리치료사를 찾아보겠노라고 여러 번 말했지만 그는 아직까지 받아들이지 않았다.

미쉘은 카리스마 있고, 감사할 줄 알고 요구사항이 많은 고객이다. 그녀는 내가 받을 만한 자격보다 훨씬 더 나를 존경했는데 이것은 나로 하여금 모든 사람들을 위한 해결책을 찾게끔 노력하고 싶은 유혹이 들게 했다. 그러나 미쉘을 코칭하는 동안 나는 그녀를 둘러싼 복잡한 사회적, 감정적, 직업적 환경을 분석하는 일에서 내가 얼마나 멀리까지 갈 수 있는지 스스로 분석하고 알아낼 수 있었다. 나는 내 일이 창의적이고 생산적이며 유용해지도록 어느 지점에서 선을 그어야 하는지 확실히 알 수 있게 되었다.

미쉘이 나를 통해서 그녀의 개방된 결혼관계를 실현하려는 시도는 실패로 끝이 났다. 처음에 만들어진 기본 원칙(원칙 1번은 모든 이가 신디의 관심사를 고려하지 않아 즉시 위반되었다)에 동의한 뒤, 탐은 부부 두 사람이 모두 아는 어떤 여자와 관계를 시작하면서 규칙 2번을 위반했다. 탐의 애인은 그 비밀 관계를 다른 친구에게 누설했는데 그 친구는 그 소식을 듣고 개방형 결혼에 강력히 반대했다.

미쉘은 공포에 질려 나에게 전화를 걸어 필사적으로 만나자고 했다. 만약 소문이 난다면 자기 두 딸에게 이 사실을 어떻게 알려야 하는지 계획을 세우자고 했다. 이것은 내가 확실히 가고 싶지 않은 방향이었고 그래서 나는 사춘기 청소년 양육 전문가를 그녀에게 소개해주었다. 나 역시 심리치료사였기 때문에 이 문제를 해결하도록 직접 도움을 줄 수 있었지만 나는 내 경계선을 정한 상태였으며 미쉘의 가정생활은 더는 내 우선순위가 아니었다.

얻은 교훈

이 같은 코칭 경험은 Tail of the Dragon 길을 오토바이로 질주하는 것과 비슷하다고 생각한다. 아주 도전적이고 위험 요소가 산재해 있으며 우여곡절이 많지만 결국에는 뿌듯해지는 경험이다. 이 경험은 나에게 많은 귀중한 교훈을 가져다주었다. 예를 들어, 언제 오토바이를 타고 언제 내려야 하는지 등등.

나는 ESMT 콜로키엄 발표를 준비하면서 이 특별한 고객에게 '모든 사람을 위한 모든 것'이라는 그의 개념을 정확히 이해하게 되었다. 그녀와 같은 고객은 코치의 나르시시즘에 호소한다. 높이 평가되는 것은 매우 매혹적이기 때문이다. 그러므로 고객이 그렇게 복잡하고 다채로운 삶의 이슈를 갖고 코칭 과정에 임할 때는 코치로서 경계선을 계속해서 확인하는 것이 중요하다.

게다가 일반적인 선을 벗어난 이와 같은 '골치 아픈' 사례를 모든 코치가 다 다룰 수 있는 것은 아니다. 나는 보통 이런 상황에 잘 대처하는데 고객이 아주 도전적인 새로운 주제를 코칭에 가져올 때 나는 우리 코칭 관계의 목표를 재협상할 마음이 충분히 있었다. 내가 결국 분명하게 선을 그은 것은 사례가 너무 복잡해졌거나 임무 변경이 우려가 되었기 때문이 아니다. 그것은 내가 고객에게서 가치의 비일관성을 목격했는데 그것이 다른 누군가에게 해로운 파장을 줄 것이 분명하므로 눈감고 넘어갈 수 없었기 때문이다.

17

코칭을 거부하는 고객

_ 안나 우르노바 Anna Urnova

사례 요약

안나 우르노바는 까다로운 참가자들과 그룹 코칭을 진행한다. 매니저들 가운데 한 사람은 코치와 다른 참가자들보다 훨씬 나이가 많았는데 그녀는 처음에는 매우 협조적이었고 무엇인가를 배우고 있다는 신호를 보냈다. 그렇지만 그룹 코칭 세션이 끝나고 코치와 참가자들의 일대일 코칭이 있기 바로 전날 그녀는 참가를 거부하고 전체적인 코칭 경험을 부정적으로 이야기한다.

맥락: 이 인터벤션은 러시아에서 일어났다.

배경

코치가 어떤 특정한 고객에게서 위협을 느끼는 것은 드문 일이 아니다. 고객은 적대적일 수 있고 코칭받기를 꺼려할 수도 있다. 때때로 고객은 늘 통제권을 쥐려고 하는 매우 강하고 지배적인 성격의 소유자일 수 있다. 그 이유가 무엇이든 코치는 고객과 함께 있을 때 불편함을 느낄 수 있다. 이와 같은 상황에서는 모든 것이 코치가 어떻게 반응하느냐에 따라 달려있다. 나는 이것을 러시아의 한 대기업을 위한 리더십 개발 프로그램에서 코칭 서비스를 제공하며 깨달았다.

고객 기업은 신속한 변화를 겪고 있는 러시아의 한 대기업이었다. 최근 합병을 끝내고 그 해 초반에 이루어진 경영진의 대대적인 개혁에 이어 주요 직책들이 아직 채워지고 있었다. 물론 다른 모든 대기업처럼 그 회사도 세계적인 경제 위기 때문에 좋은 성과를 내지 못하고 있었다. 나는 이미 이전에 그 회사의 임원들을 대상으로 일대일 코칭을 성공적으로 진행한 경험이 있었기 때문에 그 회사와 회사의 환경을 잘 알고 있었다.

코치로서 내 역할

나는 고용된 임원코치 가운데 한 명이었는데 코치들은 반나절 동안의 그룹 코칭과 그 이튿날 진행되는 일대일 코칭을 담당하게 되었다.

그룹 세션의 목표는 참가자들이 리더십 기술을 그룹 환경에서 훈련하도록 돕는 것이었다. 반면, 개인 세션은 코칭 대상자들이 자기 평가 데이터를 이해하고 그것을 활용하여 개인적인 개발 계획을 세우도록 돕는 것이었다. 세션이 시작되기 며칠 전에 나는 내게 배정된 코칭 대상자들의 명단과 자세한 신상 정보 그리고 진단 데이터를 받았다. 이 자료를 바탕으로 나는 일대일 코칭 세션을 준비할 수 있었다. 나는 예전에 이 회사와 일한 적이 있었지만 그룹 코칭을 요청받은 것은 처음이라 조금 불안했다.

도전

일대일 코칭 세션을 준비하는 동안 나탈리아라는 여성이 나를 걱정시켰다. 그녀의 신상 정보를 읽고 나니 그녀와의 세션이 어려울 것이라는 생각이 들었다. 나탈리아는 우리 어머니와 거의 동갑이었고 내 나이의 아들을 두고 있었다. 그녀에게 과연 내가 경험 많은 유능한 코치로 받아들여질지 의심을 멈출 수 없었다. 나는 또 다른 질문에 사로잡혔다. 회사에서는 왜 그녀를 리더십 프로그램에 보냈을까? 그녀는 20년 이상의 관리 경험을 지닌 고위 임원으로서 그 프로그램에 참가하는 다른 동료들과는 수준이 완전 다른 것처럼 보였다. 게다가 2년 뒤면 사람들이 일반적으로 은퇴하는 나이였다. 그렇다면 그녀와 그녀의 고용주가 이 프로그램에서 기대하는 것은 무엇일까?

나탈리아에 대한 피드백 보고서는 전반적으로 긍정적이었고 최고 점수는 그녀의 상사가 준 것이고, 최하 점수는 그녀의 직속 부하 직원들에게서 받은 것이다. 그녀는 결과를 도출하고 관계를 관리하는 것은 잘하지만 갈등을 처리하는 데는 능숙해 보이지 않았다. 그녀가 가장 낮은 점수를 받은 분야는 융통성, 정서적 안정, 그리고 모호함을 다루는 능력이었다. 나탈리아와 그녀의 상사는 그녀가 미래의 커리어 개발을 위한 잠재력을 갖고 있다고 생각한 반면, 그녀 바로 밑에서 일하는 부하 직원들은 그녀가 커리어의 최고 지점까지 도달했고 더는 승진할 수 없을 것이라고 여겼다.

그녀의 심리 진단 데이터에 따르면 그녀는 규칙과 논리보다는 합의나 개인적인 가치에 근거해서 결정하는 것을 확실히 선호하는 외향적인 성격을 나타냈다. 나탈리아는 모든 것을 자기 통제 안에 두려고 한다는 점을 인정했으며 자신의 주요 강점으로는 정직, 잘 도와주는 것, 기꺼이 책임지는 것, 사람들과 잘 지내는 능력 등을 꼽았다. 동시에 자신이 좀 더 개발했으면 하는 부분으로는 정서적 안정, 즉시적 성향, 그리고 일과 삶의 균형을 꼽았다. 그녀가 가장 다루기 어려워하는 사람의 유형은, 그녀 말을 빌리자면 '다른 사람의 일에 쓸데없이 참견하는 전문가답지 못한 매니저들'이었다.

이러한 정보를 바탕으로 나는 나탈리아와의 일대일 코칭 세션에서 그녀의 자신감을 세워주기 위해 그녀의 강점에 먼저 초점을 두기로 결정했다. 그 다음 이러한 그녀의 강점을 활용하여 어떻게 하면 그녀의 문제들 — 예를 들어, 과로하는 경향과 감정적으로 스트레스를 많이 받는 경향 — 을 다루기로 했다.

나는 그룹 코칭 세션을 시작하자마자 내게 배정된 그룹의 참가자들이 유달리 '까다로운' 사람들이라는 것을 깨달았다. 인원은 모두 네 명이었는데 그 가운데 셋은 여성이었고 한 명은 남성이었다. 그 남자는 매우 조용하고 다른 사람들과 거리를 두고 있었기에 거의 잠을 자고 있는 것처럼 보였다. 그러나 다른 세 명의 여성은 (그 가운데 한 명은 물론 나탈리아였다) 단순히 활발한 정도가 아니라 상당히 적극적으로 대립했다. 그들은 거의 매 순간마다 나에게 이의를 제기했다. 심지어 시작 부분에서 내가 모든 참가자들은 8분 동안 그룹 앞에서 코칭 역할극을 진행할 것이라고 설명했을 때부터 이의를 제기했다. 여성 참가자 가운데 한 명은 그것은 처음에 교육 담당자들에게서 들은 내용이 아니라고 불평하며 그 점을 증명하기 위해서 프로그램 바인더를 꺼내서 보여주었다. 프로그램 목차에서 확인해본 결과, 코칭 역할극이 '6분에서 10분까지' 포함된다는 말이 명확하게 표기되어 있었는데도 그녀의 분노는 가실 줄 몰랐다.

그 뒤에도 상황은 별로 나아지지 않았다. 여성 참가자들은 계속 서로 킥킥거리면서 어수선하게 행동했고 셋이서 내 이야기를 하며 내가 말하는 동안에도 자기들끼리 떠들었으며 정해진 규칙을 위반하고 휴대폰으로 전화를 받기까지 했다. 놀랍게도 세 여성 가운데서 나탈리아 (내가 가장 도전이 되리라고 여겼던 참가자)가 그나마 가장 긍정적이었고 때때로 나를 지원하기까지 했다. 나탈리아는 확실히 다른 두 여성들에게 어떤 권위를 갖고 있었는데 그 둘은 계속해서 나보다도 나탈리아를 더 잘 따랐다. 어쨌거나 나는 나탈리아의 지원을 고맙게 생각했고 공개적으로 감사함을 표명했다.

그렇지만 그룹 안의 기강 문제는 세션이 계속되는 동안 내내 도전으로 남았다. 내가 내 권한을 행사하려고 할 때마다 세 여성들은 내가 우두머리 행세를 한다고 생각하는 것처럼 보였고 코치로서의 내 역할을 거부하는 것처럼 보였다.

내 접근법

나탈리아는 가장 먼저 8분짜리 역할극을 진행했다. 그녀는 역할극을 아주 잘해내서 나뿐만 아니라 다른 그룹원들에게도 긍정적인 피드백을 받았다. 내 기억으로는 그때 내가 그녀에게 어떤 비판적인 피드백을 주지 않았는데 긍정적이기만 한 피드백에 대해서 그녀는 의외로 뭔가 불편해하는 것처럼 보였다. 그녀는 그녀가 다른 사람들보다 먼저 피드백을 제시하거나 다른 사람의 발언을 일축함으로써 다른 사람의 의견을 선점하길 원하는 것처럼 보였다. 그녀는 칭찬받기를 원하면서도 동시에 칭찬에 저항하는 것처럼 보였다.

다음 차례에서 나탈리아는 그룹 앞에서 그녀의 직원으로 역할극을 했다. 나는 코칭 대상자들로 하여금 그들이 실제로 겪었던 상황을 연기하도록 했다. 이번 상황에서 나탈리아는 젊은 미혼모인 동료를 연기했는데 스트레스가 많은 가정생활 때문에 직장에서도 괴로워하는 역할이었다. 나탈리아의 매니저 역할은 다른 두 여성 가운데 젊은 여성 참가자가 연기했다.

나에게는 그 역할극이 매우 성공적으로 보였다. 매니저 역할을 맡은 여성은 질문 사이에 긴 침묵을 두면서 나탈리아가 먼저 말을 꺼내도록 유도했다. 나탈리아는 신호를 받고 침묵의 공간을 채우기 위해서 말을 했다. 역할극이 끝난 뒤 나탈리아는 그녀의 상대방이 선택한 접근법이 생산적이었으며 실제 상황에서 직속 상사로서 그녀가 했던 접근법과는 매우 다르다는 점을 인정했다.

세션을 종료하기 직전 나는 그룹에게 피드백을 요청했고 그들 모두에게서 세션이 유용했다는 대답을 들었을 때 매우 기뻤다. 나탈리아는 자신이 지금까지 참석해 본 많은 리더십 개발 프로그램 가운데서 진정으로 새로운 것을 배우게 된 것은 이번이 처음이라고 말했다. 즉 개방된 질문을 던지고 대답을 듣기 위해 잠시 기다리는 것을 배웠다고 말했다. 그렇기 때문에 어느 정도 난기류가 있었음에도 나는 내가 우리 그룹에게 도움을 주었고 그들이 어떤 가치를 얻었다는 점에 상당히 만족했다.

내 딜레마

그룹 코칭 세션이 끝나고 회사 HR 부서의 한 직원이 그 이튿날 있을 개인 코칭 전에 내게 무엇인가를 경고하려고 다가왔다. 그는 나탈리아가 리더십 개발 프로그램에 대해서 아주 부정적인 태도를 표출했다고 말했다. 나탈리아가 조직에서 힘이 있는 위치에 있었고 많은 사람들에게 영향력을 행사하고 있었기 때문에 이것은 중대한 이슈였다. HR 직원은 나에게 나탈리아에게 코칭의 가치를 보여주기 위해서 최대한의 노력을 해달라는 요청을 하면서 그녀의 부정적인 태도도 다뤄달라고 부탁했다. 나는 나탈리아가 그룹 세션 중 다른 참가자들보다 더 협조적이었고 그녀의 태도에 대해서 내가 과도하게 걱정할 일은 없다고 답했다.

그러나 몇 분이 지나고 이튿날 있을 개인 세션에 대해서 나탈리아와 대화하려고 기다리는 동안 다른 코치 한 명이 나에게 다가와 방금 나탈리아가 프로그램 감독관에게 격분하면서 말하는 것을 목격했다고 말해주었다. 다른 코치들이 무슨 일이 있었는지 진지하게 알아보는 동안 나는 나탈리아를 계속 기다렸지만 허사였다. 마침내 프로그램 감독관이 내게 와서 나탈리아가 내일 예정되어 있던 개인 코칭 세션을 거부했다고 말해 주었다. 나탈리아가 내 태도에서 거리감이 느껴지고, 차갑고, 거만하게 느꼈으며 우리 사이에 충분한 라포rapport가 형성되지 않았다고 느꼈던 것 같다. 그렇지만 그녀는 하룻밤 자면서 다시 한번 진지하게 생각해 보고 코칭을 지속할지 안 할지는 이튿날 아침에 알려주기로 회사에게 설득당했다.

그 날 저녁 나는 나탈리아의 피드백 자료와 진단 결과를 다시 한번 세세히 읽어보았다. 나는 우리 사이에 단순히 어떤 오해가 있었고 내일 세션은 예정대로 진행될 것이란 사실을 나 스스로에게 납득시키려고 애썼다. 그러나 이튿날 아침 회사에서는 나탈리아가 마음을 바꾸지 않았으니 더는 내 서비스를 필요로 하지 않는다고 전화로 알려왔다

코칭을 거부하는 고객: 해설1

_ **거드런 베커** Gudrun Becker

이 사례를 읽고 몇 가지 질문이 떠올랐다:

- 코칭 대상자 나탈리아가 애초부터 리더십 개발 프로그램에 선정된 이유는 무엇인가? 나탈리아를 참가시키는 숨겨진 의도가 있었는가?
- 세션을 방해하는 그룹 행동에 대해서 코치는 왜 그것을 토의 주제로 사용하지 않았는가?
- 코칭 대상자로 하여금 코칭 과정에 반발심을 불러일으킨 요인은 무엇인가?
- 코칭 대상자가 코치보다 더 나은 코치인가?
- 이 사례에 등장하는 코치인 안나가 코칭 대상자인 나탈리아에게 코칭받는 것을 기꺼이 받아들일 수 있을까?

이런 질문들을 고려하며 다음과 같은 가설을 전개해 보았다.

이 프로젝트를 계약한 조직의 입장과 코치 사이에는 코칭에 대한 서로 다른 이해가 있었을 수 있다. 코칭 세션 계획과 일정은 코치가 조절

할 수 있는 여지가 없이 매우 엄격하게 미리 설정된 것으로 보인다. 그렇기 때문에 안나의 역할에 혼선이 있었을 수 있다. 이 사례에서 안나에게는 '코치' 역할이 아닌, 조정자moderator나 촉진자facilitator로서의 역할이 기대된 것은 아니었을까?

코치가 세운 가설은 모순적으로 보인다. 코칭 대상자는 경험이 많고 성공적이며 자신감에 가득찬 임원이라고 서술되어 있다. 그룹 코칭에서 나탈리아의 행동은 이런 이미지를 강화시킨다. 그렇지만 다른 한편으로는 코치가 인터벤션을 계획하는 방식을 보면 나탈리아는 자신감을 강화하기 위한 지원이 필요하다고 표현되어 있다.

코칭 세션에서 그룹 구성원들의 행동을 보면 리더십 개발 인터벤션을 별로 내키지 않아 하는 것처럼 보이는데 이것은 조직의 변화에 저항하는 표시가 될 수 있다. 조직 내에서 참가자들은 힘이 없다고 느낄 수 있고 그들의 불만을 분출하기 위해서 코치를 사용했을 수 있다.

이 코칭 인터벤션에 참가한 그룹에게 연장자에 대한 이슈는 중요한 가치였다. 그것은 직업적 전문성을 수용하고 승인하는 토대였을 것이다. 나이도 많고 경험도 많은 나탈리아가 리더십 훈련과 이 특정한 인터벤션에 참여한 것은 젊은 임원들 사이에서 저항감을 불러 일으켰을 수 있다. 이러한 이슈를 공개적으로 토론하지 않은 채, 코치가 희생양으로 사용되었을 수 있다.

코치가 그룹 앞에서 권위를 잃은 것은 그녀 자신이 직접 겪었던 어려웠던 직장 환경에 대해서 그룹원들과 나누지 않았기 때문이다.

코치 수용을 거부하는 것은 그룹 세션 종료 시 나탈리아가 안나에게 제공한 긍정적인 피드백으로 인해 더욱 강화되었다. 나탈리아는 그녀 자신이 코치 역할에 능숙하다는 확신을 얻었을 것이다. 그녀는 자기 성과에 비판적인 성찰도 없었고 새로운 학습 기회로 보는 시각도 없었다. 앞으로 다가올 일대일 코칭의 성공에 대해 안나 코치 스스로 갖고 있는 회의감이 어쩌면 나탈리아가 코칭 과정에서 공개적으로 보인 반응에 반영되었을 것이다. 나탈리아는 공개적으로 안나를 안심시키는 반응을 보인 것이다.

이러한 가설을 염두에 두었을 때 어떻게 다른 식으로 상황이 전개되었을지 생각해 보았다. 나는 코칭 세션의 첫 시작부터 그룹이 코칭에 저항하는 이유에 대해서 토론할 필요가 있었다고 생각한다. 그렇게 했더라면 코치의 위치가 더욱 강화되었을 것이다. 또 그룹의 행동 방식에 대한 배경을 명확히 파악하는 데 도움이 되었을 것이고 모두에게 건설적인 코칭 분위기를 형성할 수 있었을 것이다. 그룹의 저항을 참고 넘어감으로써 코치는 자신이 그룹 전체, 특히 나탈리아에게 도움이 되는 사람으로서의 지위를 스스로 약화시켰을 것이다.

코칭을 거부하는 고객: 해설2

_ 실크 마티스 Silke Matthies

안나의 사례를 읽었을 때 내 첫 인상은 그녀의 상황이 너무 복잡하고 혼란스럽다는 것이다. 다르게 접근하기 위한 몇 가지 출발점이 있을 수 있다. 나는 먼저 전체적인 시각에서 시작할 것이다. 기업 고객과 코칭 회사의 역할뿐 아니라 그룹 구성과 코칭 프로세스 마련 등 전반적인 환경을 검토하는 데서 출발할 것이다. 그리고 나서 프로그램 콘텐츠, 팀, 그리고 참가자 개인과 관련된 이슈를 살펴볼 것이다.

기업 고객

기업 고객은 재무적 위기와 상시적 조직 변화로 인해서 극적인 변화에 직면하고 있다. 이러한 내부 사정은 기업 문화와 리더십 문화에 결정적 영향을 미친다. 피드백에 관한 의사소통 개념과 코칭 리더십 스타일이 기업 문화와 어떻게 어울리는가? 변화는 흔히 미래에 대한 불확실성과 불안을 동반한다. 사례에서 언급된 조직의 예상되는 변화에는 개개인에게 큰 영향을 미칠 수 있는 대대적인 경영 혁신이 포함되어 있다.

안나가 참가한 리더십 개발 프로그램에 대해 말하자면, 참가자들이 코칭 스킬을 개발하는 것이 별로 혜택이 없다고 보는 것은 비현실적인 일이 아니다. 또 역할극을 수행하는 데에 매우 큰 압박감을 느낄 수 있다. 감지되는 조직의 변화, 프로그램이 쓸모없다는 느낌, 그리고 불안을 야기하는 활동(역할극)에 참여해야 하는 압박감이 한데 모여 강한 감정을 불러일으켰고 이는 집단 저항에 이르도록 했다. 이러한 저항은 코칭 세션 동안 참가자들의 행동으로 나타났다. 이러한 프로그램은 그 회사가 처한 당시의 상황에서 부적합했던 것은 아닐까?

코칭 회사

기업 고객은 코칭 회사에게 아주 중요한 존재이다. 아마 이 프로젝트를 특별히 더 잘 수행해야 한다는 모종의 압력이 있었을 것이다. 리더십 프로그램에서 코칭을 포함한 목적은 무엇이었는가? 코칭 회사 입장에서 기업 고객에게 코칭을 제공한 이유가 그들이 코칭 방법론에 익숙했기 때문인가 아니면 많은 코치들에 대한 접근성이 용이했기 때문인가? 이 사례에서 이 점은 토론되지 않았지만 프로그램과 코칭 요소가 어떻게 참가자들에게 도입되었는지, 그리고 그것이 조직 현실과 어떻게 연결되어 있는지 살펴보는 것은 중요할 것이다.

또 나는 코칭 회사에서 참가자들이 프로그램에 어떤 태도를 보일지에 대해 어떤 정보를 코치들에게 제공했는지 궁금하다. 예를 들어, 이전의 리더십 코칭 참가자들의 경험, 기업 고객이 코칭을 채택했던 이력, 다른 리더십 개발 인터벤션 경험 등과 같은 정보가 있었다면 안나가 그룹 세션의 오리엔테이션 때 나올 수 있는 잠재적인 이슈에 대해 준비하는데 도움이 되었을 것이다. 내 경험에 비추어 볼 때 이것은 그룹의 상호작용을 위해 필요한 신뢰를 형성하기 위해서 꼭 필요한 절차이다. 코칭의 성공을 위해서 특정 프로그램, 특히 그룹 코칭 도입에 관련된 전반적인 정보가 필요한데도 이 사례에서는 어떤 부분도 언급되지 않는다.

환경 조성

코칭 회사는 일관된 코칭 기준과 명확한 기대치를 갖고 있다. 그러나 나는 이러한 기대치가 얼마나 융통성이 있는지 의문스럽다. 팀 내에서 발생하는 역동과 방해와 같은 문제를 다루기 위해서 코칭 방법론에서 벗어나는 것을 계약자는 어떻게 생각하는가? 네 명의 참가자들을 위해 배정된 반나절이라는 시간은 그룹 역동을 효과적으로 다루기에 좀 빠듯해 보인다. 추가적으로 떠오르는 질문은 참가자들이 코칭 회사가 선택한 방법론을 따르려는 준비도에 관한 것이다.

안나는 퍼실리테이션과 코칭에 대해 갖고 있는 자신의 개인적인 가이드라인을 성찰해보면 도움이 될 것이다. 프로젝트 거부로 보는 기준은 무엇인가? 그녀와 코칭 회사 사이의 관계는 어떠한가? 그녀는 잠재적으로 존재하는 이슈를 솔직하게 표면화할 수 있는가? 그녀가 프로젝트를 맡기 전에 계약자에게서 어떤 정보와 지원을 필요로 하는가? 이 사례의 정보를 바탕으로 판단해 보건대 안나가 도전적인 상황에 직면하는 동안 홀로 남겨졌다는 인상을 지울 수 없다. 코칭 회사에서 그녀에게 도움이 필요하다는 사실을 몰랐거나 도움을 제공할 의향이 없었다고 나는 생각한다.

주제

이 인터벤션 내용은 코칭과 리더십에 관한 것이다. 참가자들의 니즈를 균형 있게 다루기 위해서는 인터벤션 주제에 대해서 그들이 어떤 태도를 갖고 있는지 파악하는 것이 중요하다. 예를 들어, 조직의 변화와 금융 위기와는 아무 상관없는 이슈를 주제로 역할극을 하는 것이 바람직한가? 참가자의 실제 니즈와 프로그램이 제공하는 것 사이의 잠재적인 불일치가 그들이 저항하는 이유일 수 있다.

그룹 역동

하나의 그룹이 성공적으로 함께 작업하기 위해서는 협력을 위한 계약이 필요하다. 사람들이 서로 알아가는 과정에서 저마다의 기대치를 밝히고, 신뢰와 존중을 바탕으로 협력하기 위해서 필요한 것이 무엇인지를 밝히는 것이 도움이 된다. 이 과정은 보통 30분에서 60분까지 시간이 걸린다. 그렇다면 이것이 인터벤션 초반에 다루어졌는가? 그룹 환경에서 효과적으로 함께 작업하기 위해 필요한 또 다른 요소는 현재 있는 그대로의 위치에서 그들을 만나는 것이다. 즉 현재 상황을 언급하거나 필요하다면 과정 오리엔테이션 때 프로그램 내용과 프로세스에 대해 참가자들이 갖고 있는 의구심을 다루는 것이다. 내 생각에는 이 사례에서 현재 상황을 규정하고 코칭과 현재 상황과의 연계성을 만드는 과정이 누락되었는데 참가자들의 저항을 제대로 다루기 위해서는 이 두 가지가 필수적이었다고 본다. 이와 같은 상황에서 적어도 안나는 거시적 관점meta-perspective으로 그룹 세션 동안 어떤 역동이 펼쳐지는지 그룹과 토의할 수 있었다. 참가자들은 왜 그토록 많은 질문을 던지고, 서로 키득거리면서 자기들끼리 떠들었을까? 그들 앞에 놓인 현안에 착수하기 위해서 그들에게 필요했던 것은 무엇인가? 처음부터 기대치와 참여 규칙이 명확하게 정해졌더라면 안나가 세션을 진행하며 그것을 상기시킬 수 있었을 것이다. 거시적 관점에서 오는 통찰은 세션을 좀 더 효과적으로 진행하는 데 도움이 될 뿐 아니라 미래의 프로그램 준비를 위해서 계약자에게 종합적인 피드백을 제공하는 데에도 도움이 될 것이다.

코치

안나에게는 많은 부담이 있었다. 계약자에게 그 프로젝트는 중요했으며 그녀는 이 기업에서 그룹 세션을 진행하는 것이 처음이었고 더구나 중량급 참가자가 포진하고 있었다. 그녀가 어떻게 이런 압박을 더 잘 다룰 수 있었을까? 압박을 감소시킬 기회가 있었던가? 한 가지 방법은 코칭 회사에게 더 쉬운 그룹을 담당하게 해달라고 요청하는 것이었다. 이렇게 했더라면 어려운 그룹 상황을 생각해보고 그들을 다루는 전략을 미리 세우는 데 도움이 되었을 것이다. 또 다른 방법으로는 연륜 있는 코칭 대상자를 다루어야 하는 코치의 염려를 코칭 회사와 논의하는 것이다. 코칭 회사에서는 왜 나탈리아의 코치로서 안나를 선택했는가? 이 질문에 답하는 것은 안나에게도 좋은 자산이 되고, 코칭 도입부에서 운을 떼는 좋은 방법이 될 수 있다. 예를 들어, 안나는 "아마도 당신은 내가 왜 당신의 코치인지 궁금하시겠죠. 코칭 회사가 나를 선택한 이유는……." 라고 말하면서 세션을 시작할 수 있었을 것이다. 안나가 나탈리아를 코칭하는 것을 거절하고 좀 더 나이 많은 코치를 제안할 수도 있었을 것이다. 코칭 세션에서 나이가 계속 문제가 된다면 코치는 자기 감정과 불안감을 다루기에 바빠서 정작 코칭 과정에 집중하기가 어려울 것이다. 그렇기 때문에 이러한 거절은 약점이라기보다 자기 인식과 전문성을 보여주는 증거로 보일 것이라고 나는 믿는다.

코칭 대상자

나탈리아는 그룹 세션 동안 실질적인 공동 촉진자 de facto co-facilitator 역할을 하면서 아주 협조적이고 귀중한 도움을 주었다. 그녀는 확실히 어떤 역할을 맡고 자기 통제권을 행사해야 했다. 공동 촉진자 역할을 맡는 것이 그녀에게 어느 정도 통제감을 제공했다고 나는 추측한다. 이런 상황에서 누가 상황 통제권을 갖느냐에 대한 미묘한 파워 게임이 있었다고 생각한다. 나탈리아가 다른 참가자들이 잘 집중하지 못하는 상황에서 지지적이고 생산적인 역할을 담당함으로써 자기가 통제하고 영향력을 행사하고 있다고 여겼을 것이다. 자신이 수행한 역할극에 대해서 피드백을 받는 것은 나탈리아가 통제할 수 있는 상황이 아니므로 분명히 그녀에게 스트레스를 주었을 것이다. 코칭 대상자(부하 직원)의 역할을 하는 것은 나중에 그녀가 부분적으로 인정했듯이 그녀에게는 새로운 학습이었다. 나탈리아는 그녀가 실제 생활에서 상사로서 행동했을 때 부하 직원들이 어떻게 느꼈을지 어느 정도 깨달았을 것이다. 그녀가 지금까지 생각했던 것보다 그녀의 부하 직원들이 더 큰 힘과 통제력을 갖고 있음을 깨달았을 수 있다. 이와 같은 받아들이기 어려운 깨달음과 코칭 대상자라는 원치 않는 불편한 위치 때문에 그녀는 이튿날 코칭 세션을 취소함으로써 통제자의 위치를 되찾았을 수 있었다. 게다가 코칭 회사에서는 이제 그녀의 비위를 맞추기 위해 만반의 준비가 되어 있었다. 물론 이것은 그때 상황을 설명하기 위한 몇 가지 가설 가운데 하나에 지나지 않는다.

일대일 코칭은 나탈리아에게 큰 도전이었을 것이다. 그녀가 일대일 코칭 참여에 동의했다고 가정할 때 그녀에게 코칭 과정을 어떻게 지속적으로 따라갈지 결정하는 기회를 주고 그녀가 코칭 과정에 약간의 통제권을 가짐으로써 안전감을 느끼도록 하는 것은 매우 중요할 것이다. 나는 나탈리아가 일대일 코칭을 취소하려 한다는 소식을 들었을 때 안나가 느꼈던 놀라움을 언급하고자 한다. 내가 그녀의 상황이었다면 나는 전날 상황에 대한 인식의 차이, 즉 일대일 코칭을 취소하려는 그녀의 잠재적 이유와 그녀의 마음을 바꾸려는 코치의 목표 사이에 인식의 차이를 탐색할 것이다. 그리고 나서 나탈리아에게 의미 있는 결실은 무엇일지, 또 그것을 얻기 위해서 그녀는 어떤 노력을 해야할지 탐색할 것이다. 실제 상황으로 돌아가면, 나는 일대일 코칭을 거부하는 나탈리아의 결심에 대해서 그녀와 대화해보는 것이 매우 흥미로운 일일 것이라고 생각한다. 그녀를 코칭받도록 설득하는 대신 코칭은 자발적인 것이니 그녀의 결정을 받아들인다는 점을 나는 강조해서 말할 것이다. 그런데도 나탈리아가 왜 계속 코칭받기를 원치 않았는지 이해하는 것은 흥미로울 것이다.

앞으로 안나는 코칭 프로젝트를 맡을 때 그녀가 어떤 유형의 고객과 함께 일할 때 효과적인지 생각할 것이고 나이, 개인 문제, 문화 차이와 같은 제한점이 코칭 과정을 어떻게 방해할지에 대해서도 생각할 것이다. 또 맡은 프로젝트에 대해 시스템적인 조망을 가지고 전반적인 맥락을 고려하는 것 또한 도움이 될 것이다.

사례 후 노트

_ 안나 우르노바 Anna Urnova

이 사례에 서술된 사건은 불과 몇 시간 동안 발생했다. 그렇지만 나에게 벌어진 일을 진정으로 받아들이기까지는 6개월이 걸렸다. 나는 나탈리아의 프로필 정보를 처음 읽었을 때 떠오른 질문을 계속해서 내 자신에게 던졌다: 그녀에게 나는 적합한 코치인가? 그러나 내가 한 가지 놓친 점이 있었다. 나에게 기대했던 것이 고객을 도와주는 것인지, 내가 좋은 코치라는 것을 증명하는 것인지 내 자신에게 질문했어야 했다. 초반에 나를 괴롭혔던 염려는 사실 내가 유능하고 통제력을 가진 코치로 보이는 능력에 대한 내 자신의 불안과 의심에서 비롯되었다. 그 결과 유능한 코치로 보이려는 내 열망은 나로 하여금 비인간적이며 과도하게 사무적으로 굴게 했다. 처음부터 나와 내 코칭 대상자들 사이에는 라포가 거의 없거나 아예 없었다.

또 다른 주요 요인은 진정한 고객이 누구인지 정의하는 데 내가 실패했다는 점이다. 나는 내가 기업 고객에게 요청받은 임무를 수행하는 데만 초점을 두었다. 그룹의 강한 저항과 부정적인 태도를 목격했을 때 나는 이것을 결과를 얻기 위해 극복해야 하는 장애물로 보았다. 나는 기업 고객이 제시한 체크 리스트를 한 개씩 점검해 나가는 것에 집중하기보다는 그룹의 학습 기회를 최대로 높이는 데에 초점을 맞추었어야 했다. 즉 나는 '올바른 일을 하기' 보다는 '일을 올바르게 하는 것'에만 몰두했던 것이다.

실패 경험에 뒤이어 나는 또 다른 도전에 직면하게 되었는데 그것은 외부 사건에 대한 내 개인적인 반응과 전문가로서의 반응에 대한 것이다. 내가 대처하기 가장 어려웠던 것은 나탈리아의 코칭 거부가 내 코칭 동료나 다른 그룹원이 있는 자리에서 공개적으로 이뤄졌다는 점이다. 게다가 정작 나는 나탈리아의 코칭 거부를 그녀에게서 직접 들은 것이 아니고 제3자를 통해서 알았다. 내 최초의 반응은 충격과 부인이었다. 그러나 이튿날 나탈리아가 참말로 일대일 코칭에 참여하지 않는다는 결정적 소식을 들었을 때 코칭 거부는 현실로 다가와 나를 짓눌렀다. 나는 너무도 화가 나서 다른 어떤 것도 생각할 수 없었다. 나는 나탈리아에게 화가 났고 코칭 그룹에게도 화가 났으며, 나에게 가장 어려운 그룹을 배정한 프로그램 감독관에게도 화가 났고 심지어는 나처럼 싫은 일을 떠맡지 않아도 되었던 내 동료 코치들에게까지 화가 났다. 결국 이런 분노는 창피함으로 변했다. 나는 이 상황을 기업 고객과 다른 코치들의 관점으로 보자 갑자기 나탈리아의 거부가 참담하고 회복 불능의 실패로 보였다. 나는 완전히 낙담했고 새로운 코칭 프로젝트를 맡을 열정이 생기지 않았다.

베를린의 ESMT 코칭 콜로키엄에서 정기적인 수퍼비전과 동료 그룹 리뷰를 통해 지원받지 않았더라면 나는 이 상황에서 헤어나오기가 매우 힘들었을 것이다. 이 곳에서 대체로 나를 지지하는 발언과 질문들을 듣고 나는 놀라움과 안도감을 느꼈는데 이것은 나로 하여금 다른 관점에서 상황을 보게 도와주었다. 이제 나 자신을 사건과 분리해서 볼 수 있었고 상황을 외부적 시각으로 바라볼 수 있었다. 게다가 내 성과에 대해서 다른 코치들이 어떻게 생각하는지 들을 수 있었다. 전문성에 대한 염려를 잊고 코치도 해결해야 할 문제와 감당해야 할 시련을 가진 실수할 수 있는 보통의 인간이라는 것을 받아들이게 되었다. 다른 코치들이 전해준 어려운 사례들을 듣고 난 뒤 까다로운 코칭이 코칭 작업의 어엿한 한 부분이라는 점을 이해하게 되었다.

18

고객이 자신을
희생양으로 느낄 때

_ **사빈느 뎀코프스키** | Sabine Dembkowski

사례 요약

사빈느 뎀코프스키는 고객을 도와 향후 커리어를 선택하고 (금융전문가와 일반 경영관리직 사이에서) 최근의 금융 위기에 대처하기 위해 고용된다. 금융 위기의 여파에서 비즈니스를 구하기 위해 극단적인 조치가 내려졌고 은행업의 언어와 세계를 이해하지 못하는 새로운 이해관계자들을 어떻게 대해야 할지 고객은 혼란스러워한다. 코치는 고객의 스파링 파트너로서 역할을 하도록 기대된다. 코치는 은행 분야가 어떻게 움직여야 하는가, 바른 관행과 잘못된 관행에 대한 개인적인 가치관과 관점 때문에 금융 위기에 강한 반응을 보인다.

맥락: 이 사례는 영국에서 일어난 일이다.

배경

내 고객 '존'은 부동산과 공공 분야 금융에 전문화된 한 은행의 고위 간부이다. 이 은행은 영국에서 상위 20위권 안에 들며 FTSE 100 금융기

관의 자매 기관이다. 존은 굉장히 똑똑하다. 유럽 두 나라에서 공부했고 선두적인 비즈니스 스쿨에서 MBA 학위를 받았으며 은행가로서 정식 훈련을 받았다. 은행에서 초반에 일할 때는 런던, 뉴욕, 프랑크푸르트와 룩셈부르그에서 일했다. 존은 투자은행 업무를 포함한 다양한 은행 업무에서 광범위하게 경험을 쌓았다. 운이 좋게도 그는 좋은 멘토들을 만났고 일찍이 경영진으로 승진할 수 있도록 도움과 지원를 받았다. 그는 전문 은행 업무와 경영관리 업무 모두 성공적으로 해낼 수 있음을 자기 자신과 은행에게 증명해 보였다. 한마디로 지금까지 매우 성공적이고 가파르게 커리어를 쌓아온 존이 이제는 몇 가지 딜레마에 빠지게 되는데 이것이 우리 코칭 관계의 출발점이 되었다.

존의 첫 번째 딜레마는 그가 앞으로 어떤 역할(전문 은행 업무 또는 경영관리)에 초점을 맞출 것인지에 관한 것이다. 그는 이 두 가지 역할을 각각 다른 이유에서 모두 똑같이 좋아한다. 그는 커리어를 쌓는 동안 은행 경영관리 업무를 맡아야 할지 전문가로 남아야 할지 100% 확신이 든 적이 없었다. 그의 말을 빌리자면, "어쩌다 보니" 그는 경영직을 맡게 되었고, 마침내 2006년에는 최고 경영자의 위치에까지 이르게 되었다고 한다. 그러므로 존은 현재 경영에 주력하고 있었지만 이것이 옳은 길인지 아닌지 도무지 확신이 생기지 않았다.

존의 또 다른 딜레마는 금융위기에서 생겨났다. 존이 현재 역할을 맡았을 무렵 그의 부서는 매우 안정적이었다. 비록 은행에서 가장 수익성이 높은 부서는 아니었지만 부동산과 공공 분야 금융에서 잘 알려져 있었기 때문에 탄탄한 비즈니스였다. 그러나 2007년도에 이르러 문제가 드러나기 시작했는데(보통 비즈니스 문제보다 좀 더 심각했다) 심각한 손실이 발견되었다. 금융 위기가 더 심각해지면서 은행의 모(母) 회사가 언론의 끈질긴 추적을 당하게 되었다. 사실 은행의 손실이 너무도 심각해서 영국에서 명성 높은 금융기관 가운데 최초로 정부의 보증을 받게 되었고 현재 상당한 지분을 영국 정부가 보유하고 있었다. 이렇게 해서 은행의 고위 간부인 존은 새로운 그룹의 이해관계자인 정부와 정부 공무원들과 함께 일하게 되었다. 이들 이해관계자들은 아주 다른 문화적 배경을 갖고 있었고 그들은 은행가들에게는 매우 '낯선' (그의 말을 빌리자면) 결정을 했기 때문에 존은 심한 불안감을 느끼고 있었다. 존은 지난 몇 달 동안 이 이해관계자들이 다른 문화에서 왔을 뿐만 아니라 그가 보기에 이해하기 힘든 근거에 기초하여 결정을 내린다는 사실을 깨닫게 되었다. 즉 일반 국민들에게는 인기를 끌 수 있는 결정이지만 사실관계를 따져 볼 때 한마디로 틀린 결정이었다. 새로운 이해관계자들은 은행 업무 절차와 투자 수단이 설계되고 운영되는 방법에 대해서도 상당히 엇갈리게(일부는 아주 제한적으로) 이해하고 있었다. 그들이 사용하는 어휘는 매우 달라서 회의에서 주제 토론이 이루어지기 전에 반드시 은행 용어와 절차를 하나 하나 설명해주어야만 했다.

존은 이런 모든 상황이 너무 답답하고 좌절감을 느꼈는데 가끔은 그가 대학교 금융 입문 수업을 가르치는 듯한 기분이 들었다. 게다가 어떤 실행안이든 추가적인 설명과 정당화가 필요하다는 것은 결국 의사 결정 진행 과정이 매우 느리고 의사결정을 할 때 고려해야 할 새로운 단계가 하나 더 추가됨을 의미했다. 물론 이성적으로는 존도 이러한 새로운 절차와 균형의 필요성을 이해했지만 감정적으로는 현재 그의 역할에 의문만 가중시킬 뿐이었다.

정부의 은행 인수와 은행 지분 때문에 존은 계속 언론의 주목을 받아야 하는 추가적인 압력까지 느끼게 된다. 그는 어떻게 이 상황을 다루어야 할지 해결책을 내야 하는 상황에서 마음이 불편했고 지금 단계에서 어떤 해결책을 내야 하는지 감도 잡히지 않았다. 그러나 언론은 끊임없이 요구하고 있었다. 존은 할 수 없이 '시스템에 의해 내몰려서' 별로 의미 없는 말들만 내뱉게 되는데 그건 그의 스타일이 전혀 아니었을 뿐 아니라 그가 매우 혐오하는 행동이었다.

　모회사도 그러하듯이 존의 은행은 심각한 손실을 입었다. 그의 은행은 그의 말을 빌리자면 '내부적으로 나쁜 은행'으로 이용되었다. 그 결과 조금이라도 은행의 책임을 보여주는 손실, 서류나 메모 등은 모회사가 상대적으로 '깨끗한 이력'을 갖고 있다는 것을 보여주기 위해 악용되었다. 존은 그의 은행이 모회사의 결함에서 비롯된 희생양이라고 느꼈다. 존의 이러한 시각은 향후 5년 안으로 은행을 팔거나, IPO(신규 상장)하기 위한 준비를 도우라는 주요 이사회의 지시에 따라 더욱 강화되었다. 존은 그의 역할을 불편해하는데 자기 역할이 마치 '못생긴 신부를 예쁘게 치장하는 것'과 같다고 여겼다.

코치로서 내 역할

　이런 모든 금융계의 격변 속에서 존은 중립적인 공명판sounding board과 스파링 파트너로서 나를 코치로 고용했다. 그는 자기 커리어 방향에 대해서 어떤 결정을 내려야 한다고 느꼈다. 그는 무엇을 원한 걸까? 국영 은행가? 진정한 은행가? 은행의 최고 매니저? 아니면 새로운 유형의 은행 최고 매니저?

　존은 외부의 도움 없이는 그에게 무엇이 최선인지 성찰할 시간을 결코 가질 수 없음을 깨달았다. 더 나아가 그는 자신이 어떤 방향으로 나아갈지 결심을 하면 자신을 하나의 브랜드로 만들어 그의 조직과 영국의 금융 커뮤니티 안에서 명확하게 포지셔닝하고 싶어 했다. 또 그의 현재 역할의 중압감과 이해관계자들에 대한 세심한 관리 필요성까지 고려할 때 존은 다양한 이해관계자 그룹의 요구를 반영하고 판단하고 관리할 수 있도록 내가 도와주기를 바랐다.

　2009년 3월 코칭을 본격적으로 시작했을 때 우리는 2~3주에 한 번씩 세션을 갖기로 했다. 세션 주기는 일단 세 번의 세션을 진행한 뒤 다시 검토하기로 했다. 매 세션마다 내용이 꽉 찬 세션으로 진행되었는데 심각한 손실에 대한 끊임없는 뉴스에 대해 이해관계자 그룹이 자기들의 입장을 방어했기 때문이다. 그러므로 내 역할은 그가 현재 처한 상황을 인정하면서도 그의 원래 목표에 초점을 계속 맞추도록 돕는 것도 포함되었다.

도전

이 사례를 힘들게 만드는 여러 요소들이 있었다. 사실 그때까지 코치 생활을 해오면서 다뤘던 그 어떤 사례보다 어려웠다. 내 고객인 존은 자기 의지와 상관없이 은행과 정부, 그리고 언론까지 모든 스포트라이트를 한 몸에 받고 있던 인물이었다. 그리고 금융 위기 동안 지배적이었던 극심한 공황 상태 분위기는 존과 그와 연결된 나에게도 은행 문제를 해결하기 위한 확실한 해결책을 찾아야만 한다는 큰 압박감을 안겨주었다. 물론 내 초점은 은행보다는 존에게 더 맞추어져 있었다. 나는 그가 고용주에게도 언론의 눈에도 희생양이 되지 않도록 확실히 하는 것을 돕고 싶었다. 다른 때 같았으면 미디어의 주목을 받는 것이 명성을 쌓기 위해 도움이 될 수도 있었겠지만 존은 그가 원했던 것보다 훨씬 더 많은 주목을 받았다. 그렇지만 동시에 그는 영국 금융계 전체에서 그의 명성을 유지하고 발전시킬 수 있도록 내가 도와주기를 바라고 있었.

또 금융 위기라는 사건에서 내 자신을 분리시키는 데에 어려움을 느꼈다. 무엇이 옳고 그른가에 대한 내 개인적인 가치관이나, 향후 전체적인 시스템이 어떻게 가야 할지에 대한 개인적 견해를 노출시키는 오류에 빠지지 않는 것이 어려웠다. 다른 요소로는 여러 이해관계자 그룹 사이의 노하우와 이해관계에 있어서의 커다란 차이였다. 어떤 면에서 이 은행은 '공공-민간' 파트너십이라는 입장을 취했는데, 이는 시기와 형태 면에서 최초였다. 우리가 코칭을 진행하는 동안 우리의 눈앞에서 새로운 문화와 규범이 전개되었다. 이런 이유에서 나는 내가 이전에 다른 조직에서 쌓아온 경험에 의지할 수 없었다. 예를 들어, 전문적인 서비스를 제공하는 회사의 경우 고객이 바라는 건 회사의 파트너가 되기를 원하거나 파트너 그룹 내에 입지를 마련하려는 등 고객의 기대는 명확했다.

은행의 특정한 상황, 금융 위기, 그리고 다양한 이해관계자 그룹으로 인해서 나는 이전에 경험했던 다른 사례들을 훨씬 뛰어넘는 복잡한 맥락과 마주하게 되었다. 그나마 가장 유사했던 사례로는 전 세계적으로 운영되는 한 매트릭스 조직matrix organization에서 일한 고객이었다. 나는 존과의 세션에서 겨와 알곡을 구분하는 것이 어려웠는데 그의 의사결정 과정과 미래 계획 세우는 일을 최선으로 지원해주기 위해서는 고도의 집중력이 필요했다.

도전에 대처하기

이 사례에서 나에게 가장 큰 도전은 세계 금융 위기라는 맥락에도 고객과 고객 니즈에 초점을 맞추는 것이었다. 특정한 환경에서도 나는 존의 최선의 스파링 파트너가 되기 위해서 내 자신의 감정을 통제하는 법을 찾아야 했다. 나는 이미 입증된 프로세스, 도구, 기술을 그대로 따르기로 했고 매 세션 시작 때 나만의 생각과 우려를 떨쳐버리기 위한 엄격한 의식을 진행하기로 결심했다. 이렇게 함으로써 우리가 하는 일과 내가 돕는 고객의 의사결정이 갖는 엄청난 잠재적 중요성에 압도당하지 않으려 했다.

고객이 자신을 희생양으로 느낄 때 : 해설

_ 피터 보박 Peter Boback

　여기서 좋은 소식은 존이 현대 금융계에서 벌어지는 광란의 현장을 함께 누빌 코치를 갖고 있다는 점이다. 존이 스파링 파트너와 정기적인 만남을 갖고 있다는 사실만으로도 그의 생존과 새로운 아이디어 창출에 결정적으로 필요한 안전하고 사색적인 공간이 만들어진 것이다. 이 사례를 읽으면서 나는 고객과 코치가 경험했던 압박감이 이해되었고 심지어 나에게도 느껴졌다. 전문가로서 코치 역할 가운데 하나는 힘든 현실을 인정해주고 그가 감정적으로 충분히 느끼며 상황을 견뎌내도록 함께 해주는 것이다.

　매니저와 임원을 코칭할 때 나는 고객이 하는 이야기가 '고객이 처해 있는 상황'인지, 아니면 '해결해야 할 문제'인지를 가려내기 위해 노력한다. 내가 '포스트모던 조직' - 빠르게 움직이며, 흔히 불규칙하고 예측 불가능한 변화를 겪는- 이라 부르는 조직의 사람들을 코칭한 내 경험을 되돌아보면 이슈 대부분은 '처해진 상황'이거나, 고객 입장에서 자기 영향력이나 통제권이 거의 없는 상황에 노출되어 있는 것이다. 이것은 '해결해야 할 문제'보다 훨씬 빈번히 일어난다.

　이러한 조직 환경에서 코칭할 때 내 생각을 구조화하기 위해 다음의 메타 개념 meta-concepts이 유용하다. 포스트모던 조직은 직원들의 입장에서 세 가지 결핍이 특징이다. 방향의 결핍(위에서 내려오는 '원대한' 비전, 미션, 또는 전략이 있는데도 이것을 의미 있는 개인 목표로 구체화하는 일은 흔하지 않다), 연결의 결핍(팀과 매니저들이 6개월마다 한 번씩 재편성되는 상황에서 다른 사람들과 어떻게 신뢰를 형성할 수 있을까), 그리고 보호의 결핍(불안정한 조직은 더는 직원들을 지켜 주는 보호막이 되지 못한다)이 있다.

　내가 받은 인상은 이 특징들의 일부 또는 대부분이 존의 조직에 해당되는 것 같다. 코칭 인터벤션 가이드라인은 조직 환경에서 부족한 것들을 채우는 개선책을 찾도록 고객을 도우라는 것이다. 나는 다음 세 가지가 있다고 본다.

- 자신을 돌보기. 코치는 존이 자신을 돌볼 수 있도록 도울 수 있다. 즉 존을 둘러싼 환경에서 위험 요소를 알아내고, 존이 타격을 입지 않도록 전략을 수립하며, 그를 둘러싼 리스크를 관리하도록 도울 수 있다. 직원들에게서 보호막 기능을 상실한 조직 환경에서 살아가는 법을 존은 배울 필요가 있다.
- 존이 직업적으로 진짜 원하는 게 무엇인지 파악하기. 이것은 계속해서 진행 중인 매우 중요한 주제라 할 수 있다. 예를 들어, 존과 그의 코치는 은행 내부와 외부에서 선택 가능한 커리어 전환 옵션이 무엇인지 함께 알아볼 수 있다. 자기 브랜드를 만드는 것, 평판 관리, 그리고 커리어 대안 분석 등의 이슈는 코칭을 위한 주요 주제가 될 것이다. 이런 이슈를 미리 탐색해보는 것은 앞으로 발생할 수 있는 상황과 존의 통제 범위 밖에 있는 일에서 일종의 보호막을 형성해줄 것이다.
- 책임 영역을 명확하게 하기. 은행, 고위 간부들, 그리고 이사회가 갖고 있는 책임에 대한 개념은 무엇인가? 존이 가지고 있는 책임의 개념은 무엇인가? 그의 역할은 무엇이고 어떤 책임이 연결되어 있는가? 그가 대답해야 하는 질문들은 어떤 것이 있는가? 그가 자기보다 높은 위치에 있는 사람에게 책임을 전가할 수 있는 일이 있는가? 그에게 주어진 책임 영역을 명백히 하는 것이 가능한가? 그렇지 않다면 그가 희생양이 되지 않도록 어떻게 보장할 수 있는가? 책임 개념을 명확히 하고서야 존은 그의 역할과 책임 개념에 근거하여 내부 또는 외부와의 커뮤니케이션 전략을 세울 수 있을 것이다.

추가적으로 존이 직면한 업무(그가 혐오한다는 업무)를 좋은 배움의 기회로 생각할 수 있을 것이다. 불편한 업무를 자신만의 행동 레퍼토리를 확장시킬 수 있는 기회로 재구성reframe할 수 있을까? 예를 들어서, 공무원들에게 금융 입문 수업을 해주거나 언론의 주목에 대처하는 법, 다른 문화적 배경을 가진 사람들(예를 들어 정치인)의 기대에 부응하는 법을 배우는 것은 어떨까?

사례 후 노트

_ **사빈느 뎀코프스키**Sabine Dembkowski

나는 이 코칭 프로젝트를 진행하면서 어느 때보다 많은 시간을 나 자신을 위해 할애하고 수퍼비전 횟수를 늘리기로 결정했다. 내 자신이 위기 상황에 너무 매몰되지 않고 그것이 가져오는 소모적이면서도 부정적인 에너지에 빠지지 않게 하려는 것이었다. 구체적으로 이야기하자면 나는 운동하는 시간을 늘렸고 더 많은 시간을 휴식과 이완에 할애했다. 그리고 존을 만나는 날에는 다른 고객은 만나지 않음으로써 내 모든 에너지를 그에게 온전히 집중할 수 있었다.

또 각각의 세션마다 철저하게 준비한 것이 나에게 큰 도움이 되었다. 이전 세션에서 적어놓은 메모와 세션과 세션 사이에 주고받는 이메일을 면밀히 검토했다. 존이 일하는 은행과 금융 상황에 관한 전반적인 뉴스를 철저하게 읽으면서 맥락을 놓치지 않도록 노력했다. 이렇게 함으로써 존이 나에게 상황을 이해시키기 위해 많은 시간을 할애하지 않아도 되었고 나도 그에게만 집중할수 있었다. 세션마다 나는 체계적인 접근과 이미 시험되고 검증된 절차와 도구와 기술만을 고수했다. 특히 다음과 같은 것들이 사용되었다:

- 코칭 모델 아카이브Archieve Coaching model® - 이것은 이미 철저하게 중명된 코칭 프로세스의 기초를 제공한다.[1]
- 기초 다지기 - 단기 문제 해결 요법(SFBT)에서 변형되었고, 스티브 드 샤저Steve de Shazer가 개발한 도구와 방법이다. 이것은 우리의 코칭 관계에서 탄탄한 기초가 되며, 코칭 대화에서 뭔가 일이 꼬여갈 때마다 다시 돌아갈 수 있는 원점이 되었다.
- 이해관계자 맵 — 이것은 내가 '영토'를 만드는 데 도움이 되며 다양한 사람들과 이해관계자 그룹의 이름, 관계, 관심사와 특정 동기를 파악할 수 있게 해준다.
- 브랜딩 방법론 — 나는 내가 모니터 그룹Monitor group에서 컨설턴트로 일할 때 배우고 코카콜라, ING은행과 같은 고객에게 사용했던 브랜딩 방법론을 조금 변형해서 사용했다. 이것은 자기 위치를 개발하고 자신을 '브랜드화'하려는 고성과 매니저들과 함께 하는 프로젝트에서 기본적 프로세스로 훌륭하게 쓰였다.

내가 해결하기 어렵다고 여겼던 것

내가 가장 어렵게 느낀 것은 '사람들에게 공개적으로 알려진 것'과 실제로 일어나는 일 사이에 존재하는 엄청난 격차를 보여주는 정보를 매 세션마다 접해야 했다는 점이다. 나는 그동안 전략 컨설턴트와 임원코치로서 비슷한 경우를 많이 보아왔지만, 이번 사례가 가장 극심했다. 이런 상황은 세션을 순조롭게 진행하고 존을 앞으로 나아가게 하는 데 있어 나에게 큰 도전이 되었다.

주석

1. The Archieve Coaching Model® 은 임원코칭에 대한 국제 베스트 프랙티스 연구를 기반으로 생겨났다. 우리는 숙련된 임원코치들이 측정 가능

하고 지속 가능한 결과를 얻기 위해서 GROW 모델의 범위 그 이상을 다룬다는 사실을 발견했다. 이 모델은 7단계의 시스템 코칭 프로세스를 자세히 설명하고, 다음과 같은 조직 임원코칭의 전 과정을 더 투명하게 해 준다.

- 측정 가능하고 지속 가능한 결과와 임원코칭의 더 높은 투자수익률$_{ROI}$을 얻기 위해 체계적인 절차를 원하는 조직
- 코칭 프랙티스를 확장하려는 임원코치
- 코칭 과정에서 무엇을 기대해야 할지 알고자 하며, 코칭을 받으려는 시점에 있는 임원

19

두려움과 취약성 극복하기

_ 샌디 스타델만Sandy Stadelmann

사례 요약

　　샌디 스타델만의 사례에서는 에너지 넘치며 잠재력이 많은 한 젊은 여성 리더가 자신보다 나이가 많고 숙련된 부하 직원의 성과 평가 면담을 갖기 위한 준비에 도움을 받고자 한다. 이 면담을 효과적으로 잘 진행하느냐 마느냐는 부서 안에서 그녀가 효과적인 리더로 결정되는 중요한 조건이다. 고객에게 필요한 자기 효능감과 기술을 개발하기에는 시간이 매우 제한적이다.

　　맥락: 이 사례는 유럽에서 일어났다.

배경

　　클라우디아는 20대 후반의 활발한 임원으로 유명 국제 스포츠 기구 생산회사의 고객 서비스센터에서 일한다. 그녀는 업계에 대한 어떤 사전 경험 없이 이 회사에 입사했는데 그 전에는 여행 가이드로 몇 년간 외국에서 일했다. 그녀가 회사에서 일을 시작한 지 채 1년이 안 되었을 때 새로 임명된 세 명의 팀 리더 가운데 한 명이 되었다. 친절한 태도와 실천적이고 문제 해결 지향적인 접근법으로 알려진 클라우디아는 이제 모든 동료들을 리드했다. 그녀가 임명되고 나서 모든 제품 반납을 처리하고 고객 문의에 대응하는 일을 하던 그녀의 부서 조직은 전반적으로 개편되었다. 이전에는 개별적인 팀원들이 각자 특정한 업무를 담당했던 반면, 이제는 모두가 부서 내의 모든 업무에 똑같은 책임을 맡았다.

팀원 가운데 한 명인 해럴드는 50대 중반의 남성으로 회사 노동위원회의 전 멤버이자 회사에서 최고 선임자 가운데 한 명이었다. 20년 이상을 회사에서 일했기 때문에 제품 반납과 고객 불만을 처리하는 일에서 그가 모르는 일은 거의 없었다. 사실 해럴드는 한때 고객 서비스센터의 책임자로 있었는데 그가 좌천되었다는 사실은 이미 오래 전에 잊힌 일이다. 그의 동료들과 마찬가지로 해럴드는 최근에 있었던 조직 개편 결과로 업무상 중대한 변화를 겪었다. 그는 새로운 IT 시스템을 사용하는 법을 배워야 했고 주기적으로 고객 전화를 받아야 했다. 또 그는 더는 부서의 수습 직원을 교육시키는 책임을 혼자서 지지 않게 되었다. 이 일은 그가 매우 즐겼으며 아주 잘 수행하는 일이었다. 해럴드는 처음부터 이런 변화에 반대했고 새로운 구조에 자신을 통합시키는 것을 거부했다. 예전에는 고객과 수습 직원 모두에게 친절하고 인내심이 많았지만 이제 그의 행동은 퉁명스럽고 거칠어졌다. 그는 팀 회의에 기여하기를 거부했고 그의 보디랭귀지는 적대적이고 방해하는 듯한 인상을 풍겼다. 또 그는 다른 팀원들이 들을 수 있는 거리에서 조롱과 비난하는 듯한 발언으로 클라우디아의 권위를 약화시키는 행동을 했다.

팀의 사기를 높이고 업무량을 공정하게 분배하고자 했던 클라우디아의 시도는 실패로 끝났다. 전화 예절과 IT 교육 세션은 시간 낭비였고 업무 분배를 위한 워크숍과 마찬가지로 클라우디아, 해럴드, 그리고 부서 책임자 사이에 이루어진 면담 또한 아무런 효과가 없었다.

코치로서 내 역할

내가 이 프로젝트를 받아들였을 때 중간 년도mid-year 성과 면담이 임박한 상태였고 부서 책임자는 되도록 빨리 이것을 진행하라고 재촉했다. 클라우디아는 해럴드와 인터뷰를 진행해야 하는 상황이 무척 불편했다. 팀에서 그의 실적과 전반적인 기여도는 불만족스러운 수준이었지만 클라우디아보다 연장자인 남성 직원으로서 그는 일대일 면담에서 그녀를 윽박지르거나 위협할 수 있는 인물이었다.

내가 코치로서 해야 할 역할은 클라우디아에게 큰 도전이 될 수 있는 면담을 잘 준비할 수 있도록 돕는 것이다. 그녀의 의견을 명확하게 제시하고 자제력을 잃지 않고 침착한 방법으로 면담을 진행하기 위해 필요한 기술을 그녀에게 가르쳐주는 것이 코칭 목표였다. 그러나 우리에겐 시간이 많지 않았다. 코칭 세션은 되도록 빨리 끝내야 했고 5시간 이상 걸려서도 안 되었다. 그래서 나는 클라우디아의 동의를 받아 먼저 사전 만남을 갖고 그 다음에 코칭을 어떤 식으로 진행할지 결정하기로 했다.

나는 클라우디아가 공손하고 자기 생각을 잘 표현한다고 느꼈다. 그러나 그녀가 나에게 인사할 때 보여주었던 밝고 활기찬 모습은 해럴드와의 문제를 설명하면서 우울하고 낙담에 빠진 표정으로 즉시 바뀌었다. 그녀는 불안한 목소리로 자신이 해럴드의 희생자가 될까봐 두렵다고 고백했다. 확실히 그녀에게는 까칠한 사람을 다루는 데 필요한 관계 기술은 없어보였지만 어쨌든 그녀는 해럴드를 다룰 방법을 찾아야만 했다. 그녀의 팀 효율성과 팀 정신을 회복할 필요가 있었고 그러기 위해서는 해럴드가 그녀를 팀 리더로 받아들여야 했다. 클라우디아는 전문가의 지원 없이는 이 일을 혼자 해낼 수 없다고 생각했고 우리는 그녀가 자신감을 갖고 면담을 이끌어나갈 수 있는 능력을 개발하는 것을 목표로 정했다.

도전

나는 클라우디아가 다뤄야 할 이슈 몇 가지를 즉시 발견했다. 첫 번째는 그녀가 어떤 문제 앞에서 보이는 감정적인 반응이었다. 그녀는 지식이 많고 기술이 노련한 협상가인 해럴드에게 자기가 대적이 안 된다고 느꼈다. 여기서 우리의 도전 과제는 그녀로 하여금 자신의 두려움과 취약성을 극복하고 자기를 활동적이고 자신감이 넘치는 사람으로 느끼게 하는 것이었다.

또 클라우디아는 직원들과 불편하거나 대립적인 상황에 맞닥뜨리는 데 필요한 기본적인 의사소통 기술과 행동 기술이 부족했다. 클라우디아는 여러 면에서 유능한 리더였지만 전형적으로 순종하는 역할로 흐르는 경향이 있었다. 예를 들어, 남성에게는 여성으로서, 연장자에게는 어린 사람으로서, 경험 많은 동료에게는 경험 적은 매니저로서 행동했다. 이러한 상황에서 그녀는 상대방 비판을 자신에게 허락하지 않았다. 그녀의 새로운 역할에서 기대되는 것인데도 그녀는 어떤 기본 원칙도 세우지 않았다. 내 임무는(다시 말하지만 너무도 짧은 시간 안에) 클라우디아가 대인 관계에서 자신감과 통제력을 가질 수 있도록 돕는 것이었다.

많은 면에서 클라우디아의 행동은 그녀와 비슷한 위치에 있는 다른 많은 여성들에게서 발견되는 전형적인 것이었다. 그녀는 아주 자기 비판적이었고 문제를 해결하는 데에 마음이 급했다. 동시에 그녀는 불화나 대립을 밖으로 표현하는 것을 아주 불편하게 여겼다. 그녀가 해럴드와 가질 면담 목적을 명료화하지 않은 것이 상황을 더욱 어렵게 만들었다. 공식적인 목적은 약속된 성과 목표를 달성했는지 검토하고 해럴드의 내년 목표를 수립하는 것이었다. 그러나 클라우디아는 놀라운 일이 아니지만 토의의 초점이 해럴드의 비판과 불만에 맞춰질 것으로 예상하고 있었다. 지금과 같은 상황에서는 면담에서 원래의 목표를 달성하지 못할 것으로 보인다. 우리의 도전 과제는 그녀가 옆으로 새지 않고 대화의 통제력을 유지하도록 그녀를 훈련시키는 것이었다. 쉽게 이루어질 것 같지는 않았다. 공격적이거나 독재적인 접근법은 해결책이 아니었다. 해럴드를 이해시키고 그를 그녀의 편으로 만들기 위해서는 클라우디아가 계속 침착하고 긍정적인 태도를 보여주어야 했다.

도전에 대처하기

    내 우려는 촉박한 시간과 복잡한 상황 속에서 클라우디아가 이 면담을 성공적으로 이끄는 데 필요한 기술을 내가 제공할 수 있을까였다. 클라우디아의 부서에서 상황을 전환시키기 위한 몇 번에 걸친 시도가 있었지만 모두 실패했다. 코칭은 단지 마지막 시도였다. 코칭이 해답이 될 수 있을지 나는 확신이 없었다. 다른 두 가지 옵션이 내 머리에 떠올랐다. 한 가지는 클라우디아와 해럴드가 서로의 차이점을 받아들이고 실현 가능한 해결책에 도달하도록 중재하는 것이고 다른 한 가지는 현재 상황에 저항하는 해럴드와 용감하게 대화를 나누는 것이다.

    나는 이런 내 아이디어를 동료 두 명에게 말해주고 반응을 살펴보았는데 성공적이지 못했다. 우리는 서로 다른 접근법을 선호했다. 그러나 내가 클라우디아를 코칭하기 위해 고용되었기 때문에 나는 어떤 방법이 성공적일지 알아내기 위해서 다양한 코칭 방법을 시도해 보기로 결심했다. 나는 클라우디아보다 더 자신감이 넘치는 해럴드에 맞서기 위해서 그녀가 좀 더 강하고 안정적인 태세를 갖춰야 할 필요가 있다고 보아 두 가지 실천 가능한 기술에 집중하기 시작했다.

    한 가지 기술은 클라우디아의 내적 갈등을 다루기 위해서 슐츠 본 썬 Schulz von Thun의 '내면의 팀inner team' 기술을 사용하는 것이다. 이 방법은 고객의 모순되는 생각을 알아내고 이해하게 도와주며 해결 지향적인 관점을 발전시킨다. 다른 한 가지는 관계에서 발생한 외적 갈등을 다루기 위해서 '메타 거울meta-mirror' 기술을 적용하는 것이다. 이것은 변화를 바라는 타인에게 초점을 맞추기보다는 관계의 변화를 만드는 책임을 자기 자신에게 두는 방법이다. 나는 슐츠 본 썬의 방법을 자주 사용해왔는데, 클라우디아와 비슷한 상황에서 효과가 있었다. 그런 이유에서 신중한 고민 끝에 나는 그의 기술을 이번 사례에 사용하기로 했다.

내 접근법

나는 클라우디아와 세 번의 세션을 갖기로 했다. 첫 번째 세션에서 나는 클라우디아의 리더십 스타일이 매우 지지적이면서 이해심이 있다는 사실을 알게 되었다. 특히 다음 세 가지 특이 사항을 관찰했다.

첫째, 클라우디아의 대화 방식은 다른 사람들로 하여금 그녀의 질문과 발언의 방향을 바꾸어 다시 그녀를 향하게 만드는 스타일이었다. 그녀가 자기 질문에 즉시 답을 받지 못하거나 다른 사람이 질문으로 답을 대신하면, 그녀는 늘 그녀 자신이 직접 대답을 제공하면서 대화가 끝났다. 그녀의 이러한 성향에 대해 나는 두 가지 방법을 제안했다: 대화에서 어색한 침묵을 참고 견디기, 질문에 대답을 요구하기.

내가 두 번째로 관찰한 사항은 클라우디아가 자세와 목소리 톤으로 그녀 자신을 보여주는 방식과 관련이 있다. 나는 키스 존스톤Keith Johnstone의 즉흥 연기법을 조금 변형해서 한 가지 실험을 해보기로 했다. 그녀가 생각하기에 완전히 자신감 없는 모습의 보디랭귀지를 보여달라고 나는 요청했다. 이 자세를 보고난 뒤 우리는 진정성 있고 편안하게 완전 정반대의 이미지를 보여줄 수 있는 자세를 찾을 때까지 아까 보여준 그녀의 자세에 들어있는 부정적 요소를 거꾸로 시작하여 나는 그녀가 긍정적인 보디랭귀지가 자동으로 나올 수 있도록 계속 연습할 것을 요청했다.

세 번째로, 클라우디아의 강렬한 감정적 반응이 명료하고 침착하게 생각하는 능력을 방해한다는 사실을 알았다. 나는 그녀의 감정적 차원과 사실적 차원이 뒤섞인 것을 분리하여 이후 두 번의 세션에서 별도로 다루기로 작정했다.

우리가 두 번째 세션에서 만났을 때 그녀는 내가 내준 과제와 연습을 통해 많은 진전을 이루었다. 이후에 나는 슐츠 본 쌘의 '내면의 팀' 이론을 설명해주면서 그녀가 자신의 내적 목소리와 내적인 메시지 그리고 의도를 구분할 수 있도록 격려해 주었다. 이 기술을 사용하여 우리는 그녀 안에서 거의 잊혔지만 필요한 목소리를 되찾았고, 이리하여 '그녀 내면의 팀'을 재배열하게 되었다. 그 결과는 정말로 인상적이었는데 클라우디아가 자신이 갖고 있는 능력과 권한을 지각하면서 그녀의 전반적인 태도가 확연히 달라졌다.

클라우디아가 세 번째이자 마지막 세션에 들어왔을 때는 단단한 내면을 갖고 있었으며 해럴드와 면담하기 위해 전략과 목표를 수립할 준비가 확실하게 되어 있었다. 그녀가 설명해준 그녀의 이전 전략은 공손하게 요청하는 것이었는데 그것은 해럴드가 쉽게 무시하거나 외면할 수 있는 것이었다. 여기에는 어떤 리더십도 없었다. 클라우디아가 이 상황을 변화시키도록 돕기 위해서 우리는 해럴드의 관점에서 상황을 바라보는 연습을 했다. 클라우디아가 바라는 것과 요구하는 것을 친근한 방식으로 표현하면서도 해럴드에게 회피할 수 있는 여지를 주지 않는 접근법을 개발하는 데 주력했다. 그러고 나서 우리는 세부적인 목표를 세웠는데 가장 먼저 우리가 한 것은 클라우디아가 그 밑으로는 절대 내려가면 안 되는 최소한의 기준치를 정했다. 그러고 나서 우리는 팀의 전체 상황을 개선하는 목표에 집중했다. 그녀가 해럴드에게 제공할 수 있는 긍정적인 혜택 가운데 동시에 팀에게도 도움이 되는 혜택이 무엇이 있을지 찾아보았다. 그 다음 나는 그녀에게 건설적인 피드백 구조를 가르쳐 주었는데 면담을 시작하는 시점에서 토의 주제, 두 사람의 지위 등을 명확히 함으로써 해럴드가 갖고 있는 기대를 잘 다루는 것이 중요하다고 강조했다.

코칭이 끝날 무렵 클라우디아는 1인칭 발언을 명확하게 전달하고 독재적이거나 대립적인 행동 없이도 권위를 확고하게 세울 수 있는 방법을 배웠다.

두려움과 취약성 극복하기: 해설

_ 스베틀라나 카포바 Svetlana Khapova

이 사례는 협조적인 한 젊은 여성 리더와 나이가 많고 경험도 많으며 항의를 일삼는 남성 팀원 사이에 빚어지는 갈등 관계에 관한 것이다. 이 사례는 두 명에 관한 것이지만 리더인 클라우디아만이 코칭에 초대된 것으로 서술되어 있다. 이 사례는 그녀의 리더십 스타일과 여성적인 관리 방식을 다루고 있다. 흥미롭게도 사례에 등장하는 모든 도전 과제는 해럴드가 아닌 클라우디아에게 해당된다. 그렇지만 주목해야 할 것은 해럴드의 스토리라는 게 내 생각이다.

이 사례는 해럴드가 이전까지는 고객의 전화를 아주 친절하게 받았지만 이제는 그렇지 않다는 사실을 보여준다. 그가 왜 좌천되었는지 이유는 알 수 없다. 전에는 그가 책임이 더 많은 업무를 담당했고 경험도 확실히 많이 가지고 있다. 그렇다면 왜 그의 전문성을 더 존중해주고 유용하게 쓰지 않는가? 그에게 새로운 책임을 부여하는 방법은 어떠한가?

이 사례는 해럴드가 힘이 있는 사람이라는 사실을 보여준다. 그는 단순히 말 걸기에 어려운 사람일 뿐만 아니라 팀 분위기를 결정하는 사람이기도 하다. 그렇다면 우리가 그를 팀의 비공식적인 리더로 볼 수 있을까? 그렇지 않다면 팀원들은 왜 그의 반응을 살피는 것일까? 클라우디아는 그의 지지를 얻기 위해서 노력했는가?

현재 해럴드는 아직 50대 중반이다. 많은 사람들이 그가 나이가 너무 많고 학습이나 개발에는 관심이 없다고 말할 수도 있지만 사실 그는 앞으로 적어도 십 년이나 그 이상 일해야 한다. 이 사례가 보여주는 것처럼 그의 커리어 정체, 심지어 커리어의 하락, 그리고 일의 성과에 대한 그의 관심 상실을 고려해 볼 때 이 시점에서 그의 일과 커리어 비전에 대해 중요한 질문을 던져야 할 필요가 있다. 이것은 중간 년도 성과를 평가하는 대화의 핵심 주제가 될 것이다. 마지막으로 이 사례는 리더십과 관련된 젠더 이슈로 보일 수 있다. 그렇지만 내 생각에 여기서 다루어져야 할 이슈는 직장에서 나이가 많은 직원을 대하는 방법과 그들의 커리어와 미래 전망에 관한 것이다.

내가 제안하는 것은 클라우디아의 문제에서 해럴드의 문제로 초점을 전환하는 것이다. 해럴드는 아마도 코칭을 통해서 많은 혜택을 받을 것이고 그의 일에 다시 몰두할 수 있게 될 것이다.

사례 후 노트

_ 샌디 스타델만 Sandy Stadelmann

클라우디아는 해럴드와의 관계에 엄연히 불균형이 존재하는데도 전혀 흐트러짐 없이 자신감 있게 면담을 이끌었다. 그녀는 그들의 대화가 효과적이고 건설적이었다고 말하면서 그녀의 리더십 위치를 유지하면서 그녀가 다루고 싶었던 논점을 모두 다룰 수 있었다고 말했다. 그녀는 해럴드에게 수습 직원들을 훈련시키는 책임을 다시 맡김으로써 그가 잃어버린 위상을 되찾게 해주었다. 해럴드는 갈등을 유발시킨 자기 행동에 대한 클라우디아의 비판을 수용했고 또 개선하겠다고 동의했다. 세션이 끝났을 때 해럴드는 클라우디아에게 개방적이고 건설적으로 접근해준 것에 감사를 표시했다. 그 뒤에 팀의 역동은 완벽하지는 않았지만 현저하게 향상되었다. 클라우디아는 리더로서 자신에게 주어진 새로운 정체성을 계속해서 훈련하고 있고 그녀의 의사소통 기술은 앞으로 점점 발전할 것이다.

이번 프로젝트에서 이렇게 성공적인 결과를 보게 되어서 기뻤다. 그렇지만 나는 이 프로젝트를 내가 어떻게 다른 방식으로 접근할 수 있었을까 계속 자문해 왔다. ESMT 콜로키엄에서 동료 코치들과 활발한 토론을 진행했는데 그들은 이번과 같은 예민한 상황을 다루기 위한 몇가지 다른 대안을 알려주었다(비록 '정답'이 딱 한 개만 있는 것은 아니지만).

한 가지 흥미로운 질문은 코칭이 필요했던 사람은 클라우디아가 아닌 해럴드였을지도 모른다는 것이다. 또 다른 질문은, 클라우디아에게 더 적합했던 사람은 코치보다는 (또는 코치에 추가적으로) 멘토일 수 있다는 것이다. 이런 토의는 클라우디아의 사례를 분석하는 데 진정으로 도움이 되었다. 또 까다로운 사례를 대할 때 잠시 한 걸음 물러나 처음에는 미처 보이지 않았던 대안이 있는지 확인해보는 것이 아주 중요하다는 점을 깨닫게 해주었다.

20

불가능한 커리어 전환인가?

_ 아가타 핼체프스카 피겟Agata Halczewska-Figuet

사례 요약

아가타 핼체프스카 피겟의 사례는 프로그램 책임 교수진에게서 취약해보이는 한 참가자에게 추가적 지원을 제공해줄 것을 요청받은 한 코치의 경험에 관한 것이다. 코치와 참가자는 참가자의 향후 커리어 전환계획에 대해 대화를 나눈다. 비록 그들의 관계가 공식화되진 않지만 코칭 대상자는 조언을 받기 위해 계속 코치에게 연락한다.

맥락: 이 사례는 한 국제 비즈니스 스쿨의 임원 교육 프로그램에서 발생한 코칭 상황이다.

배경

이 코칭 인터벤션은 유럽에 있는 한 비즈니스 스쿨에서 진행하는 임원 교육 프로그램의 어느 세션에서 일어났다. 이 학교에서 나는 두 가지 역할을 맡고 있었는데 내부 센터의 상임이사 겸 학교에서 진행하는 몇몇 임원 교육 프로그램의 코치를 맡고 있었다. 이 사례에서 나는 학교 졸업생 대상 임원 프로그램의 책임자에게서 연락을 받았다. 그는 좀 유별난 요청을 했는데 한 참가자에게 이따금씩 연락을 해서 그에게 도움을 제공해줄 수 있는지를 물어보았다. 프로그램 책임자와 그 참가자의 코치에 따르면, 그 사람은 감정적으로 불안정하고 우울증일 가능성이 있다고 했다. 그들은 그에게 추가적인 지원이 필요하다고 생각했는데 내가 자주 캠퍼스에 있었고 쉽게 접근할 수 있는 사람이었기 때문에 나를 선택한 것이었다. 이 특별한 프로그램의 참가자들은 일 년에 걸쳐서 일주일씩 모듈이 진행될 때는 캠퍼스에서 지냈고 모듈과 모듈 사이에는 프로그램을 위해 따로 공부했다. 내가 그 참가자를 위해 그가 캠퍼스에 있는 시간 동안, 또는 필요에 따라 모듈과 모듈 사이에 그와 대화를 나누겠다고 하자 프로그램 책임자와 참가자가 속해 있는 코칭 그룹의 코치는 매우 안심하는 듯 했다.

나는 그 참가자를 (앞으로 앤드류라고 부르겠다) 그가 살고 있는 바르샤바로 출장갔을 때 처음 만났다. 앤드류는 40대 후반의 폴란드인으로 영국 여성과 결혼했고 현재 세 자녀의 아버지다. 앤드류의 장애인 남동생이 그들과 함께 살고 있었다. 앤드류의 설명에 따르면 그가 임원 프로그램에 참가한 이유이자 현재 그에게 가장 큰 도전은 고위 임원으로 고용되는 것이었다. 이상적으로는 바르샤바에 있는 글로벌 기업 가운데 한 곳에서 해외 파견직으로 일하기를 원하고 있었다. 그는 직업을 전환하는 단계에 있었는데 프로그램 참가비는 자비로 충당하고 있었다. 그때 앤드류는 몇 달 동안 실업자로 지낸 상태였기 때문에 이상적인 직업을 찾아야 한다는 압박감에 크게 시달리고 있었다. 그는 실직자가 되기 전까지 그의 부인과 함께 잘 알려지지 않은 자선단체에서 여러 해 동안 일했다고 했다. 리더십 팀이 새로 교체되면서 앤드류와 그의 부인은 조직을 떠나달라는 요청을 받았다고 한다. 앤드류의 남동생은 특수한 자택 간호가 필요한 상태였다. 앤드류는 더는 실직 상태로 머무를 수 있는 형편이 아니었다고 했다.

내가 알게 된 사실은 앤드류가 교육을 잘 받은 사람이었지만 그의 유일한 직장 경력은 그 자선 단체뿐이라는 것이다. 앤드류는 바르샤바에서 일생을 살아왔지만 그 곳에 다른 가족이나 친구는 없는 것으로 보였다. 그의 핵가족은 꽤나 고립되어 있었다. 앤드류 부모님은 배우였다. 그의 말에 따르면 그의 부모님은 한 번도 주연을 맡지 못한 것을 자주 애석하게 여겼다고 한다. 앤드류는 나를 만나서 아주 기쁜 듯이 보였고 길고 복잡한 문장을 아주 쉽게 말하는 재주가 있었다. 기업 임원으로 새로운 직업을 찾도록 내가 도와주기를 기대하고 있었다. 동시에 앤드류는 기업 조직과 기업의 기능에 관해 아주 개략적인 이해만 갖고 있는 것으로 보였다.

첫 회합을 마친 뒤 프로그램 모듈에 참석하기 위해서 그가 캠퍼스에 올 때면 그는 나에게 정기적으로 연락했다. 나는 매번 일자리 찾는 이야기를 두 시간 정도 들어주었다. 그의 이력서를 헤드헌팅 회사에 넣는 것은 어려웠는데 지금까지 커리어 경험의 깊이와 다양성이 부족하기 때문이다. 앤드류는 그가 '거래 중재가$_{dealmaker}$'라고 부르는 사람에게 프로젝트 매니저로 잠시 고용된 적이 있었는데, 그 남자는 앤드류가 하루에 매우 오랜 시간 동안 근무하기를 기대했다. 앤드류는 이렇게 오랜 시간 일하고 싶지 않았기 때문에 결국 회사를 떠났다.

나와 몇 번의 세션을 진행하고 나서 그는 임원코치를 새로운 잠재적 커리어로 생각한다고 말했다. 그는 이 분야에서 다양한 가능성을 탐색할 수 있도록 내가 가이드해 줄 것을 기대했는데 그는 코치로서 일자리를 신속하게 찾을 수 있을 것이라고 믿고 있었다. 그렇지만 그가 곧 코칭 분야 자격을 얻기 위해 시간이나 돈을 투자할 준비가 안 되어 있음을 분명하게 깨달았고 그의 열정은 사라졌다. 마침내 앤드류는 임원 프로그램을 마쳤지만 계속해서 나와 연락하기를 원했다. 나는 이메일 교환은 수락했지만 전화 통화는 허락하지 않았다.

앤드류가 자신이 계획하는 컨설팅 사업에 대한 장기 계획을 내게 이메일로 보내오면서 우리의 연락은 끊겼다. 그는 내 의견과 관점을 물어보았다. 나는 그 분야에 전문 지식이 부족하므로 그의 프로젝트에 대답해줄 수 없다고 답변했다. 그러고 나서 그가 보내온 두 번의 이메일에는 답장을 하지 않았고, 그 뒤로 우리의 연락은 끊겼다.

도전

내가 처음 받아들인 이 역할에는 모호한 요소가 있었다. 내가 이해한 바에 따르면 내 역할은 프로그램 책임자와 그룹 코치를 도와 취약한 참가자를 지켜보는 것이었다. 내 역할을 앤드류에게 한 번도 정확하게 설명한 적이 없었고 그래서 그는 내가 그의 개인 커리어와 취업 조언자 역할을 해주기를 기대했다. 즉 그가 이전에 일했던 조직의 리더십 위치에서 아직은 불명확한 어떤 최상위 기업의 임원 위치로 전환할 수 있도록 내가 학교를 대표하여 강력한 가이드라인을 제공해주기를 바랐던 것이다.

나는 앤드류의 경력에 한계가 있다는 것을 잘 알기 때문에 그가 최고 임원직에 고용될 가능성에 의구심을 가지고 있었다. 그러나 나는 학교의 상임이사로서 더 큰 관리적 차원에서 이 역할에 연루되었던 것이다. 전반적인 프로그램의 성공을 위해서 어떤 역할이라도 해야 할 책임감을 느끼고 있었다. 또 내 역할에 대해서 앤드류와 나 사이에 깊은 오해가 있다는 것을 나는 감지했다. 우리의 대화 속에서 앤드류를 자기 성찰적 길로 이끌게 하는 것은 쉬운 일이 아니라는 것을 나는 깨달았다. 그는 자기 역량에 대해 이야기하기를 꺼렸고 자기 과거 경력을 분석하는 것도 좋아하지 않았다. 그가 가진 역량과 과거 경력은 최고 임원직으로 고용되기에는 어울리지 않았다. 나는 앤드류가 비영리 분야에서 영리 분야로 커리어 전환을 시도하는 방법에 대한 기술적인 충고를 듣고자 했다는 인상을 받았다. 또 앤드류는 그의 생각, 자기 성찰 또는 자신이 가진 의구심을 나에게 솔직하게 터놓은 적이 없었다. 이런 점 때문에 그는 지나치게 자신만만하고 비현실적으로 보였다. 나는 내가 그에게서 받은 인상을 다루어야 할 위치에 있다고 느끼지 않았 다. 왜냐하면 나는 그와 어떤 코칭 계약도 맺은 적이 없기 때문이다.

나는 이 상황이 굉장히 불편했다. 나는 우리가 진실된 코칭 관계를 형성하는 것이 불가능하다고 느꼈으며 즉각적인 해결책만을 원하는 앤드류의 주장은 우리가 시간을 더 의미 있게 활용하지 못하도록 방해했다. 마지막에는 우리 둘의 협업이 아무런 결실을 맺지 못했다는 느낌을 지울 수가 없었다.

불가능한 커리어 전환인가?: 해설

_ 아네트 보스 Annette Voss

이 사례는 한 비즈니스 스쿨에서 일어난 코칭에 관한 내용이다. 임원 코칭 경험이 많은 프로그램 책임자 가운데 한 코치가 임원 프로그램에 참여하고 있는 한 참가자를 비공식적으로 코칭해달라는 제안에 동의한다. 몇 차례의 세션과 이메일을 주고받다가 결국 연락은 흐지부지된다. 코치의 관점에서 이 코칭은 어떤 수용할 만한 결과도 낳지 못한 것으로 여겨진다.

먼저, 코치의 동기부여에 대해서 좀 더 알아본다면 흥미로울 것이다. 그녀는 까다로운 상황에 있던 동료들을 도와주고 싶었는가? 그녀는 고객이 염려하는 부분에 진심으로 관심을 기울였는가? 그 고객을 코칭함으로써 그녀는 정확하게 무엇을 성취하고 싶었는가? 만약 이와 비슷한 상황을 다시 겪는다면 그녀의 역할을 어떻게 정의 내릴 수 있을까?

이 사례가 암시하는 것을 보자면 고객은 커리어 조언과 격려를 원했지만 코치는 여러 가지 이유 때문에 이 이슈를 다루는 것을 거부한다. 자세한 계약이 없었다는 점을 떠나서 둘의 협력이 끝날 때쯤 어떤 결과를 성취할지에 대한 대화와 합의가 있었는가?

코치의 일정이 너무 바빠서 그녀가 더 장기적인 코칭 과정에는 연루될 수 없던 것으로 생각된다. 그렇지만 고객 특징을 포함해서 그의 일과 개인사에 대한 배경을 고려할 때 그녀가 고객의 말을 많이 경청해준 것으로 보인다. 코치가 명백한 설명과 자기 성찰에도 똑같이 많은 시간을 할애했는지는 확실하지가 않다. 분명히 그녀는 많은 까다로운 측면을 눈치챘는데도 고객에게 많은 피드백을 제공하지는 않았다('나는 내가 그에게서 받은 인상을 다루어야 할 위치에 있다고 느끼지 않았다. 왜냐하면 나는 그와 어떤 코칭 계약도 맺은 적이 없기 때문이다'). 이것이 그녀의 입장에서 코칭이 결실을 맺지 못했다고 느꼈던 이유 가운데 하나가 될 수 있을까?

이 사례는 몇 가지 질문을 제기한다:

1. 코칭 모듈에 직접적인 책임이 없는 상임이사가 행정적 역할에서 벗어나서 추가적인 코칭을 맡아야 하는가? 아니면 이것이 잠재적인 문제를 일으키는가? 이 점이 어떻게 효율적으로 다루어질 수 있는가?

나도 이따금씩 프로그램 책임자를 맡게 되는데 비슷한 문제에 직면한다. 시간이 허락한다면 나는 보통 최대한 시간을 들여 코칭 세션을 제공하고 참가자가 이루고자 하는 중요하고 세부적인 목표를 이야기한다(보통 GROW 모델 순서에 따라서). 그렇지 않다면 나는 차라리 다른 역량있는 코치를 추천하여 전문적이고 효율적인 코칭 세션을 시간 제한 없이 진행할 수 있도록 조치를 취한다(왜냐하면 나는 한 번에 그보다 더 긴 코칭 세션을 다룰 만한 시간이 없기 때문이다).

2. 코칭 프로젝트에 착수하기에 앞서 관계를 먼저 맺고 합의를 정하는 것의 중요성을 자주 간과한다. 이 상황을 어떻게 더 잘 처리할 수 있었을까?

신뢰에 기반한 관계를 형성하는 것은 오랜 시간이 걸린다. 아가타는 경험 많은 코치이자 학교 경영관리팀의 헌신적인 일원으로 묘사된다. 그녀가 조금만 더 시간을 낼 수 있었더라면 그녀의 고객은 코칭 과정을 잘 활용할 수 있었을 것이라고 나는 확신한다.

3. 근본적으로 임원코칭과 리더십 개발 업무를 하는 사람들은 심리적으로 취약성을 보이는 참가자들을 어떻게 다루어야 하는가? 이 사례는 관리자와 임원코치의 전문기술 영역을 벗어나는 상황을 특별히 다루기 위해서 심리학자나 수퍼바이저를 대기시켜야 할 필요를 강조하는가?

내 경험에 따르면 프로그램 중에 일종의 감정적 취약성을 보이는 참가자들은 상당히 많이 있다. 동료 코칭이나 그룹 코칭, 또는 심지어 단기적인 일대일 코칭 세션이 그런 참가자들에게 자기 취약성을 극복할 수 있도록 도움을 주는 경우가 많다. 그렇지만 개인의 어떤 특정 행동이 좀 더 뿌리 깊은 문제를 가리키거나, 심리치료가 필요한 수준을 내비친다면 캠퍼스 내에 대기중인 전문가가 있을지라도 일정상 더 심도있는 코칭을 갖기가 어려울 것이다. 그런 참가자들에게는 캠퍼스 밖에서 전문적인 코칭(또는 심리치료)을 받도록 조언해주거나 필요하다면 특정 분야에 숙련된 전문가를 추천해주는 것이 더 유용하지 않을까?

사례 후 노트

_ 아가타 핼체브스카 피겟 Agata Halczewska-Figuet

이 사례가 제기하는 세 가지 주요 이슈는 다음과 같다.

1. 조직의 역할 경계선: 조직의 역할에서 명확성이 부족하면(이 사례

에서는 행정 역할과 코칭 역할) 모호함과 혼선을 초래할 수 있다.
2. 코칭 범위: 코칭 범위에 대한 합의가 분명하지 않으면(이 사례에서는 리더십 역량 개발이나 취업 카운슬링) 코치와 고객 사이에 비효율적인 커뮤니케이션을 야기할 수 있다.
3. 코칭 일정 합의: 코치와 고객이 만나는 빈도와 코칭의 종료 시점에 대한 이해가 부족하면 양쪽 모두에게 코칭 인터벤션이 효과가 없었다는 인상을 남기게 된다.

동료들의 관점에서 본다면 내가 '내부에 있는 외부인'이자 노련한 코치라는 점이 이 참가자를 보살피기에 아주 이상적인 존재로 비쳤을 것이다. 그러나 내 기준에서 볼 때 이 프로젝트는 좀 더 미묘한 부분이 있었다. 이 특정 프로그램에 코칭 모듈을 자주 제공하는 센터 책임자로서 나는 프로그램의 전반적인 성공에 부분적으로 책임감을 느끼고 있었다. 그런 이유에서 비록 내가 프로그램에 포함되어 있지 않았지만 동료들의 요청을 거절할 수 없었다. 이와 같은 상황은 조직의 역할 경계선에서 단절을 초래했다.

앤드류도, 나도, 우리 사이에 어떤 합의가 있는지 알지 못했고 심지어 서로 다른 생각을 가지고 있었기 때문에 코칭 관계에서 혼선을 초래했다. 앤드류는 그의 개인 코치이자 숙련된 HR 전문가였던 나를 최대한 활용하고자 했을 것이다. 반면에 나는 내 시간 제약 때문에 앤드류에게 어떤 특별한 가치를 부여하지 못하고 있다는 점을 점점 확실하게 인식했다. 앤드류와 계속해서 코칭 관계 맺기를 꺼려했던 이유의 하나는 우리 면담이 흔히 저녁 시간에 이루어져 가족과의 시간을 빼앗기 때문이었다.

치료 성격의 관계, 코칭 합의, 그리고 결과에 대한 합의된 기대가 부족했던 것 외에도 시간을 분명하게 제한하지 않았다. 세션을 몇 번 할지 또는 얼마나 장기적으로 할지에 대한 전반적인 시간 제한이 없었다. 결과적으로 프로그램이 끝나고 나서 앤드류가 그의 비즈니스 계획 분석과 취업 지도를 계속해서 요청했을 때 나는 친절하지만 단호하게 끝맺어야 했다.

21

저항하는 고객

_ 거드런 베커Gudrun Becker

사례 요약

거드런 베커는 국제 기구에서 운영하고 두 개의 유럽 파트너가 후원하는 아프리카 농업 자문 프로그램의 센터장과 함께 일하게 된다. 센터장이 국내의 현장 전문가 대신 해외에서 파견된 사람을 지역 사무국 책임자로 임명했을 때 사람들은 지지하지 않았다. 코치는 이와 같은 상황 속에서 문화적인 갈등 요소와 남성과 여성 사이의 갈등 요소를 발견하고, 문제를 이슈화하는 데에 어떤 저항감이 있음을 느낀다. 처음에는 인터벤션이 성공적으로 보였지만 센터장의 상습적인 행동은 일의 진행을 방해한다.

맥락: 이 사례는 서아프리카의 한 국가에서 일어난 일이다.

배경

코치가 어떤 프로젝트를 수락하고 나서야 그 일이 도무지 감당할 수 없는 일이라는 것을 발견하는 경우는 드문 일이 아니다. 이런 일이 발생하는 대부분의 이유는 고객과 처음 연락한 시점에서 앞으로 다루어야 할 문제를 충분하게 이해하지 못했거나 전체적인 내용 제공에 실패했기 때문이다. 어떤 경우에는 문제가 너무 복잡해서 처음에 설정했던 코칭 인터벤션의 기반이 부적합하다는 것이 드러나기도 한다. 이와 같은 상황은 내가 아프리카의 한 농업 자문 프로그램에서 일하는 임원들을 코칭하는 프로젝트를 수락하면서 발생했다. 내 고객은 자기 자신이 문제의 한 부분이라는 사실을 깨닫지 못했다. 이것은 상당히 흔한 일이고 대부분의 다른 코치들도 겪어보았을 것이다. 이 사례에서 고객의 단점 가운데 하나는 그가 리더로서 책임감이 부족하다는 것이다.

그 프로그램은 나라의 수도에 위치한 한 지역 조직과 파트너십 관계에 있는 국제 기구가 운영하고 있었다. 내 고객은 프로그램의 센터장으로, 두 개의 국제 기구 중 핵심 국제 파트너가 지명한 외국인이었다. 그는 수도에 위치한 프로그램의 본사에서 다른 두 명의 파견된 외국인 전문가와 국내 전문가 여섯 명으로 구성된 팀을 관리하고 있었다. 그는 또 프로그램의 현장 활동을 지원하는 세 개의 지역 사무국도 책임지고 있다. 각각의 지역 사무국은 다른 국제 기구에서 파견된 외국인 기술 매니저가 이끌고 있었고 핵심 국제 파트너가 고용한 지역 자문위원이 도와주고 있었다. 기술 매니저 세 명은 외국인 여성이고 자문위원 세 명은 모두 국내 출신 남성이었다.

기술 매니저들은 핵심 국제 파트너가, 그리고 지역 자문위원은 또 다른 국제 기구에서 고용했다는 점은 지역 사무국 내부 관계에 큰 어려움을 만들어 냈다. 국제 기구 사이의 충돌은 이미 프로그램 자체에 문제를 빚고 있었고 프로그램 센터장이 지역 사무국 리더로 세 명의 여성 매니저들을 임명했을 때 갈등은 더욱 심화되었다.

코치로서 내 역할

나는 프로그램 센터장에게 직접 고용되어 프로그램 리더들을 위해 먼저 9개월 동안 코칭을 제공하게 되었다. 이것은 프로그램 본사에 있는 모든 매니저들을 코칭하는 것을 의미했는데 그들의 리더십 역량을 강화시키고 전반적인 경영관리 효율을 향상시키는 것이 목적이었다. 그와 동시에 나는 지역 사무국을 위한 코칭 프로그램을 시행하여 그들의 내부 문제를 해결하는 방안을 찾을 수 있도록 도와달라는 요청을 받았다. 코칭의 목적은 지역 사무국의 현재 업무 상황을 분석하고 업무 효율성과 업무 만족도를 향상시키기 위한 방법을 찾아내는 것이었다.

도전

센터장은 거의 30년 동안 복잡한 다기관multiagency 프로젝트 경험을 쌓아온 고도로 숙련된 임원이었다. 그는 매우 성실한 일꾼이었고 프로그램에 전적으로 헌신하고 있었기 때문에 아주 바쁜 일정과 마감 시간에 시달리고 있었다. 그렇기 때문에 그는 그의 직원들이 자기 주도적이고 자율적인 방식으로 업무 대부분을 처리해주기를 기대했다. 그의 비공식적인 '비간섭주의hands-off' 리더십 방식은 복잡한 결과를 낳았다. 일부 리더들은 권위 의식을 가지고 그들만의 결정을 내리는 자유를 누렸다. 다른 한편으로는 자기들을 이끌어줄 리더십과 지원이 부족하다고 느끼는 리더들도 있었다. 전반적인 결과는 소통 부재와 의사결정 절차상의 혼선이었다.

프로그램 센터장은 매니저들이 그의 지침없이 자기들만의 결정을 내리도록 내버려 두었을 뿐만 아니라, 매니저들의 자문을 구하지 않고 독단적인 결정을 내리는 경향이 있었다. 몇 달 전 그는 지역 사무국을 운영하는 기술 매니저로 핵심 국제 파트너 기구 출신의 여성 임원 세 명을 개인적으로 임명했다. 그리고 난 다음 별다른 설명 없이 서면으로 전체 팀원들에게 이 사실을 알렸다.

선진 개발 기구의 직원이자 그 지역 출신인 자문위원들에게 이 결정은 도무지 이해할 수 없고 몹시 불만족스러운 것이었다. 내가 도착했을 때 세 개의 지역 사무국 분위기는 긴장이 감돌았고 기술 매니저들과 지역 자문위원들 사이에는 최소한의 의사소통만이 존재했다. 지역 자문위원들은 무시당했다고 느꼈고 기술 매니저들은 존중받지 못한다고 느꼈다. 이것은 매니저들로 하여금 자문위원들에게 거만한 태도를 취하면서 전문가로서 존중이 결여된 모습을 보여주게 만들었다.

이런 모든 상황은 남성 우월주의와 엄격한 사회적 위계의 전통적 문화가 존재하는 아프리카의 한 나라에서 발생했다. 지역 사무국 책임자로 여성 세 명이 임명된 사실은 현지의 지역 자문위원들에게는 받아들이기 힘든 것이었다. 그러나 그들이 여성이기 때문이라는 것은 부분적인 이유이다. 세 남자 모두 국제 무대 경험이 있었다. 게다가 그들은 그들 분야에서 국내 최고의 전문가였고 그들이 직접 경영관리를 해낼 수도 있었다. 그들 모두에게 기술 매니저라는 자리는 커리어에서 한 단계 상승을 의미했다. 프로그램 센터장은 세 명의 여성 매니저를 임명하는 과정에서 통탄할 정도로 부족한 문화적 감수성뿐 아니라 직업적인 인식력을 보여주었다.

국제 기구 사이의 충돌, 그리고 여성 매니저들과 남성 자문위원들 사이의 마찰은 코칭을 굉장히 힘겹게 만들었다. 나에게 가장 어려웠던 점은 그들의 기대였는데 (그것은 전체 경영팀과도 공유된 것이었다) 내가 각 개인들의 행동에 문제 제기를 하거나 그들의 책임을 묻지 않으면서 그들의 문제를 해결해주기를 기대했던 것이다. 그들은 기술과 조직에 관한 이슈에 대해서는 기꺼이 토의하고 싶어 했지만 내가 조금이라도 그들의 업무에 관련된 이야기를 꺼내려고 하면 저항했다.

내 접근법

프로그램 센터장과 상의한 끝에, 나는 경영팀 구성원을 대상으로 몇 차례의 일대일 면담과 세 개의 지역 사무국을 위한 그룹 코칭을 제안했다. 그 다음에는 조직 내에 변화를 만들기 위해 모든 임원들을 위한 워크숍을 진행키로 했다. 마지막으로 경영팀과 상의하여 프로그램 방향을 재설정하고 지역 팀들을 위한 지속적인 코칭 세션 등 후속 인터벤션 여부를 결정할 예정이었다.

일대일 면담을 통해 나는 각 팀 구성원들의 역할을 알게 되었고, 그들의 염려와 관심사를 배웠으며 조직 구조와 업무 과정에 대한 통찰을 얻었다. 이로써 나는 전체 프로그램에 대한 다층적인 그림을 그릴 수 있게 되었다. 면담 대상자들은 일반적으로 협조적이었고 그들의 견해와 개인의 관심사를 표현하는 데 열의를 보였다. 이와 같은 면담의 긍정적인 결과는 앞으로 이어질 그룹 세션은 물론 일대일 세션을 향해 순조롭게 나아가는 듯했다.

그룹 세션의 주요 목표는 지역 사무국 내에서 업무 관계를 수월하게 하기 위한 방법을 찾는 것이었다. 세션은 표준적인 코칭과 더불어 커뮤니케이션, 팀 빌딩, 그리고 대인 피드백을 향상하기 위한 상호작용 훈련 활동으로 구성했다.

내 딜레마

시간이 지나면서 확실해진 사실은 전체 팀원들이 점점 증가하는 업무량 때문에 큰 압박감을 느끼고 있으며 이와 같은 상황을 일대일 코칭과 그룹 코칭으로 다루기에는 불충분하다는 것이었다. 전체 팀을 아우르는 좀 더 총체적인 조직개발 절차가 필요하다는 사실을 나는 깨달았다.

다행히도 프로그램 센터장은 내 우려에 기꺼이 귀를 기울였고 추가적인 조직개발 프로그램을 포함시키기 위해서 내 코칭을 확장하는 데 동의했다. 그는 이를 위해 나를 지원해줄 현지 컨설턴트를 고용할 생각까지 했다.

새롭게 확장된 내 역할로서 나는 센터장과 그가 맡은 과중한 업무량을 주목했다. 그의 업무량을 분산시키는데 도움을 주기 위해서는 본사에 기반을 둔 경영팀을 만들어야 한다고 내가 제안했다. 이 새로운 팀은 정식으로 임명되었고 나는 그들이 목표를 정하고 저마다의 역할과 책임을 합의하도록 도와주는 일에 착수했다.

그들의 핵심 역할은 프로그램의 초점을 유지하고 전략적인 결정을 검토하며 창의적 사고를 위한 공간을 창출하는 것이었다. 동시에 우리는 더 수평적인 조직을 만들기 위해서 노력을 기울였고 이 새로운 리더십 모델이 지역 차원에서는 어떻게 발현될 수 있는지 탐색했다. 이런 이슈는 추후에 조직개발 전문 컨설턴트와 함께 다시 논의하기로 했는데 우리의 열띤 토론은 결론 없이 다소 감정적으로 끝이 났다.

대처한 것과 대처하지 못한 것

전반적으로 이 프로젝트는 성공적이었고 나는 몇 가지 도전적인 상황에 대처할 수 있었다. 나는 프로그램 팀 전체 내에서 결국 신뢰 관계를 형성할 수 있었고 프로세스에 대한 주인의식을 형성하는 데 성공했다. 업무를 분담하고 역할, 기능, 업무 절차를 결정하는 면에서 투명성을 강화하는 내 작업 또한 성공적이었다. 또 고객을 도와 이후에도 계속해서 자기 성장을 할 수 있도록 세밀한 실행 계획을 만들기도 했다.

그러나 내가 성공적으로 대처할 수 없었던 측면도 몇 가지 있다. 첫 번째는 프로그램 센터장을 설득하여 그의 행동을 바꾸도록 하는 일이었다. 몇 차례에 걸쳐 토의를 했지만, 리더로서 자기 역할을 비판적으로 바라보라는 내 설득은 번번이 실패했다. 그는 나와 조직개발 컨설턴트의 전문적인 충고를 받아들이지 않았고, 결국 코칭 프로젝트가 끝난 뒤에 그는 이전의 관리적인 스타일로 돌아 갔다. 실제로 프로젝트가 끝난 다음 그가 가장 먼저 한 일 가운데 하나는 일방적으로 세 명의 지역 자문위원을 지역 사무국에서 수도로 옮겨 다른 업무를 담당하게 한 것이다. 이렇게 되자 여성 기술 매니저들은 인턴들과 스태프들만을 데리고 지역 사무국을 운영하게 되었다. 또 그는 다른 지역의 코디네이터로 유럽 기구에서 온 여성 외국인을 임명함으로써 이전에 물의를 빚었던 그 패턴을 반복했다. 이 결정은 다른 곳에서 이미 문제가 되고 있는 그 상황을 무시하는 행동이었다.

지역 팀들과 함께 그들의 역할을 명확하게 하는 노력은 제한적인 수준에서만 가능했다. 기존에 존재했던 갈등과 센터장의 일방적인 임명 등과 같은 예민한 이슈를 다루려고 할 때면 팀원들은 협조를 거부했다. 세 명의 여성 매니저는 코칭 지원을 긴급하게 요청하긴 했지만 해결책을 찾기 위한 기여는 전혀 하지 않았다. 지역 팀원들과 하루 동안 진행했던 워크숍과 지역 매니저들과 진행했던 동료 그룹 수퍼비전에서도 그 여성들은 현재의 실제적인 갈등에 대해 토의하기를 아주 꺼려했는데 심지어 그 가운데 한 명은 토의 중간에 밖으로 나가버렸다. 특히 개인의 행동 방식과 태도를 건드리는 것을 강력하게 반대하는 분위기였다. 나는 코치로서 이 여성 매니저들의 태도를 다루는 것이 무척이나 어려웠고 일부 팀 구성원들을 잃지 않으면서 그룹의 발전을 이루는 것은 거의 불가능했다.

이와 더불어 초반의 일대일 면담 외에는 간헐적인 그룹 코칭 세션만이 가능했고 모든 팀원들을 대상으로 하는 일대일 코칭 기회는 없었다는 사실이 내 문제를 더욱 악화시켰다. 국제적인 맥락에서 코치에 대한 고객의 기대치는 변함없이 높으며 이 사례처럼 흔히 과도한 업무에 시달리는 고객은 코치가 모든 문제와 이슈를 한 번에 해결해주기를 기대하는 경향이 있다. 이 사례에서 나에게 진정으로 필요했던 것은 나와 함께 인터벤션을 진행하고 다양한 부수적인 업무를 수행해 줄 조수나 공동 코치co-coach의 도움이었다.

결국에는 경영팀, 기술 매니저, 그리고 그들의 자문위원들 사이에서 새로운 갈등이 생겨났다. 나는 그 갈등을 중재하는 데 도움을 주겠다고 제안했지만 그들은 저마다 자기 지역 사무국으로 돌아가 버려서 중재할 기회조차 사라졌다. 관계된 사람들과 몇 번의 개인적인 전화 통화를 하면서 나는 미해결된 상황을 그냥 놓아두고 떠나야 했다. 지역 조직개발 컨설턴트가 이 일을 되도록 빨리 해결할 수 있기를 바라는 수밖에 없었다.

저항하는 고객: 해설

_ **실크 마티스** Silke Matthies

이 사례에는 여러 이해관계자가 나온다. 후원자는 아프리카 국가의 식량농업부와 공동 개발 프로그램을 진행 중인 두 개의 유럽 기구이다. 그 프로그램은 유럽 기구 가운데 한 곳의 직원들로 이루어진 중앙집권화된 팀과 세 개의 분권화된 현지 팀에 의해 운영되고 있다. 각 현지 팀들은 지역 사무국 책임자인 유럽 여성 리더들이 이끌어간다. 지역 사무국의 책임자들은 아주 훌륭한 전문 배경을 지닌 남성 국내 전문가들을 부하 직원이나 동료로 두고 있다. 여성 지역 책임자는 첫 번째 유럽 기구가 임명했고, 국내 전문가들은 두 번째 유럽 기구가 임명했다.

두 개의 유럽 기구는 각기 다른 가치관과 미션으로 접근했으므로 과거부터 협력에 어려움이 있었다. 세 명의 여성 유럽 대표자들이 지역 코디네이터이자 지역 사무국 임원으로 임명되었을 때 상황은 더욱 악화되었다.

거드런이 코칭하는 대상은 부서의 책임자, 지역 코디네이터, 그리고 지역 팀이었다. 그녀는 가장 먼저 지역 코디네이터와 분권화된 지역 팀들을 대상으로 코칭을 시작했는데 변화에 강력한 저항을 경험하게 된다. 특히 그들은 현재의 관계를 개선하기 위한 변화에 특히 강하게 저항한다.

내 생각으로는 이런 상황을 다루기에 코칭은 최선의 수단이 아니다. 내가 경험했던 것과는 상당히 다른 환경이고 나는 현지 문화에 익숙하지 않지만 이 사례는 비즈니스 영역에서 자주 일어나는 과도기적인 변화를 상기시킨다. 차라리 조직개발 이슈로 보인다. 즉 이것은 유럽 기구와 국내 팀, 유럽 팀 구성원들의 가치 제안value propositions이 명료화되어야 한다는 의미이다. 체계적인 접근법이 필요하다. 조직개발은 역할과 책임을 지정할 뿐만 아니라 관련된 다른 팀과 부서 사이에서 상호작용하고 협력하는 방법까지 규정할 것이다.

이 프로그램의 예산과 시간 제약에 대해서는 어떤 정보도 주어지지 않았다. 어쨌거나 나는 대안적인 개발 절차는 어떤 것이 있는지 다음과 같이 설명해보려 한다.

나는 어떠한 환경에서도 최대한 해결 지향적이고 자원을 활용하는 방법으로 접근할 것이다. 나는 과거의 문제를 분석하지 않고, 긍정적인 협력 사례, 특히 지역 팀에서 협력이 잘 되었던 사례에 초점을 맞출 것이다. 많은 의사결정이 중앙집권적이고 상명하달식top-down이기 때문에, 나는 이 과정을 하의상달식bottom-up으로 바꾸는 것, 즉 지역 차원에서 출발하는 것으로 시작할 것이다. 여기서 나는 세 개의 지역 팀들과 외부 워크숍을 진행하여 다음과 같은 질문을 집중적으로 다룰 것이다: 각 팀의 목적은 무엇인가? 그들이 추구하는 목표는 무엇인가? 목표 달성을 위해 어떻게 하고 싶은가? 목표를 이루기 위해서 어떤 역할과 책임이 필요한가? 함께 효과적으로 일하는 데 중요한 것은 무엇인가? 어떤 종류의 지원과 누구에게서 지원이 필요한가?

나는 똑같은 접근법을 지역 코디네이터와 나중에는 중앙 팀의 리더들에게도 적용할 것이다.

마지막으로, 지역 코디네이터와 지역 팀, 지역 코디네이터와 중앙 팀, 그리고 아마도 중앙 팀과 지역 팀 사이의 접점을 만들기 위한 작업에 착수할 것이다.

나는 프로그램 매니저, 유럽 기구의 책임자들, 식량농업부의 담당자와 함께 코칭 결과를 공유하고 (여기에는 목표, 명확한 역할과 책임, 협력을 위한 공유 가치, 지원의 필요성 등이 포함된다) 이것을 그들이 지금까지 해온 방식과 비교할 것이다. 이런 환경에서는 두 번째 조력자가 소중한 자원이 될 수 있다. 또 지역 코디네이터들의 대표자와 부서의 대표자들을 세우고 지역 팀들을 대표하는 두 명의 사람을 (한 명은 국내인, 한 명은 유럽인으로) 임명하는 것도 좋은 생각이다. 이 대표자들은 이후에 동료들에게 피드백을 제공할 수 있을 것이다.

후원자들과 프로그램 매니저에게 결과를 공유하고 확인을 받는다. 그런 다음에는 그룹 코칭을 진행하여 역할과 책임을 명확하게 하는 것은 물론, 합의된 협력 규칙을 만드는 것이 유용할 것이다. 지역 팀 차원에서는 다시 한번 세 개 팀 모두가 함께 일하면 도움이 될 것이다. 이런 '묶음식bundle' 접근법으로 더 편안한 분위기에서 기존 이슈를 다룰 수 있게 될 것이다.

내가 염려하는 부분은 단순히 코칭을 계속하는 것이 (일대일이든 그룹 코칭이든) 코치로 하여금 결국 여러 팀과 이해관계자들에게 불쾌한 메시지를 전달하는 '우체부mailman' 역할을 맡기는 격이 된다는 점이다.

사례 후 노트

_ **거드런 베커**Gudrun Becker

나는 처음부터 내 역할과 고객의 기대치를 명백하게 하려 했다. 그렇지만 프로그램 센터장은 그가 리더로서 해야 할 의무를 나에게 맡기려고 했다. 이것은 코칭에서 아주 흔히 일어나는 일이며 빠지기 쉬운 함정이다. 나는 그에게 저항했고 센터장은 흡족해하지 않았다. 그로 하여금 자기 책임을 성찰하게 만들려고 했던 내 모든 노력은 실패로 돌아갔다. 초기에 계약했던 기간이 끝나자 센터장은 계약을 연장하지 않았는데 그는 계속 현장에 있는 현지 컨설턴트와 앞으로 일하고 싶다고 해명했다. 내가 그의 문제를 해결해줄 것이라는 믿음과 압력 속에서 아마도 그는 내가 그의 기대에 부응하는 데 실패했다고 본 것이 아닌가 싶다. 그의 의견에도 일리가 있는 부분이 있지만 나는 이대로 그냥 끝내는 것이 쉽지 않았다. 특히나 지역 사무국에서 갈등이 점점 악화되는 시기라 더욱 그랬다. 나는 적어도 그 과정에 계속해서 관여할 수 있기를 기대했다. 프로그램 매니저가 조직개발 컨설턴트와도 계약을 갱신하지 않았다는 사실을 나중에 알았다.

이 프로젝트에서 내가 실패했다고 느꼈기 때문에 나는 전문 수퍼비전을 통해 내 코칭을 성찰하고 코치와 컨설턴트로서 내 역량을 비판적으로 바라보는 시각을 갖기를 원했다.

ESMT 코칭 콜로키엄은 비슷한 상황을 경험한 다른 국제 코치들과 생각을 교류하는 좋은 플랫폼이 되었다. 특히 동료 수퍼비전은 다른 코치에게서 학습할 수 있는 훌륭한 기회를 제공했다. 토론을 통해 내 전문가적인 행동을 다른 시각에서 바라볼 수 있었고 미래의 코칭을 위한 새로운 관점을 갖게 되었다. 결론적으로 성공적인 코칭 인터벤션이 되기 위해서는 코칭 프로젝트를 맡을 때 초반에 신중한 계약 체결이 (필요하다면 코치의 업무 조건 재협상 포함) 필수적이라는 내 믿음은 더욱 강화되었다.

22

코치여, 당신 감정을 자제하라

_ 에릭 반 드 루 Erik van de Loo

사례 요약

에릭 반 드 루의 사례에서는 사무실 이전 때문에 직원들 사이에 폭동이 일어났는데 그들의 매니저가 이 상황에 대처하는 데 도움을 달라는 요청을 한다. 동료 한 명과 함께 일하게 된 코치는 그룹 코칭 세션에서 참가자들의 공격적인 저항에 직면하는데 그들은 코칭 팀을 희생양으로 만들기 시작한다. 코치들은 통제력을 유지하면서도 이 적대적인 상황에서 벗어나기 위한 방법을 찾아야 한다.

이 사례의 끝에는 코치의 이야기에 독자 스스로 해설을 제공할 수 있는 기회가 될 만한 자기 성찰 질문이 포함되어 있다.

맥락: 베네룩스에 위치한 중형 회사의 한 지방 사무실에서 직원 코칭 인터벤션을 실시한다.

배경

안토니오는 폭동을 잠재워야 한다. 고도로 숙련된 전문가 14명으로 구성된 안토니오 팀은 새로운 사무실로 이전하는 것에 들고 일어섰다.

직원들의 사기는 곤두박질쳤고 생산성은 타격을 입기 시작했다. 그 전까지 안토니오는 직원들에게 인기가 있었지만 이제 그는 공개적인 반란에 직면했다. 설상가상으로 팀을 진정시키려고 노력할 때마다 불만의 불길을 부채질하는 것처럼 보였다. 아이디어가 바닥 난 안토니오는 그의 직원들을 원위치시키고 평화를 되찾기 위해서 전문 코치의 도움을 받기로 결심한다.

내가 안토니오의 전화를 받기 일 년 전쯤에, 그와 팀원들은 거의 20년간 그들의 고향이었던 분위기 있는 오래된 타운하우스에 위치한 맵시 있는 사무실을 떠나야 한다는 사실을 알게 되었다. 그들은 본사에 있는 현대식 유리와 철재로 만들어진 개방형 사무실 빌딩으로 이동해야 했다. 팀원들은 특히 더는 개인 사무실을 가질 수 없다는 사실에 분개했다. 그들은 이것이 사실상의 de facto 좌천에 해당되는 지위의 상실로 느끼고 있었다.

팀원들은 분노와 좌절감의 소용돌이에 빠졌고 안토니오와 끝없는 논쟁을 벌였지만 상황은 조금도 개선되지 않았다. 안토니오는 처음에는 그의 팀을 안심시키려고 애쓰며 사무실 이전이 의심의 여지없이 환영받지 못하는 사항이니 직원들에게 다른 혜택을 보장해주겠다고 공언했다. 그러나 팀원들은 그 말에 넘어가지 않았다. 이런 배신에는 긍정적인 측면이 하나도 없어 보였기 때문이다. 사무실을 이전하면 결국 팀원들이 두려워했던 것보다 피해가 훨씬 덜 할 것이라는 희망을 안토니오는 품고 있었다. 그렇지만 직원들은 그들이 새롭게 처하게 될 상황이 예상보다 훨씬 더 안 좋을 것이라고 불평했다. 그들의 신뢰를 회복하기 위해서 안토니오가 할 수 있는 일은 하나도 없었고 불만은 점점 커지면서 히스테리성이 되었다.

팀원들은 이런 적대적인 새 환경에서는 도저히 일할 수 없다고 불평했다. 그들의 불만은 끝이 없었다. 소음이 도무지 '참을 수 없을' 정도였고 바로 옆에 있는 유리로 된 고층건물에서 반사되는 햇빛 때문에 눈이 너무 부셨고 다른 부서로 가기 위해서 그들의 사적인 공간을 헤매고 다니는 '낯선 사람들'을 봐야 했고 사적인 공간이나 회의실은 턱없이 부족했다. 그들은 새 사무실을 혐오했고 거기서 일해야 한다는 사실이 수치스러웠다.

결근이 잦아졌고 생산성은 떨어졌다. 사람들은 일 할 동기를 상실했으며 더는 안토니오를 신뢰할 수 없다고 말했다. 안토니오의 직원 가운데 최고의 성과를 보이는 두 명은 옛날 사무실로 돌아가지 않으면 퇴사하겠다고 공개적으로 협박까지 했다. 나와 동료 코치가 현장에 도착했을 때 안토니오는 이 이슈에 대해 더는 대화하기를 거부했는데 이야기 해본들 화만 나기 때문이었다.

내 접근법

내가 임명된 것은 보조 코치와 함께 문제를 분석하고 팀을 위한 자문 서비스와 임원코칭을 제공해주기 위함이었다. 우리는 먼저 안토니오, 그의 상사, 그리고 팀원 세 명과 개별 면담을 가졌고, 전체 팀과 함께 세션을 진행하기로 결정했다. 세션이 시작되기 5분 전 팀원 열네 명이 줄줄이 방에 들어왔고 조용히 앉아서 회의가 시작되기를 기다렸다. 숨이 막힐 것만 같은 분위기였는데 마치 폭풍우가 몰아치기 직전의 그런 중압감이 느껴졌다. 나와 동료 코치 둘 다 침묵에 빠졌는데 그것은 의도치 않게 방 안에 감도는 긴장감을 확장시키는 결과를 가져왔다. 나는 갑자기 매우 긴장이 되었고 패닉 상태까지 되어 조리있게 생각하기가 어려웠다. 나는 진정하기 위해서 시계에 모든 주의력을 집중했고 정해진 시간에 정확하게 시작하기 위해 마지막 2분을 기다리기로 했다. 이와 같은 행동이 통제권을 쥐고 있는 사람은 바로 나라는 메시지를 보여줄 것이라고 (단지 나 스스로에게일지라도) 생각했다. 그러므로 나는 정시에 회의를 시작했다. 먼저 나와 내 동료를 소개하고 나서, 이미 몇몇 구성원들과 개별적으로 이야기했던 대로 이 회의가 의도하는 목적을 말했다. 그 목적이란 새로운 사무실 환경에서 비롯된 갈등에 대해 실행 가능한 해결책을 찾는 것이었다.

초반의 침묵이 지나간 뒤에 그룹은 갑자기 분노에 찬 비난을 퍼부으면서 폭발했다. 직원 너댓 명이 한꺼번에 소리를 질렀다. 그들은 우리가 어리석고 무지하며 안토니오와 결탁했다고 비난하면서 전문가답지 않게 공명정대함이 부족하다고 우리를 공격했다. 그들의 입장에서 우리가 그 자리에 있는 것은 그들이 절대 수용할 수 없는 어떤 것을 억지로 받아들이게 하려는 것뿐이었다. 나는 큰 충격을 받았는데 차라리 공포에 질렸다는 표현이 더 맞을 것 같다. 직원 두 명은 자리에서 일어나서 소리지르며 공격적인 몸짓을 했다. 그들은 좌절과 분노를 모두 갑자기 나를 향해 분출했다. 완전히 침묵하며 안토니오와 함께 앉아 있던 내 동료는 완전히 무시하는 듯했다. 나는 도움을 요청하기 위해서 동료를 바라보았지만 그는 어떤 반응도 보이지 않았다. 나는 성난 군중 앞에 혼자 내버려졌다. 결국 나도 침묵 전략을 써서 그들의 비난에 대응하는 것을 멈추었다. 폭풍이 스스로 가라앉기만을 바라면서 침묵했다. 나는 참가자라기보다는 관찰자가 되었고, 논리적으로 생각하는 능력을 다시 되찾았다. 그들은 사실상 나에게 화가 난 것이 아니었다. 나는 그들에게 그동안 쌓인 불만을 표출하는 분출구였다. 그들의 폭발이 점점 잠잠해질 때 나는 가장 큰 목소리로 항의하는 너댓 명의 사람들 뒤에 있는 대다수의 팀원들은 이들보다 덜 적대적이라 할 순 없지만 상대적으로 덜 동요되어 보인다는 사실을 발견했다. 그 가운데 예외는 한 젊은 여성이었는데 그녀는 현저하게 느긋해 보이고 긍정적인 에너지를 발산하는 것 같았다. 그래서 나는 그녀에게 직접 말을 걸어 현 상황을 어떻게 생각하는지 물어보았다. 그녀의 설명에 따르면 그녀는 출산휴가가 끝나고 팀에 복귀했는데 그녀도 옛날 사무실 환경을 더 좋아하긴 하지만 지금 달리 할 수 있는 일이 없으니 현재의 도전 과제는 새로운 환경을 최대한 잘 활용하는 것이라고 했다. 이 말을 들은 팀원 두 명은 그녀에게 벌컥 화를 내면서 어떻게 다른 동료들을 그렇게 배신할 수 있느냐면서 그녀가 그들의 상황을 내부에서 공격하고 약화시킨다고 비난했다. 꾸짖음을 당하고 굴욕감을 느낀 그녀는 입을 닫고 회의가 끝날 때까지 한마디도 더 꺼내지 않았다.

도전

이런 상황에서 나는 잠시 커피를 마시면서 열을 좀 식히자고 제안했다. 내 동료와 나는 그 방을 나와 조용한 곳으로 가서 앞으로 어떻게 진행할 것인지 생각과 계획을 정리했다. 우리는 이렇게까지 파괴적인 상태로 팀을 끌고 온 사건들의 순서를 분석해 보았다. 우리는 어떤 불안감이 그들의 분노를 우리에게 쏠리게 만들었는지 알고 싶었다. 그들이 그렇게 분하다면 파업을 선언하고 새로운 업무 환경을 거부한다는 공동의 의견을 표명할 수 있었을 텐데 왜 그렇게 하지 않았을까? 왜 그들은 안토니오 대신 컨설턴트인 우리를, 또 심지어는 서로를 공격할까? 우리가 그 즉시 내린 결론은 그들이 그들 자신의 분노대로 행동하지 못하게 하는 세 가지 주요 스트레스와 좌절한 원인이 아마 있을 것이라는 것이다.

그 첫 번째는 팀과 안토니오와의 관계이다. 그는 수년 동안 대부분의 팀 구성원들과 우호적으로 일해 온 친절하고 온화한 사람이다. 또 그들 사이에 신뢰가 깨져 버린 갑작스러운 상황에서 그가 너무도 힘들어 하는 것이 자명했다. 그는 지킬 수 없는 약속을 했고 그것이 가장 큰 비난과 불만의 원인이었다. 이상한 점은, 팀원들이 안토니오를 보호하려는 태도를 보인다는 것이다. 그들은 그에게 완전히 실망했지만 그들의 불만을 완전히 그에게 표출하고 있지는 않았다. 그러나 나에게는 이러한 역설을 설명할 근거가 있었다. 나는 안토니오와의 초반 면담에서 그가 어려운 환경에서 자랐고 아주 어린 나이부터 자신과 어린 형제자매들을 돌보아왔다는 것을 알고 있었다. 그는 현재까지도 그의 형제자매를 돌보는 데 실패했다는 생각에 사로잡혀 있었다. 그는 이러한 실패감과 무력감을 지금 이 열네 명의 팀원들에게도 느끼고 있을거라 나는 추정한다. 팀원들은 비록 안토니오의 어린 시절 트라우마에 대해서 아무것도 모르지만 상황을 완화하기 위해 안토니오가 기울이는 성실하고 진정성 있는 노력을 그들은 인정하지 않을 수 없었다.

두 번째 스트레스의 원인은 조직 내 팀의 자율성에 위협이 감지되고 있는 점과, 팀이 그대로의 모습으로 살아남지 못할 가능성이 있다는 점이다. 안토니오의 상사는 최후통첩을 했는데 만일 이 문제가 특정한 시한까지 우호적인 방법으로 해결되지 않으면 상사 자신이 직접 개입해서 이 문제를 해결하겠다고 말했다. 안토니오와 그의 팀은 이것이 무엇을 의미하는지 잘 알고 있었다. 새 사무실로의 이전을 포함한 구조조정이 시행되는 동안 위에서 제시된 방향에 따르면 그들의 전문적인 업무가 조직의 핵심 활동이 아니기 때문에 그 팀은 조직 밖에 있는 독립적인 형태가 되어야 한다는 것이다. 그렇지만 그들은 스스로 생존할 수 없을 것을 두려워했고 조직의 한 부분으로 남기 위해 싸웠다. 결론적으로 그들이 원했던 대로 조직에 남게 되긴 했지만 대가를 치러야 했는데 그것이 바로 본사로의 이전이다. 그들은 이 결정이 매우 불만족스러웠지만, 조직에서 전적으로 쫓겨날 뻔했던 위험 앞에서 더 공격적인 입장을 취하지 못하고 있던 것이다.

그들을 제지하는 세 번째 요인은 우리가 가정해본 결과, 팀 내의 갈등이었다. 공식적인 리더인 안토니오 외에도 그 팀에는 아주 강력한 인물 두 명이 있었는데 그들은 결혼한 커플로, 수년 전 팀이 만들어질 때부터 계속 함께 해 왔던 직원들이었다. 그 커플은 팀을 지배하고 있었고 팀원들이 무엇을 말할 수 있고 없는지 지시하는 것처럼 보였다. 전체 회의에서 젊은 여성이 용기내서 자기 의견을 말하려고 했을 때 아주 효과적으로 그녀의 입을 막은 사람 또한 그들이었다. 반대하는 목소리는 용인되지 않았고 그들이 스스로에게 부여한 권위에 도전하는 것은 팀을 위태롭게 할 위험이 있었다.

팀 상황을 교착상태에 빠뜨린 세 가지 요인을 알아내고 나서 나와 내 동료는 회의를 갖고 그들이 이 문제에 대해 우리와 대화하길 원하는지 알아보기로 했다.

도전에 대처하기

15분간 휴식을 마친 후 우리는 회의실로 돌아가서 그들의 불만을 해결하는 실행 가능한 방법을 찾는데 방해되는 요인이 무엇인지 제안할 사람이 있는지 물어보았다. 팀원들이 오전처럼 분노로 반응하는 대신 이젠 좀 더 유익하고 건설적인 토의를 펼칠 의지가 있어 보였기에 나는 안심했다. 그들은 안토니오와의 관계에 대해서 자유롭게 말했다. 그에 대한 신뢰를 잃었다는 점과, 그럼에도 그를 보호하고 싶어하는 역설적인 바람도 말했다. 그들은 조직에서 쫓겨나는 두려움과 조직에 남음으로써 치르게 되는 대가에 대해서도 토론했다. 그러나 우리가 예상했던 대로 팀 내의 갈등과 긴장에 대한 이슈는 나오지 않았고 우리도 그 주제를 굳이 들먹이려 하지 않았다.

코치로서 나는 내 자신이 세션 처음에 얼마나 겁에 질렸는지를 생각하면 정말 놀랍다. 팀 구성원들은 매우 화가 나 있었고 나는 그들에게 편리한 희생양이었다. 비록 그들과 나와 내 동료 사이에 논쟁거리는 없었지만 그들의 공격성은 상당히 충격적이었다. 잠시 동안 나는 두려움에 휩싸였고 논리적으로 생각할 수 있는 힘을 잃어 무력감을 느꼈다. 그렇지만 나는 다음 세 가지 전략으로 이 상황에 대처했다.

- 맹렬한 공격에 견디기: 공격당하는 위태롭고 어려운 상황에서 스스로 생존해야 했다.
- 통제권 회복하기: 나는 다시 분석적인 사고 능력을 회복하고 이 폭발적 상황을 통제할 필요가 있었다. 나는 희생양에서 관찰자로 입장을 전환해서 코치로서의 위상을 회복해야 했다.
- 불 끄기: 세 번째 단계는 물리적으로 내가 그들과 거리를 두는 것이었다. 아직 분노가 고조되어 있는 동안 나는 커피 브레이크를 제안했는데, 긴장을 효과적으로 완화시킬 수 있었고 15분 뒤 다시 만났을 때는 모두가 진정할 수 있었다. 나는 그 15분을 동료와 함께 방금 어떤 일이 일어났는지 성찰하고 그것을 이해하는 데 사용했다. 코치와 고객 사이에 어느 정도 물리적 거리를 두는 것은 우리로 하여금 회복된 권위를 갖고 돌아와 새 출발할 수 있게 했다.

코치와 컨설턴트는 그룹 사람들이 행사하는 강력하고 파괴적인 힘에 직면할 때 감정을 자제할 필요가 있다. 우리가 경험했던 것과 같은 고통스럽고 까다로운 순간을 코치의 실수나 사고로 보지 않는 것이 중요하다. 사실 한 그룹의 문제를 이해하는 핵심 열쇠는 가장 감정적이고 적대적인 상호작용 순간에 자주 발견된다. 그러나 이런 일이 발생할 때 코치는 어떤 순간에도 통제력을 잃지 않고 그룹에게서 충분한 거리를 유지하는 것이 필수적이다. 코치는 절대로 방어적인 태도를 보이면 안 된다. 이런 상황에서 성공은 공격을 견디고 혼란을 이해하는 데에 있다.

성찰 포인트

당신이 이 사례에 대한 해설을 써달라는 요청을 받았다고 상상해 보라. 시스템적 관점으로 본다면 이 사례에서 가장 영향력이 큰 요소는 무엇이라 생각하는가? 팀원 개개인과 두 명의 코치, 그리고 전체 팀의 행동에 대해서 어떻게 해석하겠는가? 코치 에릭에게 그의 인터벤션과 결정에 관해 특별히 질문하고 싶은 내용이 있는가? 에릭은 파트너와 같이 일을 했고 상황이 전개되면서 그와 함께 상황에 대해 토론하고 해석하는 귀중한 기회를 만들었다. 당신은 코칭 환경에서 파트너와 함께 일해 본 적이 있는가? 당신이 이 사례의 코치라면 어떤 감정을 느꼈을 것이고 또 그 감정을 어떻게 다루었을 것인가?

23

가족기업에서 발생하는
세대 사이의 갈등

_ 엘리자벳 엥겔로 Elisabet Engellau

사례 요약

엘리자벳 엥겔로는 동료와 함께 한 가족기업의 승계와 통제권을 둘러싼 가족 사이의 갈등을 중재해달라는 요청을 받는다. 이 사례의 끝에는 코치의 이야기에 독자 스스로 해설을 제공할 수 있는 기회가 될 만한 자기성찰 질문이 포함되어 있다.

맥락: 이 이야기는 프랑스에 위치한 1억 달러 규모의 한 가족기업의 고위 간부를 대상으로 수행한 코칭 인터벤션에 관한 것이다.

배경

한 동료가 1억 달러 규모의 한 가족기업의 전무 이사를 상담하는 일로 나에게 연락했다. 그가 도움을 요청한 이유는 회사의 통제권과 리더십 승계를 둘러싸고 회사의 주인인 아버지와 아들 사이에 빚어진 갈등 때문이었다. 아버지와 아들은 회사 지분을 절반씩 소유하고 있었고 회사는 두 개의 반#독립 법인체로 나뉘어 있었다. 그러나 두 회사는 생산, 마케팅, 영업과 유통 시스템이 복잡하게 엮여 있었다. 지난해에는 아들이 (본사가 아닌) 집에서 일했는데 아버지와 경영에서 갈등이 생기면서 어쩔 수 없이 거리를 두어야 했기 때문이었다.

며칠 뒤 나는 그 아들과 만났는데 그는 아버지에게서 받은 편지 두 통을 내게 보여주었다. 첫 번째 편지는 개인적인 내용으로, 아들과 며느리와 손자들이 자신을 가족 활동과 휴가에서 제외한 것을 비난하는 내용이었다. 두 번째 편지는 비즈니스에 초점을 맞춘 것으로, 아버지가 회사를 완전히 독립적인 두 개의 회사로 나누자고 제안하는 내용이었다. 이 두 통의 편지는 아들이 서둘러 내게 연락을 하게 한 기폭제가 되었다. 그는 이렇게 개인적인 이슈와 비즈니스가 뒤섞인 미묘한 상황을 다루기 위하여 나에게서 전문적인 도움을 받고자 했다. 그는 아버지와 회사, 어느 것도 '파괴하지 않는' 결과를 가져오는 수용 가능한 해결책을 찾고 있었다.

그들의 회사는 규제가 매우 심한 산업 제품군을 가진 시장 선도 기업이라 할 수 있다. 그들의 할아버지가 1932년에 회사를 세운 이래로 회사는 계속 성장해왔다. 오늘날 회사는 네 개 나라에 제조 시설을 갖고 있었고 150여 개 나라에 분포되어 있는 고객층을 보유하고 있었다.

아버지는 70대 중반으로, 회사 절반의 소유자이자 회장이다. 그는 그의 아버지가 1958년에 사망한 이후 어머니와 함께 회사를 인수받았다. 그는 정식 교육을 받지 못했다. 최근 상당히 충격적인 사건으로 부인을 잃었고 현재는 우울 증세를 보이며 외로움을 많이 느끼고 있었다. 그렇지만 그는 자신이 우울증에 빠졌다는 사실을 인정하지 않았다. 아들이 서술한 바에 따르면 돌아가신 어머니는 미성숙하고 의존적이었는데 심각한 우울 증세로 장기간 치료를 받았다고 한다. 자식이라곤 외동아들 뿐이었다.

부인이 사망하기 2년 전에는 그의 어머니가 사망했다. 즉 할머니인 그녀는 자기 아들과 며느리와 함께 살았는데 사망하기 전까지 회사에서 매일 볼 수 있는 존재였다. 아들의 말에 따르면, 아버지와 할머니는 아주 가까운 사이였다. 아버지는 친구도 거의 없고 사회적인 접촉도 거의 없었다. 비즈니스 외의 대부분의 시간을 우표 수집에 몰두했다.

아들은 아버지를 자녀 양육 면에서 구시대적 가치관을 가진 상당히 권위적인 사람으로 보고 있었다. 이것은 며느리와의 갈등으로 이어졌다고 한다. 아버지의 리더십은 독재적이고, 디테일을 중시하며, 장기 전략보다는 현재의 운영에 초점을 두는 스타일이었다. 아버지 사업은 프랑스와 인도에서 제조를, 북미를 제외한 유럽과 전 세계 여러 나라에서 영업과 유통을 책임지고 있었다. 아버지 회사는 운영 성과가 좋지 않았는데 아버지는 그 이유를 전반적인 경제 상황 탓으로 돌렸다. 생산시설 현대화와 확장이 요구되었는데 그러기 위해서는 은행에서 자금 유입이 필요했다.

쉰 살 아들은 국제 그룹의 CEO겸 유일한 소유주였다. 그의 비즈니스는 미국과 캐나다에서 생산, 유통, 영업을, 영국, 베네룩스, 독일에서는 유통과 영업을 진행하고 있었다. 그 회사는 아들을 주축으로 전문 매니저들이 경영하고 있었다. 회사는 15년 전 창립된 이후로 극적으로 성장해 왔다. 아버지는 이 회사에서 어떤 역할이나 소유권도 없었다.

아들은 기본적으로 유모 손에서 자랐고, 할머니와는 아주 가까운 관계였다. 그는 공학을 전공했으며 MBA 학위도 소지하고 있었다. 아버지 회사에서 일하기 전에는 몇 년간 컨설턴트로 일했다. 그의 아내는 독립적인 전문직 여성이다. 그들에게는 자녀 다섯 명이 있었고 큰 아들은 MBA 과정에 있었다. 그들은 가족 사이에 친밀한 관계를 유지하고 있었다. 최근에 어머니가 돌아가시고 나서 아들은 외동으로서 아버지에게 책임감을 느꼈다. 가족은 지난 30년간 그래왔듯이 매주 일요일 점심식사를 같이 하는 가족 전통을 유지했고 아버지는 아들 가족과 함께 휴가 보내는 것을 당연히 기대하고 있었다.

전무이사는 현재 83세이다. 그는 1960년대 초에 아버지에게 직접 고용되었고, 비즈니스를 국제적으로 확장하는 책임을 맡았는데 아주 성공적으로 해냈다. 그에게 회사에 대한 소유권은 없다. 현재 그는 아버지의 오른팔로 아버지의 사업을 위한 글로벌 영업과 유통을 담당하고 있었다. 그는 아들의 회사에서는 어떤 역할도 하지 않았다. 그는 은퇴하고 싶다는 입장을 여러 번 표명했지만 어떤 이유에서인지 아버지는 그의 은퇴를 완강하게 받아들이지 않았다. 아들은 전무이사의 은퇴를 위한 기간과 절차를 합의하기 위해 노력했지만 매번 수포로 돌아갔다.

도전

나는 아들과의 첫 미팅에서 얻은 정보를 통해서 이 프로젝트가 꽤 까다로운 코칭이 될 것임을 알아차렸다. 나는 요청에 수락하겠다고 했지만 한 가지 조건을 제시했다. 그것은 가족기업 지배권 전문가인 동료와 함께 일하게 해달라는 것이었고, 내 조건은 받아들여졌다. 나는 어떤 상황에서 정신역동에 대한 현실 테스트를 하기 위해서는 두 명이 한 조로 일하는 것이 매우 도움이 된다는 것을 경험을 통해 알고 있었다.

아들과의 첫 만남 이후 우리는 세 명의 인물(아버지, 아들, 전무이사)과 공식적인 회합을 준비하기 위해서 아들과 몇 차례 더 만났다. 우리는 세 명의 인물을 개별적으로 면담하는 것으로 코칭을 시작했다. 그 다음에는 아버지와 아들과 한 자리에서 만남을 가졌고 이후 한 달에 한 번씩 세 명 모두와 공식적인 회합을 갖기로 했다. 우리는 현재까지 모두 세 번의 '이사회 회합'을 가졌는데, 미팅 내용은 자세한 보고서로 기록했고 세 명 모두가 서명하도록 했다.

회합에서 다룬 주요 주제는 다음과 같다:

- 아들이 본사로 들어오기 위한 조건
- 비즈니스에 필요한 여러 역할과 책임에 대한 정의
- 여든세 살 전무이사의 은퇴
- 두 회사의 현재 재정 상황
- 아들 회사에서 임원 팀의 구성

지금까지 우리는 세 명 모두의 관점을 다루기 위해 조심스럽게 노력함으로써 그들의 신뢰를 어느 정도 얻을 수 있었다. 현재 아들은 본사로 다시 돌아갔고 세 명 사이에 노골적인 갈등의 조짐은 보이지 않았다. 우리는 다양한 감정 분출과 더불어 불신 감정을 잘 다루었다고 생각한다. 그러나 우리가 지금까지 토의했던 내용들을 실천에 옮기기 위해서는 아직 가야 할 길이 멀었다.

우리 둘은 코칭 파트너십에서 각자 매우 상이한 역할을 하고 있음을 깨달았다. 우리 둘 중 한 명은 (내 동료) 겉으로 분명히 드러나는 이슈에, 다른 한 명은 (나) 잠재적인 이슈에 초점을 맞추고 있었다. 우리는 이렇게 한 조가 되어서 인터벤션을 진행했는데, 이 방식은 상당히 효과적이었다. 내 동료는 미팅의 효과성을 높이기 위한 규칙(미팅의 일반적인 '위생 요인 hygienic factors') 등 미팅의 절차적 부분을 담당했다. 반면에 나는 '토론 불가능 undiscussables'이라 할 수 있는 내용을 다뤘다. 나는 불편한 질문을 던지곤 했다.

두 비즈니스를 통합하기 위한 최선의 방법을 고안하기 위해서 꽤 많은 시간을 투자했다. 우리는 회합 때 세 명에게 동일한 시간이 배정되도록 보장했는데 전에는 이런 적이 없었다. 이렇게 겉으로 드러난 이슈를 토론하는 동안 적당한 시점을 보면서 나는 몇 가지 눈에 보이지 않는 잠재적 이슈를 제기했다.

예를 들어, 모두 알고 있지만 아무도 입 밖으로 꺼내지 않는 문제가운데 하나는 아버지와 아들의 라이벌 관계에 관한 것이었다. 우리는 오이디푸스 콤플렉스를 해결해야만 했다. 이 상황은 아버지의 인정 욕구 때문에 더욱 악화되었다. 이외에도 다른 미해결 문제들이 있었다. 예를 들어, 남은 가족의 환상 세계에서 여전히 영향력을 미치는 돌아가신 어머니와 할머니의 역할에 대한 것이다. 우리는 이와 같은 이슈들을 부드러운 방식으로 토론함으로써 아버지와 아들 사이의 관계가 상당히 개선되었다고 믿는다. 양쪽 모두 과거의 상처를 깨끗히 극복하기 위해선 더 많은 작업이 남았음을 우리는 깨달았다.

이런 정신역동적인 문제들을 고려할 때 이제는 승계 이야기를 꺼낼 단계에 이르렀다. 현재 우리는 다음과 같은 목표들을 위해 노력하고 있다:

1. 전무이사의 은퇴를 협상하고 은퇴를 실현시키는 것
2. 아버지와 아들의 미묘한 관계(개인적이면서도 업무적인)를 계속 다루고 회사 안이나 밖에서 아버지에게 의미 있는 역할을 찾아주기
3. 아들이 전체 조직과 조직의 미래에 전적인 책임을 가질 수 있도록 통제권을 아들에게 양도하는 문제에 대해 합의하기

가족기업에서 승계 문제는 여러 면에서 가장 중요한 주제 가운데 하나(유일한 주제는 아니더라도)라 할지라도 모든 가족 갈등은 고유하다. 그래서 우리는 이 복잡한 상황을 중재하기 위해 여전히 애쓰고 있다.

성찰 포인트

당신이 이 프로젝트를 요청받았다고 상상해 보라. 프로젝트를 어떻게 준비할 것인가? 당신과 함께 할 파트너를 찾을 것인가? 그렇다면, 당신과 당신의 파트너가 어떻게 함께 일할 것인지 생각해보라. 역할과 책임을 어떻게 나눌 것인가? 이 책의 몇 가지 사례에서 보았듯이 가족기업의 코칭 인터벤션은 대개 특정한 도전과제를 제기한다.

가족기업을 코칭하는 것이 일반적인 상장 기업에서 코칭하는 것과

코칭 접근법 측면에서 어떻게 다른가? 당신은 가족 문제와 비즈니스 문제를 함께 다루는 것에 자신 있는가? 이 사례에 등장하는 인물들과 관계 맺을 때 당신 자신의 가족사, 커리어 경험, 나이와 가치관이 어떤 역할을 할 것인가?

24

괴짜 코치 또는
계약자의 후회

_ 케이트 맥커트Kate McCourt

사례 요약

　　케이트 맥커트의 사례와 뒤에 이어지는 질문은 교육 프로그램에서 일하는 코치들과 그들을 고용한 프로그램 직원들 사이의 관계를 성찰할 기회가 된다. 독자는 코칭 과정에 연관된 다양한 이해관계자에 대해서 생각해보게 될 것이다.

　　맥락: 이 사례는 코칭을 교육 프로그램의 일부분으로 도입하여 진행하는 유럽의 어느 비즈니스 스쿨에서 일어난 일이다.

배경

　　우아한 정장을 입은 마르코는 차갑고 날카로운 파란 눈으로 방 안을 살살이 훑으면서 183 센티미터 신장의 위풍당당함을 자랑하는 인물이다. 나는 그를 보자마자 왠지 일이 수월하게 돌아가지 않을 것 같은 인상을 받았는데, 내 예상은 결국 틀리지 않았다. 나는 그룹 코칭이 열릴 세미나실로 그를 안내했는데 그곳에는 이미 다른 코치들 세 명도 일찍

와서 기다리고 있었다. 그들은 자신감 있는 미소로 내게 악수를 건넸고 '감사합니다'라는 말을 남기고 각자의 세미나실로 갔다. 그와 거의 동시에 마르코가 자기 요청과 우려 사항이 적힌 목록을 들고 다시 나타났다. 그것은 당황스러운 일이었다. 왜냐하면 나는 그를 고용한 입장이고 마르코는 서비스 제공자였기 때문이다. 분명 역할이 바뀐 것 같다. 나는 뭔가 오해가 있는건 아닌지 어리둥절한 채로 잠시 그 곳에 서 있었다.

나는 ESMT에서 이제 5회차가 되는 리더십 개발 세미나 공개 과정을 운영하고 있었다. 프로그램의 주요 교직원과 나는 꼭 알맞게 설계된 세미나를 열고 있다는 사실에 자부심을 느꼈다. 우리는 이전 회차에서 참가자들과 회사들에게서 긍정적인 피드백을 받았다. 이 프로그램은 아주 인기있는 과정으로 참가자들의 리더십 행동에 대한 통찰력을 제공하고 개발이 필요한 영역을 탐구하게 해주는 학습 실험실이었다. 코치들은 대부분 이 프로그램에서 우리와 함께 일하기를 원했다.

프로그램의 핵심 요소는 360도 피드백 훈련이었다. 프로그램 시작 전에 참가자들과 그들의 관찰자들이 미리 완성하여, 4일의 프로그램 중 3일째 되는 날 하루 종일 진행되는 그룹 코칭에서 결과를 함께 검토한다. 이것은 임원코칭 분야에서 아직 새로운 것이었고 우리는 이 방법론에 익숙한 코치들과 우리가 대상으로 하는 대기업 중간급에서 고위급에 이르는 임원들을 다루는 데 익숙한 코치들과 함께 일했다. 피드백 훈련은 우리 프로그램의 하이라이트이며 참가자들에게는 아주 귀중한 하루이다. 참가자들은 임원코치의 안내를 받아 그룹원 5~6명의 지혜와 경험을 빌어 자신의 피드백 결과를 하루에 걸쳐 탐색한다.

프로그램의 성공을 보장하기 위해서 우리는 참가자들을 사전에 준비시킬 뿐만 아니라 그룹 저마다의 니즈에 최대한 적합한 경험과 배경을 가진 코치를 고용하기 위해 노력한다. 우리의 높은 선택 기준은 우리의 선택이 제한적임을 의미하기 때문에 적합한 후보자들을 끊임없이 찾으면서 우리의 임원코치 네트워크를 확장해나간다. 이번 사례에 나오는 마르코는 다른 숙련된 코치와 동료들에게서 추천을 받았다.

코치 소개

이탈리아인과 독일인 부모 사이에서 태어난 마르코는 독일에서 자랐으며 스위스 최고의 제약회사에 입사하기 전까지는 응급실 간호사로 근무했다. 제약회사에서 일하면서 그는 프랑스에서 임상심리학 학위를 받았고 영국에서 MBA 학위까지 얻었다. 임원코치가 되기 전에 마르코는 먼저 의료 업계의 영업 사원으로 시작해 마케팅 부서의 고위 경영직까지 올라갔다. 그는 놀라운 지적 능력의 소유자로 거의 완벽한 영어를 포함해 4개 국어를 구사하며 화려한 학력과 인맥을 갖추고 있었다. 이런 점 외에도 마르코가 가진 그룹 코칭 방법에 관한 지식은 우리 프로그램에 그야말로 완벽한 조합으로 보였다.

처음에 마르코를 고용했을 때 우리는 먼저 1회차 계약을 하고 추후에 계약을 연장하자는 옵션을 그에게 제안했다. 나는 그가 우리 요구 조건에 아주 적합한 사람이었기 때문에 반드시 계약이 연장될 거라고 확신했다. 내가 아는 한 마르코는 지금까지 완벽한 경력을 쌓아왔고 나는 그에게서 최고 중의 최고 성과를 기대했다. 나는 그를 대기업 출신의 야망 있는 성취가이자 간호사들에게서 흔히 볼 수 있는 대인 관계 기술과 공감 능력을 갖춘 사람으로 상상했다. 여러 개의 학위를 따고 기업의 치열한 영업 전선에서 빠르게 성공한 그가 결국 비즈니스 환경을 떠나 코칭과 같이 '소프트'한 업계로 돌아오게 만든 요인이 무엇인지 나는 무척이나 궁금했다.

도전

프로그램이 시작되기 일주일 전 코치는 참가자 명단을 받는데 거기에는 각자가 제출한 간단한 프로필과 360도 피드백 보고서가 들어 있었다. 적어도 이것은 기본적인 절차였다. 그렇지만 흔히 개인 신상 정보 기입을 빠뜨린 참가자도 있고 피드백 설문 완성을 잊어버린 관찰자도 있다. 또 우리의 피드백 도구 대신에 그들의 회사에서 최근에 실시한 대안적 피드백 도구의 결과를 제출하는 참가자도 자주 있다. 그들의 입장에서는 최근에 이미 했던 검사 도구를 반복하는 것이 내키지 않았을 것이다. 이런 일들은 피할 수 없는 일이고 코치에게 상황을 복잡하게 만드는 요인이 된다. 이런 상황에서 우리는 정보가 빠진 참가자가 한 그룹으로 몰리지 않도록 균형있게 배정함으로써 부담을 분산시키고 있다.

피드백과 자가 진단 방식과 유형은 참가자마다 그야말로 각양각색이다. 예를 들어, 독일에 본사를 둔 글로벌 하이테크 기업에서 온 많은 참가자들은 강력한 피드백을 받는 경향이 있다. 다른 비즈니스 분야의 참가자들은 이보다 약한 강도의 피드백을 받는다. 참가자 대부분이 더 높은 상위직으로 승진하는 과정에 있다는 사실은 자가 진단 결과와 상급자나 직속 부하의 평가 결과 사이에 흔히 차이를 발생시킨다. 우리는 이런 점을 잘 알고 있기 때문에 코칭 그룹을 가능하면 다양하게 구성한다. 다양한 배경과 다른 유형의 피드백 결과를 가진 사람들의 통찰력에서 참가자들이 얻을 수 있는 것이 많다는 사실을 우리는 경험으로 알기 때문이다.

프로그램이 시작되기 약 일주일 전에 나는 지금까지 수집된 자가 진단과 피드백 정보를 코치들 각자에게 전송했다. 그룹의 절반 정도는 개인 신상 정보가 빠져 있는 참가자가 한 명씩 있었다. 대안 360도 피드백 보고서를 제출했거나 의미 있는 결과를 도출하기에 너무 적은 수의 관찰자 보고서를 제출한 참가자는 모든 그룹에 한 명씩 있었다. 나는 코치에게 보낸 서류의 표지에 이런 부분을 설명했고 이튿날 아침 프로그램 시작 45분 전에 만나서 짧게 브리핑할 것을 제안했다. 바로 이 시점에 마르코에게서 이메일이 밀려오기 시작했다.

첫 번째 이메일에서 그는 내가 모든 참가자들의 신상 정보와 보고서를 포함하는 것을 잊었다면서 빠진 정보를 전달해 달라고 요청했다. 나는 즉시 답장을 해서 빠진 신상 정보와 보고서는 입수되는 대로 바로 그에게 보내줄 것이며 혹시 안 되면 코칭을 시작하기 전날 밤이라도 그의 호텔로 보내주겠다고 다시 한번 설명했다. 짐짓 걱정스러운 듯 마르코는 내 답변을 무시하는 듯했고 그 뒤에도 세 차례에 걸쳐 빠진 정보를 바로 보내달라는 이메일을 보냈다. 나는 그 가운데 첫 번째 이메일에만 답장하고 나머지 두 개는 그냥 무시했다. 똑같은 이야기를 반복하는 것이 의미가 없어 보였기 때문이다.

도전을 만나다

코칭이 있기 전날 나는 모든 누락된 정보를 취합해서 코치들이 머물고 있는 호텔로 보내주었다. 그리고 이튿날 아침 7시 50분에 도착하자마자 바로 세미나실로 가서 그날 하루 일정 준비가 다 되었는지 확인했다. 나는 코치 브리핑을 하려고 1층으로 갔다. 마르코와 몇몇 코치들이 일찍 와 있었기 때문에 나는 코치 브리핑을 시작하기 전에 그들에게 각자의 세미나실을 보여주기로 했다.

바로 그때 마르코가 자기 우려 사항을 적은 목록을 내게 제시했다. 그는 세미나실 위치, 조명, 방의 크기, 그리고 칼라 매직펜 숫자 (5명의 인원에 비해 40개밖에 없다는 점)에 불만이 있었다. 나는 그에게 세미나실의 세팅은 그동안 프로그램을 진행하는 데 아무런 문제가 없었다는 점을 확인해 주며 코치 브리핑에서 이 점을 다시 설명하겠다고 말했다. 이쯤 되자 나는 마르코에게 슬슬 짜증이 났지만 그래도 침착함을 유지했다. 나는 그가 긴장했기 때문이라고 생각하기로 했고 브리핑이 끝나면 그도 침착하게 될 것이라고 믿었다.

브리핑 목적은 그날 하루 일정을 점검하고 코치들이 꼭 알아야 할 사항을 알려주는 것이었다. 마르코는 두 번 내 말을 끊고 코치 비용 지불에 관해 질문했고 다음 세미나 계약은 언제 하는지 물었다. 물론 이 내용은 모든 코치들의 관심사이긴 했지만 이런 종류의 모임에서 토론하기에 적합한 화제는 분명 아니었다. 그래서 나는 마르코에게 다른 적절한 시점에 확실하게 답해줄 것이며 지금은 그의 질문에 대해 논의하지 않겠다고 말해 주었다. 이 시점에서 나는 짜증을 억제하느라 애쓰고 있었고 다른 사람들도 아마 눈치챘을 것이다.

다소 스트레스가 쌓이는 출발이었지만 그날의 일정은 무사히 진행되었다. 참가자들은 행복해보였고 심지어 마르코도 미소와 함께 손을 흔들며 작별 인사를 하는 등 기분 좋게 하루를 마감했다. 나는 속으로 '결국 이 사람도 기본적으로는 착한 사람이군'이라고 생각했다. 내 예상대로 마르코는 그냥 불안했던 것이다. 참가자들이 남긴 후기에 따르면 모든 참가자들이 그룹 코칭 시간을 즐거워했다. 참가자들은 각각의 코치들이 진행한 세션의 전반적인 수준을 점수로 평가했고 우리는 투명성과 발전을 위한 기회로 삼고자 코치들과 그 점수를 공유했다. 모든 코치들이 좋은 점수를 받았지만 마르코의 점수가 그룹 평균치보다 낮은 것을 발견하고 나서 나는 일종의 유치한 만족감을 느끼지 않을 수 없었다.

도전에 대처하기

밖에서 보면 비즈니스 스쿨은 평화롭고 친근한 장소로 보일지 모르지만 그 안을 들여다 보면 그곳은 자아가 강한 전문가들이 피 튀기며 경쟁하는 전쟁터와 같다는 사실을 알게 될 것이다. 또 그곳은 인간의 행동을 연구하기 위한 좋은 장소이기도 하다. 비즈니스 스쿨 분야에서 사람들은 우수한 연구, 수업 결과, 명성 면에서 타 스쿨과 경쟁할 뿐만 아니라 어떤 조직에서나 그러하듯이 내부 경쟁도 치열하다. 경쟁은 여러 영역에서 일어나는데 그 가운데 하나는 프로 의식으로 내가 스스로 자랑스럽게 여기는 부분이다.

사실 전문가가 되려는 투쟁, 그리고 전문가로서 인정받으려는 투쟁은 나에게 주요 동기 요인이자 조직에 기여할 수 있는 부분이라고 생각한다. 마르코와 있었던 일이 내 마음속에 어려운 질문 하나를 제기했다. 마르코만 전문가답지 못하게 행동한 것이 아니라 내 자신도 그가 느끼기에 또는 다른 사람들이 느끼기에 전문가답지 않게 행동한 것은 아닐까? 마르코는 내 권위에 의문을 가졌고 그의 조금 낮은 평가 점수가 내 자존심을 회복시켜 주었다. 내가 맞게 보았다.

평가 결과를 코치들에게 보내고 나서 나는 마르코에게서 긴 이메일을 받았는데 이메일 내용은 내가 그에게 미리 모든 정보를 제공해주지 않았기 때문에 다른 사람들보다 낮은 점수를 받을 수밖에 없었던 이유를 장황하게 나열했다. 그는 또 다른 코치가 더 높은 코칭료를 받았다는 사실을 알았다면서 다음 계약에서는 자신도 같은 코칭비를 받고 싶다고 말했다. 또 그는 자신이 직접 작성한 피드백을 나에게 전달해 주었는데 우리 프로그램 세팅이 그가 이전에 참가했던 프로그램과 비슷하게 바뀌어야 한다는 내용이었다.

이 사건 이후로 나는 마르코에게 완전히 질려 버렸다. 그에게서 이런 이메일을 받기 전까지는 그래도 그가 충분히 잘했다고 생각했고 그와의 코칭 계약을 연장할 준비가 되어 있었다. 그러나 지금은 그에게서 손을 떼야겠다는 생각뿐이다.

그 다음 무슨 일이 일어났는가?

진정하고 난 뒤 나는 프로그램 팀 전체와 함께 코치들의 성과를 리뷰하고 토론한 다음 마르코에게 기회를 한 번 더 주기로 결정했다. 그가 쏟아 부은 모든 에너지와 노력은 분명히 그도 많은 신경을 쓰고 있다는 증거였다. 무엇보다도 그는 코칭을 잘 수행했고 참가자들은 그를 좋아했으며 그의 프로필은 우리의 선택 기준에 적합했다. 나는 그에게 이런 모든 내용을 자세히 설명하는 글을 썼고 우리가 코치에게 기대하는 것은 코칭 대상자들을 잘 다루는 능력이라고 다시 한번 설명했다. 또 모든 참가자들이 정해진 데드라인까지 정보를 제공하지 않을 수도 있다는 사실을 다시 한번 상기시켰다. 우리는 우리 조직의 이익을 위해 일하면서도 모호한 상황을 잘 헤쳐나가는 그런 임원코치가 필요했다. 또 그가 향후 두 회차의 프로그램을 잘 수행하면 그때 그의 코칭료를 인상해 주겠다고 알려 주었다. 마르코는 수그러드는 모습을 보이면서 9개월 뒤의 프로그램 날짜를 확인했다. 내 뜻을 확실히 하기 위해서 나는 두 번째 회차에서 그의 성과를 확인하기 전까지는 더 먼 미래의 코칭 서비스는 예약하지 않았다.

결국 마르코는 내 뜻을 이해했으며 현재까지 여러 코칭 프로젝트에서 우리 조직과 함께 일한다. 그는 계속 좋은 성과를 보이고 있고 이제는 자신감 있게 웃는 얼굴을 하는 코치 가운데 한 명이 되었으며 나는 세미나에 그를 기꺼이 초대한다. 물론 나는 마르코의 서비스를 두 번 다시 찾지 않았을 수도 있다. 그렇지만 그의 프로필은 우리와 아주 잘 맞았고 그를 추천한 사람들도 많았으며 그는 자신을 둘러싼 이해관계자들의 관심사에 크게 신경쓰는 것처럼 보였다. 다른 상황이었다면 나는 다르게 행동했을 수도 있지만(다르게 한 적도 있는데 후회하진 않았다) 이번에는 일이 다르게 진행되어서 기쁘다.

지금에 와서 생각해보면 나는 마르코라는 사람이 일단 알고 나면 아주 즐거운 사람이라는 사실을 그때 발견할 수도 있었다. 그리고 그는 실제로 그런 사람이었다. 처음에는 마르코와 친밀한 관계를 맺는 것이 상당한 도전이었다는 점을 인정한다. 이것은 아마도 그에게서 내 모습을 보았기 때문인 것 같은데 매우 높은 수준의 프로 의식과 추진력으로 인정받기를 원하는 모습이 바로 그것이다. 물론 이 점은 내가 왜 확고하게 그를 우리 조직에 계속 머물게 했는지도 설명해 줄 것이다. 나는 그의 노력을 높게 평가했으며 나와 맞지 않았지만 그의 집요한 모습에 공감할 수 있었다. 다른 사람의 어떤 행동에 아주 강하게 부정적인 반응을 보일 때, 그것은 우리 자신에 대한 무엇인가를 말해주는 것이리라. 누구도 역전이 반응에서 자유로운 사람은 없다. 우리와 계약한 코치가 자기 행동을 충분히 성찰했는지에 대한 질문은 나로 하여금 내 자신을 성찰하게 만들었다. 즉 내 의도대로 다른 사람에게 인상을 남겼는지, 또 이것이 상황에 따라 어떻게 적절히 적용될 수 있는지 성찰하게 된다. 나는 내가 항상 성공적이지 않음을, 내가 성취하고자 했던 것을 인정해 준 누군가에 의해 두 번째 기회를 얻은 적이 있음을 깨달았다.

성찰 포인트

이 사례는 다른 사례와는 다르게 코치와 정기적으로 일하는 사람의 입장에 서보게 한다. 당신이 이 사례의 프로그램 책임자였다면 마르코를 어떻게 대했을까? 코치와 프로그램 책임자 사이의 관계가 코칭 결과에 영향을 미칠 수 있다는 마르코의 주장에 일리가 있는가? 당신이 프로그램 책임자라면 당신과 계약을 맺은 코치들과의 관계를 어떻게 평가하는가? 새로운 코치들이 편안함을 느낄 수 있도록 도와주는 시스템을 갖고 있는가? 당신은 첫 인상을 다시 재평가하기 위해 노력하는가? 잠재력이 뛰어난 코치들을 개발하려고 노력하는가?

당신이 코치라면, 당신은 프로그램 시작 전의 불안감이나 다른 스트레스를 관리하는 방법을 알고 있는가? 조직을 대표해서 당신의 코칭 서비스를 구매하는 측과 어떻게 상호작용하는가? 솔직하게 생각해볼 때 마르코와 같은 면면이 당신 안에도 있지 않은가?

25

수퍼비전 받는 코치 : 피드백에 대응하기

_ 머리 팔레프스키 | Murray Palevsky

사례 요약

　이 사례의 첫 부분에서는 머리 팔레프스키에게 도전이 된 내용을 소개하는데, 그룹 코칭의 프로토콜, 팔로우업 컨퍼런스 콜, 그리고 코칭에 참여하지 않겠다고 결심한 한 그룹 구성원에 대한 이야기이다. 두 번째 부분에서는 코치가 고객에게 어떤 느낌과 태도를 가졌는지 설명하고 2009년 12월에 열린 첫 ESMT 코칭 콜로키엄에 참가했을 때 코치가 받았던 피드백 내용을 소개한다. 코치는 이때 받았던 피드백을 우리와 공유하며 그의 코칭 방식이 그 과정에서 어떻게 개선되었는지 되돌아본다. 이 사례는 처음부터 '까다로운 코칭'으로 분류되었던 부분이 무엇인지, 그리고 개인의 성과에 대한 통찰력을 얻는 과정에서 까다로웠던 부분은 무엇인지 강조한다.

배경

　내가 앞으로 서술하는 사례는 한 유명 비즈니스 스쿨에서 고위급 리더들을 대상으로 했던 임원 프로그램(AMP)에서 실시되었던 그룹 코칭 훈련에 관한 이야기다. AMP의 코칭 요소는 잘 알려져 있다. AMP는 일반적으로 참가자 다섯 명과 코치로 구성되며 하루 반나절 동안 진행된다.

첫 날은 그룹 코칭을 진행하고 이튿날 반나절 동안은 일대일 코칭 세션을 진행한다.

AMP를 끝내고 나면 세 번의 팔로우업 컨퍼런스 콜이 이어지는데 그 첫 번째는 늘 코치가 한다. 그 뒤에 이루어지는 두 번의 전화 통화에는 코치가 포함될 수도 있고 아닐 수도 있다. 이것은 참가자들이 원하는지 아닌지에 달려있다. 코칭 진행 때에는 참가자들이 자기 자화상을 그려서 발표하는 것으로 시작한다. 이 내용은 GELI 360° 피드백 프로세스(제5장 주석1 참고)를 적용하여 분석하게 되는데 이 과정에서 개인별 피드백 정보와 참가자가 제출한 프로그램 신청서에 담긴 개인 신상 정보도 참조한다.

늘 그렇듯이 나는 그룹원들이 자기 자화상을 그려보게 하는 것으로 그룹 세션을 시작했다. 이 자화상은 문자를 사용하는 대신에 스케치나 도식으로 그리는 것이다. 이렇게 함으로써 참가자는 '머리', '가슴', '미래', '일/여가' 등과 같은 추상적이고 특정한 요소를 표현하기 위해 상상력을 동원한다. 이 활동은 다음에 이어지는 활동 무대를 마련하는 데에 아주 효과적인 방법이라는 것이 증명되었고 그룹이 열정적으로 그 과정을 따라오는 것을 보면서 나는 큰 만족을 느꼈다.

그 다음에 참가자들은 돌아가면서 자기 자화상을 발표하고 토론하며 서로의 통찰력을 나누는 시간을 가졌다. 첫 번째 발표는 그룹에서 좋은 반응을 불러일으켰다. 그날의 일정은 아주 순조롭게 출발했다. 두 번째 발표는 첫 번째보다 훨씬 좋았다. 사람들이 자화상을 그리면서 각기 다른 방법으로 반응하는 것을 보면 참으로 흥미롭다. 어떤 사람들은 멋쩍어하고 몇몇은 자기 작품을 자랑스러워하기도 하며 또 일부 사람들은 이 두 가지 감정을 모두 느끼는 것 같았다. 어떤 경우든지 내 경험에 따르면 이 자화상 그리기 활동을 통해 그룹의 결속력을 다지는 데 실패하는 경우는 거의 없었다.

순응하지 않는 참가자

그렇지만 세 번째 발표자가 자기 자화상을 말하기 시작했을 때 나는 문제가 생긴 것 같다는 느낌을 받았다. 그의 발표에는 아무런 긴장감도 없었고 그의 발언은 매우 진부하며 진심이 느껴지지 않았다. 그의 요점이 무엇인지 파악하는 것도 힘들었다. 나는 그의 자화상을 들여다보았다. 나는 분명히 문자를 쓰지 말고 그림과 스케치만으로 표현하라고 지시했는데도 그의 자화상은 문자로 가득 채워져 있었다. 내 지시 사항은 매우 명백했는데 그가 일부러 협조하지 않은 것일까? 아니면 그가 정말로 그림 그리기에 불편함을 느꼈던 것일까?

나는 이 시점에서는 아무 말도 하지 않기로 결심했고 일이 어떻게 전개될지 지켜보기로 했다. 그가 자기 자화상을 설명하는 것을 지켜보면서 나는 그가 다른 동료들과는 아주 다르게 행동한다는 것을 알아챘다. 세션을 확실히 즐기고 있던 다른 사람들과는 달리 그는 자기 자신, 일, 가정생활을 말하는 것이 아주 불편해 보였다. 그는 기본적인 틀은 따라가고 있었지만 아무것도 드러내려고 하지 않았다. 그는 구체적인 표현은 피하면서 매우 일반화된 이야기만 했고 어떤 것이든지 자기 의견은 아주 최소한으로만 말했다.

그가 제공한 유일한 통찰(그렇게 불릴 수 있다면)은 자기 자신을 '조용하고' '자기 이야기를 잘 안 하는' 사람으로 서술한 것뿐이었다. 분명히 그는 위의 두 가지 모두에 해당되는 사람이었다. 개인별 피드백 정보에 따르면 그의 직속 부하 직원들은 그를 '멀리 떨어져있는remote' 사람으로 평가했고 그의 부인은 그를 '의사소통이 잘 안 되는uncommunicative' 사람으로 묘사했다. 그가 보여주는 전반적인 행동은 이 점을 증명했다. 그는 우리 사이에 장벽을 세우고 있었다. 나는 그의 코치로서 그에게 도전하고 싶었고 그 자신을 더 드러내게 하고 싶었다. 그렇지만 그가 그룹에서 달아나지 않게 하면서 이 목적을 어떻게 달성할 수 있을까?

그의 발표를 듣고 나는 정말로 그가 궁금해지기 시작했다. 그는 도대체 어떤 사람인가? 왜 그는 그토록 큰 그림만 이야기하고 자신에 관한 구체적인 내용은 언급하기를 피하는가? 그에 대한 모든 이야기는 상당히 편집되고 지나치게 단순화된 것처럼 보였다. 때때로 그가 하는 말은 나이든 정치인이 쓴 자서전의 한 문장처럼 들리기도 했다. 이 시간은 코칭 세션이지 사교 모임에서 나누는 대화는 아니었는데도 말이다.

나는 이 상황을 이해하기가 매우 힘들었다. 나는 그에게서 저항과 순응성을 동시에 느꼈고 마침내 나는 그가 내 말을 따르는 척하면서 결국에는 우리의 시간을 낭비하는 것이 확실하다는 생각이 들었다.

문제 알아내기

그 세 번째 참가자는 — 그를 폴이라고 부르기로 하자 — 아주 복잡한 성격의 소유자로 점차 드러났다. GELI 분석에 따른 피드백은 그가 '비전 수립하기'와 '설계하기 및 조정하기'(각각 전략적 리더십과 목표 설정 능력을 의미한다)에서 높은 점수를 받았고 '삶의 균형'과 '보상과 피드백' 항목에서는 실제적으로 가장 낮은 점수를 받았다.

GELI 분석의 개별적인 질문에 대한 그의 답변을 꼼꼼하게 읽어보면서 나는 아주 흥미로운 사실을 알아냈다. 참가자들은 일련의 진술을 읽고 그 내용이 자신에게 얼마나 적용되는지 1에서 7까지 점수를 매기게 된다. 폴은 업무를 위임하는 능력, 모든 계층의 사람들과 관계를 맺는 능력, 그리고 부하 직원들을 지원하고 피드백하는 능력에 관한 질문에서는 모두 평균 이하의 점수를 매겼다.

다음과 같은 진술에 대해서 그는 그룹 내에서 가장 낮은 점수를 매겼다: '나는 신체적으로 활동적이다', '나는 업무와 관련이 없는 활동에 참여한다', '나는 직원들을 위해서 복잡한 상황을 단순화시키는 방법을 찾는다.' 또 그는 '아주 사적인 문제를 털어 놓을 수 있는 친한 친구가 적어도 한 명은 있다'라는 문항에서 1점을 매긴 유일한 사람이었다. 이것이 폴의 근본적인 성격을 나타내는 결정적인 지표라고 생각했다. 전체적으로 겉으로 드러나는 폴의 성격은 똑똑하지만 외톨이인 일 중독자에다 자율적으로 일을 하지만 부하 직원들에게는 책임을 거의 부여하지 않는 그런 사람이었다.

흥미롭게도 폴의 상사와 더 높은 상급자가 제공한 서면 피드백에는 그의 대인 관계 능력에 관한 문제에 어떠한 암시도 없었다.

> 폴은 어마어마한 지성과 훌륭한 직업윤리를 갖고 있다. 진정으로 강직하고 청렴한 사람이다!
> 폴은 가는 곳 어디에서나 긍정적인 영향을 준다. 사람들은 그를 좋아하고 그는 AMP에서 스타가 될 것이다!
> 폴은 그의 관점에 있어서 매우 전략적이고 항상 더 큰 그림을 본다.

반면에, 폴의 밑에서 일하는 부하 직원들의 발언은 완전히 다른 특징을 보여준다.

> 폴은 삶을 좀 덜 심각하게 살아야 할 필요가 있다. 좀 더 웃고, 좀 더 재미를 느끼면 좋겠다.
> 그는 집에서 그의 부인과 충분한 시간을 보내지 않는다. 그는 신체 단련에도 신경을 써야 할 필요가 있다. 가끔씩은 'No'라고 말하는 법을 배워야 한다.
> 폴은 필요한 책임을 위임하는 법과 모든 일이 그가 원하는 방식대로 되지 않는다는 사실을 배워야 한다. 그는 다른 사람의 의견을 더 듣고 수용해야 한다.

결론적으로 폴은 상사에게서는 지적인 능력과 직업 윤리면에서 높이 평가받은 반면, 부하 직원한테는 고압적이고 의사소통이 잘 안 되는 사람으로 비춰졌다. 폴과 함께 이런 긍정적인 피드백을 이야기하는 데는 아무런 문제가 없었지만 우리가 꼭 다루어야 할 필요가 있는 이슈에는 그가 저항을 보일 것이라는 점을 나는 알고 있었다.

폴은 토론할 수 있는 주제와 그렇지 않은 주제에 대해서 말로 하지는 않지만 명백한 무언의 신호를 보내고 있었다. 폴은 자기 이미지를 아이디어맨으로 바라보는 데에 심취해 있었고 사회 운동과 철학에 대해 평생 전념해왔던 사실을 반복적으로 되뇌었다. 그것은 모두 다 긍정적인 요소였다. 나는 시간이 많이 지난 뒤에야 그가 그룹 참가에 줄곧 조용히 저항하고 있었음을 깨달았다. 왜냐하면 폴은 집중력을 잃지 않으면서 다른 참가자들에게 좋은 피드백을 주었기 때문이다. 그렇지만 뒤돌아보면 그에게는 자신에게 적용되는 규칙과 타인에게 적용되는 규칙이 별개로 있었던 것 같다. 이것은 일종의 일방통행 길이었고 자기 개인적인 삶은 논의 대상이 아니었던 것이다.

도전

일과 삶의 균형이라는 주제에 대해 폴은 이것이 그가 얻으려고 노력할 필요 없는 가치라는 인상을 강하게 풍겼다. 사실 그가 이 주제에 대해서 침묵한다는 사실은 그 자신은 일과 삶의 균형이 부족하다는 사실을 전적으로 인지하고 있지만 그로 인해 힘들어하지는 않는다는 점을 시사했다. 아마 이것은 다른 사람들을, 대표적으로는 그의 아내를 힘들게 했을 것이다. 그러나 이 주제는 폴에게는 부차적인 고려 대상이었다. 그는 그룹의 피드백에 그의 입장을 주장하지 않았다. 그는 단순히 그 주제에 대해 이야기하는 것을 거부했고 문제를 해결하기 위해 어떤 행동을 해야 한다는 것에 동의하지 않았다.

이제 나는 폴이 어떤 사람인지 그림이 확실히 그려졌다. 그는 자기 상사들에게는 높은 생산성과 지칠 줄 모르는 일에 대한 헌신으로 높게 평가받고 있었지만 부하 직원이나 동료들에게는 교류와 소통이 잘 안 되는 멀리 떨어져 있는 사람이었던 것이다. 그는 사실상 개인 삶의 영역이라는 것이 없었고 자기 내적인 감정 표현에 어려움을 겪고 있었다. 또 어떤 신체적인 활동도 하지 않았기 때문에 자기 몸과 거의 분리된 사람이라는 인상마저 주었다.

나는 폴이 어떤 방식으로 움직이는지 알 수 있었지만 왜 이렇게 행동하는지 그 이유는 알 수 없었다. 나는 우리 사이에 그가 세운 장벽 뒤를 볼 수 없었다. 그가 그린 자화상에는 즐거움이나 상상력의 흔적이 일체 없었으며(이미지 대신 문자를 사용함) 고집스럽게 논리적 사고 방식에만 갇혀 있는 그를 보면서 나는 미궁에 빠졌다. 왜 그는 나와 그룹원들과 그토록 거리를 유지했을까?

도전에 대처하기

물론 내가 폴의 근본적인 성격 이슈를 다룰 필요는 없었다. 나는 폴과의 충돌 없이 코칭을 계속하면서 그룹과 조화로운 관계를 유지할 수도 있었다. 그러나 나는 그에게 도전하고 싶었다. 그래서 이튿날 있을 일대일 코칭 세션에서 그와 직면하기로 결심했고 그의 개인별 피드백 자료 가운데 몇 가지를 취합하여 준비했다.

내가 그와 함께 처음으로 살펴본 항목은 그의 부인이 작성한 피드백 설문에 대한 답변이었는데 거기에는 그녀의 남편이 매일 밤늦게 퇴근하고 집에 와서도 부부 사이의 대화에는 거의 참여하지 않는다고 서술되어 있었다. 이것에 대해 폴은 어떤 의견을 가지고 있었을까? 그의 대답은 사무실에서 집에 오면 너무 피곤해서 말할 에너지가 하나도 없다고 했다. 나는 내가 할 수 있는 한 최대한 부드럽게, 그가 자기 부인과

거의 대화를 하지 않는 것이 진짜냐고 물어보았다. 폴은 고개를 끄덕이며 맞다고 했다. 이에 대해서 더 자세히 대화하길 원하는지 물었고 놀라울 것도 없이 그는 그러고 싶지 않다고 대답했다.

분명히 이것은 미묘하고 매우 사적인 영역이었다. 그러나 폴은 내가 질문하는 내용에 별로 기분 상해하지 않았다. 그는 정말 솔직하면서도 태연하게 그 어떤 감정적인 반응도 보이지 않으며 사실만을 말했다. 그는 어떤 것도 반박하거나 부인하지 않았다. 그가 말하는 내용은 모두 사실이었다. 내가 제기한 이슈에 대해서 해명하려는 일말의 시도도 없었고 문제로 보기 위한 노력도 없었다. 폴은 자기 행동을 바꾸려는 노력같은 건 전혀 관심이 없었다.

폴이 자기 의사소통 문제를 파헤치는 것을 거부했지만 그 문제를 폴에게 상기시키고 전체 그룹의 관심을 집중시키는 것이 결국 내가 할 일이라는 생각에는 변함이 없었다. 그 뒤에는 아마 자기들끼리 이 문제를 더 깊게 토론할 수 있을 것이다.

폴이 자기 의사소통 문제를 나와 개인적으로 대화하기를 꺼렸기 때문에 나는 이와 관련된 질문을 더는 하지 않기로 결심했다. 그 대신 우리는 일대일 세션의 대부분을 커리어 개발 계획에 대해서 막연하게 대화했다(팀워크를 다지는 방법과 다른 사람의 말을 더 잘 경청하는 방법을 내가 가끔 제안하면서). 전체적으로 실망스러운 과정이었지만 그가 상사들에게서 인정받고 있다는 점을 고려하여 나는 그에게 밝은 미래에 대한 확신을 주며 긍정적으로 세션을 마무리했다.

하루 반나절 동안 진행되었던 코칭이 끝나고 그룹은 여름 휴가를 즐기기 위해서 떠났다. 우리는 9월 초에 다시 모여서 그 달에 있을 팔로우업 컨퍼런스 콜에 대한 지침을 알려주었다. 그들이 AMP 동안에 작성했던 개인별 실행 계획을 어떻게 실천했는지 들어보며 그룹으로서 서로 격려하는 것이 목적이었다.

팔로우업이란 프로그램이 끝나고 두 달 뒤에 진행되는 두 시간짜리 컨퍼런스 콜이었다. 폴을 제외한 다른 모든 참가자들은 참여하겠다는 확답을 주었고 폴에게 이메일로 참여 여부를 물어보았을 때 그의 비서에게서 그가 지금 출장 중이며 다른 날짜와 시간을 물어보기 위해 연락을 해봤지만 연결이 안 된다는 답변을 들었다. 그렇기 때문에 폴이 팔로우업 컨퍼런스 콜에 참여하지 않았을 때 나는 그다지 놀라지 않았다. 그는 다음 팔로우업 통화에 참여하겠다거나 나에게 연락을 취한다거나 하는 그 어떤 시도도 없었다. 그에게서 더는 소식을 듣지 못했다.

팔로우업 통화

팔로우업 통화가 그룹 코칭의 성공을 보장하고 개인적인 성찰과 그룹 상호작용 사이의 융합을 보장하는 주요 도구임을 감안할 때 어떻게 해야 팔로우업 통화가 확실하게 이행될지 고민해보아야 한다. 태도가 애매모호하거나 적극적으로 참여하지 않는 사람이나 심지어 적대적이기까지 한 참가자를 다룰 때 이 점은 정말로 큰 도전이 된다.

이번 프로젝트에서 나는 프로그램이 끝난 뒤부터 팔로우업 통화 전까지 참가자들과 계속 연락을 유지하려고 백방으로 노력했다. 그런데도 폴은 빠져나갔다. 나머지 참가자들은 모두 팔로우업 통화에 참여했고 모두에게 아주 유용한 시간이 되었지만 나는 폴을 끝까지 참여하게 하지 못했다는 생각 때문에 스스로에게 실망감이 들었다. 방향이 맞든 그르든 내가 그를 충분히 밀어부치지 않았다는 생각이 들었고 그가 나를 조종하게끔 내버려 둔 게 아닌가 싶었다. 아마 내가 더 적극적이었거나 그에게 더 직접적으로 도전했더라면 폴이 코칭 과정을 끝까지 완수했을지도 모른다.

표면적으로 스토리의 끝은 여기다. 대부분의 참가자들이 코칭 훈련을 통해 무엇인가를 얻었다고 느꼈다. 그렇지만 나는 폴을 도와 그의 의

사소통 문제를 다루지 못했다는 좌절감을 느꼈기 때문에 나에게는 코칭이 끝나지 않았다. 이 경험은 나에게 너무도 많은 질문을 던졌다. 어떤 것은 이 사례에만 특별히 해당되는 질문인데 예를 들어, 왜 폴이 팔로우업 통화에 참여하지 않기로 선택했는지, 만약 일정이 안 맞았다면 왜 일정 조정을 요청하지 않았는지, 그리고 왜 그는 다른 그룹원과 소통하지 않았는지 등의 질문이 떠올랐다. 또 좀 더 넓은 범위의 질문도 떠올랐다. 예를 들면, 이 사건은 그룹 코칭의 팔로우업 통화에 대해서 무엇을 시사하는가? 진정한 그룹 결속을 위해 필요한 조건은 무엇인가? 왜 나는 폴의 행동 때문에 속상해했는가? 그것이 코치인 나에 대해서 무엇을 말해 주는가?

얻은 교훈

2009년 12월 베를린에서 열린 ESMT 코칭 콜로키엄에서 위와 같은 질문을 포함한 여러 다른 질문에 답할 기회가 있었다. 나에게 이 콜로키엄의 하이라이트는 각자 경험했던 까다로운 사례에 대해서 나눈 워크숍 세션이었다. 내 동료들이 나를 분석한다는 것이 100% 달가웠다면 거짓말이겠지만 그들의 지적인 관찰력 덕분에 나는 내 불안의 근본이 무엇인지를 비롯, 계속 내 안에 남아 있던 질문의 답을 찾을 수 있었다.

내가 처음에 폴의 사례를 분석했을 때 내 생각은 주로 순응과 순응하지 않음의 이슈에 초점이 맞춰져 있었는데 확실히 이 이야기에는 이런 요소가 강하게 내재되어 있었다. 여기서 내 역전이 반응은 무엇이었는가? 그런데 다른 코치들의 관찰력은 여태까지 내가 미처 깨닫지 못한 것을 볼 수 있게 해주었다. 그것은 내가 이 순응의 이슈를 너무도 개인적으로 받아들이고 있었다는 사실이다. 내가 콜로키엄에서 함께 토론하고자 했던 6가지 질문 가운데서 나는 오직 마지막 질문, 즉 내가 폴을 어떻게 느끼는가에 대해서만 토의하기를 원했다.

나는 폴이 내가 그를 돕도록 허용하지 않는다고 생각했고 내 완전한 성공을 그가 막고 있다고 여겼다. 나만의 이기적인 이유 때문에 나는 그에게 화가 났고 그 가운데 가장 큰 이유는 그가 나로 하여금 능력이 부족한 사람이라고 느끼게 만들었기 때문이다. 나는 자신이 '정답'을 갖고 있다고 믿는 사람의 관점에서 이 상황을 보고 있었고 그 정답을 알려줄 수 있을 정도로 그에게 친밀하게 다가가는 것을 허용받지 못한 것이다.

즉 나를 괴롭게 한 것은 폴이 코칭 과정에서 아무것도 얻은 게 없다는 사실이 아니라 내가 효과적으로 코치 역할을 수행하는 데에 그의 방해를 받았다는 점이었다. 나는 폴이 아니라 나 자신에게 초점을 맞추고 있었다. 나는 그룹의 일부 사람만 돕는 것으로는 충분하지 않았다. 나는 모든 사람을 도와주어야만 직성이 풀렸는데 폴이 이를 방해했다. 내가 간과한 것은 폴이 도움을 받고 싶어하지 않았다는 사실이다. 또는 적어도 다른 참가자들과 같은 방식으로 도움을 받고 싶어하지 않았을 것이다. 내 실수는 폴에게 더 적극적으로 접근하지 않은 것이 아니라 그는 도움이 필요할 것이라는 생각만으로 그가 자기 행동을 되돌아보게끔 그에게 여유를 제공하지 않은 데 있었다.

세미나에서 다른 코치들에게 받은 피드백 덕분에 나는 때로는 포기할 줄도 알아야 하며 내가 코칭하는 고객의 저항을 때로 반갑게 받아들여야 한다는 것을 배웠다. 이것은 코칭 스킬보다는 자기 인식 영역에서 귀중한 교훈이었다. 코치는 어떤 경우에라도 자기 자신을 고객과 고객의 목표 사이에 끼어들게 하면 안 된다. 코치와 고객, 양쪽 모두에게 코칭 과정이란 자기 역량을 인식하는 기회이자, 무엇이 적합하고 적합하지 않은 행동인지 인식하는 기회이다. 다른 사람에 대해서 제대로 알고 싶다면 먼저 당신 자신에 대해 알아야 한다.

결론 : 까다로움에 대한 예찬

동화나 민족 설화에는 타고난 영민함으로 지위 높은 사람을 골탕 먹이고 부자를 가난으로 몰고 왕을 퇴위시키고 가난하고 선량한 사람에게 보상이 돌아가게 하는 짓궂은 인물들이 많이 등장한다. 때때로 이 말썽꾼 캐릭터는 모든 이를 곤경에 빠뜨리기도 하는데, 단 그의 속임수 뒤에 배워야 할 교훈이 있다는 사실을 아는 사람을 제외하고 말이다. 당신이 나를 한 번 속였다면 당신은 부끄러운 줄 알아야 한다. 그러나 당신이 나를 두 번 속였다면 내 자신이 부끄러운 줄 알아야 한다. 동화 속에서 진정한 승자는 요정, 까치, 원숭이나 정령들이 자기를 위해서 일하게 만드는 사람이다.

이 책의 핵심 메시지는 까다로운 코칭 상황에 놓이게 되더라도 코치로서 부끄러울 게 전혀 없다는 것이다. 우리 모두는 심지어 수십 년 동안 코치로 뛰고 있는 사람도 그런 상황에 처해 본 적이 있다. 사례를 공유해 달라는 우리의 요청에 관대하고 열린 마음으로 응해 주었던 많은 코치들 덕분에 우리는 까다로운 상황을 피하는 가장 최선의 방법은 그것이 어디서에서 오는지를 이해하는 것임을 알게 되었다. 다행히도 이것은 그렇게 복잡한 작업은 아니다. 코치들이 힘들어 하는 상황에서 도출되는 주제는 사실 상당히 흔하고 널리 공유되는 주제이다. 이 책을 구성하면서 불가능해보이는 까다로운 코칭 사례가 결국 귀중한 배움의 경험이 될 수 있다는 우리의 믿음을 재확인할 수 있었다. 그리고 이 경험은 많은 사람과 나눌 때 더욱 값진 것이 된다.

우리는 이 책에 등장하는 코치들의 목소리를 통해서 사례 노트 작성의 중요성과 동료와 함께 까다로운 사례를 함께 토론하는 것의 중요성을 강조했다. ESMT의 까다로운 코칭 사례 콜로키엄은 연중 행사가 되었고 이에 우리는 그 안에서 비밀 유지가 되면서도 동료들과 함께 사례를 공유하고 분석할 수 있는 그런 환경을 독자들도 창출하기를 권한다. 우리는 코치라는 직업의 단점 가운데 하나가 '내부인이자 외부인'으로서, 또는 단기간의 파트너로서 일종의 고립감을 느낀다고 코치에게서 듣곤 한다. 그런데 이 세미나가 진행되는 동안에 우리 모두가 하나의 공동체로서 일할 수 있는 기회를 맛보게 되고 그것은 삶을 매우 풍요롭게 하는 경험이다. 우리의 경험에 비추어 볼 때 생각이 비슷한 전문가들과 함께 모여 까다로운 코칭에 대한 이해를 한데 모으는 것은 우리 모두에게 유익하다. 또 이런 종류의 세미나가 만들어내는 신뢰와 개방성은 리더십 개발 분야에서 코칭이 더욱 체계적이고 전문적인 접근법으로서 계속 발전해 나가는 긴 여정을 열어줄 것이다.

말썽꾼 길들이기: 우리가 얻은 교훈

이야기를 공유하라

코치들을 한 자리에 모아 리더십 코칭의 까다로운 사례를 탐색하게 된 계기는 우리가 읽었던 수십 권의 코칭 관련 책이 전부 아주 긍정적인 어조로 코칭 인터벤션의 효과성에 대해서만 이야기한다는 것을 주목했기 때문이다. 코칭 기관에서 제출된 보고서는 코칭의 투자회수율이 높다는 점을 강조하며 코칭이 관계된 모든 사람들에게 장기적인 성공을 가져다준 몇몇 번지르르한 사례들을 내세운다. 우리는 또 코칭 기법, 도구, 방법론, 그리고 시스템에 대한 강조를 발견했는데 그 가운데 상당수는 등록 상표가 붙어있거나 저작권을 가지고 있었다. 이것은 코칭이 단순히 가이드북이나 체크리스트를 통해 완성되는 작업이라는 것을 의미하는 것처럼 보인다. 공정하게 말하자면 코치의 생존력이 다음 계약을 따느냐 마느냐에 달려있는 환경에서 코치와 코치의 직업에 대한 일정 수준의 마케팅은 전적으로 타당하다. 그러나 자축하는 보고서들 가운데에는 까다로운 사례는 말할 것도 없고 그다지 성공적이지 않았던 사례는 별로 없다. 이렇듯 경고를 던지는 스토리의 부재는 진정한 배움을 방해할 뿐만 아니라 '다른' 모든 코치들은 항상 성공적이라는 인상을 심어준다. 현실에서는 우리 모두가 같은 '말썽꾼'들을 만나게 되는데도 말이다.

포화된 출판 시장을 비롯해 많은 코칭 세미나에서 발표된 내용에서 우리가 발견한 또 한 가지는 코칭 관계 안에서 진짜로 어떤 일들이 일어나는지에 대해서 모호하게 설명하고 있다는 점이다. 물론 코치와 고객 사이의 대화는 기밀로 남겨져야 한다. 그러나 다른 사람의 코칭 공간안에서 벌어지는 일들에 대한 간접적인 경험이 존재하지 않는다면, 코칭을 상담이나 심리치료와 같은 기존의 전문 분야와 동급의 활동으로 바라보기 어려울 것이다. 코치나 코치 지망생들이 코칭 때 만나는 도전과 기회를 탐색하는데 사용할 사례를 서술한 출판물이 없다는 점은 코칭 교육에서 정말로 의미 있는 학습 기회를 만드는 것을 어렵게 한다. 기업의 HR이나 Learning & Development 담당자가 코치를 고용할 때 그들 스스로 코칭 훈련을 받지 않은 경우, 리더십 개발 인터벤션으로서 코칭의 혜택과 한계점을 제대로 이해하지 못할 수 있다. 게다가 그들은 코치와 코칭 대상자 사이의 관계가 어떤 식으로 발전하는지 알지 못하기 때문에 그들의 도움이나 개입이 필요할 때 코치나 코칭 대상자에게 지원자로서 채비가 덜 되었을 수 있다. 이 책의 사례들은 독자에게 리더십 코칭이라는 블랙박스를 여는 경험을 제공하며, 지금까지 거의 드러나지 않았던 코칭 과정을 보여준다. 이 책은 다양한 코칭 상황을 설명하고 코칭 대상자에게 중요한 이슈와 코치가 택한 접근법 등을 총망라하여 기술한다. 우리는 솔루션과 대안이 다양하게 존재한다고 믿기 때문에 이 책에 서술된 세션에 대한 평가는 의도적으로 하지 않았다.

도구를 사용할 것인가 말 것인가?

독자들은 여러 사례를 간접적으로 경험하면서 코치가 코칭할 때 사용하는 도구, 기술, 방법론, 모델과 장치가 엄청나게 다양하다는 사실에 놀라움을 느낄 것이다. 때때로 사례를 쓴 코치와 해설자는 그들이 직접 개발한 도구나 그들이 채택하여 실제 코칭에서 널리 사용하는 모델과 도구를 언급하기도 한다. 이 책의 사례와 해설에서 언급된 코칭 모델의 다양성과 모델 사이의 경쟁은 임원코칭 분야의 현재 상태에 대한 현실을 반영한다고 생각한다. 이미 다양한 도구와 관련된 풍부한 문헌이 존재하기 때문에(우리가 발행한 출판물을 포함해서) 우리는 이 책에서 어떤 특정 도구를 사용하라고 권하지 않았다.

우리가 지적하고 싶은 점은 코치가 평소에 편안하게 느끼는 특정 도구가 어떤 경우에는 효과가 없을 수 있다는 점이다. 코치는 무슨 일이 벌어지고 있는지 질문하기보다는 다른 도구를 찾기 시작한다. 사실 문제는 여전히 못인데 당장 손에 쥐고 있는 망치가 효과가 없다는 것이다. 이 경우 코치는 여러 종류의 망치를 가지고 실험을 계속 할 것이다. 도구에 의지하는 것은, 그것이 코치에게 익숙할 뿐만 아니라 고객의 조직에서 요구하는 사항일지라도 코칭 역동 면에서는 눈 가리고 아웅하는 식이 될 수 있다. 만일 코치가 한 가지 접근법에만 큰 비중을 둔다면 고객의 개인적인 삶과 업무적인 삶에서 무슨 일이 일어나는지, 그리고 코칭 관계 안에서 무슨 일이 일어나는지를 정작 놓칠 수 있다. 우리는 비도그마적non-dogmatic 접근법을 옹호하며 '효과가 있다면 무엇이라도whatever works' 라는 원칙을 강하게 지지한다. 단, 이것은 코치가 각각의 방법론에 대한 효과성을 평가하고 성찰하고 보고할 때 가능하며 한 번 성공했던 방법을 포기할 줄 아는 능력과 애매모호함, 침묵, 그리고 비체계적인 탐색을 견디는 능력을 코치 스스로 계속 실험해야 한다.

고객을 알라, 고객 비즈니스를 알라, 그리고 당신 자신을 알라

체계적인 정신역동적 접근법(제2장 도입부에서 서술된)은 코치에게 폭넓은 정보와 광범위한 행동 범위를 제공한다. 프로젝트 전에 코치에게 주어지는 개요는 고객이 처한 상황이 발전하거나 변화할 때 다시 고려되거나 재협상되어야 한다. 예를 들어, 조직이 구조조정을 겪고 있거나 가족이 혼란에 휩싸여 있을 때 고객의 정신과 마음을 온통 차지하고 있는 것이 무엇인지를 무시한다면 그것은 코치의 큰 실수이다.

비록 우리는 코치와 고객(또한 고객의 조직) 사이의 계약에서 최대한의 명료함을 주장하지만 아이러니하게도 계약이 성립된 가정assumption을 코칭 관계가 지속되는 동안 여러 차례 재평가할 필요가 있음 또한 강조한다. 고객과 코치가 서로의 관계 속에서 신뢰를 쌓아가면서 문제의 깊이가 점점 깊어지고 고객의 니즈가 변화하거나 발전할 수 있다. 예를 들어, 처음에는 어떻게 하면 부하 직원과의 어려운 대화를 잘 이끌 수 있는지에 대한 피상적인 토론이 나중에는 진정한 리더가 된다는 것은 무엇인가 등 좀 더 깊은 대화로 발전한다.

때때로 이러한 관계의 발전은 어렵고 중요한 이슈에서 생산적인 결과를 가져올 수 있다. 또는 코치가 더는 고객의 성장과 발전에 도움을 줄 수 없는 입장이 되는 관계적 지점까지 도달할 수 있다. 이 시점은 다른 분야의 전문가를 소개해주는 등 건설적인 방법으로 관계를 종료할 순간이다. 그러나 코치는 다음과 같은 여러 이유 때문에 이렇게 하는 것을 꺼릴 수 있는데 예를 들어, 구조자 증후군, 지나친 감정적 개입, 금전적 문제, 전문가로서 명성에 대한 우려, 개인적 나르시시즘 등이다. 코칭 관계가 까다롭다고 여겨지는 것은 코치가 자기 한계점을 인식하는 능력 부족으로 발생할 수 있다.

금기사항

여기 소개된 몇몇 사례에서 고객의 일과 삶, 그리고 코칭 과정에까지 영향을 주는 성적(性的)인 요소가 생생히 포함되어 있음을 보고 깜짝 놀랐을 것이다. 이 책에 등장하는 코치 가운데 최초의 코칭 계약에서 성과 관련한 주제를 선정한 사람은 아무도 없었지만 일부 코치는 이 복잡하면서도 인간의 삶에서 반론의 여지없이 중요한 현상을 다루게 된다. 게다가 일부 독자들은 고객과 코치 사이의 관계에서 에로틱한 전이가 가질 수 있는 잠재적 영향에도 신경이 쓰일 수 있다.

조직 안에서의 성뿐만 아니라, 죽음, 약물 남용, 역기능적 가정 등의 금기를 코칭 인터벤션에서 다루게 될 수 있는데 이것은 약한 멘탈로는 할 수 없다. 이러한 주제에 대한 연구는 심리치료 분야에서 이미 많이 발표되었지만 코칭에서 금기를 다루는 것은 아직 발전 초기 단계에 있다. 모호한 상황, 특히 매우 강렬한 개인적 반응을 불러일으킬 수 있는 상황을 과연 코치들이 어떻게 다루는지 우리는 아는 바가 거의 없다. 개인 감정과 가치, 조직 영역에서 무엇이 옳은지에 대한 기대, 지략, 불안 등이 이런 상황에서는 모두 한데 뒤섞여 나타난다. 경계선 이슈와 필요시 계약 해지 이슈는 특히 심각한 사안이며 코치 스스로 갖고 있는 성 개념이 자기 성찰 세션과 수퍼비전 세션에서 드러날 수 있다.

역할 경계선의 중요성

코칭, 컨설팅, 심리치료의 경계선에 관한 질문은 앞으로도 계속 연구

될 문제이며 우리는 이에 관한 토론이 더 많이 일어나길 바란다. 코칭을 하나의 전문적 영역으로 이끈 이전의 다양한 이론적 경로와 경험은 아직 비교적 발전 초기 단계에 있는 코칭 분야의 경계선 설정을 복잡하게 만든다. 경계선을 넘나드는 일은 잘 관리되기만 하면 유용할 수 있다는 점을 덧붙이고 싶다. 독자가 이 책의 사례들에서 보았던 것처럼 코치가 컨설팅, 경영, 또는 심리치료 분야에서 건너오는 경우가 자주 있다. 때로 코칭보다는 코칭 접근법을 활용한 컨설팅이 더 효과적인 경우도 있다. 어떤 상황에서는 심리치료적 절차로 시작된 사례가 고객이 직면한 비즈니스상의 어떤 결정과 밀접하게 연관되어 있음이 나중에 드러나기도 한다. 어떤 경우가 되었든 코치가 되기 전의 직업 정체성 때문에 코치의 코칭 접근법이 제한될 수 있고 반대로 풍성해질 수도 있다. 물론 의심의 여지없이 코치가 자기 과거 직업 경험으로 많은 이익을 얻을 것이다. 그러나 일단 자신을 코치로 부르는 순간부터는 이전의 정체성이나 습관의 일부를 포기해야 할 필요가 있다. 이것이 항상 쉬운 것은 아니다. 우리가 이미 언급했듯이, 코칭에서 무엇이 옳고 그른지에 대한 주제 앞에서 우리는 순수주의자는 아니다. 그러나 코칭이 컨설팅의 유행을 좇는 리브랜딩rebranding이나 심리치료의 완곡어법euphemism에 불과함이 자주 드러난다. 때로 우리는 코치들이 전문적 경계선의 투과성permeability에 대한 인식이 있는지 궁금하다. 또 그것에 내재된 장점과 한계점을 코치가 성찰하는지도 궁금하다.

코치 고용하기: 까다로운 질문들

우리는 수년간 코칭을 연구해왔기 때문에 임원들에게서 그들 조직 내 코칭 프로그램을 기획하거나 코칭을 리더십 개발 과정에 포함시키거나 코치 고용 기준을 설정하는 데에 도움 요청을 많이 받는다. 임원 교육 프로그램의 참가자들이 비즈니스 스쿨 환경에서 코칭 모듈을 경험한 뒤에 코칭을 계속하겠다고 결정하는 일은 드문 일이 아니다. 그리고 어떤 특정 코치가 자신들에게 적합할지 우리에게 자주 문의한다. 또 우리는 우리가 운영하는 임원 프로그램에 어떤 코치를 영입할지 결정해야 한다. 이런 모든 상황에서 코치 후보자에게 그들이 지금까지 겪은 까다로운 코칭 경험을 질문하는 것이 매우 도움이 됨을 우리는 알게 되었다.

그들의 대답을 통해서 우리는 코치들이 어려운 상황에 어떻게 대처하는지, 경계선과 한계점을 어떻게 다루는지, 그리고 고객의 이익을 보호하기 위해서 어떤 노력을 하는지 등을 알 수 있다. 까다로운 코칭 경험을 통해서 얻은 교훈은 무엇인지, 그리고 비슷한 상황에 있는 다른 코치에게 어떤 조언을 해줄 것인지 묻는 것이 매우 유용하다. 우리는 코치들이 전문가로서 성장하고 발전하기 위해 자신을 어떻게 돌보는지에 대해서도 대화를 나누는데 특히 그들의 전문성과 정신건강을 유지하는 방법으로 공식적이거나 비공식적인 수퍼비전에 대해 이야기한다. 종합하면, 코치들과 함께 했던 경험을 통해 우리는 좀 더 체계적이고 보편화된 방식으로 코치들과 우리에게 학습 기회를 만드는 방법을 찾을 수 있었다.

여기서 우리는 좀 더 융통성 있는 방법으로 코치와 코칭 인터벤션을 평가할 것을 호소하고 싶다. 대부분의 임원 프로그램에서 하루의 일정이 끝난 뒤 고객은 수치 척도로 코치를 평가한다. 이런 시스템은 코치와 프로그램 책임자에게 피드백을 제공하는데 우리는 이 방법이 장점보다는 단점이 더 많다고 주장한다. 이런 방식으로 점수를 매기는 것은 코치가 일을 진행하는 방식에 영향을 미칠 수 있다. 코치 입장에서는 벌레로 가득한 캔을 열듯이 근본적인 문제를 오픈하여 점수에 타격을 입지 않기 위해 정답을 제공할 압박을 느낄 수 있고 한편 고객은 겉으로 보이는 치장용 변화를 신속하게 만들어내도록 압력을 받을 수 있다. 경험에 비추어 보면 고객이 미해결된 채 낙담한 상태로 코칭 세션을 마치는 경우가 매우 흔하다. 그렇지만 흔히 고객이 성찰과 실험을 거쳐 그때 받았던 코칭이 아주 귀중한 경험이었다고 나중에서야 깨닫는다. 최고의 코치가 때로는 최악의 평가를 받을 수도 있다는 점을 우리는 주장한다.

그렇다면 코칭 인터벤션은 어떻게 평가되어야 하는가? 먼저 코치를 고용하거나 코칭 모듈로 프로그램을 설계하는 개인이나 회사는 신뢰할 수 있는 평판과 해당 분야 경험을 가진 코치를 확실히 확보해야 한다. 채용 인터뷰에는 코치가 경험했던 까다로운 코칭 상황에 대한 질문이 반드시 포함되어야 한다. 코치는 정기적이거나 장기적인 조건으로 고용되어야 하는데 그렇게 해서 코치는 배움의 기회를 얻을 수 있고 관찰의 대상이 되며 학교나 비즈니스 조직이 제공하는 세미나나 다른 전문성 개발 기회를 통해 혜택을 얻을 수 있다. 코치와 프로그램 책임자는 서로의 그림자가 되어주며 피드백을 주고받아야 한다. 코칭 대상자와 참가자들은 프로그램이 끝난 뒤 인터뷰를 거쳐 코칭 경험에 대한 그들의 전반적인 인상을 말해줄 것이다. 장기적이고 발전 지향적인 시각으로 코치를 바라봄으로써 높은 평가 점수에 대한 코치들의 압박감을 덜 수 있으며 코치들로 하여금 섬세하고 발전적인 접근법으로 코칭을 펼쳐나가도록 할 것이다.

커뮤니티 형성하기

여전히 많은 코치들이 수퍼비전을 받고 있지 않으며 아마 비슷한 도전을 맞게 되는데 그것은 코치 스스로가 코칭의 까다로운 상황에 기여하는 것이다. 까다로운 코칭 상황을 다루는 법과 까다로운 상황에서 자기 역할을 배우는 것은 전문가로서 코치의 성장과 발전을 위한 중요한 발걸음이다.

이 책은 코칭 공동체에 접근하고자 했던 우리 노력의 결과물이다.

우리는 2009년 12월 베를린에서 열린 제1회 ESMT 코칭 콜로키엄에 코치들을 초대하여 그들이 겪었던 험난했던 코칭 경험을 나누고, 서로의 사례를 토론하며, 소규모 동료 그룹을 통해 수퍼비전과 자문을 받도록 했다. 코치들이 보여준 열성적인 반응은 전문 코칭 커뮤니티, 특히 그 분야의 발전에 관심 있는 사람들에게는 시간을 따로 내어 돌아볼 수 있는 이런 종류의 기회가 진정으로 필요함을 시사한다.

우리는 특히 세미나 발표와 이 책의 기고를 통해서 코치들이 전해준 이야기에 감동받았다. 코치들은 사례 기고를 통해서 각각의 과제와 도전 과제가 그들에게 무엇을 의미했으며, 고객과의 관계에서 발생한 일들이 개인적으로 어떤 영향을 미쳤는지, 그 상황이 그들의 관점, 가치관, 그리고 감정에 어떤 도전을 주었는지 말해주었다. 정신과 치료에 대한 문헌에 익숙한 독자에게는 이것이 놀라운 일이 아닐 것이다. 심리치료 관계에서는, 예를 들면, 전이와 역전이에 대한 탐색이 수퍼비전과 사례 개념화를 통해 당연히 이루어지기 때문이다. 수박 겉핥기 식으로 사례를 다루는 코칭 저서에 익숙한 독자라면 이 책은 놀라운 폭로가 될 수 있다. 코치도 사람이기 때문에 코칭 대상자들처럼 여러 이성적인 요소와 비이성적인 요소의 영향을 받는다. 이 모든 이유 때문에 우리는 신뢰할 만한 동료들과 모여서 현실을 서로 확인하는 시간을 가져야 한다.

성찰은 업무의 한 부분이지 휴가가 아니다

우리가 이 책을 만드는 데 참여해달라는 요청을 했을 때 상당수의 코치들이 도망쳤다. 여러 나라에 걸쳐 있는 바쁜 코칭 일정을 그 이유로 들었다. 수일 동안 (또는 매일 몇 시간 동안 여러 날) 한 가지 사례에 대해 글을 쓰는 것은 어려운 제안으로 들렸을 것이다. 임원을 코칭할 때 자기 성찰이 분명히 필요하다고 주장하는 코치들이 막상 자기들은 시간(또는 용기)이 없다고 하는 것을 보면서 우리는 매우 흥미로움을 느껐다. 일부 코치들은 그들의 코칭 사례가 매우 독특해서 코칭 상황을 밝히면 특정 고객에게 의도치 않게 상처를 줄 수 있다고 했다. 즉 사례를 읽으면 자기 이야기인지 즉시 알아채거나 특정 고객에 관한 것이라는 게 드러날 수 있다는 것이다. 그렇지만 코칭 콜로키엄에서 제시된 사례들을 보면서 코치들은 그들이 처했던 상황이 유일무이하지 않으며 다른 코치나 고객에게도 일어난 비슷한 상황이라는 점을 자주 깨닫는다. 그런데도 또 다른 코치들은 자기네가 했던 코칭에서 어려웠던 부분을 드러내면 그들이 추구하는 이미지, 즉 어떤 어려운 상황에서도 "네, 저는 할 수 있습니다!"라며 척척 헤쳐 나가는 코치 이미지에 잠재적인 타격을 줄까봐 걱정했다.

우리는 코칭계, HR, 그리고 임원 커뮤니티와 경험을 공유하지 않겠다는 코치들의 결정을 존중하면서도, 그들의 이런 결정이 코치라는 직업의 현재 상태에 대해서 어떤 점을 시사하는지 생각해 보았다. 현대 사회의 임원들이 자기를 돌아볼 시간도 없이 달리게만 하는 압박이나 논리성에 코치들도 똑같이 사로 잡혀있는 것은 아닐까? 또는 일부 고객들과 마찬가지로 일부 코치는 자신이 맞이한 이슈와 도전이 다른 누구도 겪지 않은 특수한 것이라고 생각하여 타인을 통해 배우거나 타인에게 배움을 나눠주지 못하는 것일까? 아니면 많은 현대 기업 조직에서 승승장구하는 사람들처럼 일부 코치들은 자신이 성공에 끄떡없고 늘 자신감 넘치고 천하무적이기를 기대하는 것일까? 코치도 사람이라는 점을 받아들인다면 우리는 코치들이 겪는 이슈를 부정할 수 없다. 고객이 맞닥뜨리는 상황의 역동은 코치 자신의 니즈, 열망, 두려움, 희망, 불안, 개인사 등 내면 극장internal theatre의 여러 요소들의 역동과 쉽게 뒤섞인다. 코칭에 대한 정신역동적 접근법에 의하면 이런 일은 아주 흔하게 발생하며 만일 코치와 고객이 이런 역동을 인식하거나 코칭하는 동안 이 이슈를 다룬다면 고객과 코치 모두에게 훨씬 좋은 결과가 나올 것이다.

이 모든 옳은 이유로 인해서

우리가 책 초반에 코칭 관계를 시작하면서 점검해야 할 점검표를 제공한 데는 이유가 있다. 때로 코치는 두 번 고민하지 않고 프로젝트를 수락하는데 그 이유는 다양하다. 하나는 금전적인 이익이다. 때로는 경외감인데 멋진 조직이나 사람들과 함께 일할 수 있는 기회이기 때문이다. 코치는 강력한 조직이나 고위급 임원과 코칭 관계를 맺는 데서 오는 영광¹을 누리며 짜릿함을 느낄 수 있다. 그 일에서 오는 흥분이 너무 커서 프로젝트에 접근하기 위해 해야 할 꼭 필요한 업무를 놓칠 수 있다. 코치를 설득한 요인이 '욕심greed'이든 '경외감awe'이든, 부적합한 프로젝트를 맡는 데서 오는 위험은 거의 비슷하다. 지나고 나서 볼 때 (또는 거리를 두고 볼 때, 예를 들어, 이 책을 읽으면서) 어떤 이는 외부 관찰자에게는 너무도 명약관화한 것을 코치는 왜 놓치는지 궁금할 수 있다. 그러나 내 앞에서 펼쳐지는 코칭 모험이 가져다주는 흥분과 끌림의 영향력이 너무 클 때 그 명약관화한 것은 보이지 않는다.

실패는 상대적이다

코치는 진정으로 도움을 필요로 하는 사람, 또는 자기 자신과 상황을 변화시키려고 애쓰는 사람을 돕게 된다. 그러나 이런 고된 노력을 하는데도 임원을 바라보는 조직 구성원의 인식이 하나도 변하지 않을 때가 있다. 특정 인물의 리더십 페르소나라는 것은 그 사람의 행동과 태도뿐만 아니라 그 사람에 대해 다른 사람이 갖고 있는 이미지에 의해 공동으로 형성된다. 흔히 코칭 결과가 매우 인상적이고 진정한 변화가 일어났지만 조직은 여전히 그것을 보지 못할 수 있다. 조직 내에서 한 사람이 구축해 온 이미지를 변화시키는 것은 그 사람의 실제 행동을 변화시키는 것보다 더 오랜 시간이 걸린다. 이것은 그 사람이 조직 내에서 신뢰를 잃었기 때문일 수도 있고, 아니면 그 사람이 그곳보다는 다른 곳에 더 어울리는 사람이기 때문일 수도 있다. 이 경우에 공식적으로는 코칭 목표가 성취되지 못한 것으로 감지될 것이다. 그렇지만 반대로 본다면, 고객은 다른 곳에서 성공적인 출발을 시작할 수 있다. 마찬가지로 개인이 승진 기회를 얻거나 원하던 이미지를 확보하는 데는 성공할 수 있지만 결국은 불행해질 수 있다. 만일 코치가 고객의 '올바른' 커리어 행동을 개발하는 일에 몰두하여 조직 내 생존경쟁에서 성공하도록 도와주긴 하지만 그의 전인적 모습을 고려하지 않는다면, 객관적으로는 성공적인 코칭 성과를 냈지만 그 뒤에는 실패한 한 개인이 남을 것이다.

까다로움을 환영하며

당신이 이 책을 읽고 나서 코칭의 까다로움을 하나의 학습 기회로 활용하는 작은 실험을 하기로 결심했다면(코치, HR, 학습개발 전문가로서, 또는 코칭을 연구하거나 가르치는 사람으로서, 또는 코칭을 사용하는 임원이나 코칭이 조직에 어떤 도움이 되는지 궁금해하는 임원으로서), 적어도 우리의 미션은 부분적으로 성취된 것이다. 만약 코칭을 매력적인 커리어 옵션으로 생각하고 있던 누군가가 이 책을 읽고 그 내부의 온갖 까다로운 부분들을 마주할 준비가 아직 안 되었음을 안다면, 우리는 그 사람으로 하여금 불필요한 도전을 피하도록 도와준 셈이다. 만일 HR 전문가가 코칭이 예상대로 진행되지 않는 상황에 대해서 코치와 코칭 대상자가 함께 터놓고 이야기할 준비가 되었다고 느낀다면, 우리는 조직 내에서 코칭을 생산적으로 사용하는 방법에 도움을 준 것이다. 그렇지만 어떤 종류가 되었든 당신에게 긍정적인 발전이 일어났다면 우리는 이 책의 기고자와 편집자로서 그 업적을 우리에게 돌릴 수 없다고 느낀다. 잘 알려진 표현을 빌리자면, 우리는 단지 문을 열어주었을 뿐이다. 그 문을 통과해서 안으로 들어갈지 선택하는 건 개인의 몫이다. 긍정적인 결과가 생겼다면 그것은 모두 코치들이 이루어낸 것이다. 우리는 단지 그것이 가능하도록 환경을 만들었을 뿐이다.

주석

1. R. B. Cialdini, R. J. Borden, A. Thorne, M. R. Walker, S. Freeman, and L. R. Sloan (1976). "Basking in Reflected Glory: Three (Football) Field Studies." Journal of Personality and Social Psychology, 34: 366-75.

찾아보기

ㄱ

가계도genograms 115
    기본 부호basic symbols 116
경계에 걸쳐짐boundary spanning 67
공감empathy 80, 100
관계relationships
    결탁entanglement 86
    상호 의존codependent 82
    위험한dangerous 54
    코칭coaching 96, 106, 127, 296, 407
구조자 증후군rescuer syndrome 79
    건설적 구조자constructive rescuer 101
군림하는 성격domineering personality 209
그룹 코칭group coaching 147, 391
    프로토콜protocol 391
까다로운 코칭tricky coaching 16, 123, 404, 410
    관계relationships 123
    상황situations 125
    주제themes 123

ㄴ

'누구'에 대한 앎knowing-who 63

ㄷ

단기 문제 해결 요법solution focused brief therapy (SFBT) 327

ㄹ

리더십 leadership
    개발 프로그램 development program　225
    구조자 증후군 rescuer syndrome in　85
    동료 코칭 peer coaching　231
    리더십 코치 leadership coach　98

ㅁ

말썽꾼 trickster　403, 404
미숙한 부모 premature caretakers　90

ㅅ

사람을 돕는 직업 helping professions　80
    도전 challenges　99
    선택 choosing　91
    증후군 syndrome　91
상호 의존 codependency　82
성적인 요소 sexualization　408
순응하지 않는 참가자 non-compliant participant　393
심리적 계약 psychological contract　61
심리적 안전감 psychological safety　132
심리치료사 psychotherapist　91

ㅇ

안전지대 comfort zone　213
안전한 코칭 환경 safe coaching environment　231
'어떻게'에 대한 앎 knowing-how　63
어린 시절의 경험 childhood experiences　48
역기능적 가정 dysfunctional families　408
역전이 counter-transference　83, 116, 136, 138
역할 경계선 role boundaries　408

'왜'에 대한 앎knowing-why 63
일과 삶의 균형work-life balance 68
임원코칭executive coaching 13, 16, 18, 19
    건설적 구조자constructive rescuers 101
    경계에 걸친 역할boundary-spanning role 67
    경계 태세를 취하라call for vigilance 71
    일과 삶의 균형work-life balance 68
    장점advantages 71
    재정적인 측면financial advantages 69
    전환transition 59
    특징characteristics 59

ㅈ

자기 인식self-awareness 267, 272
전이transference 277, 281
정체성 실험실identity laboratories 65
중년midlife 59
    커리어 전환career transition 59
지적인 커리어intelligent career 62
진정한 도움real helping 83

ㅊ

체계적인 가족 치료systemic family therapy 259

ㅋ

커리어career 59
    건설적 접근법constructive approach 63
    기업가 정신entrepreneurship 59
    단계phases 64
    정체기plateau 69
    지적인 커리어intelligent career 62
    투자 회수divestments 73

코치coach   53, 66, 68, 72
　그림자shadow   63
　문제해결사troubleshooters   255
　역할의 유동성fluidity of roles   126
　인터벤션intervention   105
　컨설턴트consultant   20, 126
　효과적인effective   73
코치-고객 관계coach-coachee relationships   74, 82
　의식적 또는 무의식적 반응conscious/subconscious reactions   133
코칭coaching
　계약contract   128
　막다른 길impasse   265
　목표와 목적goals and objectives   110
　신화 깨기demystifying   48
　심리치료psychotherapy   257
　진단assessent   105
　템플릿template   107

ㅍ

팔로우업follow-up   278
　인터벤션intervention   282
　전화call   278
피드백feedback   151

기타

360도 피드백360-degree feedback   172
AMP   391, 392, 395
ESMT 코칭 콜로키엄ESMT Coaching Colloquium   123, 284, 316, 361, 391, 412
Global Executive Leadership Inventory   147
GROW 모델GROW model   210, 220
MBTI II   214

| 발간사 |

호모 코치쿠스 7

임원코칭의 블랙박스를 열다.

호모 코치쿠스의 일곱 번째 발걸음은 『임원코칭의 블랙박스』이다. 이 책은 세계적 수준에서 진행된 임원과 경영자 코칭의 내면을 살펴본 최초의 책이다. 책의 원래 제목은 『까다로운 코칭Tricky Coaching-리더십 코칭의 어려운 케이스』이다. 사실 임원과 경영자 코칭의 구체적 사례는 쉽게 만나기 어렵다. 특히 일대일 코칭 세션에서 일어나는 두 사람의 내밀한 경험은 더욱 그렇다. SNS 창을 통해 보는 활동, 대학원 강의실에서 설명되는 코칭은 대체로 코칭의 겉모습이라고 생각한다. 내용과 주제를 언급해도 코치의 홍보나 일방적인 설명일 뿐 '책임 있는 정리와 검토'까지 설명하기 힘들다. 우리는 이 책에서 코치 자신의 영웅담에서 벗어나 임상 현장에서 부딪치는 '살아 있는 어려움'을 이해할 수 있고 고객과 동행하는 코치의 성실한 응답을 들을 수 있다.

코칭 이론 한 걸음은 숱한 임상 경험을 성찰적으로 정리하는 데서 비롯된다. 살아 있는 경험을 성찰하는 것이 이론을 발전시키는 힘이다. 상담이나 정신분석과 마찬가지로 코칭 역시 '일대일 코칭' 현장의 내면 풍경을 같은 분야의 전문가들이 들여다볼 수 있어야 한다. 베일에 가려

있던 코칭 관계 안에서 이뤄지는 실체에 한 발 더 들어 가보는 것이다. 개인 경험이 드러나지 않고 본인 설명에만 의존하면 미신과 소문에 함몰되고, 오히려 이런 현상은 전문 분야로의 자립적 발전이 어두워진다. 최근 코칭계 일각에서 주장하는 근거 기반evidence base 코칭에 대한 요구도 이를 염두에 두고 있다.

사실 사람을 상대로 한 모든 활동은 윤리적 실천이 중요하다. 코칭 역시 말할 것도 없다. 코칭과 코칭 아닌 것의 구분, 경계 관리, 두 사람 사이의 균형 관계를 위한 힘의 오남용, 코칭 계약을 둘러싼 이중적 상호 책임과 이해 상충 다루기, 무엇보다도 코치 자신의 성찰을 위한 윤리적 민감성 문제. 이런 윤리적 실천을 기준으로 들춰보아야 한다.

코칭의 실체에 다가가 보면 코치-고객 두 사람이 함께 만들어가는 '다소' 폐쇄적 과정이 불가피하다. 수시로 바뀌는 현실 상황과 어떤 것으로도 대체가 불가능한 인간의 독특성과 복잡성이 결부되어 두 사람만이 만들어 내는 공동 내용이다. 어떤 부분은 고정적으로 그려내기 힘들고, 함께 하는 공간 안에서 '지금-여기' 순간에 다양하게 불러일으키는 움직임이다. 이렇게 창발創發emergence되어 경험한 코칭 세션을 상황과 시간이 바뀐 뒤, 세션 밖에서 코치가 정리하는 결과물은 그 자체가 역시 독립적인 창조물이다. 물론 이 과정 역시 코치에게는 또 다른 배움이다. 코치는 여기서 머물지 않고 이를 다른 전문 코치들과 자문적 대화를 서슴지 않는다.

그렇다면 코치의 성찰과 정리 내용을 다시 다른 전문가와 나누는 수퍼비전 세션은 어떠한가? 고객과 함께 만든 구성물을 코치의 성찰-견해-배움 측면에서 정리하는 것은 해당 코칭에 대한 가장 주요한 제1 견해 형성물이다. 이어서 수퍼비전 세션에서 나누는 내용은 코치의 제1 견해에 대한 '그러나 동시에 또 다른 수준' (J. S. Grotstein)의 성찰-견해-배움인 제2 형성물이다. 두 형성물 간의 비교와 대립 논쟁 과정은 고객-

코치-수퍼바이저 3자의 배움과 변화를 강화한다. 우리는 이 책에서 이런 두 차원의 이중적인 배움 현장을 연상할 수 있다.

경험과 실천이 먼저 무르익은 후에나 뒤늦게 알고 하늘을 나는 미네르바의 부엉이. 지혜, 이론, 사상은 경험과 실천 이후에나 자각되고 정리할 수 있는 것인가? 그렇다면 이 책은 미네르바의 부엉이를 깨우고 날아오르게 한다. 코치들의 경험과 실천의 정리물이고 목소리이기 때문이다. 하늘을 나는 미네르바 부엉이가 다시 코칭에 내려 앉았는가? 경험과 실천을 정리하면서 인접 학문의 이론을 이미 2000년부터 과감하게 적용해온 실례를 우리는 이 책에서 찾을 수 있다.

인간-됨을 궁극의 목표로 하며 있는 그대로의 인간이 지닌 잠재력 회복을 시도해온 지금까지의 모든 지혜에 근거한 융복합이 코칭이다. 우리에게 코칭 인접 분야의 경험과 이론에 근거한 다양한 코칭 중심 이론이 제시되어 있다(호모 코치쿠스 8.『마스터 코치의 10가지 중심 이론』참조). 코치에게 중심 이론은 선택의 문제이다. 그동안 '경험과 실천 기반' 작업의 중요성을 견지하면서도 근거 기반 작업을 열어나가야 한다. 이 책은 양자의 교차로에 있다.

세션에서 만난 은퇴자들의 좌절은 '아무도 연륜과 지혜를 주목하지 않고 요구하지도 않는다'는 점이다. 이른바 '연륜과 지혜 전승의 위기'다. 그때 나는 이렇게 내면에서 응답한 기억이 있다. '코칭은 전승에 있지 않고 구성에 있다.' 이미 알고 있듯이 코칭은 증상이나 질병적 요인에 주목하지 않으며, 무엇이든 잘못되었다고 간주하지 않는다. 코칭은 있는 그대로의 인간 그 자체를 주목하며 인간-됨, 성숙성을 추구한다. 고객에게 코치가 필요해 코칭을 구매하는 이유는 무엇인가? 이는 성장과 성숙에 대한 동행과 목격자가 필요하기 때문이다. 함께 물들어가는 구성 과정이 코칭이다. 코치를 옆에 두고 홀로-때로는 같이 춤춘다고나 할까.

그동안 경험과 실천 기반' 코칭 임상에서 얻은 생각 조각을 구슬처럼 감추려 했지만 이미 많은 선구자들이 이론과 사상, 근거에 기반해 언급해왔다. '경험에서 배우기learning from experience'(W. Bion)이며, '가르침 없이 배우기to learn without being taught'(David J. Finney)가 코칭의 시작이며, 그 끝은 자신이 '생각해보지 않은 앎unthought known'(C. Bollas)을 되새김질하며 확인하는 작업이다. 코치는 자기 일상과 세션 경험에서 배울 수 있어야 하며, 자기 안의 생각해 보지 않은 것을 꺼내 다시 생각하는 방도로 '따로-또 같이' 배우며 걸어야 한다. 이런 코치의 배움 여정만이 고객이 그를 알아볼 수 있다.

두 사람이 함께 걷는 코칭 여정은 멈추듯 구부리고 앞으로 나가는 애벌레 발걸음으로 걷는 걸음이다. 우리는 이런 그물망 안에서 전문성을 갈고 닦아야 한다. 이것만이 코칭 구매자가 위험을 부담하는 구조를 종식할 수 있는 방법이다. 배움의 그물망에 머물지 않는 코치를 고용하는 일은 구매자로서 코칭 성과에 대한 보장을 사전에 확인하기 어렵기 때문이다.

이 책에는 이런 여러 가지 의문에 대해 '어떻게'로 들어가는 입구가 있다.

2018. 12. 20
발행인. 코치 김상복

| 역자 소개 |

한숙기 한스코칭 대표

조직 리더를 위한 리더십 개발과 코칭 전문가이다. 조직과 리더를 연계하는 통합적 관점에서 코칭 기반 솔루션을 통해 리더의 성장과 조직의 변화를 지원한다. SK, LG, 삼성, 현대, 두산, 신한금융, CJ그룹, Boston Consulting Group, Philips 등 한국의 대표적 그룹사는 물론 글로벌 기업들과 함께 일해왔다.

특히 eBay, Ernst & Young, Volvo, Kering Group 등의 Leader-as-coach 프로그램의 한국화 프로젝트를 글로벌 맥락에서 진행했다. 코칭 프로그램의 각 나라별 현지화 과정을 이끄는 마스터 코치 경험도 쌓았다. 미국, 중국, 프랑스, 이스라엘, 네덜란드, 독일 등에 본사를 둔 다국적 기업의 한국 파트너로서 코칭 서비스를 제공 중이다.

세계 최고 명성의 코칭 훈련 프로그램 '코액티브 코칭'(미국 CTI사)을 한국에서 운영 중이며 5단계 커리큘럼을 진행하는 유일한 한국인 리더이다. 또 GROW 모델의 창시자 John Whitmore 경의 영국 PCI사 Asia-Pacific 대표 리더이다. 한국코치협회에서 수여하는 '올해의 코치상' 2018년 수상자이다.

Lee Hecht Harrison, Deloitte Consulting 등 글로벌 컨설팅 회사에서 성과 향상과 리더개발을 위한 비즈니스 개발자와 임원코치로 일했다. 이화여대 경영전문대학원 MBA 과정에서 6년 동안 리더십 I, II 과목을 강의했고, 현재 아주대 경영대학원 특임교수로서 코칭 심화 기술을 가르치고 있다.

  서울대학교와 동 대학원 언어학과, 한국외대 통역대학원 한불과, 핀란드 헬싱키경제대학(HSE) MBA를 졸업했으며 동아비즈니스리뷰, 이투데이, 월간 HRD 등에 리더십 칼럼을 써왔다. 언어적 감수성을 통해 좋은 글과 표현을 짓는 데 관심이 많다.

이메일 : star@hanscoaching.com

홈페이지 : www.hanscoaching.com

| 호모코치쿠스 |

코칭 튠업 21
: ICF 11가지 코칭역량과 MCC 기본역량

김상복 지음

뇌를 춤추게 하라
: 두뇌 기반 코칭 이론과 실제

에이미 브랜 지음
최병현, 이혜진 옮김

마음챙김 코칭
: 지금-여기-순간-존재-하기

리즈 홀 지음
최병현 외 옮김

코칭 윤리와 법
: 코칭입문자를 위한 안내

패트릭 윌리암스,
샤론 앤더슨 지음
김상복, 우진희 옮김

조직을 변화시키는 코칭문화

질리안 존스, 로 고렐 지음
최병현, 이혜진 등 옮김

내러티브 상호협력 코칭
: 3세대 코칭 방법론

라인하드 스텔터 지음
최병현, 이혜진 옮김

임원코칭의 블랙박스

콘스탄틴 코로토브 등 편집
한숙기 옮김

마스터 코치의 10가지 중심이론

조나단 패스모어 편집
김선숙, 김윤하 등 옮김

정신역동과 임원코칭
: 현대 정신분석 코칭의 기초1

캐서린 샌들러 지음
김상복 옮김

정신역동 코칭의 이해와 활용
: 현대 정신분석 코칭의 기초2

울라 샤롯데 벡 지음
김상복 옮김

코칭 A to Z 출판목록

001	누구나 할 수 있는 코칭 대화 모델 : GROW_candy 모델 이해와 활용	김상복
002	세상의 모든 질문 : 아하에서 이크까지, 질문적 사고와 질문 공장	김현주
003	해석학적 코칭: 내면 세계로의 여정	**최병현**
004	전문 사내코치 활동방법과 실천	**김상복**
005	영화로 배우는 웰다잉: Coaching In Cinema I	정익구
006	영화로 배우는 리더십: Coaching In Cinema II	박종석
007	크리스찬 리더십 코칭	최병현
008	첫 고객·첫 세션 어떻게 할 것인가 : ICF 11가지 역량 1, 2 해설 (1) 윤리적 가이드라인과 전문가 기준에 의한 고객만남 (2) 코칭 계약과 코칭 동의 수립하기	김상복
009	병원 조직문화와 코칭	박종석
010	코칭에서 은유와 은유질문	
011	고객체험·고객분석과 코칭기획: ICF 11가지 역량 해설 10 (10)코칭기획과 목표설정	
012	코칭에서 공간과 침묵 : ICF 11가지 역량 해설 4 (4) 코칭 프레즌스	
013	아들러 심리학과 코칭의 활용	
014	코칭에서 고객의 주저와 저항 다루기	
015	'갈굼과 태움' 어떻게 코칭할 것인가	
016	코칭을 위한 진단과 평가 : 활용 사례를 중심으로	고태현
017	영화로 배우는 부모 리더십: Coaching In Cinema III	
018	360도 다면평가와 리더십 코칭	
019	행동설계와 상호책임: ICF 11가지 역량 9, 11해설 (9) 행동설계 (11) 진행관리와 상호책임	
020	감정 다루기와 감정 코칭 I	
021	12가지 코칭 개입 유형의 이해와 활용: Coaching In Cinema IV	
022	질문 이외의 모든 것·직접적 대화: ICF 11가지 역량 7 해설 (7) 직접적 대화	
023	MCC역량과 코칭질문: ICF 11가지 역량 6 해설 (6) 강력한 질문	
024	임원 & CEO 코칭의 현실과 코치의 준비	
025	미루기 코칭의 이해와 활용	
026	내러티브 기반 부모 리더십 코칭	
027	젠더 감수성과 코칭 관계	

* 집필과정에서 필자의 의사와 출판 상황에 따라 제목과 순서가 바뀔 수 있습니다.
* 필자명이 없는 주제는 집필 상담 가능합니다. 공동 필자 참여 가능합니다.
■ 출판 ■ 근간

이 도서의 국립중앙도서관 출판예정도서목록(CIP)은 서지정보유통지원시스템 홈페이지(http://seoji.nl.go.kr)와 국가자료종합목록시스템(http://www.nl.go.kr/kolisnet)에서 이용하실 수 있습니다. (CIP제어번호 : CIP2018039534)

국립중앙도서관 출판예정도서목록(CIP)

임원코칭의 블랙박스 / 편집저자: 맨프레드 F.R. 케츠 드 브리스, 콘스탄틴 코로토브, 엘리자벳 플로랑 트리시, 안드레아스 베른하르트 ;
번역: 한숙기 . – 서울 : 한국코칭수퍼비전아카데미, 2018
432p. ; 2.2cm – 〈호모코치쿠스 ; 7〉

원표제: Tricky coaching : difficult cases in leadership coaching
원저자명: Manfred F. R. Kets de Vries, K. Korotov, E. Florent-Treacy, A. Bernhardt
원서의 총서표제 : Insead business presses
색인수록
영어 원작을 한국어로 번역
ISBN 979-11-960967-0-0 03180 : ₩23,000

최고 경영자[最高經營者]

325.24-KDC6
658.4092-DDC23   CIP2018039534

First published in English by Palgrave Macmillan, a division of Macmillan Publishers Limited under the title Tricky Coaching by M. Kets de Vries, K. Korotove, E. Florent-Treacy, A. Bernhardt.
This edition has been translated and published under licence from Palgrave Macmillan. The authors have asserted their right to be identified as the authors of this Work.
All right reserved.

Korean Translation Copyright ⓒ2018 by Korea Coaching Supervision Academy
Korean edition is published by arrangement with Palgrave Macmillan, a division of Macmillan Publishers Limited through Imprima Korea Agency

이 책의 한국어판 저작권은 Imprima Korea Agency를 통해 Palgrave Macmillan, a division of Macmillan Publishers Limited와의 독점 계약으로 한국코칭수퍼비전아카데미에 있습니다. 저작권법에 의해 한국 내에서 보호를 받는 저작물이므로 무단전재와 무단복제를 금합니다.

임원코칭의 블랙박스

ⓒ 한국코칭수퍼비전아카데미 2018
2018년 12월 20일 초판 1쇄 발행

펴 낸 이	김상복
편집저자	맨프레드 F. R. 케츠 드 브리스, 콘스탄틴 코로토브, 엘리자벳 플로랑 트리시, 안드레아스 베른하르트
옮 긴 이	한숙기
편집교정	정익구
디 자 인	허현재
제 작 처	비전팩토리
펴 낸 곳	한국코칭수퍼비전아카데미
출판등록	2018-000274
주 소	서울시 마포구 포은로 8길 8 1005호
문의전화 (영업 / 도서 주문) 카운트북
전 화	070-7670-9080
팩 스	070-4105-9080
메 일	countbook@naver.com
편집문의	hellojisan@gmail.com / 010-3753-0135

www.coachingbook.co.kr
www.facebook.com/coachingbookshop

ISBN 979-11-960967-0-0

값 23,000원

ISBN 979-11-960967-0-0